高等学校"互联网+"新形态教材

大学生生涯发展概论

主　编　舒　蕾
副主编　吴婷婷　闫　卉　张　珍　于姗姗
主　审　夏　星

中国水利水电出版社
www.waterpub.com.cn
·北京·

内 容 提 要

本书基于全国高校思想政治工作会议及《国务院关于做好当前和今后一段时期就业创业工作的意见》(国发〔2017〕28号)和2019年全国就业创业工作暨普通高等学校毕业生就业创业工作电视电话会议精神编写。本书结合作者和教学团队多年的教学经验,借鉴国内外生涯发展理论研究经验,采用案例引导的编写方式,全面介绍大学生生涯发展的理论和实践路径。全书除绪论外,分为三部分,共十五章,分别是:第一部分生涯设计,主要包括生涯发展理论、自我探索、职业世界探索、职业决策;第二部分职业素养,主要包括职业道德和意识、主要职业能力、职业情商培养、职业发展实践;第三部分求职指导,主要包括就业信息、就业礼仪、简历、笔试、面试、职业适应、就业市场与职业定位。

本书融入作者所在学校多年开展生涯指导和就业管理服务的经验,与学校整体就业创业教育思路完全匹配,并将国外人生设计理论融入其中,便于适应新时代人才的发展变化。为促进大学生对生涯发展的全面理解和更好地掌握自我发展的路径,本书将相关案例和知识点呈现在二维码网络资源中,便于学生开阔视野和学习拓展。

本书配有8集视频、35个拓展阅读、13个拓展练习、7套拓展真题、8个拓展知识点,通过扫描书中二维码即可查看学习。本书配套完整的教学资源,包括教学大纲、教学设计、PPT课件等,既适合本科院校大学生生涯规划和就业教学指导的需要,又适合其他院校教师和学生学习参考。

图书在版编目(CIP)数据

大学生生涯发展概论/舒蕾主编. —北京:中国水利水电出版社,2021.2(2023.8重印)
ISBN 978-7-5170-9228-5

Ⅰ. ①大… Ⅱ. ①舒… Ⅲ. ①大学生—职业选择 Ⅳ. ①G647.38

中国版本图书馆 CIP 数据核字(2020)第 246432 号

书　　名	高等学校"互联网+"新形态教材 大学生生涯发展概论　DAXUESHENG SHENGYA FAZHAN GAILUN
作　　者	主　编　舒　蕾 副主编　吴婷婷　闫　卉　张　珍　于姗姗 主　审　夏　星
出版发行	中国水利水电出版社 (北京市海淀区玉渊潭南路1号D座　100038) 网址:www.waterpub.com.cn E-mail:zhiboshangshu@163.com 电话:(010)62572966-2205/2266/2201(营销中心)
经　　售	北京科水图书销售有限公司 电话:(010)68545874、63202643 全国各地新华书店和相关出版物销售网点
排　　版	京华图文制作有限公司
印　　刷	河北文福旺印刷有限公司
规　　格	170mm×240mm　16开本　26.75印张　538千字
版　　次	2021年2月第1版　2023年8月第3次印刷
印　　数	11001—15000册
定　　价	49.80元

凡购买我社图书,如有缺页、倒页、脱页的,本社营销中心负责调换
版权所有·侵权必究

前　　言

编写背景

　　全国高校思想政治工作会议及《国务院关于做好当前和今后一段时期就业创业工作的意见》（国发〔2017〕28号）和2019年全国就业创业工作暨普通高等学校毕业生就业创业工作电视电话会议都要求高校提高政治站位，做好学生就业创业工作。就业是最大的民生，促进就业创业特别是高校毕业生就业创业，是实现经济持续健康发展、民生改善和社会大局稳定的重要保障。近年来，党中央把稳就业作为"六稳"之首，始终把就业工作摆在突出位置，克服经济增速下行带来的困难，保持了就业形势的持续稳定，实现了比较充分的就业。做好本科学生就业创业工作的根本在于立德树人，要将就业创业教育融入人才培养全过程，将价值引领贯穿本科学生生涯发展教育和就业创业指导中。

　　2019年，湖北工业大学为落实各级精神，出台《湖北工业大学关于进一步加强本科学生就业创业工作的意见》，要求"学校各级领导和全体教职工要充分认识做好本科学生就业创业工作的重要性，不断增强做好本科学生就业创业工作的紧迫感和责任感，在推进就业创业工作'三全三化'（全局、全程、全员，指导专业化、服务精准化、管理精细化）上下足功夫，齐抓共管，形成合力，千方百计帮助本科学生实现高质量就业和满意就业"。提出"做好本科学生就业指导与职业规划教育的统筹工作，将就业指导与职业规划打通并贯穿大学四年全过程，强化教育效果"。力保学校就业创业工作在全省、全国的领先地位，以实际行动推动学校"双一流"建设和绿色工业学科特色鲜明的高水平工业大学建设。

　　学校开展"大学生生涯规划"和"大学生就业指导"课程教学多年，在教学内容、教学形式和教学方法上形成了自己的特色，积累了丰富的教学资源。教材编写工作时逢武汉战"疫"兴起及"后疫情"经济快速复苏时期。新冠病毒暴发给当前的大学生求职意向和求职方式带来了巨大影响。湖北工业大学就业指导和生涯规划教师团队在教学和管理的实践基础上，认真学习借鉴国内外高校的做法和成功经验，结合自身的实际情况，组织多位长期从事大学生生涯指导和就业指导工作的教师，集体编写了这本《大学生生涯发展概论》。

主要内容

　　本书面向全体学生，以激发大学生对自身职业生涯发展的关注为出发点，引导大学生主动发展自身职业素养，了解就业政策和掌握求职技巧，最终实现对大学生职业发展内驱力的赋能和竞争力的提升。本书分为三部分，分别是：生涯设计（第1~4章）、职业素养（第5~8章）、求职指导（第9~15章）。具体章节内容简述如下：

第1章 通过介绍职业发展对个体生活的重要意义，激发大学生关注自身的职业发展；了解生涯特质因素理论、生涯发展阶段理论、人生设计等职业发展的基本理论；明确大学生活与未来职业生涯的关系。

第2章 引导学生通过各种方法、手段来了解自我，并了解自我特性与职业选择和发展的关系，形成初步的职业发展目标。

第3章 引导学生了解职业和行业等相关知识，掌握收集和管理职业信息的方法；介绍所处环境中的各种资源和限制，引导学生在职业规划和职业选择中充分利用资源。

第4章 让学生了解职业发展决策类型和影响决策的因素，思考并改进自己的决策模式；引导学生将决策技能应用于学业规划、职业目标选择及职业发展过程。

第5章 理解职业素养的内涵和重要性；了解诚信意识、敬业精神、团队精神和服务意识的内涵和要求，掌握诚信品德、敬业精神、团队精神培养的路径；了解培养服务意识的价值，掌握培养服务意识的渠道。

第6章 介绍主要的职业能力（专业能力、创新创业能力、实践能力、社会能力等）的要求；识别并评价自己的职业能力；掌握主要职业能力的提高方法。

第7章 引导学生掌握职业情商的定义；了解职业情商对就业、创业的意义；掌握提升职业情商的方法。

第8章 介绍学校特色的实践活动（大学生社会实践、短学期社会实践、大学社团活动、专业实习、就业实习等），对照职业目标要求，切实提高实践动手能力。

第9章 介绍就业形势与政策，让毕业生能够及时、有效地了解就业支持政策，建立就业信息的收集渠道，帮助毕业生提高信息收集和处理的效率与质量。

第10章 引导学生了解简历的内涵与类型，掌握简历的结构要素，熟悉优质的求职、升学和英文简历模板，掌握简历的制作技巧与投递渠道。

第11章 介绍礼仪的内涵、礼仪的功能和类别，帮助大学生从仪容形象、仪态仪表、社交礼仪三个方面提升职业形象和竞争能力。

第12章 介绍笔试的作用和类型，笔试前的相关准备工作和笔试中的应对方法与技巧；提供一些典型的笔试题目，供学生学习参考。

第13章 介绍面试的类型、面试涉及的内容、面试的注意事项以及如何做好面试时的心理调适等。

第14章 介绍生涯发展的建构过程，掌握职业生涯发展的三条路径；熟悉胜任力冰山模型，了解基于胜任力的职业适应力提升方法。

第 15 章 介绍高校开展就业指导、管理与服务的制度和方式以及就业流程与相关规定；通过个人就业意向分析，帮助学生找准自己的职业定位；同时介绍了"二战"和"慢就业"对个人职业生涯发展的负面影响；讲解就业中存在的风险和防范求职风险的方法。

拓展内容

本书配有微视频、招聘案例、职业发展案例、测评与训练，通过扫描书中的二维码可以查阅或观看。本书既适合作为本科院校职业发展与就业指导的教材，又适合作为高校的职业规划大赛、求职模拟大赛、简历大赛等各类赛事的参考资料。本书采用案例引导，是具有一定通识性的读本。

主要特色

1. 全书采用案例引导的编写方式，易于激发读者的学习兴趣

本书每章开头精选一个与该章主要知识点相关的"引导案例"，然后提出问题或对该案例进行简单分析，激发读者的学习兴趣。

2. 借鉴并融入斯坦福大学的"人生设计课"的课程内容，把握生涯教育国际化的发展趋势

以斯坦福大学—湖北工业大学创业中心培养师资和引进就业创业相关课程为研发基础，针对"90后""00后"这些"新新人类"大学毕业生的新特点，在职业规划的基础上，既有国内专家学者提出的职业适应理论，又有国外专家学者提出的人生设计理论，本书充分吸收了国内外理论的精华。

3. 较好地兼顾了普遍性和特殊性的要求

教育部规范了《大学生职业发展与就业指导》大纲，为本科生全面实现职业发展与就业指导教育制定了规范，但本科生培养目标分基础研究型人才和应用型人才，其培养方向和就业领域的差异性较大，同一层次的高校对职业发展与就业指导的理解不同，开展教育的基础又千差万别，每个学校都有自己独特的做法，在教材中融入学校的特色和优势，有利于提升培养的针对性。我们在教材建设中偏重普遍性，在网络资源建设中偏重特殊性，兼顾两者的需求。

4. 配套丰富的课程资源，方便学生自学和教师教学

为了加深学生对主要知识点的理解，本书配有 8 集视频、35 个拓展阅读、13 个拓展练习、7 套拓展真题、8 个拓展知识点，益于丰富课程的学习内容。

为了方便教师上课，本书提供 PPT 课件、教学设计、教学大纲、学习文档等各种时时更新的资源。选用本书的学校可以与作者联系，获取这些资源，作者邮箱为 184374419@qq.com。

本书由舒蕾担任主编，夏星担任主审，吴婷婷、闫卉、张珍、于姗姗担任副

主编，王辉、王明亮、侯国强、章莹、章旭、张薇、谭蔚、林林、王娇、江瑜、鲁菁、刘琦等参与了部分章节的编撰工作，黎冬、王旭、熊磊、刘涛等参与了相关网络资源的建设。

  国内专家学者陈光德、廖锋在《适则成——大学生职业适应与就业指导》一书中提出的职业适应理论，有一定的理论和实践意义，其研究成果在本书中也有所呈现。本书在编写过程中得到了同行的支持和帮助，在此表示衷心的感谢！教材编写过程中参考了相关文献，在此对相关作者表示感谢！

  本书难免会有疏漏和不足，恳请读者不吝赐教！

编 者
2020 年 10 月

目　　录

第 0 章　绪论 ... 1
- 学习目标 ... 1
- 关键术语 ... 1
- 引导案例 ... 1
- 0.1　职业生涯规划教育的发展 ... 2
  - 0.1.1　职业生涯规划的定义 ... 2
  - 0.1.2　国外职业生涯规划教育 ... 3
  - 0.1.3　我国职业生涯规划教育 ... 5
- 0.2　什么是成功的大学生涯 ... 6
  - 0.2.1　大学阶段与个人职业生涯发展 ... 6
  - 0.2.2　大学生涯对学生成长的重要意义 ... 10
- 0.3　如何获得成功的大学生涯 ... 12
  - 0.3.1　大学阶段的主要任务 ... 14
  - 0.3.2　高等教育普及化背景下的大学生职业生涯规划教育 ... 20
- 本章小结 ... 25
- 复习思考题 ... 25

第一部分　生 涯 设 计

第 1 章　生涯发展理论 ... 27
- 学习目标 ... 27
- 关键术语 ... 27
- 1.1　生涯与大学 ... 27
  - 1.1.1　生涯的含义 ... 28
  - 1.1.2　生涯理论发展历史 ... 29
- 1.2　生涯特质因素理论 ... 30
  - 1.2.1　特质因素理论的概念 ... 30
  - 1.2.2　特质因素理论的核心及基本内容 ... 30
  - 1.2.3　人职匹配的类型 ... 31

1.2.4 特质因素理论的应用 ………………………………………… 31
1.3 生涯发展阶段理论 ……………………………………………… 32
 1.3.1 生涯发展阶段理论的概念 ……………………………………… 32
 1.3.2 生涯发展阶段理论的主要内容 ………………………………… 33
 1.3.3 大学生生涯发展阶段及任务 …………………………………… 34
1.4 职业锚理论 ……………………………………………………… 35
 1.4.1 职业锚理论的产生 ……………………………………………… 35
 1.4.2 职业锚理论的概念 ……………………………………………… 35
 1.4.3 职业锚类型介绍 ………………………………………………… 36
 1.4.4 职业锚理论的应用意义 ………………………………………… 36
1.5 人生设计 ………………………………………………………… 37
 1.5.1 人生设计的五种心态 …………………………………………… 37
 1.5.2 人生设计的基本步骤 …………………………………………… 39
本章小结 ………………………………………………………………… 45
复习思考题 ……………………………………………………………… 46
参考文献 ………………………………………………………………… 46

第2章 自我探索 …………………………………………………………… 47
 学习目标 ……………………………………………………………… 47
 关键术语 ……………………………………………………………… 47
 引导案例 ……………………………………………………………… 47
2.1 自我 ……………………………………………………………… 48
 2.1.1 自我概念 ………………………………………………………… 48
 2.1.2 自我认知 ………………………………………………………… 48
 2.1.3 自我评估 ………………………………………………………… 49
2.2 兴趣 ……………………………………………………………… 50
 2.2.1 兴趣是最好的老师 ……………………………………………… 51
 2.2.2 发现你的兴趣 …………………………………………………… 52
2.3 能力 ……………………………………………………………… 57
 2.3.1 可以识别的能力 ………………………………………………… 57
 2.3.2 探索你的能力 …………………………………………………… 59
 2.3.3 发展你的职业综合能力 ………………………………………… 61
2.4 价值观 …………………………………………………………… 61
 2.4.1 价值观与职业价值观 …………………………………………… 63
 2.4.2 职业价值观的类型 ……………………………………………… 64

2.4.3　探索职业价值观 ································ 66
　2.5　人格特质 ··· 67
　　2.5.1　气质 ··· 67
　　2.5.2　人格 ··· 69
　　2.5.3　人格特质与职业发展 ······························ 69
　　2.5.4　了解自己的人格特质 ······························ 70
　本章小结 ··· 72
　复习思考题 ··· 72
第3章　职业世界探索 ······································· 73
　学习目标 ··· 73
　关键术语 ··· 73
　引导案例 ··· 73
　3.1　大学专业 ··· 74
　　3.1.1　专业的含义 ···································· 74
　　3.1.2　专业与职业 ···································· 75
　　3.1.3　培养专业能力以促进职业发展 ······················ 76
　3.2　职业 ··· 77
　　3.2.1　职业概述 ······································ 77
　　3.2.2　职业分类 ······································ 78
　　3.2.3　未来职业的发展趋势 ······························ 82
　3.3　职业环境 ··· 83
　　3.3.1　社会环境 ······································ 84
　　3.3.2　行业环境 ······································ 86
　　3.3.3　企业环境 ······································ 88
　　3.3.4　岗位环境 ······································ 90
　3.4　探索职业 ··· 90
　　3.4.1　探索职业世界的内容 ······························ 91
　　3.4.2　探索职业世界的途径和方法 ························ 91
　本章小结 ··· 94
　复习思考题 ··· 94
第4章　职业决策 ··· 95
　学习目标 ··· 95
　关键术语 ··· 95
　引导案例 ··· 95

4.1 职业决策概述 ·· 97
　4.1.1 职业决策的概念 ··· 97
　4.1.2 职业决策的类型 ··· 98
4.2 职业决策的流程 ··· 101
　4.2.1 职业决策的 CIP 理论 ··································· 102
　4.2.2 职业决策的方法 ·· 106
4.3 设计大学生涯 ·· 113
　4.3.1 大学生涯的阶段性决策 ································· 113
　4.3.2 大学生涯设计的步骤 ··································· 117
本章小结 ·· 123
复习思考题 ·· 123

第二部分　职　业　素　养

第 5 章　职业道德和意识 ·· 126
学习目标 ·· 126
关键术语 ·· 126
引导案例 ·· 126
5.1 诚信品德 ·· 128
　5.1.1 诚信品德的内涵和特征 ································· 128
　5.1.2 诚信品德的价值 ·· 130
　5.1.3 诚信缺失的表现 ·· 132
　5.1.4 诚信品德的培养 ·· 133
　5.1.5 社会信用体系 ··· 134
5.2 敬业精神 ·· 136
　5.2.1 敬业精神的内涵 ·· 136
　5.2.2 敬业精神的价值 ·· 137
　5.2.3 敬业精神的培养 ·· 138
5.3 团队精神 ·· 141
　5.3.1 团队的内涵 ·· 142
　5.3.2 团队精神的内涵 ·· 144
　5.3.3 团队精神的培养 ·· 146
5.4 服务意识 ·· 148
　5.4.1 服务意识的概念和内涵 ································· 149
　5.4.2 培养服务意识的价值 ··································· 150

5.4.3 服务意识的培养 · 151
本章小结 · 152
复习思考题 · 152

第6章 主要职业能力 · 154

学习目标 · 154
关键术语 · 154
引导案例 · 154

6.1 创新创业能力 · 156
6.1.1 创新创业能力的基本内涵 · 156
6.1.2 创新创业能力的重要性 · 157
6.1.3 创新创业能力的提升途径 · 159

6.2 专业实践能力 · 161
6.2.1 专业实践能力的基本内涵 · 161
6.2.2 专业知识是专业实践能力的核心 · 163
6.2.3 不同职业对于专业实践能力的要求 · 164
6.2.4 专业实践能力习得的有效途径 · 167

6.3 社会能力 · 169
6.3.1 社会能力的基本内涵 · 169
6.3.2 社会能力包含的核心关键素质 · 169

本章小结 · 177
复习思考题 · 178

第7章 职业情商培养 · 181

学习目标 · 181
关键术语 · 181
引导案例 · 181

7.1 情绪与情商 · 182
7.1.1 情绪 · 182
7.1.2 情商 · 183

7.2 情绪问题及调适 · 187
7.2.1 情绪问题 · 187
7.2.2 情绪调节 · 190

7.3 职业情商的培养与提升 · 193
7.3.1 职业情商的定义 · 193
7.3.2 职业情商之于就业创业的重要意义 · 193

  7.3.3 职业情商的提升路径 ·· 195
 本章小结 ·· 203
 复习思考题 ··· 203

第8章 职业发展实践 ··· 206
 学习目标 ·· 206
 关键术语 ·· 206
 引导案例 ·· 206
 8.1 大学生社会实践概述 ··· 207
  8.1.1 大学生社会实践的内涵 ·· 207
  8.1.2 大学生社会实践的特点 ·· 209
  8.1.3 大学生社会实践的意义 ·· 210
 8.2 短学期社会实践 ·· 211
  8.2.1 短学期社会实践概况 ·· 212
  8.2.2 短学期实践的内容 ··· 213
  8.2.3 学校短学期社会实践布局安排 ·· 219
 8.3 大学生社团活动 ·· 222
  8.3.1 大学生社团的概念 ··· 222
  8.3.2 大学生社团的发展历程 ·· 223
  8.3.3 大学生社团对就业的促进作用 ·· 224
 8.4 就业见习 ·· 226
  8.4.1 就业见习制度解读 ··· 227
  8.4.2 就业见习的实践意义 ·· 228
  8.4.3 就业见习制度落地 ··· 228
 本章小结 ·· 230
 复习思考题 ··· 231

第三部分 求 职 指 导

第9章 就业信息 ··· 234
 学习目标 ·· 234
 关键术语 ·· 234
 引导案例 ·· 234
 9.1 就业形势 ·· 235
  9.1.1 目前我国总体的就业形势 ·· 236
  9.1.2 我国大学生的就业形势 ·· 239

9.2 就业政策 ········· 244
   9.2.1 我国大学生就业政策的历史演变 ········· 244
   9.2.2 大学生就业的主要政策和办法 ········· 245
9.3 招聘信息 ········· 248
   9.3.1 招聘信息的内涵 ········· 249
   9.3.2 招聘信息收集渠道 ········· 249
   9.3.3 招聘信息的整理和使用 ········· 252
9.4 行业职位 ········· 253
   9.4.1 基本概念 ········· 253
   9.4.2 大学毕业生就业选择行业的整体情况及发展趋势 ········· 256
   9.4.3 大学毕业生就业应该如何选择行业和岗位 ········· 256
本章小结 ········· 258
复习思考题 ········· 258

第 10 章 简历 ········· 259
学习目标 ········· 259
关键术语 ········· 259
引导案例 ········· 259
10.1 简历概述 ········· 260
   10.1.1 简历的内涵 ········· 260
   10.1.2 简历的类型 ········· 261
10.2 简历制作 ········· 261
   10.2.1 简历制作原则 ········· 262
   10.2.2 简历结构要素 ········· 263
   10.2.3 简历制作技巧 ········· 268
10.3 简历投递 ········· 273
   10.3.1 投递准备 ········· 273
   10.3.2 投递简历 ········· 275
   10.3.3 记录和跟踪 ········· 277
本章小结 ········· 277
复习思考题 ········· 278

第 11 章 就业礼仪 ········· 279
学习目标 ········· 279
关键术语 ········· 279
引导案例 ········· 279

11.1 礼仪 ··· 280
    11.1.1 礼仪的定义 ·· 280
    11.1.2 就业礼仪在大学生求职中的意义 ···································· 282
11.2 仪容仪表 ··· 283
    11.2.1 仪容仪表 ·· 284
    11.2.2 微笑礼仪 ·· 285
    11.2.3 大学生求职中的仪容仪表 ·· 286
11.3 仪态管理 ··· 289
    11.3.1 仪态管理的定义 ·· 289
    11.3.2 仪态管理的基本内容 ·· 289
11.4 大学生就业社交礼仪 ·· 296
    11.4.1 定义 ·· 296
    11.4.2 内容及相关技巧 ·· 296
本章小结 ·· 303
复习思考题 ·· 303

第12章 笔试

    学习目标 ·· 305
    关键术语 ·· 305
12.1 笔试的作用和种类 ·· 305
    12.1.1 笔试的作用 ·· 305
    12.1.2 笔试的种类 ·· 306
12.2 笔试前的准备工作 ·· 311
    12.2.1 笔试前的准备工作概述 ·· 311
    12.2.2 笔试前的具体准备工作 ·· 311
12.3 笔试的应对方法和技巧 ·· 312
    12.3.1 做好考前准备 ·· 312
    12.3.2 要掌握科学的答卷方法 ·· 313
    12.3.3 具体的解题思路与方法 ·· 313
12.4 典型题型解析 ·· 316
    12.4.1 知识测试 ·· 316
    12.4.2 智力测试 ·· 318
    12.4.3 技能测试 ·· 321
    12.4.4 语言理解与表达测试 ·· 321
    12.4.5 英语测试 ·· 323

12.4.6　性格测试 …… 325
　本章小结 …… 326
　复习思考题 …… 326

第13章　面试 …… 327

　学习目标 …… 327
　关键术语 …… 327
　引导案例 …… 327
　13.1　面试概述 …… 327
　　13.1.1　面试的概念 …… 327
　　13.1.2　面试的特点 …… 328
　　13.1.3　面试的形式 …… 329
　　13.1.4　常见面试类型 …… 331
　　13.1.5　面试涉及的主要内容 …… 336
　13.2　面试艺术 …… 337
　　13.2.1　面试之前 …… 337
　　13.2.2　面试之后 …… 340
　　13.2.3　面试关键点 …… 341
　13.3　常见面试题型与解析 …… 342
　　13.3.1　自我评价类 …… 342
　　13.3.2　个人素质类 …… 343
　　13.3.3　应聘动机类 …… 344
　　13.3.4　工作态度类 …… 345
　　13.3.5　处事能力类 …… 345
　　13.3.6　工作规划类 …… 346
　　13.3.7　职业规划类 …… 346
　　13.3.8　薪酬待遇类 …… 347
　　13.3.9　其他问题类 …… 348
　13.4　就业心理调适 …… 349
　　13.4.1　客观评价自己，树立良好心态 …… 350
　　13.4.2　正确认识社会，调整职业期望 …… 351
　　13.4.3　个人就业心理调节的方法 …… 351
　本章小结 …… 353
　复习思考题 …… 353

第14章　职业适应 …… 354

　学习目标 …… 354
　关键术语 …… 354

引导案例 ··· 354
14.1　适者生存法则 ··· 355
　　14.1.1　职业角色的适应 ··· 355
　　14.1.2　职业环境的适应 ··· 358
14.2　职业生涯发展 ··· 359
　　14.2.1　生涯建构理论 ··· 359
　　14.2.2　生涯建构理论的核心要素 ···························· 360
　　14.2.3　职业生涯发展路径 ······································ 361
14.3　职业适应力行动计划 ··· 364
　　14.3.1　胜任力 ·· 364
　　14.3.2　基于胜任力的职业适应力拓展 ······················ 366
　本章小结 ··· 375
　复习思考题 ··· 375

第15章　就业市场与职业定位 ······································ 379
　学习目标 ··· 379
　关键术语 ··· 379
　引导案例 ··· 379
15.1　就业市场 ·· 380
　　15.1.1　就业质量报告解读 ······································ 380
　　15.1.2　就业意向分析 ··· 381
　　15.1.3　求职定位 ··· 382
15.2　考研热与慢就业 ·· 384
　　15.2.1　考研与"二战" ··· 384
　　15.2.2　慢就业 ·· 389
15.3　就业管理与实务 ·· 392
　　15.3.1　大学生涯与就业管理 ··································· 392
　　15.3.2　就业管理政策 ··· 393
　　15.3.3　就业管理实务 ··· 394
15.4　就业安全 ·· 403
　　15.4.1　安全隐患 ··· 403
　　15.4.2　安全就业 ··· 407
　本章小结 ··· 408
　复习思考题 ··· 408

主要参考文献 ··· 411

第0章 绪　论

 学习目标

通过本章的学习，帮助大学生正确地理解职业生涯规划的定义和重要作用；借由追溯国内外职业生涯规划教育的发展历程，探索生涯规划教育未来的发展方向；帮助大学生尽快适应大学生活，明确上大学的目的，知晓职业生涯规划对大学生活的意义，树立学习目标，调整学习方法，为有效管理时间、适当安排各项活动，度过充实而有意义的大学生活打下基础；提高对职业生涯规划意义的认识，介绍生涯规划的步骤，从而积极地对自己进行生涯探索和规划。

 关键术语

职业生涯规划、多重角色职业生涯彩虹图、大学阶段主要任务。

 引导案例　考上大学真的就轻松了

湘潭大学机械工程学院的徐赞怀着喜悦的心情踏入大学校园，"考取大学就轻松了"，高中老师常说的这句话仍不时在他耳边萦绕。他轻轻松松地玩了几天，以为真的没什么事儿要做了，直到前几天开班会，大学老师的提醒唤醒了他——"四年内到底要把自己培养成什么样的人？"徐赞猛然感觉高中老师"骗"了他，现在是时候规划一下今后的学习生活了。通过与老师以及学长、学姐的交流，徐赞静下心来规划起自己的职业生涯，却发现又面临新的困惑：是考研还是锻炼各项能力为就业打好基础呢？"想努力，却不知从哪儿着手"。面临抉择，徐赞咨询了一些专家。

专家认为，大学新生首先要重新审视自己，要了解自己的性格、气质、兴趣、特长以及目前已有的知识和能力水平，做好自我评估。新生可以根据家长、老师和同学的评价，借助职业兴趣测验和性格测验，发现自己是一个较为外向开朗的人还是一个内向稳重的人，并对哪些问题较为感兴趣。如是经济问题还是管理问题，或擅长哪些技能，如分析问题、对数字敏感、语言表达能力强等。在客观审视自己的基础上，新生可确定短期目标和长期目标。长期目标一般是以后职业规划的顶点，短期目标一般则是素质、能力的提高，或有用证书和考试的获取或通过。大学四年规划采取的方式和途径不尽相同，要根据自己的长期目标因人而异。但也有一些共性的经验可资借鉴。

大学一年级，打牢基础。在观念上，变"要我学"为"我要学"，脚踏实地学好基础课程。在大规划下做小计划，坚持每天记英语单词、练习口语，从大一开始就坚定不移地学下去。根据实际情况考虑是否修读双学位或辅修第二专业。大一学习任务相对轻松，可适当参加社团活动，提高自己的组织能力和交流技巧，为毕业求职面试练好兵。

大学第二年，拓展职业"地平线"。应考虑清楚四年后是立即就业还是继续深造，了解相关的应有活动，锻炼各种能力，同时检验知识技能。此时，可以尝试兼职或参加社会实践活动，最好能在课余时间从事与未来职业或本专业相关的工作，提高责任感、主动性和受挫能力等。

大学三年级，细分你可能的选择，目标应锁定在提高求职技能、收集公司信息、确定是否考研等方面。和同学交流求职体会；学习写简历、求职信；了解收集就业信息的渠道，并积极尝试加入校友网络，向已经毕业的校友了解往年的求职情况。希望出国留学的学生可多接触留学顾问，参与留学系列活动，留意相关资讯，准备考 TOEFL、IELTS 等。

大学四年级，分化期。找工作的找工作，考研的考研，出国的出国，不能再犹豫不决。大部分学生的目标应锁定在工作申请及成功就业上。只要在大学前三年都能认真践行自己的计划，相信此时，已经到了收获的季节。

在专家的帮助下，徐赞重新认识了自己，确定了自己职业生涯目标，并对自己职业生涯进行了规划。

案例改编自网络：《大学生职业规划宜从大一开始》（https：//www.yjbys.com/qiuzhizhinan/show-170894.html）

案例思考：
1. 你是否也像徐赞那样，想努力却不知从何入手？
2. 你准备怎么策划你的大学期间的职业生涯？

0.1 职业生涯规划教育的发展

0.1.1 职业生涯规划的定义

1. 生涯的定义

生涯的英文是 career，从词源来看，来自罗马文 via carraria 及拉丁文 carrus，二者的意义均指古代的战车。现生涯多被引申为人生发展历程。在汉语中，

career 也被翻译成"职业生涯"。国外学者对生涯定义有所不同。目前，大所属西方学者认可的生涯定义是舒伯（Super）的观点：生涯是生活里各种事态的演进方向和历程，它结合了人一生中的各种职业和生活角色，由此表现出个人独特的自我发展形态。生涯也是人生从青春期到退休之后，一连串有酬或无酬职位的综合。除了职业之外，还包括任何与工作有关的角色，如学生、退休者，甚至包含家庭和公民的角色。①

2. 职业生涯规划的定义

职业生涯，是指一个人终身的职业经历。具体地讲，职业生涯是以心理开展、生理开发、智力开发、技能开发、伦理开发等人的潜能开发为基础，以工作内容的确定和变化，工作业绩的评价，工资待遇，职称、职务的变动为标志，以满足需求为目标的工作经历和内心体验的经历。狭义的职业生涯是指一个人从职业学习伊始，至职业劳动结束，包括整个人生职业历程。而广义的职业生涯则包括个人一生中的各种职业和生活角色。

职业生涯规划（career planning），又称职业生涯设计，是指一个人对个人和内外环境因素进行分析的基础上，确定事业发展目标，并选择实现这一事业目标的职位或岗位，编制相应的工作、教育和培训行动计划，对每一步的时间、项目和措施做出合理的安排的活动。职业生涯规划是由早期职业辅导运动发展而来的，职业辅导运动起源于美国 20 世纪中叶，90 年代中期从欧美国家传入中国。一般认为，著名管理学家诺斯维尔（William J. Rothwell）首先提出"职业生涯规划"这个概念。

0.1.2 国外职业生涯规划教育

西方发达国家对于职业规划的研究起步较早，研究成果相对成熟，19 世纪末 20 世纪初以英美为首的西方资本主义国家发起了职业指导并得到了迅速的发展。

职业生涯规划最早起源于 1908 年的美国。有"职业指导之父"之称的帕森斯（Frank Pasons）针对大量年轻人失业的情况，成立了波士顿职业局，首次提出职业指导的概念。从此，职业指导开始系统化。在随后的几十年中，心理测验的蓬勃发展促进了职业指导的扩展。第二次世界大战中对大量不同人才快速分类与安置的需要和战后复原人员就业安置的需要，使得职业指导成为一种时髦职业。20 世纪 40 年代，职业辅导逐渐开始进行系统化研究，卡尔罗杰斯提出将心理辅导完全纳入职业辅导，并提供了更科学的理论依据，职业辅导系统化理论基

---

① 沈之菲. 生涯心理辅导[M]. 上海：上海教育出版社，2000：3.

本形成。20 世纪 50 年代，一些学者赋予职业指导新的含义，试图把它作为一种充分利用人力资源发挥人的才能的重要手段，生涯辅导也随之出现。20 世纪 60 年代，西方生涯辅导理论进一步发展，涌现出大量的生涯发展和生涯辅导理论，如罗伊的人格理论、霍兰德的类型论、鲍丁的心理动力理论、柯朗伯茨的社会学习理论等。这些理论都有一个共同的特点，即摆脱了传统职业指导对求职者心理特征的研究倾向，更加注重个体的生涯发展历程，并逐步取代职业指导的位置。20 世纪七八十年代，随着美国《高等教育法》等一系列法律的实施，职业生涯辅导已经成为西方国家高等院校广泛实施的一种活动过程与咨询方式，成为高等院校教育的一个重要组成部分，相关理论研究成果也更为丰硕。为了综合阐述生涯发展阶段与角色彼此间的相互影响，舒伯创造性地描绘出一个多重角色生涯发展的综合图形，形象地展现了生涯发展的时空关系，更好地诠释了生涯的定义，具体如图 0-1 所示。①

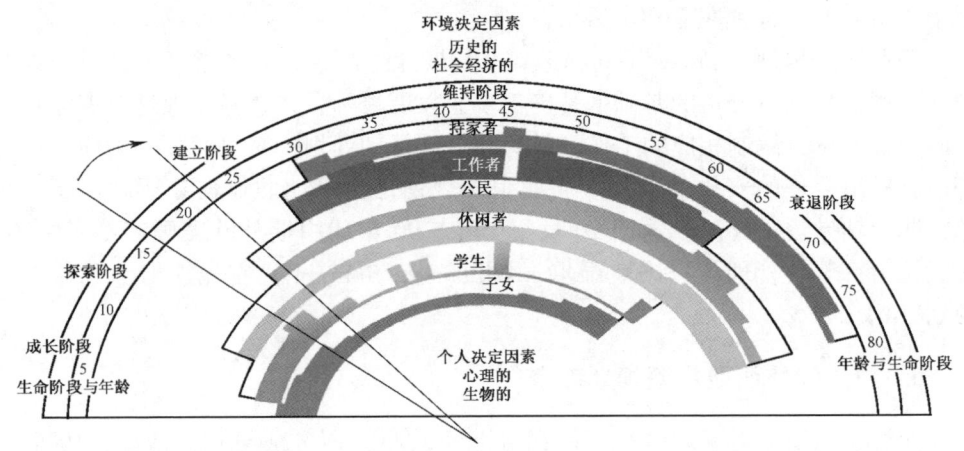

图 0-1　多重角色生涯彩虹图

在图 0-1 中，最外的层面代表横跨一生的生活广度，又称为大周期，包括成长阶段、探索阶段、建立阶段、维持阶段和衰退阶段。里面的各层面代表纵观上下的生活空间，由一组角色和职位组成，包括子女、学生、休闲者、公民、工作者、持家者等主要角色。各种角色之间是相互作用的，一个角色的成功，特别是早期角色的成功，将会为其他角色提供良好的基础；相反，一个角色的失败，也可能导致另一个角色的失败。舒伯进一步指出，为一角色成功付出太大的代价，也有可能导致其他角色的失败。

---

① 洪智鑫. 构建高校大学生职业生涯规划教育体系[J]. 亚太教育，2016（6）：266.

在舒伯的理论中，生涯规划更注重职业对人的意义。该理论认为，一个完美的人生，未必仅仅依赖于职业角色的完美与否，更多的非职业角色使得人生有更多自我实现的可能性。好比一个学生的兴趣，如果不能从专业学习中得到百分之百的释放，那么就要认真规划一下自己的休闲角色，从而获得更多的自我实现。

在美国，生涯教育运动开展得也很普遍。生涯教育是美国广泛实施的咨询活动和学校心理辅导的重要组成部分。1971年，美国教育总署对生涯教育所下的定义是：一种综合性的教育计划，其重点放在人的全部生涯，即从幼儿园到成年，按照生涯认知（career awareness）、生涯探索（career exploration）、生涯定向（career orientation）、生涯准备（career preparation）、生涯熟练（career proficiency）等步骤逐一实施，使学生获得谋生技能，并建立个人的生活形态。1972年，美国职业教育学会在推广教育的工作报告中指出，生涯教育是针对所有国民，从孩提时代至成年的整个教育过程。它能使学生对学习的目的有更为清楚的认识，并且对将来所要从事的工作持有热忱，这是整个教育事业的重心与目标。

在美国，从幼儿园开始就有生涯辅导，在中小学更是有多种多样旨在扩展生涯经验和增进自我了解的职业探索活动和教育活动。生涯辅导不是以"一个萝卜一个坑"的方式进行人与职业的组合，而是融入个体的自我发展、角色的发展进程。

0.1.3 我国职业生涯规划教育

我国高等院校大学生职业生涯规划教育的相关研究起源于中华人民共和国成立后，但建国初期实行计划经济体制，人员"统包统分"的配置，导致职业选择和人员流动的余地极其有限，职业指导处于中断状态。1978年党的十一届三中全会以来，我国的经济体制由计划经济向市场经济转变，劳动人事制度的改革使劳动力市场得以建立，运用政策导向和经济手段调节就业结构，发展多种就业形势成为可能，也为职业指导的发展提供了良好的机遇，职业指导被赋予了新的内容。1989年，国家教委、人事部印发了国务院批准的《高等学校毕业生分配制度改革方案》，吹响了我国高等院校毕业生就业制度改革的号角，一改计划经济模式下"统包统分"制度为多数毕业生自主择业的就业制度。高等院校毕业生就业指导工作越发重要，就业指导可以有效地帮助大学生适应社会需求变化，选择适合自己理想的职业。1994年，劳动部颁发《职业指导办法》，明确规定了职业介绍机构应开展职业指导工作。1997年，为进一步规划高等院校大学毕业生就业指导课程教学，全国高等院校毕业生就业指导中心制定了《大学生就业指导教学大纲》，同年国家教育委员会颁发了《普通高等学校毕业生就业工作暂行规定》，对高等院校大学毕业生就业指导工作做出了相应规定，全国各大高等院校纷纷建立了就业指导机构。到2001年，国内各高等院校普遍将就业指导设为必修课。此后，以就业指导为重点的高等院校大学毕业生职业生涯指导，已经成为我国教育的一个重要组成部分。

然而，由于我国在大学生职业规划指导的普及工作起步较晚，一些大学生对职业生涯规划感到陌生。据中华英才网的跟踪调查显示：我国目前有47%的大学生在职业规划方面还处于"零投资"的状态。这都是因为他们对职业生涯规划没有足够的认识。专家们呼吁要尽快建立职业生涯规划教育体系。职业生涯规划从大一开始的呼声在各高校此起彼伏。

2004年开始，广东省高校率先举办大学生职业生涯规划大赛。2006年，全国首届大学生职业生涯规划设计大赛推出。2007年5月11日，全国首个高校大学生职业生涯规划研究所在广东技术师范学院成立。

0.2　什么是成功的大学生涯

0.2.1　大学阶段与个人职业生涯发展

很多大一、大二的同学认为："我将来还要读研，五六年后才找到工作，现在学习职业生涯规划太早了吧！"事实果真如此吗？开始学习之前，首先要弄清这个问题。

2007年以来，在教育部的倡导下，越来越多的高校将职业生涯规划课作为本科生的必修课开设。然而，很多同学尚未理解职业生涯（career）。在专业领域内，该术语通常简称为"生涯"。

生涯通常指的是生命从开始到结束的历程；生活中，更常使用的是"人生"一词。

美国国家生涯发展协会（National Career Development Association）对生涯的定义是：个人通过从事工作所创造出的一种有目的的、延续不断的生活模式。

这里，"创造出"是指生涯是人们在意愿与可能性之间、现实与理想之间妥协和平衡的产物。事实上，生涯发展是人们一系列接连不断的选择和结果；当人们做出选择时，需要权衡这些选择的收益及其代价与风险：没有十全十美的生涯道路，但也许存在最适宜的道路。

"有目的的"是指生涯对个人来说是有意义和有价值的。生涯不是偶然发生或应运而生的，而是规划、慎重考虑、制定和执行的结果；生涯因个人的动机、抱负和目标而形成、发展，反映了个人的价值观与信念。

"延续不断的"是指生涯既非作为某个时间或选择的结果而发生，也非局限或束缚于某一特定的工作或职业；确切地说，生涯本质上是一个受到个人内在和外在力量影响的、持续一生的过程。

"生活模式"意味着生涯不仅是一个人的职业或工作，而且包含所有的承认生活角色，如父母、配偶、持家者、学生等，以及人们安排、整合这些角色的方式。

同时，定义强调生涯对个人而言是独一无二的——没有哪两个人拥有完全相同的生涯，因为生涯是基于个人特定的经历和境遇；即使人们可能拥有相似的兴趣和技能，甚至在同一机构中从事相同的职业，但其生涯仍然不同。

总之，生涯定义的焦点是"发展属于我自己的生涯"。可见，我们在生涯角色的安排上拥有一定的选择自主权。

既然我们一出生就身处生涯中，为什么到上大学才开设职业生涯规划课？

近几年来，国内一些中学也实验性地开设了职业生涯规划讲座、工作坊及课程。越来越多的高中引导学生运用生涯发展理论选择文理科及填报高考志愿。高校实施大类招生后，职业生涯规划理念对大一新生的重要性凸显。

进入大学后不久，学生就发现：大学和高中很不同！一位大一学生发出感慨："在未进入大学时，我认为大学是自由的：可以'肆无忌惮'泡在图书馆里学习知识，可以参加自己感兴趣的社团活动，可以躺在草地上思考一下人生。进入大学之后，我发现大学生活和自己想象的有千差万别。"

首先是大学学习目标变了。进入大学，实行全新的教育模式——学分制。学分制是以选课为核心，教师指导为辅助，通过绩点和学分衡量学生学习的质与量的综合教学管理制度。学生在完成规定学分的基础上，可以申请提前毕业或延期毕业。因此，很多同学容易出现以下两种情况：一是平时不用功。信奉考前突击，临时抱佛脚，实在不行就作弊，导致受处分，甚至被开除；二是奉行60分万岁，多一分浪费而不求上进。

其次是学习内容的改变。大学是专业学习，大学课程的容量广度及深度要远远超过高中。在大学，除了学习理论知识，还要进行各种技能的培养与提高，重视综合素质的养成。老师的授课内容并非都来自教材，而是加入很多教材之外的新知识、新信息。老师鼓励学生提问题，组织讨论，要求学生课后查找资料和实践等，提倡学生自学。大学的学习具有很强的专业性。学习内容随着科技的发展，不断地更新深化。大学开设众多门类的选修课程，为学生扩充知识全面发展提供了更加广阔的空间。大学开设辅修课，实施双学位制度，拓展专业内容，培养复合型人才，不断改进和提高实验设备、实验技术，广泛开展课外科研实践活动。相关相近专业交叉开展学习与互动活动等措施，使得大学的学习内容更加广博精深、丰富多彩。

最后是学习方式的改变。大学提倡自主学习，没有固定的教室，一般为几个班一起上课，进行大班授课。课上老师以介绍思路为主，很少展开来讲。主要讲述难点和重点，一节课可能讲一章或者几章内容。课下时间充裕，学生可自由支配时间。

大学对学生的评价体系是多元化的，学习成绩优异者、科研能力出色者、社会活动能力突出者、实际操作能力特强者、有文体特长者都会成为被关注的对象。即使是没有特长，经过努力，未能取得优异成绩的同学，若为人坦诚热心，做事认真踏实，也是难能可贵的。进入大学后，同学们应尽快明确自己的学习目标，学会全面评价自己和周围的人。但是，如果没有及早规划，一些同学到大三才意识到问题的严重性。两年的大学生活已经荒废，错过了不少培养能力、提升素质的机会。于是，考研成为不少大三学生补救前两年努力不足的救命稻草，殊不知，这是对就业难的一种逃避。一些并不适合考研的同学，因此错失了大三暑期的实习，加大了自己毕业前找工作的难度。

"听说考研的成功率才30%，所以我决定两手抓。找工作的事情不能一点儿不管，重要的校园招聘会，还是要去碰碰运气，可惜现在才明白，两手抓很难做到两手都硬。找工作肯定对复习有影响，最后离复试线差了近10分，可接下来也没什么好的工作机会了。"一位即将毕业的大四学生，很遗憾自己当初的选择。

以上内容可能让兴冲冲进入大学的新生很失望。大学就是这样的吗？寒窗苦读多年的结果就这么糟吗？

当然不是，每年7月都有一大批朝气蓬勃的年轻人，拿着自己满意、别人羡慕的Offer（录用信）离开大学校园，走向社会。一些同学获得了高考时擦肩而过的理想大学，乃至国际知名大学的硕士录取通知书，开始了新的学习生涯。回首大学生活，他们可能也有遗憾，但更庆幸自己度过了一段难忘的学生时光，走向成熟。

社会对人才的需求是多元化的，同学们在大学阶段的目标应该是多元的。当然，绝大多数同学都必须达到一个目标——取得毕业证书。同时，同学们要在毕业前具备希望进入的行业及组织所需的专业素养与工作技能。此外，同学们将在大学校园内至少度过四年的美好时光，从青涩的少男少女成长为令人注目的青年才俊，个人成长应是与毕业证书、专业技能同等重要的收获。

所以说，大学为同学们全面提升自我发展能力提供了足够大的平台，是个人职业生涯发展的关键时期。正如一位上完职业生涯规划课的同学总结的，"高考压力过后，瞬间摆脱了事先被社会和父母、老师规划好的生活，开始自己独立的生活；在纷繁复杂的大学中，很多人迷失了自己，缺乏目标，对未来充满了迷茫，以至于浑浑噩噩虚度时光。岂不知，规划好自己的生活，绘出一张美好的蓝图，盯紧一个坚定而又远大的目标，恰恰是成功的关键"。

 案例赏析　蜕变与成长的大学生涯

背景：吴晗煜是湖北工业大学艺术设计学院2013级学生。在校期间，她曾获得HKIAA国际青年艺术设计大赛优秀奖、第一届下一代互联网技术创新大赛全国二等奖、湖北省大学生信息技术创新大赛二等奖等多项设计奖项，并连续获得国家励志奖学金，被评为"大学生标兵"，校"公益之星"，同时入选国家文化部、财政部文化产业创业创意人才扶持计划重点人才库。大学毕业后成功应聘深圳创维集团有限公司，从事平面设计师的工作。下面为其本人对其大学生涯的回顾。

如果问大学四年对我意味着什么，我想是蜕变与成长，无论是心智、思想、能力、抑或是对人、对事、对物的情感与态度，这四年，变化真的很大。四年前刚踏入湖工大门的我，对一切都充满了未知，但是我更多的是珍惜，珍惜大学的时光，让它充实而有意义。

作为学生，这四年，学习自然是重中之重，而我也有好好用这四年的时间来学习和巩固自己的专业知识与能力。我给自己的一个目标就是珍惜每一门课程，用心对待每一门课程，把每一门课程的作业都升华为自己的作品，不要轻视任何一门课程。学习上最为重要的应该是态度，端正自己的态度是首要前提。我有认真对待过每一门课程，现在去回想，我觉得没有太多的遗憾。除了课上的学习之外，在寒暑假我也积极去锻炼自己，参加学校短学期的实践项目和公司实习，如："互联网+"大学生创新创业设计大赛、"重庆"品牌烟包设计，在海豚传媒股份有限公司、湖北良品铺子食品有限公司进行设计岗位实习，入选国家文化部、财政部文化产业创业创意人才扶持计划重点人才库后，赴北京中央文化管理干部学院进行文化设计产业相关学习并合格毕业，我也积极参加老师的设计项目，为自己累积经验，耕耘极为重要。

在学习之余，我认为自己在大学期间做过很对的一个决定是加入校青年志愿者协会（简称校青协）。大一时，学校各种组织招新，而我只选择面试了校青协，很幸运，我成为校青协的一员。在校青协的日子，我和小伙伴每周去武南社区农民工子女家里给他们的孩子进行家教辅导，这种收获和感动远远超过了物质回报，文字难以道来精神上的充实，在校青协的两年里，我也结识了不少有爱的小伙伴，他们也带给我大学一段很好的回忆。

大学期间，我更加热爱生活，发现生活中的美，当然更珍惜每一天。大学这四年，让我沉着冷静了许多，也从较为肤浅地看待事物到能够更独立有主见全面地去思考，不再过于鲁莽，心智上更为成熟。这四年，我喜欢去外面看看，出去走走，看看生活中值得被发现的人、事、物，大学时光，应该做一点自己想做的事情，看看别样的风景。当然，在大学也会遇到感情，虽然这段感情不一定会走到最后，同样，它也是人生一段过程，自然有它的道理，也让自己能够更好地在感情上学会理解，双方都是成长吧。

四年的成长与磨砺，我充实的大学四年。

摘自：湖北工业大学百名"优秀个性发展大学生"

0.2.2 大学生涯对学生成长的重要意义

从高中到大学，就如同一个人从一个小小的村庄走进了一个丰富多彩的大城市，所获得的感受是前所未有的。只要留意，就能感受大学生活将为学生带来足以受用终生的体验。那么，大学究竟能给学生的人生带来什么？

1. 大学提升了学生的思想境界

有人说大学的价值并不仅仅在于它提供的知识，而在于学有所成后能够以崭新的思想境界观察和审视学生所属的这个世界。正如，德国学者雅斯贝尔斯说过的："教育的过程首先是一个精神成长的过程，然后才成为科学获知过程的一部分。"

人生是需要有境界的，没有境界的人生，站不高，看不远。所谓的思想境界，就是对信仰的坚守和对理想的追求。表面上看来，境界对学生没有什么用处，不会给学生带来直接效用，但实际对学生的人生影响很大。美国哈佛大学在每一位大学校长的就职典礼上，新老校长都要传递两把钥匙，一把钥匙象征开启信仰之门，一把钥匙象征开启理想之门。人们从中可以感悟，有了对信仰的坚守和对理想的追求，人就会放弃眼前利益，追求长远利益；放弃个人利益，追求公众利益。

大学就是要将一种崇高的社会理念和历史责任传递给学生，唯有如此，大学生才能在追求理想、追求真理、追求知识的进程中不断超越、提升自我。

2. 大学为学生提供了多样化的文化体验

作为文化传承和创新的场所，大学集合了多样的文化资源。社会与文化在这里聚合荟萃，科学与人文在这里交相辉映，历史与现实在这里汇集交融，更形象地说，大学就是"南来北往"和"南腔北调"。在多元文化的互动中，大学生犹如在时空隧道中穿梭和转换，会产生各种各样的条件反应。通过各种讨论和交流，大学生在比较和择取中慢慢将人类社会积累的丰富经验和智慧内化为自我成长的重要组成部分，练就对应各种文化环境的感受力和适应力。相反，倘若没有这样一种多元文化的熏陶及多样文化的体验，每当他们遇到新的文化环境，就难以避免出现"适应性休克"。

可以说，如果没有文化的熏陶，大学生的思想意识就会僵化，对各种事物的认知就会变得十分麻木。他们对文化掌握得越丰富，对社会发展的感受力就越准确，走向社会的信心就越坚定。他们未来发展的一切判断、观点、动机、标准及付诸行动的决心，就集中在他们所获得的文化视域和思想范围里。

3. 大学为学生的成长提供了一个新的起点

对于学生而言，在大学岁月以前，生活、学习事务几乎全部由家长、亲人、老师包办。进入大学之后，新的学习环境、生活环境，新的人际关系，为学生的成长提供了新的挑战和起点。

（1）在学习上，"谁想在茫茫的学海中取得成功，就必须要有强烈的好奇心"。大学不仅传承知识，更注重求知欲和探索精神的培养。大学学习主要以自学为主，课堂内外，大学的老师不像中学班主任那样管理具体、细致，他们的主要职责是通过指导、组织学生开展多种活动，培养与引导学生主动思考的能力，激发他们去钻研、去探索，他们更多教会的是科学的学习方法和分析、解决、研究问题的能力。

（2）在生活上，每个人都在独立生活，这对于已经习惯父母照顾的学生来说既是考验，也是锻炼。也可以这么说，生活琐事料理得成功与否，也决定着学生未来的路是否会在自己的掌握之中。因为只有学会生活的人，才会勇敢地面对更大的挑战。

（3）在人际关系上，学生第一次进入社会生活，将要面对为人处世，面对人际交往，面对各种复杂、简单的问题。美国著名企业家、职业生涯指导专家卡耐基说过："一个人事业上的成功，只有15%是由于他的专业技术，另外的85%是靠人际关系、处事技巧。"可见，现在的个人竞争，越来越需要他人的配合和合作。在大学这个社交平台，学生可以通过各种途径和渠道，学会与人相处、与人交往、和谐共存。良好的人际关系可以成为有效的人际资源，为学生今后的工作及职业生涯发展创造一个良好的空间。

新的学习平台、新的生活平台和新的人际交往平台为学生展开一个新视野，将带学生走进一个新天地、一个新空间，使学生面对新问题，学会正视、思索、处理，最终能够迎刃而解。

4. 大学培养了学生立足未来职业发展的专业知识和实践能力

随着科学研究的不断深入，社会的专业化程度越来越高，职业分工也越来越细。在这样的社会环境下，当代大学的专业越来越分化，专业知识的学习和实践能力的训练在大学普遍开展。

美国科学社会学家巴伯认为："专业知识是非常高度专门化的观念系统，只有那些在有关领域接受长期训练的专业人员才能得到。"大学正是这样一个地方，这里有藏书丰富、类别齐全的图书馆，有各行各业的知名的专家、学者，有丰富多彩的学术活动，在这里学生们可以尽情地畅游在知识的海洋，汲取自己需要的知识营养。大学专业知识的学习主要是围绕课堂教学、实验、生产实践、调查研究、论文写作等展开的。每个与专业学习相关的环节都是教育者的精心设计，都需要学生细细地体会与理解。例如，课堂是学习知识的过程，实验是规范运用知识的过程，生产实践是理论知识结合实践的过程，调查研究是寻找知识依据的过程等，每一个教学过程都是为了促进学生走向更高的学习阶段，直至满足未来职业发展的需求。

对于每一位大学生来说，完成某一领域的专门任务，不仅需要把握专业理论知识和方法，还要具备一定的实践能力。大学日程安排较松，有大量的课余时间，学生可以拓展学习的内涵和外延，训练自身多方面的能力。在课余时间，学生可以结合专业学习和个人特长，选择个人能力拓展的平台。大学为了让学生感触更真实的职场环境，给学生提供与专业人士、成功企业家进行面对面交流的机会，同时鼓励学生多参加各方面的活动和学生社团及校外社会实践，为学生基本能力的锻炼提供了校内外的各种资源保障。大学是承载大学生人生经历和青春记忆最美好的场所。在短短的大学时光里，大学生将经历一个巨大的人生蜕变。在这人生蜕变的重要时期，大学生一方面是为了更好地成就自己，另一方面是为了积蓄和储备职业发展竞争力，用更好的规划迎接未来的挑战。

0.3 如何获得成功的大学生涯

案例赏析 大学期间获得成功的最佳策略

1. 上每堂课。上课可以让你学到东西，与老师、同学互动，想想你付的学费以及缺课的代价。

2. 成为积极的参与者。准时上课，坐在前排，积极参与，主动提问，全神贯注。

3. 了解你的任课教师和指导老师。按他们喜欢的称谓称呼他们，在办公时间内拜访他们或者给他们写邮件。每堂课早点到，以便更好地了解他们。

4. 知道期望。阅读每门课的教学大纲，知道每门课的要求，如测验方式、论文、学分及参加次数。

5. 加入学习小组。加入学习小组的效果会好于单独学习，你可以与小组成员共同测验、总结、互相学习。

6. 尽早寻求帮助。使用所有可用的校园资源。到学习中心、咨询中心、健康中心与辅导员或导师沟通,一旦发现问题,努力寻求帮助。

7. 尽最大努力学习。每学期的前三周尽可能多地投入,尽量买好教材带去课堂,提前阅读。尽早准备论文、发言等,学校中的事优先考虑。

8. 随时随地学习。在上课前复习笔记,等待上课时、排队时、上床前随时进行复习——经常短时间的复习,比一次性学到半夜效果更好。

9. 在精神状态最好的时候学习。了解自己的精力状态与学习倾向,尽可能在白天进行复习。

10. 承担责任。不要为缺课、没交作业或得分太低找借口。诚实地面对自己,为自己的选择和错误承担责任,并从中学习。

11. 寻求反馈。当获得一个学分时,问一下自己:我从中学到了什么?我是如何学习的?我是如何提高成绩的?是否已经尽了最大努力?根据所学,为自己设定新的目标。

12. 争取更好的成绩。在期中时,对自己的成绩做出评价,想想如何才能得到更好的成绩,参加一些项目或重新考试。

13. 争取额外的学分。通过超出要求或超出期望之外的学习提高成绩,投入课程的学习,理解并发现学习的意义。

14. 为自己的教育负责。即使老师讲得枯燥无味,你也可以在课堂上学得很好。问一下自己,可以做什么使这门课的学习更有效(参加学习小组,请教老师,积极参与)。增强自己对老师教学风格的适应性。

15. 培养所需的素质。想一下,哪些是克服障碍最需要的素质,努力培养。

16. 保持身体健康。如果生病,会影响在学校期间的成功。投入时间锻炼,保持健康的饮食,充足的睡眠,少沾烟酒,远离毒品。

17. 应对负面想法。通过积极的、现实的和有益的自我对话替代消极想法,想象成功,但不要成为完美主义者。在朝目标迈进的过程中取得小进步,不要忘了犒劳自己。

18. 生活有条不紊。将钥匙等始终放在同一个地方,整理重要的材料,将日常事务流程化,减轻自己的压力。

19. 优先考虑学校事务。学会平衡学校、社交与其他活动。

20. 保持与老师的联系。回顾目标及自己的进步。与班主任、辅导员保持良好关系,询问相关要求,不要没有核实就增减课程。

21. 坚持。受到挫折时,保持积极的习惯和策略,直到成功。成功来自每一小步的坚持。保持耐心,坚持不懈。

22. 控制支出。不要因为新衣服、CD、礼物、旅行及其他非必要的东西负债。教育是保证未来幸福与工作成功的最好投资。要学会存钱。

23. 学习批判性思维，考虑决定的后果。在钱、烟、酒、性等事情上要深思熟虑。在获得情感与经济保障之前不要组建家庭；通过想象做出一些决定后自己会有什么反应来控制自己的冲动。

24. 要避免成瘾。成瘾会浪费大量时间。问一下自己：遇到过成瘾后生活变得更好的人吗？身边是否有人的生活因沉湎于游戏被毁掉？这将是长期影响你的生活的决定。

25. 知道自己是谁，需要什么。去职业指导中心与咨询师交流你的兴趣、价值、目标、人格、学习风格、优势和职业选择意向。要尊重自己的风格，并创造条件取得成功。

26. 创造性地解决问题。想象一下自己本学期的成功与失败。什么可以帮助你变得更成功？下学期你的新目标是什么？克服困难的创造性想法是什么？如何解决问题，而不是任由问题一直存在？

27. 奉献。寻找可以让你贡献时间和才能的机会。在课堂外做些什么以服务于他人，并和学校教育形成互补。

28. 尊重自己与他人。当其他人的观点、做法和你不同时，支持、容忍、尊重他们。了解不同文化与不同观点。尊重自己，扩展友谊，与积极、成功、喜欢学习、支持尊重你目标的人交朋友。

29. 感恩。想一想你生活中拥有的：健康、家庭、朋友和机遇，你有如此多可以帮助你成功的资源。

30. 实践。牛顿第一运动定律指出，物体一旦开始运动，在不受外力作用的情况下，会一直保持匀速直线运动。所以从现在开始，不断向目标前进。

资料来源：沙伦·K. 费里特. 卓越表现——从大学到社会 [M]. 张丽华，程卫凯，译. 北京：机械工业出版社，2011（有删减）.

0.3.1 大学阶段的主要任务

大学阶段是我们职业生涯的重要准备期，有做不完的事情。但在许多需要完成的任务中，哪些是我们在大学阶段必须完成的呢？尽管专业不同、今后从事的职业不同，每个人在大学阶段的具体任务也有所差异，但结合社会对人才的需要，培养职业精神、树立生涯规划意识和职业意识、塑造良好的人格、提高职业素质和职业能力、具备开阔的视野，是我们在大学阶段必须完成的任务，它们将会影响我们一辈子，使我们终身受益。

0.3.1.1 培养职业精神

职业精神是人们在从事工作时所表现出来的一种态度或精神风貌，对一个人的职业发展非常重要。目前，我们虽然还没有进入职场，但是一个人在大学里养成的行为习惯，是非常容易带到今后的工作场所中去的。因此，我们"勿以善小而不为，勿以恶小而为之"，要从身边的小事做起，在做小事的过程中，培养自己的责任意识、主动精神、诚实守信的职业精神。

1. 责任意识

责任意识是一个人成才的重要支柱，也是衡量一个人成熟与否的重要标准。责任心是个人职业化素质的重要组成部分，只有一个具有强烈责任感的人才能踏实工作，把本职工作做好。如今用人单位在招聘人才时，非常强调敬业精神。其实，敬业精神的深层次来源于一个人对其工作的强烈责任心。一个缺乏责任心的人，在学习、工作、生活中的习惯行为就是寻找借口，告诉别人自己做不了某事或做不好某事的理由。很难想象，一个没有责任心的人会有敬业精神。

2. 主动精神

从出生直至上大学，在我们的生活和学习中，总是会有人不断地告诉我们应该做什么、不应该做什么。由此，造成了我们的被动性思维。当需要我们自己做决定的时候，总是寄希望于父母或老师告诉我们应该怎样做。而激烈竞争的社会不需要被动做事的人，这种人就像牙膏一样，挤一点出一点。大学阶段是我们青年人社会化的重要时期，我们要由他人导向型转变为自我导向型。

3. 诚实守信

诚信，对国家来说，是立国兴邦之基；对企业来说，是立世发达之魂；对个人来说，是立身处世之本。在工作中诚实守信需要做到：①在工作过程中，不要走过场，犯形式主义的毛病；②在汇报工作结果时，要干成什么样就说成什么样，不要夸大也不能缩小，要就事论事。错误的决策，往往来自错误的信息。决策者一旦基于失真的工作成果信息而做出了错误的决定，就会给整个单位甚至社会造成重大的损失。

0.3.1.2 树立生涯规划意识、职业意识和自立意识

1. 树立生涯规划意识

马鹤凌先生教导马英九的一句话诠释了规划的重要性，即"有原则不乱，有计划不忙，有预算不穷"。这句话的意思是：一个人如果有了明确的信念和原则，便可以始终如一，立场就会坚定；一个人如果有了明确的计划，在面对多变的外在环境时，就不会手忙脚乱；一个人事先如果做好预算，生活就不会落魄。在我们的一生中，有许许多多的事情需要我们去完成，并且每个人的时间又是如此的有限。面对多变的外在环境、有限的时间、无限多的事情，为了充分发挥人的潜力，实现人生价值，就必须能够未雨绸缪，事先做好规划。

2. 树立职业意识

职业意识是指人们对自己所从事的职业所持有的认识和理解，是个人的世界观、人生观和价值观的有机构成要素。虽然学生身处校园，但提前培养职业意识

很重要。例如，利用网络收集一些目标职业的信息，通过分析形成自己对职业的看法；参加学术活动，及时了解行业的发展变化，利于职业选择；通过参加各种职业训练活动，提前感受职场氛围。实际上，职业意识的培养过程本身也是一个自身成长的过程，通过此过程，不断提高自己分析问题和解决问题的能力，为将来在职场的发展打好基础。

3. 树立自立意识

自立是指个体从自己过去依赖的事物那里独立出来，自己行动、自己做主、自己判断、对自己的承诺和行为负起责任的过程。自立贯穿我们整个人生，可以分为身体自立、行动自立、心理自立、经济自立和社会自立。身体自立是指个体无须辅助而能直立行走；行动自立是指个体具备生活自理能力，如会自己洗脸、刷牙、洗衣服等；心理自立是指个体能独立思考，独立判断，自己做决定；经济自立是指不依赖父母或他人的经济援助而能独立生存；社会自立是指能够按照社会所规定的行为规范、责任和义务而行动。学会自立是我们实现人格独立、开创事业的前提条件。因此，在大学阶段，我们应该树立自立意识，培养自立能力。不能自立的人，不仅会成为家庭的负担，而且还会成为社会的累赘。一个成年人，不管家庭经济情况如何，从入校开始就要树立自立意识。一个人只有学会了自立，才有可能赢得职业生涯的发展与成功；只有具备了自立精神，也才有可能在将来开创自己的事业。

0.3.1.3 塑造良好的人格

1. 学会做人——重视自身修为

著名教育家孙云晓在《教育的秘诀是真爱》一书中指出"教育的核心是学会做人"。做人是人们在人际交往中所表现出来的对人、对自己的原则和态度。职场成功定律告诉我们：做人比做事更重要。职场上，真正成功之士，必是人品好的人。作为受教育者的大学生，在大学学习的过程中首先应该学会做人。"学会做人"是一个既现实又深奥的话题，学校里没有"如何做人"的教材，也没有开设"如何做人"的课程。如何学会做人，是我们应该长期用心思考的问题。在日常的学习和生活中，我们应该做一个有心人，从老师、同学、朋友的言行中去分析、去体会；在面对同一件事情时，别人为什么处理得比我好，从中我应该吸取什么。"学会做人"是逐渐积累的过程，它既是大学阶段的主要任务，也是整个职业生涯发展过程中的重要方面。

2. 学会学习——重视知识积累

学会学习其实就是自学的能力，也就是举一反三或无师自通的能力。在知识大爆炸的时代，学校不可能教给我们今后需要的所有知识。但是在大学里，我们可以学会独立思考并掌握学习的方法，它会让我们不论面对怎样的知识变更和激烈竞争，都能游刃有余、得心应手。大学不是"职业培训场"，而是一个让学生学会适应社会、适应不同工作岗位的平台。在大学期间，学习专业知识固然重要，但更重要的还是要学习独立思考、解决问题的方法，掌握自修之道。只有这样，大学生才能跟上瞬息万变的未来世界。有些同学总是抱怨老师教得不好、懂得不多、学校的课程安排也不合理。"与其诅咒黑暗，不如点亮蜡烛。"大学生不应该只会跟在老师的身后亦步亦趋，而应当主动培养自己的自学能力。

3. 学会做事——提高职业胜任能力

大学阶段，还有一个非常重要的任务就是要充分利用大学里的优质资源，培养我们的职业胜任能力。在大学阶段，完成以下几件事情，会有助于培养我们做事的能力。

(1) 培养专业能力。专业能力是从事专门工作所必须具备的能力。专业能力的获得主要靠专业学习，专业教育也是我国高等院校人才培养的主要方式。在培养专业能力的问题上，我们应该注意以下两个问题："学什么"与"学成什么"。"学什么"指的是专业名称的问题，而"学成什么"指的是专业能力的问题。有的同学可能会错误地认为在一个就业前景好的专业里学习，将来肯定能找到一份出色的工作。心存这种想法的同学简单地将专业名称和专业能力等同起来，在一个专业里学习并不会让我们自动拥有从事与该专业相关工作的能力。现实社会中，我们也常常听到非专业的毕业生"抢"走了专业毕业生的工作岗位。原因就在于，用人单位更注重的是专业名称背后的专业能力。

基础知识要扎实，知识不等于能力，但知识是能力构成的重要因素，能力是以知识为基础的。在大学期间，一定要学好本专业要求的基础课程，把基础打牢。因为在科技发展日新月异的今天，在应用领域里，很多看似高深的技术在几年后就会被新的技术或工具取代，只有学习的专业基础知识可以受用终身。而且，如果没有打下好的基础，我们也很难真正理解高深的应用技术。培养专业能力的途径是多样的，有的同学可能因为没有机会进入自己感兴趣的专业学习，就怨天尤人、自怨自艾，甚至自暴自弃。其实，培养专业能力的途径是多样的。除了进入自己感兴趣的专业进行系统的学习之外，我们还有很多其他的选择。例如，辅修、有目的地选修感兴趣的专业课程、自学等。

(2) 学会使用办公软件。如今，随着计算机的普及，以计算机为核心的办公自动化在工作中被广泛使用，办公自动化可大大提高我们的工作效率。因此，无论是对于计算机专业的学生还是非计算机专业的学生来说，学会使用办公软件都是必要的。

(3) 学会收集信息。现代社会是一个信息社会，没有信息，我们就无法顺利地展开学习和工作。因此，懂得如何收集自己想要的信息对任何学习和工作而言都是至关重要的。一位企业家认为,信息是谋求发展的关键。他这样写道:要么去狩猎,要么被猎取。我大部分的成就都源自我拥有被人需要的信息。第一步,要了解别人需要什么。第二步,要拥有足够的资源,以便知道去哪里迅速地获取这些信息。

(4) 培养写作能力。随着科技的进步和工作节奏的加快,书面沟通在当今社会中的作用已经越来越明显,任何行业都需要运用书面沟通进行公务往来。对个人而言,随着职务级别的上升,书面沟通也变得越来越重要。因为,当你有一个想法时,如果你只能停留在口头上做出说明,那么你的影响范围仅限于说话的对象。但是,一页能够做出清晰说明的备忘录会在整个公司内被传阅,甚至会一代传一代。

要形成良好的书面沟通习惯,沟通者必须具备良好的写作能力。为了培养和提高我们的写作能力,在大学期间,应该尽可能地选修一些要求学生写日志、计划书和评估报告等以论文形式完成的课程。认认真真地完成这些课程,有助于提高自己的写作能力。

(5) 提高英语会话水平。中国正在走向世界,在英语已经成为国际通用语言的情况下,能够用英语进行沟通就成为高素质国际化人才必须具备的一项本领。提高英语会话水平的根本是要学以致用,不能只"学"不"用"。

0.3.1.4 主动实践,提高职业素质和职业能力

职业素质是劳动者对社会职业了解与适应能力的一种综合体现,其主要表现在职业兴趣、职业能力、职业个性及职业情况等方面。

职业能力是指人们从事不同职业活动所必需的共有能力。特殊职业能力是指人们从事某一特定职业所必须具备的特殊的或较强的能力。

社会实践是一种很好地真正了解自己的方式。大学生应该通过不同的工作环境、不同的工作经历形成清晰的自我形象,同时注意自己的感受和反应;尽可能地寻找和获得不同的生活经历,并把这些生活事件和经历结合起来,找到价值观、兴趣和技能之间的联系,用更复杂的方式思考自我。改善与生涯决策有关的自我知识也是一个终身的过程,永远不会结束,没有生活经历会被浪费。

社会实践的另一个作用是帮助大学生不断改造自我,更快地社会化。大学与高中的不同在于,大学是进入社会的过渡期,是进入社会的预演;学校与社会的不同在于,衡量人才的参照系不同。学校教育以知识积累为主要目的,而职业领域更看重能力和素质。职业在满足现实的生存和发展需要之外,还有一个重要功能就是通过和别人共事来克服以自我为中心的意识,换句话说,职业化的过程就是社会化的过程,而克服以自我为中心,为职业做准备是大学生这个年龄段的人重要的人生课题。

影响和制约职业素质与职业能力的因素很多，主要包括受教育程度、实践经验、社会环境、工作经历等。一般来说，劳动者能否顺利就业并取得成就，在很大程度上取决于本人的职业素质和职业能力。

职业素质越高和职业能力越强的人，获得成功的机会就越大。目前，虽然在校大学生不能依靠实际就业来提高这方面的能力，但努力学习文化专业知识、增强现代科技意识、加强专业技能训练、进行社会实践和锻炼，是提高职业素质和职业能力的有效途径，并且是优势所在。我们通过分析自身的职业素质，分析自己的一般能力和特殊能力状况，挖掘潜能、发挥优势，就能够不断提高职业素质和职业能力。

0.3.1.5　具备开阔的视野

大学校园文化作为社会文化的一种亚文化形态，对于生活在其中的大学生具有潜移默化的文化熏陶和文化育人的功能。可以说具有什么样的校园文化，就会培养出什么样的人才。因此，大学生作为校园文化活动的主体，理应在校园文化活动中具备良好的视野。

要具备校园文化活动中的良好视野，就要求大学生在设计、组织和参加各种校园文化活动过程中，具有广阔、全面的国际眼界，能够从宏观上将国际发展形势尽揽眼底；要求大学生具有深远的国际眼光，能够洞悉世界风云变幻的实质；要求大学生具有正确的国际视角，能够清醒审视和质疑一些西方媒体的强势话语，提出自己的独立见解。为此，需要大学生做出以下几个方面的努力。

其一，具有坚定的政治立场。放眼全球，当前世界正处在一个思想大活跃、观念大碰撞、文化大交融的时代，先进文化、有益文化和落后文化、腐朽文化并存，正确思想和错误思想、主流意识形态和非主流意识形态相互交织。在国际视野下，我们尤其要保持清醒头脑，认清形势，以社会主义核心价值体系构筑自己的精神支柱，坚决抵制各种西化、分化思想的侵扰，坚定地跟党走，坚持走中国特色社会主义道路，做坚定的青年马克思主义者。

其二，具有自觉的开放意识。青年大学生朝气蓬勃，接受能力强，接受新鲜信息快，求知欲望强，要发挥自身的优势，自觉提高思想认识，积极主动面向世界，让自身走向世界。

其三，具有开阔的国际眼界。思路决定世界。面对五彩缤纷的大千世界，大学生要努力学习，广泛涉猎，开阔和丰富自己的眼界，开创和成就自己的梦想。要放眼全球，批判地吸收当今世界各国的先进文化，尽可能通过广泛涉猎和熟悉世界各国历史、文化、艺术、风俗等来开阔自己的国际眼界。

其四，具有过硬的综合素质。首先，要掌握现代科学技术知识，做到既"专"又"博"。要在学好专业知识的同时努力扩大自己的知识面。其次，要具有良好的国民心态的涵养。要有胸怀天下的非凡气度和风范，要宽容、理性、务实、开放、文明、诚信，展现新时期大学生良好的文明素养。最后，要具有对各种信息的良好的分析和辨识能力。要善于从世界文明发展史中汲取智慧和经验，做到为我所用，以人为鉴，以史为鉴，在历史长河的滚滚洪流中找准自己的定位。要善于分析当前国际形势大调整大变革的错综复杂局势，树立全局观和国际化大视野，把握和平发展的世界主题。

0.3.2　高等教育普及化背景下的大学生职业生涯规划教育

2019 年 2 月，教育部召开新闻发布会，介绍了 2018 年全国教育事业发展情况。教育部高等教育司副司长范海林指出，在 2018 年，我国高等教育毛入学率已经达到了 48.1%，中国已经建成了世界上最大的高等教育体系，即将从高等教育大众化阶段迈入普及化阶段。①

中国的高等教育进入普及化阶段，并不意味着高等教育真正达到了普及的程度。按照美国学者马丁·特罗（Martin Trow）在 1998 年对普及化内涵的修正，精英化、大众化、普及化三个阶段除毛入学率的区别之外，在质上存在着更为明显的差异。他认为，普及的关键之处不是入学而是参与。也就是说，普及化的重点不在于超过 50% 的适龄青年进入各式各样的学校学习，而在于几乎所有人都可以在家或是在工作单位接受教育。到那时，高等教育将很少依托于传统的大学校园和教室，而更多地运用远程教育的方式完成教学和科研等任务；到那时，多数学生学习的目的不再是获得学位，而是为了提升自我学习和选择一种生活方式，整体上来看有点接近于"学习型社会"。②

多元化是普及化进程的必由之路。随着普及化进程的深入，学校与社会的界限逐渐淡化，学校不仅规模大，而且类型多样化，近似于克拉克·克尔（Clark Kerr）所提出的"多元化巨型大学"。

具体表现为：第一，大学职能的多元化。普及化阶段的大学职能是动态发展、复杂多样的。未来社会的种种变化都离不开大学培养出的各类人才、各领域人才的发明创造、服务于人类社会的科研成果。因此，除了具有教学、科研、为社会服务这三项传统大学所具备的职能之外，普及化阶段的大学还肩负着诸如创新，满足人们与闲暇有关的多样化个性需求，国际交往等的多元化职能。第二，培养人才的多元化。新时代对高等教育改革提出了新的要求，各国对人才的需求与日俱增，不仅需要高级技术人才和管理人才，而且需要大批中级技术人才。这

---

① 刘世昕，杨杰. 政府工作报告首次提出高职院校扩招今年扩 100 万人. (2019-03-09). http://news.cyol.com/yuanchuang/2019-03/09/content_17943809.htm.

② 郝保伟. 国内高等教育普及化研究述评[J]. 理工高教研究，2007（1）：5-9.

就要求传统大学进行变革，培养满足社会多元化需求的各类人才。

尊重学生的个性选择是近年来高校人才培养理念一个突出的特色。为了适应高等教育普及化、社会人才需求多样化的外部环境及学生发展个性化的要求，在"厚基础、宽口径"的原则下，建立"全校通修课程+学科通修课程+专业发展课程+开放选修课程"的新型模块化课程体系，引入第二课堂资源，建立多元化的实践教育育人体系。大部分高校的新政策都进行了管理制度的创新，实施了开放选课制度、导师制度、专业分流制度、专业流转制度等；从通识教育平台和专业特色培养两个方面实行学分制，以培养应用型人才，实现学生自主学习、持续发展和个性化发展的培养目标；通过模块化课程体系、多元化实践教学育人体系、学分制运行管理机制来贯彻落实服务国家和地方经济社会发展的宗旨。

从一些高校实施的本科新生学业规划与职业生涯规划指导的效果来看，如果同学们在进入大学不久就能够接受科学规划职业生涯的理念，掌握相应的方法，就可以在一年级开展全面的自我认知，同时了解所在高校各个专业对应的职业发展方向。以未来的职业发展为首要决策因素，选择最适合自己的专业方式。遵循人职匹配原则，根据自己的实际情况，理性选择专业，而非一味地选择热门专业，从而将高等教育普及化的优势发挥到极致，为个人的职业生涯发展奠定坚实的基础。

目前，大部分高校的育人理念是强调知识、能力、素质并重，希望学生在学习上能实现"宽、专、交"的要求。"宽"就是宽口径、厚基础；"专"是指对专业学习更深入、更具有研究性；"交"是知识结构是交叉复合型的。这样培养出来的人才可以有更好的社会适应性，既个性化又有复合型能力，是社会最需要的。为此，高校在大学生职业生涯规划教育的教学内容设置上要贴合社会需求，强调培养学生的创新能力和实践能力，培养出符合社会需求的人才。

0.3.2.1 社会主义核心价值观融入高校职业生涯规划教育

大学生职业生涯规划是高校在理论教育的基础上开展的一门有利于大学生人生和社会发展的规划性课程，主要是指大学生在教师的指导下，通过对职业知识理论的学习和综合素质的测评，深入了解在自身发展规划和教育理论的基础在影响自身未来职业发展的因素，根据自身认识进一步明确自身未来的职业规划和发展方向。大学生职业生涯规划的教育课程融合了学生职业规划的知识和发展基础，是高校在自身的办学特色和教育创新的基础上的进一步发展，有利于高校根据经济社会的发展情况以及社会对人才的需求状况不断调整自身的教育课程和人才培养体系，是促进大学生未来职业发展的关键一步。

大学生职业生涯规划教育在我国起步较晚，课程教学中运用到的一些背景理论，如特质因素论、生涯发展理论、人本主义理论、社会认知理论等均源于西方，缺乏本土化理论基础，西方学派主张价值中立，使得职业生涯规划课程的价值导向不明确，学生在选择职业时，更多考虑的是个人事业发展和价值实现，片面追求个体需求和个体满足，很难考虑国家的需要，甚至并不清楚国家对自己的需要，造成大学生职业生涯规划教育中，社会主义核心价值观教育无法充分彰显。①

《中共教育部党组、共青团中央关于在各级各类学校推动培育和践行社会主义核心价值观长效机制建设的意见》（教党〔2014〕40号）强调，要推动社会主义核心价值观融入教育教学，实施高校课程体系和教育教学创新计划，整体推进综合改革创新，打造教育教学体系。国家大力推进社会主义核心价值观融入高校课程体系中。

社会主义核心价值观能够增强高校学生的情感认同。将社会主义核心价值观融入高校学生职业生涯规划教育中能够让学生充分感受党和国家在建设新中国的过程中所付出的努力，让高校学生深刻地感受到在中国共产党的领导下，在全体中国人民的共同努力下所开创的新时代是如此的具有生命力，从而启发学生增强民族自豪感、自信心，并在将社会主义核心价值观运用到自身职业生涯规划中产生强烈的情感认同。

社会主义核心价值观能够提升高校学生的思想认识，增强中华民族的民族凝聚力。将社会主义核心价值观融入高校学生职业生涯规划教育，能够让高校学生树立马克思主义思想观，并将富强、民主、文明、和谐、自由、平等、公正、法治、爱国、敬业、诚信、友善的核心价值理念逐渐渗透融入自身的发展之中，从而将个人价值的实现与国家的发展、民族的兴旺紧密结合在一起，让中华民族的民族凝聚力得到进一步的增强。

0.3.2.2　注重创新创业能力的培养，弘扬时代创新精神

随着"大众创业，万众创新"政策的积极推行，大学生的职业生涯规划应该跟随时代的脚步，积极做出变化，深入在"双创"教育环境下大学生职业生涯规划的研究，为大学生的就业创业提供一个在校时期的指导，促进大学生的成长成才。

2016年11月，人社部、教育部联合印发《关于实施高校毕业生就业创业促进计划的通知》，提出要把学生职业发展与就业指导课程贯穿于整个人才培养体系，加强有针对性的职业指导，把鼓励创业作为扩大就业的重要方向，将创新创业教育融入人才培养全过程。可见，创新创业教育改革现在是高校教育教学改革

---

① 朱帅玲，张宝磊，戈其平. 大学生职业生涯规划课程中的思政路径[J]. 文教资料，2019（5）：171-172.

的重中之重，是高校提升学生创新能力和就业能力的重要抓手，各高校都在新修订人才培养方案中，专门设立创新创业课程模块，构建与通识教育、专业教育和实践教学有效融合的创新创业教育平台，着力培养学生的创新精神、创业意识和创新创业能力。对于创新创业教育，专业教育是基础；而创新创业教育则是专业教育的有力补充，两者密不可分。职业生涯规划教育是引导学生根据自身专业背景，结合能力、特长、兴趣爱好、未来职业预期，以及社会需求、家庭期望等主客观因素，选择和规划自身的就业领域、就业方向、职业目标，并有针对性地学习知识、提升能力，依照职业规划来实现人生目标。可见，专业教育、创新创业教育和职业生涯规划教育的有机融合，才能切实有效地推动高校人才培养的高质量发展。[①]

职业生涯规划教育的教学应突出培养学生的创新创业精神。一方面，让学生了解专业特点及行业现状，并了解行业内典型岗位的特点；另一方面，从行业需求角度，重点培养学生在专业素质之外应该着重培养的综合素质，尤其是创新思维能力的培养，从而指导学生进一步明确学习目的、调整学习方向、了解自身特点、规划人生定位。这也就要求院校在确立专业时，要对社会行业发展有充分的预估，能够了解该专业十年内发展走向，并积极地获取行业信息，特别是专业相关岗位的从业标准。另外，能够在新生入校时就要做具体的数据库管理，明确每一位新生的特长、爱好，并将特长、爱好分组，实现分组教学，增加学生的附加值。或者积极鼓励社团建设，以兴趣为导向，不断丰富学生业余生活的同时，提升其专业之外的第二核心竞争力。

具体到院校所开展的职业生涯规划课程，创新创业思维应当体现在职业潜能分析辅导、职业生涯发展轨迹及实现职业发展规划方案目标的具体措施等领域。职业潜能分析辅导主要包括帮助学生进行自我探索、职业探索和职业机会分析。职业生涯发展轨迹应注重引导学生找准职业定位，以创新创业思维为导向，明确个人发展方向，设计职业发展通道和行动方案。实现职业发展规划方案目标的具体措施应根据社会总体发展环境状况，结合学生个人综合素质能力，在教学实践和个人实践活动中，阶段性检验已拟定的职业定位、职业发展目标和职业发展策略是否符合实际条件，关注匹配程度，及时根据需要适时调整修改，在加深学生对创新创业思维的理解中，帮助学生形成具备自我修正、自主更新的方法论体系，使得学生能够合理按照所设定的职业发展规划不断进步，逐步取得事业上的进步。

---

① 邓长勇. 构建基于服务能力导向的实践教学体系，全面提升学生的职业技能[J]. 现代职业教育，2017（9）：30.

0.3.2.3 注重学生实践动手能力的培养

在创新创业快速发展的今天，企业对人才所具备的能力要求越来越高，学校培养的大学生也应当追赶创新创业的实际要求。开设职业生涯规划课程的院校应当尽早加大经费投入，购买相应的硬件、软件设施设备，为学生创新创业活动搭建平台，打造包括翻转课堂、情境模拟、软件实训、企业实践等多种方式结合的特色化创新课程，在教学过程中实现理论与实践、院校与企业、现实与虚拟等不同渠道的配合，使学生在不同的学习渠道中学会融会贯通，以达到职业生涯发展规划课程的培养目标。

另外，通过邀请优秀校友和企业高管进课堂，让学生面对面了解行业需求与发展趋势。或者进行校企教育模式，开展新学徒制教学模式、双师教学、项目教学，提升学生专业利用能力，实现专业理论和实操结合，能够充分地用现存岗位标准要求自己，提升未来就业成功率。此外，通过设置跟岗实习、假期社会实践活动，让学生清楚地意识到自身与行业需求的差距，以此激发学生学习的内驱力和创新思维。通过以上这些理论与实践结合的教学模式，不断培养学生积极向上的价值观。改变以往学生"死读书""读死书"的情况，使其机动灵活、审时度势，充分发挥自己所长，扩宽自己的就业范围，增加自己的创业认知。

在学生实践动手能力培养方面，湖北工业大学探索出了一条自己的特色道路。湖北工业大学是一所以工学为主、多学科协调发展的地方多科性大学。学校秉承"立足湖北、服务工业"的办学定位，深入推进"721"人才培养模式改革、"135+"学科发展战略、"绿色工业"科技引领计划，在绿色轻工、智能制造、绿色建筑、工业设计等方面形成了明显优势和特色，取得了一批标志性成果。围绕"创新创业和实践能力强的高素质应用型人才"的培养目标，多方多元协同，积极构建双创实践体系。

1. 推进多方协同，完善实习实践体系

学校深入实施系列"卓越计划"、科教结合协同育人行动计划等，多形式举办创新创业教育实验班，探索建立校校、校企、校地、校所以及国际合作的协同育人新机制，构建了以校企合作为主体，实习实训基地建设、校企合作办班为两翼的"一体两翼"实习实训平台。

2. 多元化实践，依次递进促进创新发展

学校不断完善"实验教学—实习实训—毕业设计（论文）—创新创业教育—课外科技活动—社会实践"六元结合的双创实践教育体系。实施冬、夏季短学期实践，"教学—训练—竞赛—实战"相结合，理论学习与实践提升交替促进。引导全体学生在大学四年学习生活中，按"规划自我、接触社会，深入接触、了解社会，认识专业、体验社会，结合专业、研究社会，深入专业、强化能力，扎根专业、实践创新,运用专业、服务社会",自主参与社会实践、实习实训、科技创新三大类九小种实践,实现创新能力培养与社会需求无缝对接。

3. 丰富实践活动,促进创新创业能力提升

学校大力推行短学期制,要求学生在寒暑假开展创新创业训练计划、学科竞赛活动、社会调研活动、基层体验活动、志愿服务活动,并计入学分。近3年来,有12万人次参与短学期实践,满意度达90%以上。

 本 章 小 结

第0.1节对生涯、职业生涯和职业生涯规划的定义进行了界定。狭义的职业生涯是指一个人从职业实习伊始,至职业劳动结束,包括整个人生职业历程。而广义的职业生涯则包括个人一生中的各种职业和生活角色;回顾了国内外职业生涯规划教育的发展历程。

第0.2节围绕着什么是成功的大学生涯而展开。通过对比高中与大学在学习、生活、资源、成长等多方面的差异,探讨大学阶段与个人职业生涯发展之间的关系。在此基础上,概括了大学生涯对学生成长的重要意义。

第0.3节以案例引入,探讨如何获得成功的大学生涯。明确界定大学期间的主要任务,强调在大学阶段规划的重要性,并给出大学生职业生涯规划教学方面需强调的内容。

 复习思考题

一、基本概念

职业生涯规划　生涯彩虹图

二、简答题

1. 简述大学生涯对学生成长的重要意义。
2. 简述舒伯的职业生涯彩虹图的大体含义。

第一部分　生涯设计

第 1 章　生涯发展理论

学习目标

通过本章的学习，引导学生了解大学生生涯各阶段的任务；明确生涯规划的重要性；了解生涯理论发展历史，并掌握生涯理论中的特质因素理论、生涯发展阶段理论、职业锚理论的基本内容，了解并掌握人生设计的基本内容和方法。

关键术语

生涯规划、生涯理论、人职匹配、特质因素理论、生涯发展阶段理论、职业锚理论、人生设计。

1.1　生涯与大学

引导案例　斯皮尔伯格的导演之路

斯皮尔伯格大家非常熟悉，他在 36 岁时就成为一个成功的制片人。他在 17 岁的时候，有一次去一个电影制片厂参观，之后他就偷偷立下了目标，要拍最好的电影。第二天，他穿了一套西装，提着爸爸的公文包，里面装了一块三明治，再次来到制片厂。他故意装出一个大人模样，骗过了警卫，来到了制片厂里面。然后找到一辆废弃的手推车，用一块塑胶字母在车门上拼出"史蒂芬·斯皮尔伯格""导演"等字样。他利用整个夏天去认识各位导演、编剧等，天天忙着以一个导演的生活来要求自己。他从与别人的交谈中学习、观察、思考，并最终在 20 岁那年，成为正式的电影导演，开始了他导演的职业生涯。

由此，我们可以看到确立明确的职业目标，做好科学的生涯规划并为之不懈努力，更有助于获得职业成功。就大学阶段而言，做好生涯规划有哪些意义呢？

1. 充分认识自我，了解自我

通过调查，很多大学生对自己并不十分了解。尤其是认识不到自身存在的优势和劣势，自己有哪些兴趣和爱好。因此，大学生在毕业阶段求职和择业的过程中具有盲目性和不切实际性。大学生可以通过有效的生涯规划，充分认识自身的特点、具有哪些潜在的资源优势。结合自身的兴趣、爱好、性格特征，全面了解自我、认识自我，从而树立正确的职业方向和适合自己的职业理想。

2. 树立正确的人生观、价值观

人生观和价值观决定了个人的行动方向、思维方式和处事态度，决定了个人的成就与未来。通过生涯规划可以让大学生更清晰地了解和判断自己未来工作的目标和价值取向，最终把外在环境的挑战迅速地内化为自己的动力。

3. 引导职业方向，明确职业目标

生涯规划将给大学生灌输职业概念以及相关职业知识，促使大学生了解将来进入职场所需要具有的能力和素质，反思自我的不足和差距，从而有目的地学习和实践。通过树立明确的职业目标帮助大学生实现人生理想。

4. 提高规划意识，增加实践能力

目前很多大学生缺少规划意识。生涯规划可以充分激发学生的规划能力，引导大学生合理制订目标，根据制订的不同阶段的目标完成不同任务，以此增强实践能力，职业目标也会更加清晰。

5. 提升应对竞争的能力

生涯规划可以促使大学生在大学期间按照既定目标有条不紊地学习、研究和实践，逐步提升自身综合素质。从而在求职时做到早有准备，自己在求职中的竞争能力也会随之提升。

1.1.1　生涯的含义

"生涯"一词我们都很熟悉，但生涯是什么？包含哪些具体内容呢？

在"吾生也有涯，而知也无涯。"（《庄子·养生主》）中，"生"指生命的长度，"涯"指生命的宽度，"生涯"原谓生命有边际和限度，后指生命、人生。《现代汉语词典》中对"生涯"的解释是指从事某种活动或职业的生活。

美国职业管理学家唐纳德·E. 舒伯（Donald E. Super）认为，生涯是个人终其一生所扮演角色的整个过程，由三个层面构成。

（1）从时间上，个人的年龄或生命的长度，又可细分为成长、试探、建立、维持、衰退等时期。

（2）从广度或范围上，每个人一生所扮演各种不同的角色。如小孩、学生、公民、丈夫、妻子、家长、工作者、领导者等。

（3）从深度上，为个人投入的程度深浅。

那何为"生涯规划"呢？生涯规划是指个人与组织相结合情况下对终身职

业发展的规划与调整。说白点，就是在对一个人职业生涯的主客观条件进行测定、分析、总结的基础上，对自己的兴趣、爱好、能力、特点进行综合分析与权衡，结合时代特点，根据自己的职业倾向，确定其最佳的职业奋斗目标，并为实现这一目标做出行之有效的安排。

1.1.2 生涯理论发展历史

生涯理论发展简史分为20世纪初起步阶段、20世纪40年代至50年代成长阶段、20世纪60年代至70年代成型阶段、20世纪90年代成熟阶段，如图1-1所示。

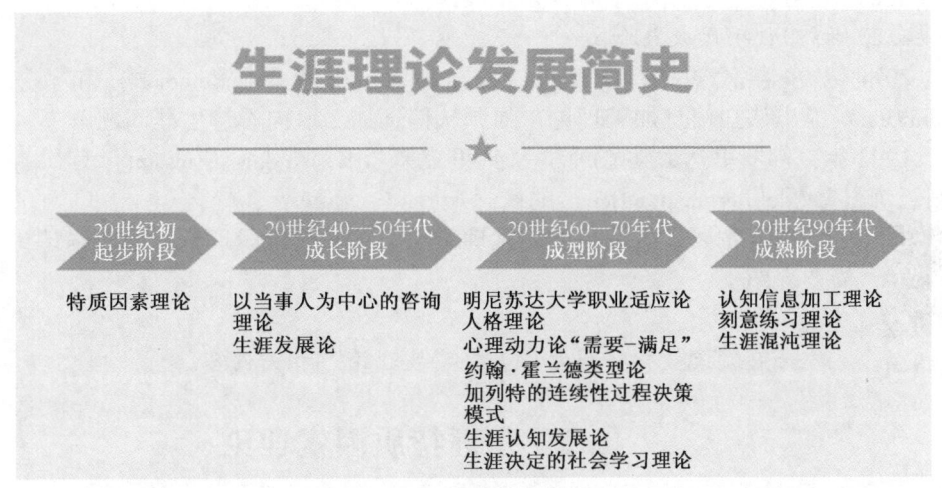

图1-1 生涯理论发展简史

1. 20世纪初起步阶段

1908年，美国波士顿大学教授弗兰克·帕森斯（Frank Parsons）成立波士顿职业局，不仅是其事业的转折点，也开启了生涯辅导的先河。自此，西方国家开启了生涯辅导运动。1909年，弗兰克·帕森斯在《职业的选择》一书中创建了特质因素理论，开创了职业辅导。经过一个多世纪的生涯辅导发展，产生了诸多生涯理论。每一个理论的提出和发展都建立在不同学科和不同研究成果上，它们具有不同的价值。

2. 20世纪40年代至50年代成长阶段

20世纪40年代，卡尔·罗杰斯（Carl Rogers）创立了以当事人为中心的咨询理论。

金斯伯格（Ginsberg）等人提出早期的生涯发展论，舒伯（Super）以发展心理学为基础，系统地提出了有关生涯发展的观点。

3. 20世纪60年代至70年代成型阶段

20世纪60年代,戴维斯(Dawis)与罗圭斯特(Lofquist)等人提出强调"人境符合"的明尼苏达大学职业适应论。

罗伊(Roy)提出了人格发展的理论。

鲍丁(Bordin)创造了一个"需要-满足"模式,把精神分析学派的理论用于生涯理论。

约翰·霍兰德(John Holland)提出类型论。

1962年,加列特(Gelatt)等人发展出职业的连续性过程决策理论模式。

20世纪70年代,克内菲尔坎姆(Knefelkamp)和斯列皮兹(Slipitza)从认知发展的观点出发,提出了生涯认知发展论。

4. 20世纪90年代成熟阶段

20世纪90年代初期,桑普森(Sampson)、皮特森(Peterson)和里尔顿(Reardon)提出认知信息加工理论,强调从信息加工取向看待生涯问题解决。

1993年,佛罗里达大学心理学家艾里克森(K. Anders Ericsson)首次提出"刻意练习"(deliberate practice)的概念。

本章主要就生涯特质因素理论、生涯发展阶段理论、职业锚理论做简要介绍。

二维码1-1

拓展阅读:扫码阅读"人格发展理论"相关内容。

1.2 生涯特质因素理论

1.2.1 特质因素理论的概念

美国波士顿大学教授弗兰克·帕森斯被称为"职业辅导之父"。他在《选择一个职业》(Choosing A Vocation)著作书中提出了特质因素理论,提出"人与职业相匹配是职业选择的焦点"。

特质因素理论又称人职匹配理论,是最早的职业辅导理论。"特质"就是指个人的人格特征,包括能力倾向、兴趣、价值观和人格等,这些都可以通过心理测量工具来测量。"因素"是指在工作上要取得成功所必须具备的条件或资格,这可以通过对工作的分析而了解。

1.2.2 特质因素理论的核心及基本内容

特质因素理论的核心是人与职业的匹配。其理论前提是每个人都有一系列独特的特性,并且可以客观而有效地进行测量;为了取得成功,不同职业需要配备不同特性的人员；选择一种职业是一个相当易行的过程，而且人职匹配是可能的；个人特性与工作要求之间配合得越紧密，职业成功的可能性越大。特质因素理论包含以下三个方面的内容。

第一，了解自我。要清楚了解自己，包括自我的能力倾向、能力、兴趣、价值观、资源及限制，以及这些特质的成因。

第二，探索外界。要明白各种工作成功所必须具备的条件和要求，优点和缺点，就业机会与发展前途。

第三，匹配。要实实在在推论这以上两种之间的相关情形，达到平衡。

1.2.3　人职匹配的类型

人职匹配分为以下两种类型。

第一，因素匹配（工作找人）。例如，需要有专门技术和专业知识的职业与掌握该种技能和专业知识的择业者相匹配；或脏、累、苦劳动条件很差的职业，需要有吃苦耐劳、体格健壮的劳动者与之匹配。

第二，特质匹配（人找工作）。例如，具有敏感、易动感情、不守常规、个性强、理想主义等人格特性的人，宜于从事审美性、自我情感表达的艺术创作类型的职业。

1.2.4　特质因素理论的应用

特质因素理论产生近百年来经久不衰并得到了不断的发展和完善。它奠定了人才测评理论的理论基础，推动了人才测评在职业选拔与指导中的运用和发展。在开展职业选择和职业指导方面应用十分广泛。

利用特质因素理论开展职业指导一般有如下三个步骤。

第一步，评价求职者的生理和心理特点（特性）。通过心理测量及其他测评手段，获得有关求职者的身体状况、能力倾向、兴趣爱好、气质与性格等方面的个人资料，并通过会谈、调查等方法获得有关求职者的家庭背景、学业成绩、工作经历等情况，并对这些资料进行评价。

第二步，分析各种职业对人的要求（因素），并向求职者提供有关的职业信息。包括：职业的性质、工资待遇、工作条件及晋升的可能性；求职的最低条件，如学历要求、所需的专业训练、身体要求、年龄、各种能力及其他心理特点的要求；为准备就业而设置的教育课程计划，以及提供这种训练的教育机构、学习年限、入学资格和费用；就业机会。

第三步，人职匹配。指导人员在了解求职者的特性和职业的各项指标的基础上，帮助求职者进行比较分析，以便选择一种既适合其个人特点，又有可能得到并能取得成功的职业。

二维码 1-2

拓展阅读：扫码阅读《职商》。

1.3 生涯发展阶段理论

1.3.1 生涯发展阶段理论的概念

生涯发展阶段理论是由美国职业管理学家唐纳德·E. 舒伯提出来的。舒伯是全球最有影响力的生涯发展研究者，被誉为"超级思想家"。舒伯把人的职业生涯划分为五个主要阶段：成长阶段、探索阶段、建立阶段、维持阶段和衰退阶段。这五个阶段是可以和人一生的发展周期相匹配的。各阶段之间又有"转换期"，环境或个人等一些不稳定因素经常会对其产生影响。

生涯发展阶段理论，强调从主观动态发展的过程中探寻职业的最佳选择，通过对不同阶段的具体发展任务或角色的划分，帮助个人更好地思考生涯发展之路。从舒伯生涯发展理论不仅可以看出人在不同的阶段有不同的重点发展任务，而且在同一发展阶段的不同时期也有不同的重点发展任务，如图 1-2 所示。

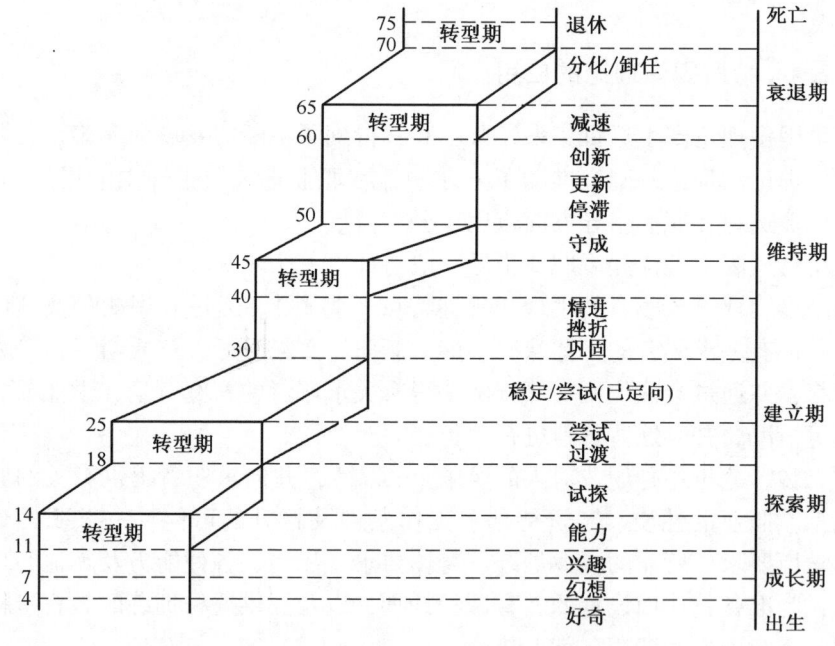

图 1-2 生涯发展的阶段与任务（单位：岁）

1.3.2 生涯发展阶段理论的主要内容

1. 成长阶段（0~14岁）

主要任务：认同并建立起自我概念，对职业好奇占主导地位，并逐步有意识地培养职业能力。这一阶段具体分为3个成长期。

（1）幻想期（10岁之前）：儿童从外界感知到许多职业，对于自己觉得好玩和喜爱的职业充满幻想和进行模仿。

（2）兴趣期（11~12岁）：以兴趣为中心，理解、评价职业，开始做职业选择。

（3）能力期（13~14岁）：开始考虑自身条件与喜爱的职业是否符合，有意识地进行能力培养。

2. 探索阶段（15~24岁）

主要任务：主要通过学校学习进行自我考察、角色鉴定和职业探索，完成择业及初步就业。这一阶段具体分为三个成长期。

（1）试验期（15~17岁）：综合认识和考虑自己的兴趣、能力与职业社会价值、就业机会，开始进行择业尝试。

（2）过渡期（18~21岁）：正式进入职业，或者进行专门的职业培训，明确某种职业倾向。

（3）尝试期（22~24岁）：选定工作领域，开始从事某种职业，对职业发展目标的可行性进行实验。

3. 建立阶段（25~44岁）

主要任务：获取一个合适的工作领域，并谋求发展。这一阶段是大多数人职业生涯周期中的核心部分。

（1）尝试期（25~30岁）：个人在所选的职业中安顿下来。重点是寻求职业及生活上的稳定。

（2）稳定期（31~44岁）：致力于实现职业目标，是一个富有创造性的时期。

职业中期阶段可能会发现自己偏离职业目标或发现了新的目标，此时需重新评价自己的需求，处于转折期。

4. 维持阶段（45~64岁）

主要任务：这一阶段内开发新的技能，维护已获得的成就和社会地位，维持家庭和工作两者间的和谐关系，寻找接替人选。

5. 衰退阶段（65岁以上）

主要任务：逐步退出职业和结束职业，开发社会角色，减少权力和责任，适应退休后的生活。

1.3.3 大学生生涯发展阶段及任务

大学（本科、硕士研究生）阶段正处于生涯发展阶段中"探索阶段"的尾部，即将进入"建立阶段"。在这个时期，我们会感受到来自就业的压力，会逐步形成自己的职业意愿。因此，大学阶段是职业生涯的重要准备期。大学也是人生的重要阶段，心理发展趋向成熟，智力发展达到高峰。能否顺利地完成大学期间的各阶段任务，顺利进入职场，大学期间尽早开启自我探索，提升自我规划的意识和能力尤为重要。一般而言，大学生涯大致可以分为以下四个阶段。

1. 大学一年级（探索期）

这一阶段的大学生正逐步适应大学生活。经过对大学生活的亲身体验和专业课程的学习，各方面能力有了一定的提高，对自我有了一定的认识，开始探索职业发展方向。

该阶段生涯目标的特点是：目标开始与自我性格、爱好、能力等相结合。

该阶段大学生的生涯规划任务是：进行自我和环境的探索，了解自己的职业发展方向，了解社会相关的职业资讯，涉猎创新创业的相关知识；对大学生涯进行合理规划；制订大学期间阶段性目标；积极行动实现阶段目标；参加校园文化活动和社会实践活动。

2. 大学二年级（定向期）

这一阶段的大学生经过一年的大学生活，已经完全适应大学生活，掌握了大学生活规律，建立了一定的人际关系，对于自己的性格、能力、优势、劣势、职业兴趣以及将来职业方向的探索更加积极。职业生涯发展方向进一步明确，通过参加各种实践及成长训练，综合能力快速提升，为即将到来的专业实践奠定了良好的基础。

该阶段生涯目标的特点是：对规划更加具体和现实。但由于个体的差异，有些学生仍会因为寻找生涯发展目标和个人价值处于迷茫状态。

该阶段大学生的生涯规划任务是：学习并掌握生涯规划中生涯目标建立方法和生涯抉择方法；建立合理的价值体系和认知结构；围绕职业生涯规划制订相应的成长计划；参加校园文化活动、社会实践活动和创新创业活动；参加专项行为训练，提升实现目标的行动力。

3. 大学三年级（冲刺期）

这一阶段的大学生由于目标的不同出现了生涯发展方向的不同，这种不同带来了大学生活以后阶段的发展道路的不同。希望继续深造的学生开始为备战研究生考试做准备，有志向找工作的大学生则更加积极地参加各种实习实践活动和创新创业活动。

该阶段生涯目标的特点是：长远目标逐渐明确和坚定，近期目标更加具体。

该阶段大学生的生涯规划任务是：对自己的职业生涯进行合理规划和修正；发现自身职业竞争力的不足之处，制订职业竞争力提升计划；参加与专业相关的实习实践；参加校园文化活动、社会实践活动和创新创业活动；参加专项能力训练，提升实现目标的行动力。

4. 大学四年级（分化期）

这一阶段的大学生通过前三年的专业理论学习和相关训练，掌握了一定的专业理论和专业技能，人际交往能力、思维能力、创新意识、团队精神都得到了相应提高，面临大学毕业，即将走入社会，真正开始进入自己的职业生涯。能否真正适应将来的工作及工作环境，尽快走向成功，成为每一位即将走入社会的大学生关心的问题。大学生希望通过最后的大学生活使自己更加完善。

该阶段生涯目标的特点是：目标更具有现实性和可操作性。

该阶段大学生的生涯规划任务是：了解相关就业及创业信息；参加相应快速提升训练；与相关单位及个人建立稳定的关系。考研或出国的同学积极为考上研究生或出国做准备。

拓展阅读：扫码阅读舒伯提出的"生涯彩虹图"。

1.4 职业锚理论

1.4.1 职业锚理论的产生

美国麻省理工学院斯隆商学院教授、著名的职业指导专家埃德加·H. 施恩（Edgar H. Schein）领导的专门研究小组，对该学院 44 名 MBA（工商管理硕士）毕业生进行了长达 12 年的职业生涯研究，包括面谈、跟踪调查、公司调查、人才测评、问卷等多种方式，最终分析总结出了职业锚（又称职业定位）理论。并在其 1978 年出版的《职业动力论》（中译名为《职业的有效管理》）一书中首次提出了职业锚理论。该书也因此成为职业生涯开发与管理的经典著作。

1.4.2 职业锚理论的概念

职业锚，又称职业系留点。锚，是使船只停泊定位用的铁制器具。职业锚，是指当一个人不得不做出选择的时候，他无论如何都不会放弃的职业中的那种至关重要的东西或价值观。实际就是人们选择和发展自己的职业时所围绕的中心。

职业锚强调个人能力、动机和价值观三方面的相互作用与整合。它是个人同工作环境互动作用的产物，在实际工作中是不断调整的。

1.4.3 职业锚类型介绍

学者们经过长时间的研究，确定了五种基本的职业锚类型。

（1）技术（或职能）型。技术（或职能）型的人，追求在技术（或职能）领域的成长和技能的不断提高，以及应用这种技术（或职能）的机会。他们对自己的认可来自他们的专业水平，他们喜欢面对来自专业领域的挑战。

（2）管理型。管理型的人青睐于管理职业，致力于管理能力和权力的提高。这种类型的人可以独立负责一个职能部门，也可以跨部门进行人事、财力等方面的管理。他们将公司的成功与否看成自己的工作。

（3）自主（或独立）型。自主（或独立）型的人希望可以自由地安排自己的学习和生活，追求的是宽松、自在、独立的工作环境，少受外界的干扰，最大限度地摆脱外界的约束。他们愿意放弃提升或工作扩展机会，也不愿意放弃自由与独立。

（4）安全（或稳定）型。安全（或稳定）型的人追求工作中的安全与稳定感。他们可以预测将来的成功从而感到放松。他们关心财务安全，如退休金和退休计划。他们的安全取向主要有两类：一是职业的安全；二是情感的稳定。

（5）创业型。创业型的人希望凭自己能力去创建属于自己的公司或创建完全属于自己的产品（或服务），愿意去冒风险，并克服面临的障碍。他们具有较强的冒险精神和独立探索能力。

1.4.4 职业锚理论的应用意义

经过40余年的发展，职业锚已成为许多个人职业生涯规划的必选工具和公司人力资源管理的重要工具。

个人在进行职业规划和定位时，可以运用职业锚理论思考自己具备的能力，确定自己的发展方向，审视自己的价值观是否与当前的工作相匹配。只有个人的定位和要从事的职业相匹配，才能在工作中发挥自己的长处，实现自己的价值。对于企业而言，通过雇员在不同的工作岗位之间的轮换，了解雇员的职业兴趣爱好、技能和价值观，将他们放到最合适的职业轨道上，可以实现企业和个人发展的双赢。

二维码1-4

拓展阅读：扫码阅读《职业锚》。

1.5 人生设计

以上介绍的生涯特质因素理论、生涯发展阶段理论和职业锚理论是传统的生涯发展理论中比较经典的理论。本节要给大家介绍的是不同于传统生涯理论的一种全新理论——人生设计。

人生设计是把设计思维运用在职业生涯规划上的一种方式。它的创始人是两名跨界的设计师——前苹果公司员工比尔·博内特和戴夫·伊万斯。博内特曾经为早期的苹果笔记本电脑设计出耐用的铰链，伊万斯则研发了苹果计算机的第一款鼠标。他们经常受邀为硅谷的创意天才们讲解设计理念，发现自己的理念只能帮助人们做出最有创意的产品，却无法让自己的生活变得有趣。于是他们决定，把设计思维运用到自己的人生中来。他们在斯坦福大学开设了一门"人生设计课"，课程的目标是"如何运用设计思维，发现自己未来想做什么"。

你们可能会问："设计思维和传统规划思维有什么不同呢？"详见表1-1。

表1-1 设计思维和传统规划思维观点对比

传统规划思维的观点	设计思维的观点
坚持初心	重新定义问题
找到最适合自己的方向	拥有很多个选择
做出决定、坚定推进	边走边看，低成本试错

总结一下，传统的职业规划思路是："专注初心，找到最适合自己的选择，做出决定并且把事情做成。"而人生设计的思路是："重新定义问题，找到尽可能多的选择，选择一个进行快速尝试，直到成功。"

设计思维有五种基本心态，分别是保持好奇、不断尝试、重新定义问题、专注、深度合作（寻求帮助），也可以说是五个基本工具，我们可以应用它们进行人生设计。

1.5.1 人生设计的五种心态

1. 保持好奇

好奇心能够帮助人们挖掘事物的新鲜感，激发人们探索的欲望，让一切变得更有趣。最重要的是，好奇心会让你"好运连连"，这就是人们四处寻找机会的原因。

2. 不断尝试

当你勇于付诸行动时，你就是在为自己打造一条不断前进的人生路。不要坐在那里空想，行动起来。设计师都乐于探索和尝试，他们会创造一个又一个原型。虽然经常失败，但他们从不放弃，直到找到解决问题的方法。有时，他们会发现问题与一开始设想的完全不同。设计师乐于接受改变，他们不会纠结于某一个特定结果；在他们眼中，没有最终结果，他们只专注于接下来要出现的东西。

3. 重新定义问题

"重新定义"是指设计师转换其思维模式、摆脱困境的方法。通过重新定义，我们能够认识到问题的关键点。人生设计的关键就是重新定义问题，在重新构建的过程中，你可以退一步思考，重新审视自己的喜好，开启全新的解析空间。例如，对于"你长大后想做什么"这个问题，我们可以重新定义为"长大后，你想成为谁？"因为生活不是静止不动的，职位只是人生路上一个模糊的方向。在人生设计的过程中，要弄清自己想要成为什么样的人，以及如何拥有自己理想的生活。

4. 专注

生活常常是复杂而混乱的，当你前进一步时，有时看起来你正在向后倒退。生活中的你可能会犯错，也可能会抛弃自己的原型。在这个过程中，你必须学会"放手"——不要纠结于自己最初的想法，放弃那个"不错但并不精彩"的解决方案。有时，令人惊艳的设计可能诞生于混乱之中。知道橡皮泥是怎样被发明出来的吗？

在第二次世界大战期间，用来制作轮胎和靴子的橡胶供不应求，濒临破产的 Kutol Products 公司看到了这项颇具前景的商机，准备发明一款能够代替橡胶的产品挽救即将破产的公司，然而在该公司的一顿操作之后，并没有制作出能够代替橡胶的产品，只是做出了一堆又软又黏的失败品。为了挽救破产，Kutol Products 公司灵机一动，将这个又软又黏的残次品做成了一款固体清洁剂，最终实现了翻盘，渡过了公司破产的危机，但其成功之处并不在于这款清洁产品有多么好用，而是它具有良好的可塑性，可以被捏成各种各样的饰品，受到了孩子们的喜爱。于是，Kutol Products 公司将错就错，干脆将其进行改良，做成了一款五颜六色的玩具产品，最终这种彩色的泥巴"误打误撞"成为风靡全球的玩具。

还有诸如不粘锅、万能胶等都是这样诞生的。试想，如果没有某位设计师在某个地方制造的一场混乱，这些东西可能就不会存在了。当你学会像设计师一样思考时，你就会知道"这个过程"意味着什么。人生设计犹如一段旅途，不要纠结哪里是最终的目的地，而是专注于过程，看看接下来会发生什么。

5. 深度合作（寻求帮助）

在设计思维中，尤其是在谈到人生设计时，深度合作尤为重要。优秀的设计师都知道，伟大的设计需要许多人的深度合作，需要一个团队共同完成。在海风吹拂的海岸上，一位画家能够独自创作出一幅艺术杰作，但单凭一位设计师却无法完成 iPhone 手机的创造。你的生活更像是一项伟大的设计，而不是一件艺术品，因此你无法独自创造它。你无须独自想出一个精彩的人生设计方案，设计是一个过程，需要与他人合作，最出色的想法大多源于很多人思维的碰撞。你需要做的，就是去问，但一定要知道自己应该问什么。你可以利用人生导师和支持团队，为自己设计人生。

1.5.2 人生设计的基本步骤

1. 评估你的生活

在设计思维中，我们不仅重视解决问题，而且重视发现问题。问题可能会与你的工作、家庭、健康、爱情、金钱等其中的一个或多个相关。在你做的所有决定中，确定待解决的问题是其中最重要的一个，因为常常有人花费了很多时间去解决一个错误或者根本无法解决的问题。我们将完全无法解决的问题（如骑自行车上坡很累的问题）和不具有可操作性的问题（如提高诗人平均收入的问题）称为"重力问题"。当你在某件事上没有任何成功可能的时候，当你面对"重力问题"的时候，不要死揪着不放，唯一的解决途径是接受它。"接受"是人生设计的起点，代表你能认清当下所处的真实位置。从当下所处的位置开始人生设计，我们需要把生活分成若干个不同的区域：健康（health）、工作（work）、娱乐（play）和爱（love）。

（1）健康。我们谈到的健康指的是良好的思维、身体和精神状态，即情绪健康、身体健康和心理健康。如何权衡这三方面的健康情况由你自己决定，而且你要时刻关注自身的健康。你的健康程度将成为你评估生活质量的重要因素。

（2）工作。我们所说的"工作"是指你参与的人类在地球上不间断的伟大的探险活动。你也许会得到报酬，也许不会，不管怎样，这便是你正在"做"的工作。如果你在经济上还没有独立，那么通常你至少有一部分"工作"是有报酬的。大多数人都会同时做多种"工作"。

（3）娱乐。娱乐就是为了快乐。任何活动都可以被称为"娱乐"，只要你从中感受到了快乐。"娱乐"活动既包括有组织的活动、各种竞赛，也包括生产性的活动。在做这些事情的时候，如果你只是为了寻找快乐，那么这就是"娱乐"。但是，当进行一项活动时，如果你的目的是获胜、进步或实现目标，即使你在其中感受到了快乐，我们也不能说它是娱乐活动。

（4）爱。我们都知道"爱"是什么，我们也都知道自己什么时候拥有爱。爱有多种类型，如亲情、友爱和爱情等。爱可以来自很多人，如父母、朋友、同事及爱人等。你和他人，彼此分享了情感，有了爱，那么也就产生了亲密感。在你的人生中，谁爱你？你又爱谁？你是如何爱他们的？他们又是如何将爱给予你的？

你需要对你的生活进行盘点，清楚地描绘你的现实情况，并回答一个问题："我最近怎么样？"

2. 反思你的工作观和人生观

当你回答了"我最近怎么样"这个问题后，你接下去需要思考的是"我是谁？我的信仰是什么？我正在做什么？"为了回答好这三个问题，你需要认真反思你的工作观和人生观。

（1）工作观就是工作的目的和原因。你可以问自己这些问题，并逐一回答：工作的目的是什么？工作的原因是什么？是什么让工作变得有趣？工作对你来说意味着什么？

（2）人生观是你对世界以及世界如何运行的看法。你可以尝试着解答以下问题：是什么赋予了人生的意义？是什么让你的生活充满了价值？你是如何和你的家人、你所在的社区及整个世界建立联结的？为什么金钱、名誉和个人成就感会提高你的生活满意度？在你的人生中，阅历、成长和成就感重要吗？有多重要呢？

当你理清了工作观和人生观后，需要认真思考两者相一致的地方。当工作观和人生观达到和谐一致后，你就会在"我是谁""我的信仰是什么""我正在做什么"三个方面保持一致。你会得到一个精准的指南针，永远不会偏离正确的航线（指南针的创建方法详见本书第2章）。

3. 寻找你的路

当你不清楚自己的位置，并想找到目的地时，寻路是常用的方法。寻路时，你需要指南针和明确的方向。在人生中寻路也是一样，因为人生没有一个必须到达的目的地，你无法用GPS（全球定位系统）定位，然后规划路线，径直到达。你所能做的就是关注眼前出现的线索，尽最大的努力利用现有工具奋力前进。寻路时首先出现的线索就是投入和能量。

你可以用"美好时光日志"记录下能够让你全身心投入的活动及精力充沛的时刻，同时也可以在"美好时光日志"中记录你每天的能量流动情况。如果你能很好地把握每周能量流的去向，你就能够重新设计你的活动，做能够吸引你、让你兴奋的事情，让自己充满活力（美好时光日志的记录及使用方法详见本书第2章）。

4. 打开思路，摆脱困境

有些时候，你不满足当前的工作或生活状态，又不知道该如何选择，常常陷入困境，这时，需要你打开思路，构思想象出尽可能多的想法或解决方案。当你对自己的人生进行设计的时候，你需要接受以下两种观点：①只有好点子足够多，你才能从中选择出更好的；②对于任何问题，都不要选择第一个解决方案。你可能会问为什么我不能选择第一个方案呢？因为你的大脑非常懒惰，它喜欢尽快摆脱问题，通常我们最初的方案都极其普通，没有任何创意。人类往往倾向具有明显迹象的解决方案。使用构思技巧，有助于克服这种思维模式，帮助你重获创意自信。

第一个构思技巧是制作思维导图。制作思维导图的过程包含三个步骤：①选取一个主题；②制作思维导图；③制作次级连接，并创造概念（将概念连接起来，建立概念混搭模式）。制作思维导图进行词汇联想时，要给自己设定一个时间限制，快速完成，不要考虑自己的想法是否合理。因为经常有疯狂的想法出现，你才会得到切实可行的好主意。

第二个构思技巧是辨识"锚问题"。有一类问题不会自行消失，我们把这样的问题称为"锚问题"。例如，你大学的专业并不是你自己喜欢的，也不是你自己选择的。这类问题就像真正的锚一样，把你固定在一个地方，让你无法前进。这和我们前面所讲的"重力问题"不同，"重力问题"没有解决方法，只能重新定向。而"锚问题"只是难以解决，但它具有可操作性，是因为我们被困在这个问题上面的时间太长，所以让我们感觉它好像难以逾越。因此，当你遇到问题时，不要固执地坚守一种无用的解决方法，不要把一个可解决的问题变成一个"锚问题"。你需要重新定义解决方案，寻找其他的可能性，以具有可行性的方案为原型进行设计，从而摆脱困境。

5. 制订"奥德赛计划"

在进行人生设计时，最有效的一个办法就是设计多种人生计划。当然，我们一次只能选择一种生活，但是我们可以构思多个版本，以便做出具有创意且富有成效的选择。现在，请你想象一下，写出未来5年的三个版本的人生计划。我们将这种方法称为"奥德赛计划"。"奥德赛计划"就是潜在的可能性草图，它可以激发你的想象力，帮助你选择前进的方向，让你开始原型设计，推动你的人生。

每一个"奥德赛计划"都应该是你真正的渴望，有可能实现的。我们希望你设计三个不同的5年计划。为什么是5年？因为两年太短（会让你感到紧张，想得也不够长远），7年又太长（到那时，很多事情会发生变化）。5年时间其实是4年加上1年的机动时间。需要强调的是，你要为自己创造三个完全不同的可供选择的生活版本。以下方法或许可以帮助你来完成。

第一种选择——已经在做的事。你的第一个计划应着重放在你已有的想法上，它也许是你当前生活的延展，也可能是一个你头脑中已酝酿很久的一个好主意。总之，就是你已经拥有的想法。

第二种选择——如果你突然无法从事正在做的工作（第一种选择），那么第二种选择就是你想要做的事。

第三种选择——在不考虑金钱和形象的前提下，你想做的事情或者你想过的生活。

用以上方法试试你能否想出三种人生选择？

6. 尝试"原型设计"

在人生设计中，我们可以通过"原型设计"的方法，暴露出我们内心深处的偏好和设想，迅速重复反馈，逼近目标，为我们想要尝试的人生之路提供前进的动力。原型设计可以把未来的生活具体化，你可以想象未来的生活，就好像你在经历一样；还可以创造新的体验，让你有机会了解一个全新的职业（哪怕这个体验只有1小时或1天也是非常难得的）；还有助于你建立良好的人际关系网。尝试"原型设计"最好的方法就是亲身参与到你感兴趣的领域，这样才能获得所需信息。

通常，我们可以用如下方式进行"原型设计"。

(1) 人生设计采访。你要采访的对象是，他们的工作和生活必须是你正在考虑的，或是在某个领域有真正经历或者专业特长的人。你要采访的内容包括：他是如何开始从事现在所做的事情的？他是如何获得该专业的相关技能的？如果你从事他现在的职业，会怎么样？请注意，采访的时候，需要你问他答，让对方说话，而不是你介绍自己的情况。这一点很关键。

(2) 原型体验。在思考人生设计时，你不仅想听他人的故事，更希望自己能亲身体会一下那种"经历"。这就是原型体验。你可以花一天时间在自己喜欢的行业进行观摩（如陪朋友上班）；或者自己创建一个探索项目，然后试验一周；或者制订一个历时3个月的实习计划。如果你已经利用人生设计采访储备了很多资源，那么在原型体验中，他们也有可能会给你提供帮助。如果你能真正尝试体验一些事情，那么这对你将是一个更大的挑战。亲自实践、采取行动非常重要，这样你可以了解某件事到底适合不适合你。

我们可以尝试使用头脑风暴的方式帮助我们构想各种原型体验（具体使用方法详见本书第3章）。

7. 如何成功求职

在求职的时候，如果想要获得面试机会，你的简历必须在一堆简历中脱颖而出。大多数大中型企业在利用网络进行招聘时，通常都会把收集到的简历存储在人力资源数据库或者人才管理数据库中。在数据库中，你的简历必须能够通过关键词检索从而"被发现"，而关键词一般都来自职位介绍中的词汇。因此，要想提高自己"被发现"的机会，在简历中你要尽量使用招聘公司在第一部分描述的岗位要求里所使用的词汇。

职位描述中列举的特定技能同样重要，如果你具备哪些技能，可以一字不差地把你所有的能力描述写进你的简历里。如果你没有，就列举一些类似的具体技能。根据职位描述，你应尽可能用关键词介绍你的技能。

最后，在"筛选候选人"时，企业就是在寻找技能匹配。一旦你进入面试流程，你就要精心设计一个"一致"的经历。例如，你正在参加一个科研岗位的选拔，你需要介绍自己参加过哪些科研项目、发表过多少文章，而不需要和他们讨论你在销售方面多么有能力。

下面给你们几点建议，帮助你们更有效地在网络上找到满意的工作。

（1）重写简历，使用和职位描述中一样的词汇。

（2）如果你具备职位描述中提到的技能，那么就将其写进你的简历里，同样要使用职位描述中所使用的词汇。

（3）在你的简历中，着重突出职位描述中提到的关键技能。

（4）如果有面试机会，你一定要带一份最新的、干净整洁的简历。

当然，除了网络求职之外，你也可以尝试在"人生设计采访"中获得一份工作。如果碰到适合的采访对象，你可以问一个问题，把谈话的方向从了解他们的经历引向找工作。如"通过对贵行业的了解，我发现越来越有兴趣。我想知道，像我这样的人，怎样才能进入这样的公司呢？"这时，或许你的采访者开始对你进行评估，只要时机恰当，你可以努力争取，你获得工作的机会也会更多。因此，好工作是可以通过这种方式"设计"出来的。

8. 主动选择幸福

每个人在设计人生的过程中，都有一个目标，那就是：幸福。要想让自己幸福，意味着你要选择幸福。

在人生设计中，选择过程包括四个步骤，如图1-3所示。首先收集并创建一些选项；然后进行筛选、缩小范围；然后留下几个最佳选项，进行最后的选择；最后是放弃一些不必要的选项，向前看，直至完全接受你最后的选择。

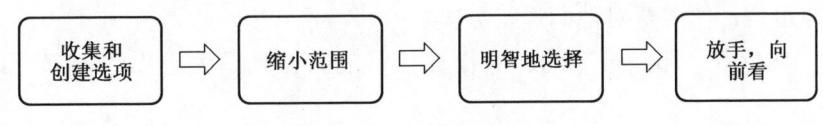

图1-3 选择过程

（1）收集和创建选项。写出你的工作观和人生观、绘制思维导图、制订三个"奥德赛计划"、就对话和体验进行原型设计，这些方法都可以帮助你生成选项。

（2）缩小范围。把所有选项做成分类列表，每个类别再分成更小的子列表，有助于你了解每类选项中的优先选项。如果选项过多，你需要从列表中删除一些。

（3）明智地选择。运用多种知觉方式，做出精明的决定，不要单纯地依赖认知判断。

（4）放手，向前看。不要苦苦思索现在的选择是否正确，学会对不需要的选项放手，也许将来你会拥有更多的选项。

9. 对失败免疫

"一帆风顺"是每个人心中美好的愿望。试想，如果有一种疫苗，可以让你的生活没有失望、没有挫折、没有失败，那该有多好。但世界上没有这种疫苗，没有人可以对失败免疫，但是你可以对失败带来的负面情绪免疫，消除它们给你的生活带来的不必要的负担。失败免疫的一个层次是积极采取行动，快速总结失败，认识到失败的价值在于消除麻烦，或是从中吸取经验，然后改善、提高。失败免疫的另一个层次叫"重大失败免疫"，要想获得这种免疫，你必须明白设计思维中一个非常重要的观点：设计人生本身就是一种人生，因为人生是一个过程，而不是一个结果。达到失败免疫是一个非常高的目标，要想实现它不是轻而易举的事情，但"失败重构练习"可以帮助你达到这个目标。这个联系分为三步：①记录失败的经历；②对失败进行分类；③鉴别出蕴含成长机会的失败（具体方法详见本书第4章）。

10. 创建团队

当你设计人生时，你是在进行一种创造性的活动，从本质上讲，人生设计需要团队的共同努力。当你在创造未来的人生路时，他人的帮助和参与必不可少。你遇到的、进行过原型设计的、或曾经交谈过的人，只要他通过某种方法为你的人生设计尽过力，都应该被视为设计团队中的一员。虽然只有几个非常重要的人会成为你的主要合作者，在你的人生设计中起到关键而持久的作用，但实际上你团队的每个成员都很重要。只是每个人的角色都是不同的，当然有人可能扮演了不止一种角色，你需要对他们进行分类。

（1）支持者：那些可靠的、值得你信赖的人，凡是关心你的人都可以被称为支持者。

（2）参与者：那些积极参与你的人生设计，尤其和工作、娱乐、原型设计等相关的事情，都属于参与者。

（3）亲友：包括你的家庭成员和亲属，以及你最亲密的朋友。

（4）团队：团队成员是一些能和你分享人生设计细节的人，并能够定期与你会面的人。最有可能成为你团队成员的人是在你的邀请下，能够对你的人生设计给予反馈,和你一起讨论你的三个"奥德赛计划"的人。要想保证团队最大的活力,同时具有最强的创新性,团队人数控制在3~5人比较合适。团队需要保持简单化的原则,还要遵守一定规则,如尊重、保密、积极参与以及不质疑、不评判等。

在人生设计中,导师具有非常特殊的作用,如果你能找到几位导师参与你的人生设计,最终成功的概率会大大提高。

人生设计是一种生活方式,一种会改变你如何看待生活,以及如何生活的方法。精心设计的美好人生的最终目的就是要让你的生活更充实、更有意义。

 本 章 小 结

第1.1节主要介绍了确立明确的职业目标,做好科学的生涯规划并为之不懈努力,更有助于获得职业成功。明确了大学期间做好生涯规划的意义。介绍了生涯理论的内涵和生涯理论发展的简史。

第1.2节主要介绍了生涯特质因素理论的核心是人与职业的匹配。特质因素理论包含了解自我、探索外界、匹配三个方面内容。人职匹配分为因素匹配(工作找人)、特质匹配(人找工作)两种类型。本节还详细介绍了利用特质因素理论开展职业指导的三个步骤。

第1.3节主要介绍生涯发展阶段理论的概念和主要内容。详细讲解了大学(本科、硕士研究生)阶段正处于生涯发展阶段中"探索阶段"的尾部,即将进入"建立阶段",大学阶段是职业生涯的重要准备期。大学期间尽早开启自我探索,提升自我规划的意识和能力尤为重要。

第1.4节主要介绍职业锚理论的产生和概念。职业锚,实际就是人们选择和发展自己的职业时所围绕的中心,强调个人能力、动机和价值观三方面的相互作用与整合。本节还介绍了职业锚的五种类型。帮助大学生在进行职业规划和定位时,运用职业锚理论思考自己具备的能力,确定自己的发展方向,审视自己的价值观是否与当前的工作相匹配。

第1.5节介绍了人生设计理论。"人生设计"是把设计思维运用在职业生涯规划上的一种方式,课程的目标是"如何运用设计思维,发现自己未来想做什么"。本节还介绍了人生设计的基本步骤。帮助大学生用设计思维的方式看待生活,精心设计自己的美好人生。

 复习思考题

一、基本概念

职业生涯规划　生涯特质因素理论、生涯发展阶段理论、职业锚理论　人生设计理论

二、简答题

1. 根据大学生生涯发展阶段思考你自己的生涯发展任务。
2. 简述职业锚理论，并阐述职业锚理论的应用意义。
3. 简述人生设计与传统生涯理论的区别。
4. 人生设计的五个基本工具是什么？

参 考 文 献

［1］张起志．大学生职业生涯规划在现实中的意义［J］．科技创新导报，2012（5）：251．

第 2 章 自我探索

学习目标

通过本章的学习,理解自我的概念;引导学生发现自己的兴趣,了解自己的能力,掌握探索价值观的方法,从而了解自己的人格特质。

关键术语

自我、兴趣、能力、价值观、气质、人格。

引导案例 脚踩西瓜皮的新闻专业女生

一名文科高中生,听说新闻是文科中的热门专业,选择了新闻专业,考上了某名牌大学。但是读到大二的时候她发现自己对新闻并没有兴趣,没有敏锐的社会感知,观察力一般,写作能力也一般。大学学习期间,她抱着走一步看一步的心态,过得逍遥自在。大四上学期找工作的时候她遇到了困难,做记者她觉得自己不合适,做编辑不够格,普通的文职工作又觉得没前途,从事其他行业又和专业不对口,找工作高不成、低不就。看到周围的同学都在考研,于是她也想加入考研的"汪洋大军"。选择考研专业时,她遇到了新问题:报考什么专业呢?因为对本科的新闻专业不感兴趣,文科类的其他专业也没太大感觉。听说哲学专业研究生入学率高,而且考研复习时间也有限,于是她选择了哲学作为考研的专业。很幸运,她又考上了某学校的哲学专业研究生。学习哲学专业让她痛苦不堪,她依然咬牙学完了 3 年。硕士快毕业时,她再一次遇到了困难:她发现哲学系的研究生毕业更不好找工作了,就业路径也更窄了。这个时候她陷入新苦恼:是随意找个不喜欢的普通工作?或者继续考博?对自我认知不清的女生,花了一生最宝贵的时间去爬梯子,却发现梯子架上根本不是她想上的那堵墙。

根据美国生涯理论专家 Super 提出的生涯发展阶段理论,大学生进入职业发展的尝试期,在这个阶段,大学生接受专门的教育训练,为进入工作世界做准备,尝试明确职业方向并准备开始选择自己的职业。并在此过程中,寻求"自我实现"。

自我认识是生涯规划的基石。在生涯规划的过程中，个人是主体、主角，没有其他人可以取代或效劳。因此，生涯规划首先应从自我认识开始，考虑自己的人格特质，如一个保守内向的人从事营销推销工作，或是外向好动的人担任幕僚、研究实验工作都是不合适的。在进行生涯规划时，除了了解自己人格特质、个性特征之外，还应充分了解其他的因素，如个人的兴趣、能力、价值观、出身背景、社会地位、外在环境等，方能全面地了解自我，进而针对自己的特质、专长与潜能发挥，积极开拓自我，以达成自我实现的最高目标。

每个人各有所长、各有所短。如何经由不断地探索、学习以找到自己的优点，发挥自己的特长，认识自我，顺性而为，方能有所成就。要增进对自我的了解与认识，最好的方法是实施自我探索和辅导咨询，了解自己的兴趣、能力、价值观、人格特质等。认识自我、了解自我职业规划的开端。

2.1　自　　我

2.1.1　自我概念

自我概念是一种稳定而整体性的自我。较为完整的自我概念，历经各种事实的考验，而不是自己一厢情愿的看法与说法。心理学家强调每个人都有三个自我。

（1）现实我：由自己各种外在条件形成，包括自我的能力、特性、优点、缺点等。

（2）理想我：为综合自我认知、观察及别人对自我的反应所综合而成，是个人理想的我。

（3）社会我：是自我与社会中的人、事、物交往经验中所获得的，为个人在社会适应中自己所认为别人对自我的看法。

每个人都由这三个自我形成，如果三个自我能协调一致取得平衡，那么将是一个身心健康的人。

2.1.2　自我认知

自我认知是人们对于自我在现实中的一种看法，包括：

（1）了解自己是谁？

（2）我有哪些人格特质、优点、缺点？

（3）我的志向与兴趣是什么？

(4) 我具备哪些知识技能？
(5) 我的学习经历有哪些？
(6) 以后要做什么？发展目标何在？

每个人都是由很多个自我个体所组成，因为每个人的生活环境与学习条件等的不同，因此认知的程度也就各异，造成态度与价值观见解的不同。认知过程如图 2-1 所示。

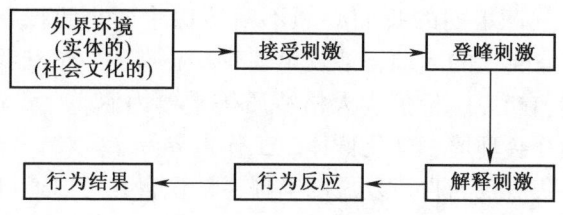

图 2-1　认知过程

(资料来源：张添洲. 生涯发展与规划 [M]. 台北：五南图书出版公司，1993：242)

认知过程的起点是个人所接触的外在环境世界，包括实体环境与社会文化环境两大部分。实体环境是个人身处的环境区域，如学校、社区等；社会文化环境是在实体环境内的人们所认定的标准、规范、价值及其他行为特征等。个人随时都在接受刺激，有了刺激使个人与外在环境产生互动，与此同时接受刺激加以判断，从而产生行为的结果。

2.1.3　自我评估

认识自我、了解自我看起来简单，其实非常不容易，人们对自我的了解如橱窗一样，如图 2-2 所示。

自己不知道	自己知道	
3. 潜在我	1. 公开我	别人知道
4. 背脊我	2. 隐私我	别人不知道

图 2-2　周哈里窗

橱窗 1 为自己知道，别人也知道的部分，称为"公开我"，属于个人展现在外无所隐藏的部分；橱窗 2 为自己知道，别人不知道的部分，称为"隐私我"；橱窗 3 为自己不知道，别人知道的部分，称为"潜在我"；橱窗 4 为自己与别人都不知道的部分，称为"背脊我"，是个人有待发觉的潜能特质的部分。每个人都有其潜能，在进行生涯规划时，应该科学地思考与评估自己，尽量把自我的橱窗开大一些，才能更加清楚地了解自己。经由不断的尝试探索、顺性而为、适性发展，才能找到最适合自己的路。增进对自我的认识和评估，是生涯规划中最值得努力的重点。

职业的最终目的是"自我实现"，因此，为自己缔造一个能充分自我实现的生涯历程，即是这一生最重要的发展任务。一个能充分自我实现的生涯历程，起始于我们对自己的"定位"——Erikson 的"自我认定"（ego-identity）。Erikson 认为，具有自我认定感的人，会发展出稳定的自我概念，有明确的生活目标，能毫不犹豫地做决定。青年期的我们必须不断地探索两个重要问题："我是谁""我在哪儿"。"我是谁"的问题，涉及生理我、心理我、情绪我、社会我等各个层面，也包括兴趣、能力、价值、人格特质等重要内涵。"我在哪儿"的问题，则涉及个人所处的社会环境、文化群体、工作世界等。

自我评估是自我成长与自我发展的前提，认识自我可以通过以下途径。

（1）通过心理测验，客观发现自己的人格、性向、智能、兴趣、专长、抱负等特征。

（2）从实际的学习、工作和活动参与中，了解认识自我的能力、优缺点。

（3）从别人的反应表现或告知中了解自我。

（4）透过自己的深思熟虑了解自我。

对自我的认知就是探索能提升自我和达成自我实现的生涯目标，并能引领自己的生涯发展方向。

2.2 兴　　趣

案例赏析　兴趣的力量

哥伦比亚是一所文科性质的院校，它的法律专业排名位于全美前三位，而且毕业后从事律师，将是一个很有前途、很有地位的职业。但是，已经读到了大学二年级的李开复逐渐发现，自己并不真正喜欢政治，"专业课上提不起精神，甚至想把枯燥的课本扔到教授身上"。李开复意识到自己在政治学领域没有什么出众之处，因为他既没有炽烈的热爱，更没有献身的欲望，还很厌恶那些世俗的政治技巧。与此同时，他接触并喜欢上了计算机，每天疯狂地编程，很快引起了老师和同学们的注意。终于，在大二的一天，他做了一个重大的人生决定：放弃此前一年多在全美前三名的哥伦比亚法律系已经修成的学分，转入该校默默无闻的计算机系。

李开复说："我告诉自己，人生只有一次，不应浪费在没有快乐、没有成就感的领域。当时也有朋友对我说，改变专业会付出很多代价，但我对他们说，做一个没有激情的工作将付出更大的代价。转专业那天，我心花怒放、精神振奋，我对自己承诺，大学后三年每一门功课都要拿 A。若不是那天的决定，今天我就不会拥有在计算机领域所取得的成就，而我很可能只是在美国某个小镇上做一个既不成功又不快乐的律师。"

我们会发现人的兴趣千差万别，有的人对研究自然科学感兴趣，如天文、地理、生物、化学等；有的人兴趣倾向情感世界，活跃于人际关系领域；有的人倾向理智世界，在数学、公式中兴致盎然；有的人在读书、写作、设计之类的事情上乐此不疲；有的人对操作技能如修理、摄影、书画等津津乐道。

2.2.1 兴趣是最好的老师

兴趣是对事物的注意而引起高兴、有趣味的一种感情状态。从心理学的角度来说，兴趣是个体认识某种事物或从事某项活动的心理倾向，它表现为个体对某种事物或从事某种活动的选择性态度和积极的情绪反应。兴趣可以使人集中注意力，产生愉快紧张的心理状态。

1. 兴趣与成就

兴趣使人在从事各种实践活动时，能够具有高度的自觉性和积极性，促进个人在职业生活中做出成就。从事自己喜欢的工作，可以带来较为愉悦的感受，让自己更有动力积极投入工作中，获得成就满足感，也因此会更为肯定自己的能力表现，对自己更有信心，充分发挥自己的潜能，完成自我实现。这一连串是让你感受到愉悦、投入、成就、满意、肯定、自我实现的良性循环。

2. 兴趣与职业发展

（1）兴趣是职业选择的重要依据。兴趣是最好的老师，是一种强大的精神力量。兴趣可以让人集中精力去获得所喜欢的职业知识，启迪智慧并创造性地开展工作。当一个人对某种职业发生兴趣时，他就能发挥整个身心的积极性，感知关注该职业的知识、动态，并积极思考、大胆探索；就能情绪高涨，增强克服困难的意志。

（2）兴趣是提高工作效率的重要推力。一个人对某项工作有兴趣时，枯燥的工作也会变得丰富多彩、趣味无穷。兴趣使工作不再是一种负担，而是一种享受。据研究，如果一个人对某一工作有兴趣，能发挥他全部才能的 80%~90%，并且长时间保持高效率工作不感到疲倦。而对工作没有兴趣的人，只能发挥其全部才能的 20%~30%，也容易筋疲力尽。

（3）兴趣是保证职业稳定、促进职场成功的重要因素。对某一职业有浓厚的兴趣，是智力开发的"孵化器"。对工作有兴趣，就愿意深入钻研。兴趣可以用于预测工作满意感和工作稳定性。此外，多方面的兴趣可以使人善于应付多变的环境。因此，兴趣是职场成功的一个重要因素，它能使人的潜能最大限度地调动起来，使个体专注于某一方向，做出艰苦的努力，取得令人瞩目的成就。

3. 兴趣的影响因素

兴趣是在生涯实践过程中发展起来的，它的形成与个人需要、家庭环境、社会因素有着密切关系。

（1）个人需要。不管人的兴趣是什么，都是以需要为前提和基础的，人们需要什么就会对什么产生兴趣。兴趣是在需要的基础上产生，也是在需要的基础上发展的。个人对于某项事物越有需要，认识就越深刻，情感就越丰富，兴趣也就越浓厚。

（2）家庭环境。家庭环境的熏陶对职业兴趣形成具有十分明显的导向作用。家庭因素对职业取向的影响，主要体现在职业趋同性与协商性。个人对于家庭成员特别是长辈的职业比较熟悉，也就产生趋同性。父母的兴趣会对孩子产生直接影响。

（3）社会因素。兴趣和爱好是受社会因素制约的，不同环境、不同职业、不同文化层次的人，兴趣和爱好都不一样。其中，社会舆论对个人职业兴趣的影响主要体现在政府政策导向、传统文化、社会时尚等方面。社会对一种职业的需求可以强化个人对于一种职业的兴趣，或抑制个人不切实际的兴趣取向，也可以引导个人产生新的兴趣取向。不同时代，不同物质文化和条件，也会对个人兴趣变化产生巨大的影响。

2.2.2 发现你的兴趣

1. 察觉你的"心流"体验

"心流"是由心理学家米哈里·契克森米哈定义的，自20世纪70年代起他就开始研究这种现象。在研究了数千人日常生活细节后，区分出了这种特殊的高强度投入状态，并首次描述出"心流"体验。进入"心流"状态的人通常会有如下特征。

（1）完全投入。

（2）会有极度兴奋或狂喜的感觉。

（3）内心清明——知道做什么以及如何做。

（4）表现出出奇的镇定冷静。

（5）感觉时间似乎静止了，或者觉得时间转瞬而逝。

比尔·伯奈特认为"心流"体验是全身心投入的一种心理状态，它的产生同时伴有兴奋感。当你在某项活动中处于"心流"状态时，你会感到时间仿佛静止了，你会全身心投入其中，你既不会感到无聊，也不会因为困难感到紧张。一个人不管是从事体力活动还是从事脑力活动，或者体力和脑力相结合的活动，都有可能进入"心流"状态。人生中有很多体验"只可意会不可言传"，"心流"体验就是其中的一种，你只能自己去识别它。当你进入"心流"状态时，你必然会心无杂念、全身心投入正在做的事情上，感觉不到时间流逝。从这一点来看，你应该努力让"心流"体验经常出现在你的工作中（生活中、锻炼和爱中……）。

2. 关注你的能量水平

发现兴趣的第二个线索是能量。和其他生物一样，人类需要能量才能够生存和发展。我们每天都在从事各种体力和脑力活动，一些活动会维持能量，一些活动会消耗能量。现在我们都靠大脑"吃饭"，所以大脑肩负重任。大脑是一个非常渴望能量的器官，每个人每天大约会消耗2000卡路里的热量，其中500卡路里的热能都供给了大脑。大脑只占据我们身体重量的2%，但其消耗的能量却占我们每天消耗总能量的25%。这也是精力充沛与否会严重影响到专注力的原因。

我们需要把握每周能量流向，重新设计我们的活动，让自己充满活力。高度投入和充沛的精力通常是一致的，但有时也不一定。一个非常聪明的人，思维敏捷、擅长辩论，所以经常有人请他去做辩手，但是参与辩论经常会让他精疲力竭——即使他"获胜"了。其实他不是一个爱争论的人，每次辩论结束，他都会觉得很糟糕。能量的独特之处在于他会带来消极的影响——有些活动实际上会抽干我们的生命能量，让我们精疲力竭，无力去完成下一件事。因此，关注你的能量水平非常重要。

一个人如果根据自己的"心流"体验和能量水平去选择活动，他的主动性会得到充分发挥。即使十分疲倦和辛劳，也是兴致勃勃、心情愉快；即使困难重重，也绝不灰心丧气，甚至废寝忘食、如痴如醉。

3. 记录"美好时光日志"

我们可以做一下"美好时光日志"练习。"美好时光日志"中要包含两个元素。

（1）活动记录（记录能让你全身心投入并感到能量充沛的活动）。

（2）反思（哪些活动让你有收获？收获是什么？）。

你可以选择写在笔记本上，也可以记在计算机上，制作一份活动日志。最好每天都记录一份，也可以隔天记录一份，一周不少于两次，时间间隔尽可能小。连续记录三周。活动记录只需要列举关键活动，以及在这些活动中有关能量投入和精力消耗的情况。一定要记录清楚哪个活动吸引了你、让你感兴趣，哪个活动让你感到无聊。你的任务是深入了解你一天中发生的每一件具体事件，捕捉一天中的快乐时光。然后仔细查看你的活动日志，注意事项的发展趋势，从中得到深刻的见解和惊喜。记录两周后，在"美好时光日志"中，你已经记录了很多事情，然后你会注意到一些有趣的事情。

 案例赏析　比尔的"美好时光日志"

比尔是一名大学教授。我们从他最近的"美好时光日志"中选取了一页，如图2-3所示，供大家参考。

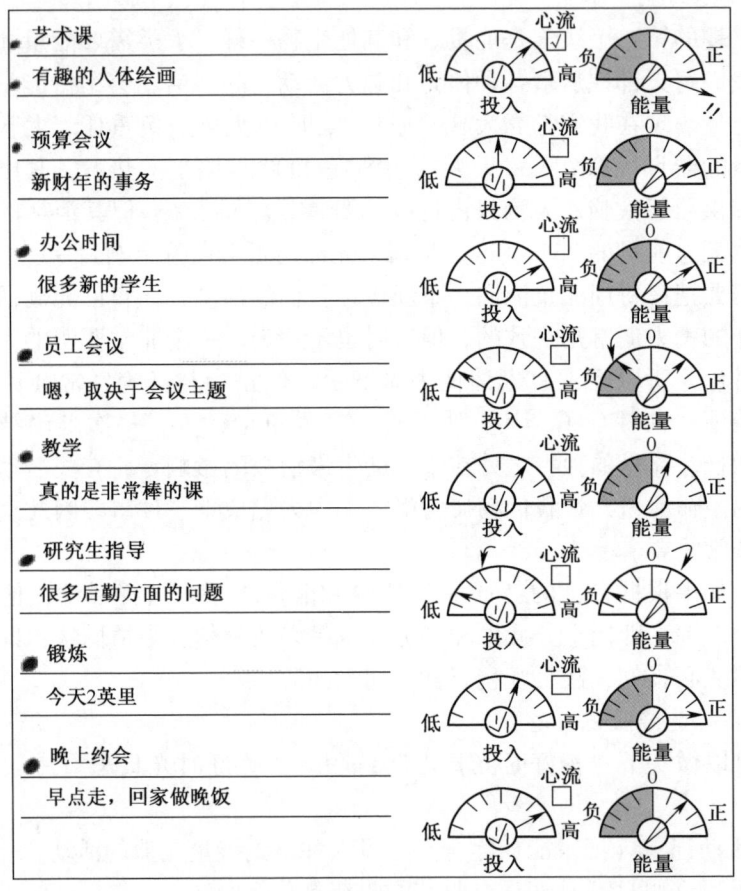

图2-3　比尔的"美好时光日志"

比尔发现，当他上绘画课，他一定会有"心流"体验；教学活动不会让他消耗多少能量，反而让他充满活力。如果这些活动翻倍，必能让他精力充沛。而每周一次的员工会议，他会感到特别疲惫，因为他从来不喜欢财务方面的工作。

比尔还发现，每周指导研究生（虽然他很喜欢这些研究生）是极消耗能量的一件事。在进行一段时间的记录后，他发现了两个问题：①他在研究生办公室对学生进行指导时，周围环境非常嘈杂；②他对学生的指导并没有什么效果。了解这两点后，他改变了对研究生的指导方式——以前他都是一对一地指导，现在开始分小组进行指导，这样学生在接受指导的过程中也可以互相帮助。这些改变很快取得了成效，几周后，他在指导中进入"心流"状态。

课堂活动：假如我有七天假期。

正是桃花盛开的春天，你刚好有七天的春假，你计划前往远方一处新开发的岛屿群度假。旅行社给你推荐一个有特色的旅游新线路。一共有六个各具特色、各具风情的岛屿。如果时间许可，可以安排你前往其中三个岛屿，各逗留几天，保证你能游遍岛上风光，乐不思蜀。

请仔细阅读旅游手册上记载的这六个岛屿的特色。

A岛：美丽浪漫的岛屿。岛上有美术馆、音乐馆，弥漫着浓厚的艺术文化气息。同时，原住民还保留了传统的舞蹈、音乐和绘画，许多文艺界的朋友都喜欢到这里寻找灵感。

S岛：温暖友善的岛屿。岛上居民个性温和、十分友善、乐于助人，社区自成一个密切互动的服务网络，人们多互助合作，重视教育，充满人文气息。

E岛：显赫富庶的岛屿。岛上的居民热情豪爽，善于企业经营和贸易。岛上的经济高度发展，处处是高级饭店、俱乐部、高尔夫球场。来往多是企业家、经理人、政治家、律师等，衣香鬓影，夜夜笙歌。

C岛：现代井然的岛屿。岛上建筑十分现代化，是进步的都市形态，以完善的户政管理、地政管理、金融管理见长。岛民个性冷静保守，处处有条不紊，善于组织规划。

R岛：自然原始的岛屿。岛上保留有热带的原始植物林、自然生态保护甚佳，也有相当规模的动物园、植物园、水族馆。岛上居民以手工见长，自己种植花果蔬菜、修缮房舍、打造器物、制作工具。

I岛：深思冥想的岛屿。岛上人迹较少，建筑物多僻处一隅，适合夜观星象。岛上有多处天文馆、科学博物馆及图书馆。岛上居民喜好沉思、追求真知，喜欢和来自各地的哲学家、科学家、心理学家交换心得。

假如你有这难得的七天假期，你会考虑到哪三个岛屿度假呢？你的优先选择是什么？

我的度假计划：

选择1：_____岛，因为：_____

选择2：_____岛，因为：_____
选择3：_____岛，因为：_____

你期待未来能在哪个岛屿上工作和生活？哪个岛屿是你心中的桃花源？

我的生活计划：

选择1：_____岛，因为：_____
选择2：_____岛，因为：_____
选择3：_____岛，因为：_____

这六个岛屿代表着六种典型的生涯兴趣类型，它们的相关位置就像是一个正六边形。你选择的岛屿，可以对应到图2-4所示的霍兰德职业兴趣六边形中。

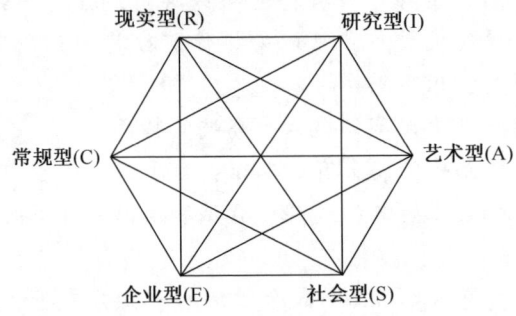

图2-4 霍兰德职业兴趣六边形

霍兰德（Holland）经典的职业兴趣理论主要从兴趣的角度出发来探索职业指导的问题。他认为就职业选择而言，兴趣是个体和职业匹配的过程中最重要的因素，霍兰德所划分的六大类型，并非并列的、有着明晰的边界的，而是以六边形标示出六大类型的关系。同时以职业兴趣理论为基础，编制了职业偏好量表（VocatIonaI Preference Inventory），可以用于我们对职业兴趣的测量。

资料来源：http://www.apesk.com/holland/index.html

思考与总结：

1. 通过"假如我有七天假期"的探索活动，我发现：我的兴趣类型是？
2. 今天我发现了什么，还有哪些困惑？

拓展阅读：《霍兰德职业兴趣量表》和《生涯兴趣量表》（李素卿，1997）

二维码2-1

2.3 能　　力

除了兴趣之外，对生涯规划同样具有影响力的就是能力。例如，你也许和大多数人一样，很喜欢整天坐在计算机前玩游戏，但还不具备计算机游戏的设计能力，无法成为一个程序工程师；你可能梦想成为众人追捧的歌星或影星，却遗憾没有人欣赏你的歌声或演技；梦想走天涯，却抱憾于自己的语言表达能力和沟通能力难以圆梦。有能力完成想做的事情，才能取得成功。

2.3.1　可以识别的能力

McClelland 首次提出了"胜任力"的概念，即"个人所具有的对工作绩效有显著贡献的一系列特质"，并倡导用测量胜任力的方法替代传统的智力测验，以有效地预测未来工作的绩效。目前，国内外学术界对胜任力的内涵，主要持有特征观和行为观两种不同观点。"特征观"强调胜任力是一种能将绩效优秀者和普通者进行区分的潜在个体特征，是从繁杂的行为事例中提炼出的、具有高度概括力的胜任"状态或条件"，包括知识、技能、自我形象、个体特质、动机五个层次（McClelland；Boyatzis；Spencer；王重鸣）。"行为观"认为胜任力是个体潜在特质的外在行为表现，强调胜任力在选拔和培训方面的实际应用，是在特定情境下对一系列潜在特质的具体外显行为（英国的职业标准计划，Woodrue；仲理峰、时勘）。也有的学者认为以上两种观点是相互补充的，认为胜任力是特征与行为的综合体现（Ledford；Byhan and Moyer）。无论是"特征观""行为观""综合观"，学者们对胜任力的界定达成共识：①胜任力强调工作情境中员工的价值观、动机、个性或态度、技能、能力和知识等特征；②胜任力与工作绩效有密切关系，可以用来预测员工未来的工作绩效；③胜任力与工作任务相联系，具有动态性；④胜任力能够区分业绩优秀者与一般者。能力是掌握和运用知识技能所需要的个性心理特征。

能力是直接影响活动效率，并使活动顺利完成的个性心理特征。《生涯规划模式》（1997）中列举了多项工作者所需具备的能力，如规划和组织能力、文字和表达沟通能力、决策与管理能力、问题解决能力、团队工作能力等。

能力按照其获得的方式可分为能力倾向（aptitude）和技能。在现实生活中，个人的能力水平往往是能力倾向和技能两方面的综合作用的结果。其中能力倾向是与生俱来的、有天赋的特殊才能，如音乐、运动能力等，也可以理解为潜能。技能是经过后天学习和连续培养而形成的能力，如阅读能力、人际交往能力、表达能力等。技能包括专业知识技能、自我管理技能以及可迁移技能。

1. 能力倾向

能力倾向，是经过适当训练或被置于适当的环境下完成某种任务的可能性。也就是说，能力倾向是指一个人能学会做什么，以及一个人获得新的知识和技能的潜力如何，而不是当时已经具备的现实条件。职业能力倾向是指经过适当学习或训练后能完成某种职业活动的可能性和潜力。

具有不同能力倾向的人适合的工作是不同的，同时不同职业对能力的具体要求也有所不同。一般来说，能力倾向包括书面理解和表达、口头语言、思维原创性、问题敏感性、逻辑思维、工作条理性、数学能力、人际沟通和知觉、空间想象、注意力的集中和分配十种。

（1）书面理解和表达：具有很强的使用文字进行理解、判断、获取有效信息和依据书面资料得出结论的能力，擅长文字表达，文笔很好，能从多角度叙述事情、描述事物。

（2）口头语言：说话发音吐字清晰、言简意赅，能准确地表达自己的思想，与他人沟通流畅。善于把握他人说话要点，能准确了解他人言语的含义。

（3）思维原创性：在分析问题时能流畅地提出多种方案，创造性地解决问题，善于提出不同寻常的新颖观点；体现思维的创新性、发散性、灵活性，分析问题快速、巧妙、准确。

（4）问题敏感性：能先于他人意识到有问题存在或有问题即将发生，能够感知事物的变化并做出判断。

（5）逻辑思维：对事物进行抽象、概括的逻辑分析能力强；思维严谨、缜密，能迅速而准确地由已知前提推导出未知的结论；应用于一般规律性解决具体问题；整合个别信息，发现它们的联系并归纳出一般性结论。

（6）工作条理性：重视规则和秩序，能够将大量凌乱的信息、事件、行为按规律进行排列、分类。将工作事物按照紧迫性、重要性区分优先等级，有计划、有步骤地安排进程，使工作有条不紊。

（7）数学能力：对于数学概念、定理、规律等非常熟悉，定量分析能力和计算能力很强，能够灵活应用数学方法分析和解决问题。

（8）人际沟通和知觉：善于了解他人和觉察他人的情绪变化，愿意倾听和响应他人，对人与人之间的关系变化敏感；能灵活处理各种人际问题；擅长快速建立并保持良好的人际关系。

（9）空间想象：在头脑中形成物体的图像，理解图纸等平面图形如何代表现实物体；能够想象出物体发生旋转或重组后的样子。

（10）注意力的集中和分配：做事专注，能集中精力持久地关注某个事物，必要时能同时注意多个对象，并在这些不同的对象间灵活转换，分配注意力。

2. 专业知识技能

专业知识技能是通过教育或培训才能获得的特别的知识和能力，也就是个人所学习的所有知识系统。专业知识技能不可迁移，需要经过有意识的、专门的学习。知识技能并非只有通过正式的专业教育才能获得，参加课外培训、辅导班、专业会议、讲座、自学、资格认证考试、爱好、社会实践、社团活动都可以提升。

3. 可迁移技能

可迁移技能是一个人能做的事，也被称为通用技能，一般用行为动词来表达。可迁移技能可从生活中的方方面面，特别是工作之外得到发展，并迁移应用于不同的工作中，是个人最能持续运用和依靠的技能，无所谓更新换代，随着工作经验和生活阅历的增加不断发展。可迁移技能包括沟通技能、解决问题或批判性思维、人际关系技能、组织技能及研究技能等。

2.3.2 探索你的能力

无论哪一种能力，离开了具体活动，既不能表现人的能力，也不能发展人的能力。要想了解自己的能力有很多种方式，可以从自己过往的人生经历中挖掘。

1. 回顾你的高峰体验

你过去的经历中有很多等着你去挖掘的，尤其是你的"巅峰时刻"，即高峰体验。你过去的高峰体验（即使是很早以前的体验）会让你觉得受益匪浅。我们需要把这些高峰体验用记叙或者写故事的方式记录下来，有助于我们从这些故事中发现自己能投入其中，而且充满活力的活动。

课堂活动：撰写《我的成长故事》。

认真回忆并思考：在漫长的生涯中，作为主角的你曾经发生的成长故事，在成长故事的活动中，你的主观体验如下：

(1) 在活动中进入自己的最佳状态。
(2) 在这类活动中感到得心应手。
(3) 别人觉得我做某件事特别有天分。
(4) 无师自通。
(5) 比较容易掌握。
(6) 经过训练比别人做得更出色。

请写下三个有关你的高峰体验的成长故事。

故事线索：

(1) 何时/何地/何人？

(2) 做了什么活动？
(3) 为什么要做？
(4) 实际上是怎样做的？
(5) 取得了何种成果？在活动中有何感受？

分析讨论三个你的故事中的客体属于事物、思维、人群、信息的哪一个象限，是否有重复出现的能力。

Holland 所提出的生涯兴趣类型中，各类型均有其相对应的能力，你不妨再检查一下自己的能力和兴趣是不是一致，如果一致，该类型可能就是适合你发展的生涯方向。如果不符合，你可以考虑在有兴趣的领域中好好培养能力，或者在你擅长的领域中培养兴趣。

2. 使用 AEIOU 法

AEIOU 法可以进行详细精准的观察。它包括四个问题。

(1) 活动：你到底在做什么？这是一个结构性的活动还是一个非结构性的活动？你是团队的领导者，还是会议的参与者？

(2) 环境：我们所处的环境会对我们的精神状态产生重大的影响。你参加此项活动时，会注意自己所处的环境，那是什么样的环境？它带给你什么感觉？

(3) 互动：你和人或者机器有怎样的互动？这种互动对你来说是熟悉还是陌生？是正式还是非正式？

(4) 用户：活动中还有其他人吗？他们扮演了什么角色？他们为活动带来了正面还是负面的影响？

利用 AEIOU 法有助于你拉近镜头，放大细节，发现哪些活动对你有益、哪些活动无益。

 案例赏析 "迷恋"大学生活的女生

一位女研究生向往在大学里面工作。她做什么并不重要——只要在大学校园（环境）里，她就感觉非常幸福。因此，她毕业之后在大学里找了一份辅导员工作。五六年里，她做了很多工作，包括迎接新生，对学生进行教育管理，也送走了一届毕业生。在大学校园的工作环境中她做学生工作充满了幸福感，在跟学生打交道的过程中，她感觉得心应手、游刃有余。

在对我们的高峰体验成长故事进行反思时，从这个案例中我们使用 AEIOU 法进行分析，可以洞见这位女研究生对环境和用户的偏好。她所处的环境对她的影响很大，与此同时，学生带给她的感受是正面积极的。对应到职业六边形中，她更擅长与人打交道，表现出有 S 社会型特征。归纳整理这些高峰体验，你会发现自己身上更多的潜力。

2.3.3 发展你的职业综合能力

除了可识别能力和可迁移能力，国际上普遍注重职业的关键能力主要包括以下四个方面，这是需要我们重点去培养的。

（1）跨职业的专业能力。从以下三个方面可以体现出一个人跨职业的专业能力：一是运用数学和测量方法的能力；二是计算机应用能力；三是运用外语解决技术问题和进行交流的能力。

（2）方法能力。一是信息收集和筛选能力；二是掌握制订工作计划、独立决策和实施的能力；三是准确地自我评价能力和接受他人评价的承受力，并能够从失败经历中有效地吸收经验。

（3）社会能力。社会能力主要指一个人的团队协作能力，人际交往和善于沟通能力。在工作中能够协同他人共同完成工作，对他人公正、客观、宽容，具有准确裁定事物的判断力和自律能力等，这是岗位胜任和在工作中开拓进取的重要条件。

（4）个人能力。随着中国经济体制改革的深入、法制的健全完善，人的社会责任心和诚信将会越来越被重视，职业道德会得到全社会的尊重和赞赏，爱岗敬业、工作负责、注重细节的职业人格会得到全社会的肯定和推崇。

现在"年轻"是你最雄厚的资本，值得你更积极投资开发自己的职业综合能力，充分挖掘潜能，培养更优越或更高阶的能力，才能在职业生涯领域中游刃有余。

思考与总结：
1. 撰写《我的成长故事》，思考你擅长做的事情有哪些。
2. 我的兴趣与能力是否一致？
3. 今天我发现了什么，还有哪些困惑？

2.4 价 值 观

拥有一份享受其中并热爱的职业，在充满爱的氛围中生活，人生旅途中充满各种乐趣，健康并长寿——这可能是所有人都想要的，但如何去实现这些梦想？在你的人生观中，你可能认为艺术是人生唯一的追求，但你的工作观却告诉你，你必须赚到足够的钱养家糊口，为了衣食无忧，你必须做出让步。人生的道路上有得必有失，我们都要做出一些妥协，包括容忍自己不喜欢的事物。

 案例赏析　双面微软人生

　　全球著名的微软公司是很多学习计算机专业的同学都梦寐以求的企业。位于美国西雅图的微软总部园区环境优美，110座办公楼每一间办公室窗外均可见绿草和树木，除此之外，微软公司所有的会议室还配有各种免费的饮料和茶点。目前微软公司全球员工有9万多人，平均年龄只有38岁，员工年平均收入为10.6万美元，折合人民币约80万元。所以，微软公司比美国历史上任何一家公司都更快地制造出百万富翁员工。据国外媒体报道，截至2000年，微软公司就已制造了大约10 000名百万富翁员工。所以，进入微软公司也就意味着你离百万富翁不远了。

　　但是，微软公司内部竞争非常激烈，实行定期淘汰的制度，每半年考评一次，5%效率最差的员工将被淘汰，而提拔取决于个人成就，一旦被提拔，就必须创造业绩。这给微软公司员工带来了巨大压力。微软公司员工的工作状态是什么样的呢？对于大多数的微软公司程序员来说，工作都是非常枯燥乏味的。他们基本上每天都把时间耗费在孤立的办公室中编写程序，或者以会议的方式寻找程序中成千上万个缺陷或潜在的漏洞。在微软公司，员工的工作时间长是出了名的。一位微软程序经理这样来描述自己在微软公司工作的体验：在微软公司工作第一个5年时间里，我的形象就是人们对微软公司的刻板形象。维持我生存的是咖啡因、自动售卖机里的汉堡包、免费啤酒和每天20个小时的工作……我没有其他的生活……我把这幢大楼以外的所有东西都视为邪恶。

　　课堂讨论：如果你学习的专业是计算机，而且有机会能进入微软公司，你是否愿意在微软公司工作？请说明一下理由。

　　面对职业，首先应该思考的关键问题是"工作是什么？"以及"工作对你来说意味着什么？"从根本上讲，这是职业的核心问题。职业不仅是指我们为赚钱所做的事情。职业是生涯发展中占比最大的一个组成部分，它占据了我们大部分的注意力和精力。选择职业也就是在选择一种生活。选择一个职业决定了我们为谁服务、与谁共事、和什么人打交道，以及付出什么、收获什么。有的人认为，在微软公司工作，辛苦一阵子，幸福一辈子，能够快速成为百万富翁，每天工作时间再长也无所谓。有的人认为，工作那么辛苦，又枯燥又乏味，给再多的钱我也不干。有的人看重经济报酬，有的人看重工作环境，有的人看重未来个人发展。因为每个人看重的东西都不一样，所以会做出不同的选择。而决定我们做出最终选择的往往是我们的价值观。

一个理想的职业应能使个人的才能获得发挥的机会，并能履行社会角色，促成个人的自我实现，最基本的总要求为有合理的经济性报酬，进而获得职业适应与满足。职业三要素：个人、社会、经济若能获得平衡发展，不偏向任何一方，将形成三角形的关系图，如图 2-5 所示，则职业价值良好，能获得职业满足感。

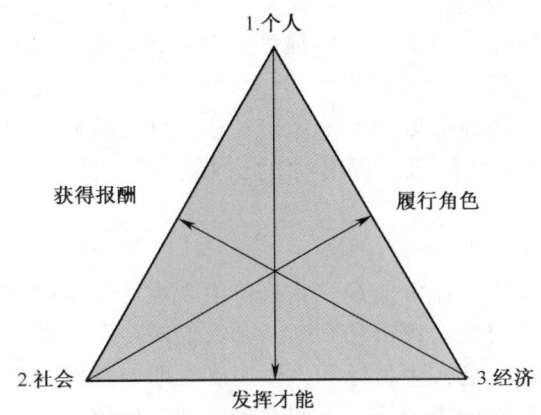

图 2-5　职业三要素关系图

（资料来源：林幸台. 生涯辅导的理论与实施 [M]. 台北：五南图书出版公司，1991.）

在我们每个人的生命中，有些东西是可有可无的，有些东西是不可或缺的，是我们无论如何都不会放弃的。一个人如果选择与自己的职业价值观相近的职业，能从职业中得到自己最看重的东西，就能获得满足，即使其他的条件并不如意，他也能乐在其中，并且有助于激发工作热情，获得事业的成功。

2.4.1　价值观与职业价值观

1. 价值观

每个人都有自己的价值观。价值观是你对世界以及世界如何运行的看法，体现了一个人对生命价值的追求。是什么赋予了人生的意义？是什么让你的生活充满了价值？为什么金钱、名誉和个人成就会提高你的生活满意度？在你的人生中，阅历、成长和成就感重要吗？这些方面有多重要？

在这个世界上以及我们的大脑里，有各种各样强有力的声音告诉你应该做什么、应该成为什么样的人，因为很多人跟你树立了"应该如何生活"的榜样，你也可能一不小心跟随他人，复制着他人的生活。要避免这种情况，最好的办法就是澄清自己的价值观，为自己创建一个独一无二的指南针。

你的人生应该具备一致性，在具有一致性的人生中，你才能清楚地把下面的三件事互相关联起来：

（1）你是谁？
（2）你的信仰是什么？
（3）你正在做什么？

在你的价值观中，你认为艺术是唯一的追求，但你的职业价值观却告诉你，你必须赚足够的钱养家糊口，才能衣食无忧，那么你的价值观就需要做出一些让步。人生道路上，有得必有失，我们都要做出一些妥协。当有一个指南针为你指引方向时，你清楚地明白"你是谁？""你信仰什么""你正在做什么？"三者之间的联系，你就知道何时需要谨慎地做出让步，什么时候需要更改你的专业。实现这三方面的和谐一致有助于提升你的自我意识，让你的生活更幸福、更有意义。

2. 职业价值观

职业价值观也叫作工作价值观，它是价值观在所从事的职业上的体现，是人们对工作的意义、重要性的评价和判断，是人们对待职业的一种信念和态度，一种希望、愿望和向往，是人生目标和人生态度在职业选择方面的具体表现，体现了一个人真正想从工作中得到什么。职业价值观应该解决的关键问题是"工作是什么"以及"工作对你来说意味着什么"。一份关于职业价值观的概述可以解决如下问题：

（1）为什么工作？
（2）工作为了什么？
（3）工作意味着什么？
（4）工作与个人、他人以及社会有什么关联？
（5）好工作或者所谓有价值的工作，是什么？
（6）工作和金钱有什么关系？
（7）一个人的经历、成长、成就感和工作有什么关系？

积极心理学家马丁·塞利格曼发现，如果人们在自己的工作和对他们有意义的社会事务之间建立联系，他们就会获得更多的满足感，面对压力时能更好地适应，工作中也更容易做出妥协。当工作与职业价值观互相违背，工作会变成痛苦的来源。例如，你希望拥有安全稳定的工作和生活，那么压力大的环境，案例中的微软公司、一些竞争激烈的外企、民企可能就不适合你。如果你希望生命中有更多的创造发明，那么烦琐的、机械重复的工作可能会让你无法体验到幸福感。职业价值观不仅对我们的职业选择起着方向引导作用，而且对我们的职业发展起着动力维持作用，会对我们将来对职业投入的程度造成深远的影响。

2.4.2 职业价值观的类型

由于每个人的身心条件、年龄阅历、教育状况、家庭影响、兴趣爱好等方面的不同，不同的人对职业特性的评价和取向不同，就形成了个人职业价值观的差异。所以也就造成了各种各样的职业价值观。每个人因为生活经历的不同，最看重的东西都不一样，职业价值观会千差万别。

学术上对职业价值观内部结构的分类各有不同，美国学者 Super 将职业价值观包括内在职业价值和外在职业价值分成了十五种类型。其中，内在职业价值包括职业的助人利他、创造发明、自我实现、个人发展、利用能力、成就满足；外在职业价值包括领导管理、多样变化、人际交往、经济报偿、安全稳定、工作环境、自主掌控、声望地位、美的追求。

十五种职业价值都有自己独特的内涵，具体如下。

（1）助人利他：希望所从事的职业能够给他人和社会提供帮助，能够为大众谋福利。大家可以想象一下，有哪些职业是能给他人和社会提供帮助的？

（2）美的追求：希望在职业中不断追求美的东西，得到美的享受，进行美的创造，致力于使世界更加美好。

（3）领导管理：希望在工作中可以控制事情的发展，能分配工作和管理属下，督导他人，并承担责任。

（4）经济报偿：认为工作的目的和价值在于获得优厚的报酬，使自己有优厚的财力去获得自己想要的东西，生活过得较为富足。

（5）安全稳定：认为工作的目的和意义在于能提供安定的生活保障，即使经济不景气时也不会受到影响，不会被轻易地解雇。

（6）工作环境：希望在舒适和自己喜欢的环境下开展工作。

（7）人际交往：将工作单位的人际关系看得非常重要，渴望能够在一个和谐、友好甚至被关爱的环境工作，能和各种人交往，建立比较广泛的社会关系。

（8）多样变化：希望从接触不同的领域、参与不同的活动、解决不同的问题，保持在工作中的新鲜感和热情。

（9）自主掌控：希望工作有弹性，不受太多的约束，有更多自己做决定的自由。

（10）创造发明：工作的目的和意义在于能发明新事物、设计新产品、发展新观念。

（11）自我实现：希望职业能提供平台和机会，实现自身的价值。

（12）声望地位：希望能提高自己的身份和名望，受到他人的推崇和尊重。

（13）个人发展：看重职业能够提供很多受培训和锻炼的机会，使自己的经验与阅历能够不断得到丰富和提高。

（14）成就满足：能看到自己努力工作的具体成果，获得精神上的满足。

（15）利用能力：使自己的专业和能力得以全面运用与施展，在很多时候，会拒绝做自己不喜欢、不擅长的工作。

2.4.3 探索职业价值观

人们在日常生活中常常把自己的心理特征（如好恶、欲望、观念、情绪等）不自觉地反映于外界事物，心理学家们称这种心理现象为"投射"。由于"投射"的存在，我们可以从通过分析个人呈现的材料以及对材料的解释来推测这个人内心深处的心理特征和人格特征。因此，可以从我们自己选择的、绘制的一些图画中显示我们的动机、情结以及潜在的价值倾向。

如图 2-6 所示为一位同学用剪贴画制作的他"心目中的理想工作"，我们可以看到：最上面一幅香港夜景，表示他向往先进繁华的工作环境和氛围；左边的图中的绿色嫩芽代表他追求个人成长；右边一幅图说明他想从事的工作是与人合作；下面的图表达他追求较高的经济报酬，一家四口在一起表达他期望家庭美满幸福，中间是他的偶像李开复，显示他对声望地位的渴望。

图 2-6　《我心目中的理想工作》剪贴画

课堂活动：绘制《我心目中的理想工作》。

（1）闭上眼睛，想象一下未来 5~10 年你心目中的理想工作是一种什么样的状态。构思出 4~5 个具体的场景。

（2）拿出笔和纸，将你理想中的状态和场景以图画的形式画在纸上，图画的名字就是《我心目中的理想工作》。

（3）画图不受限制，不需要画得多么漂亮，只需要用简单的线条把自己向往的工作状态画出来，并签上自己的名字。

(4) 绘制完成后，和你身边的同学互相交换欣赏，并且向同学描述你理想的职业生活。

思考与总结：

1. 根据课堂活动，对应于十五种职业价值观进行总结：我的职业价值观有哪些？

2. 它们对我的职业选择有什么启示？

每一种价值观都没有绝对的好坏之分，相同的职业价值观在不同的环境中会有不同的表现。实际上，我们在面临职业选择的时候是非常复杂的，一个职业不可能满足所有的价值观，每个人在面临职业选择时，都会从多个价值角度对职业进行衡量。我们面对选择的时候也是很艰难的，会有冲突，会有矛盾，会有纠结，我们应该正确地认识这种冲突和矛盾。

需要强调的是：一个人在选择一个工作满足自我价值的时候，需要将自己的个人价值的实现和社会价值联系在一起，对社会承担一定的责任，做出一定的贡献。新时代的大学生，是未来社会发展的希望，也是国家的栋梁，当我们面临职业选择的时候，我们不能忘记我们每个人对社会的发展都应该有深深的责任感和使命感。在中国特色社会主义制度下，如何将社会价值与个人价值相结合，做一个有益社会、有益国家的人，才能最大限度地实现人生价值。

课后思考： 请认真地回忆，在你的生命中你最看重什么？最想送给这个世界的礼物是什么？我们还可以"穿越"一下，从现在穿越到未来，到2080年，当你快要离开这个世界的时候，你希望你的墓志铭是什么？

拓展阅读： 扫码阅读职业价值观问卷，http：//www.apesk.com/careeranchor/。

二维码 2-2

2.5 人格特质

在日常生活中，有的人活泼好动，有的人安静沉稳。有些人从事活动时表现得很急躁，有些人情感非常细腻深刻。每个人受遗传、学习和环境的交互影响，而形成与他人不同的独特性和个别差异，这些独特性和差异性的具体表现，在于每个人的人格特质的不同。

2.5.1 气质

气质在《辞海》里解释为：人的相对稳定的个性特点和风格气度。在心理学上气质与我们平常所说的"禀性""脾气"相似。性格是指表现在人对现实的态度和相应的行为方式中的比较稳定的、具有核心意义的个性心理特征，是一种与社会相关最密切的人格特征。

气质是一个人的相对稳定的个性特点和风格气度。早在公元前5世纪，古希腊著名医生希波克拉底就提出了四种体液的气质学说。人体内有四种液体，黏液生于脑，黄胆汁生于肝，黑胆汁生于胃，血液生于心脏。希波克拉底曾根据哪一种体液在人体内占优势把气质分为四种基本类型。

（1）胆汁质：体内的四种液体混合以黄胆汁占优势。具有这种气质的人精力旺盛，行动迅速，思维敏捷，易于激动，性情直率，进取心强，大胆倔强，敏捷果断，但自制力较差，性情急躁，主观任性，办事粗心，有时会刚愎自用。

（2）多血质：体内的四种液体混合以血液占优势。具有这种气质的人灵活机智，思想敏锐，善于交际，适应性强，活泼好动，注意力易转移，情感外露，富于创造精神。但往往粗心大意，情绪多变，富于幻想，生活散漫，缺乏忍耐力和毅力。

（3）黏液质：体内的四种液体混合以黏液占优势。具有这种气质的人坚定顽强，沉着踏实，耐心谨慎，自信心足，自制力强，善于克制忍让，生活有规律，心境平和，沉默少语。但往往不够灵活，固执拘谨，因循守旧。

（4）抑郁质：体内的四种液体混合以黑胆汁占优势。具有这种气质的对事物敏感，做事谨慎细心，情绪体验深刻，沉静含蓄，办事稳妥可靠，感情深沉持久，但遇事往往缺乏果断和信心，多疑，孤僻拘谨，自卑。

气质是一个人生来就有的，并成为我们将来性格形成的重要生物学条件。气质是个体能力和性格发展的一个前提。

课堂活动：分析《红楼梦》中的王熙凤、林黛玉气质类型；《三国演义》中的刘备、曹操的性格特征，在现代社会中，他们适合从事的职业有哪些？

每一种气质都有其优缺点，没有绝对的好坏之分。每一种气质的人都有可能在事业上取得成就。

胆汁质类型：适合的职业是外向的、富有挑战性的职业，如导游、推销员、节目主持人、新闻记者、外事接待员、监督员、演员、消防员等。

多血质类型：适合的职业是需要灵活机智的、变化比较大、富有挑战性的工作，如管理、律师、运动员、警察、记者、外交人员、行政人员、宣传工作者等。

黏液质类型：适合的职业是稳定仔细、比较枯燥、一成不变、有规律的工作，如医生、法官、会计、出纳员、播音员、秘书、翻译人员、档案管理员、统计员、打字员等。

抑郁质类型：适合的职业是细腻的，能保守秘密、忠于职守的工作，如化验员、检验员、实验室工作者、自然科学研究者、保管员、机要秘书、手工业者。

拓展阅读：扫码阅读气质测量量表，http：//www.apesk.com/temperamentType。

二维码 2-3

2.5.2 人格

人格的定义可以界定为个人显示其典型的人类特征或行动因素的混合，因此人格是用来分辨人和人之间的相似性与差异性。在心理学上，人格是一个人所有心理特征的总和，是指一个人整体的精神面貌，是具有一定倾向性和比较稳定的心理特征的总和。人格是在社会生活中逐渐形成的，同时也受个体的生物学因素的影响。

人格发展的决定因素包括生理、心理、文化、家庭等，形成交互影响的作用。

（1）生理因素：主要与遗传最具关联性，如体型、健康程度、神经系统、智能进取心等，遗传具有决定性的作用，生理因素为人格发展的先决条件。

（2）心理因素：个人的心理特质包括智能、性向、兴趣、成就动机、抱负水平等。例如，从小父母与老师告知的好坏价值判断的标准将影响人的价值判断，进而影响人格发展。

（3）文化因素：一种社会的文化影响人们的人格发展，文化包括所有由社会所传递的行为，如规范、习俗、价值观等。如美国文化和日本文化所形成的人格发展就有明显的不同；都市与乡村的人格背景也有所差异。

（4）家庭因素：研究发现，父母对于子女的人格发展具有直接的影响，如父母的教育程度、社会地位、教养方式，个人成长环境明显影响个人人格发展。对于中国这样注重家庭的民族，家庭关系更为紧密，家庭因素对人格发展的影响更大。

每个人都有独特的人格，下列为一些常见的人格特质因素[1]。

（1）友善、合作、诚恳、热心、负责、乐观。

（2）诚实、坦白、谦虚、正直、稳定、敬业。

（3）勤俭、害羞、保守、容忍、有恒、沉着。

（4）外向、冒险、进取、乐观、自信。

（5）内向、焦虑、紧张、被动、怀疑、冷漠。

（6）仔细、谨慎、服务、自制、自律。

（7）理性、独立、自主、反省、挑剔。

2.5.3 人格特质与职业发展

一个人的人格特质与职业选择、成功有着密切的关系，性格影响着一个人对

---

[1] 张添洲. 生涯发展与规划 [M]. 台北：五南图书出版公司, 1993：249.

职业的适应性，每种人格特质的人都有其适合从事的职业，不同的职业也对人有不同人格特质的要求。因此，我们在进行生涯规划时，要根据自己的人格特质去选择职业，以达到匹配。

（1）人格特质与职业息息相关。人格特质使一个人更加偏爱某一种而不是另一种环境，由于性格的不同，每个人在对不同环境认知的过程中，也表现出不同的个性化风格。从事与自己的人格特质不匹配的工作，个人的才能发挥容易受到阻碍。一个人在某种职业中获得成功的性格，可能会在另一职业中大受挫折。因此在职业选择中，应尽可能充分考虑自己的个性特征与职业要求是否相适应，从而在工作中获得满足感，充分发挥自身能力，并体验到更多的快乐。

（2）在职业发展上，性格比能力重要。据研究，在职场中性格的重要性并不低于个人能力。其原因是，如果一个人能力不足，可以通过培训提高，一年不行两年总能开发出来，笨鸟先飞也可以弥补能力的不足。但一个人的性格与职业不吻合，要改变起来就会非常困难，因为人格具有稳定性。因此，用人单位在招聘的时候越来越注重考虑人格特质，首先测试性格与职业或岗位是否吻合，再对其进行能力测验。

2.5.4 了解自己的人格特质

以荣格的《人格分类》理论为基础，美国心理学家 Katherine Cook Briggs （1875—1968）和 Isabel Briggs Myers 根据他们对于人类性格差异的长期观察和研究形成了 MBTI（Myers-Brigqs Type Indicator）。这个指标以瑞士心理学家荣格划分的八种类型为基础，加以扩展，形成四个维度，四个维度如同四把标尺，每个人的性格都会落在标尺的某个点上，这个点靠近哪个端点，就意味着个体就有哪方面的偏好。

MBTI 是一种迫选型、自我报告式的性格评估理论模型，用以衡量和描述人们在获取信息、做出决策、对待生活等方面的心理活动规律和性格类型。通过 MBTI 模型，性格和职业之间的联系得到了比较清晰的阐释。经过 70 多年的实践和发展，MBTI 现在已经广泛应用到企业招聘选聘心理学测量、内部人才盘点及职业规划、职业测试等众多领域。老师学生利用它提高学习、授课效率，青年人用它选择职业，组织利用它改善人际关系、团队沟通、组织建设、组织诊断等多个方面。世界 500 强中有 80% 的企业有 MBTI 的应用经验。

MBTI 理论认为一个人的个性可以从四个维度进行分析，用字母代表，如表 2-1 所示。

（1）参与测试者务必诚实、独立地回答问题，只有这样才能得到有效的结果。

（2）MBTI 提供的"性格分析报告"展示的是你的性格倾向，而不是你的知识、技能、经验。

表 2-1 MBTI 四个维度特点描述

对外部世界的倾向	外向型 E： 朋友圈大 以交谈的方式交流 自由地表达情绪和想法 听、说、想同时进行 对外界环境敏感 主动参与、发起者 大家、许多、广度	内向型 I： 固定的朋友 以写作的方式交流 情绪和想法不轻易流露 先听，后想，再说 沉浸在自己的内心的世界 静静反思、冲动 个人、少数、深度
信息选择的倾向	感觉型 S： 明确、可测量 细节、细致 定向于现实、看到、听到、闻到 观察、记忆个别事物 通过实践理解理念 基于事实、经验 谨慎、缜密得出结论	直觉型 N： 可发明、改革 风格、方向 定向于未来发展、第六感 记忆整体模式 应用前弄清理论 基于想象、灵感 快速得出结论，相信预感
决策的倾向	思考型 T： 客观、头脑、理智、原则、规范 批评，不感情用事 设立客观标准 关注事情和联系 用逻辑解决问题 公平：希望所有人相互平等 法不容恕	情感型 F： 主观、心灵、富有同情心、价值、人情 赏识，也喜欢被表扬 致力于和谐、积极地互动 关注人和关系 考虑决策对他人的影响 公正：希望每个人得到尊重 情有可原
做决定的偏爱	判断型 J： 按部就班 随时控制 明确规则和结构 有计划、有条理 快速判断、决定 制订短、中、长期计划 到最终期限结束 避免"燃眉之急"的压力	理解型 P： 随遇而安 不断体验 确定基本方向 灵活的、即兴的 喜欢开放、获取 随时准备变化 从最终期限开始 从最后关头压力中得到动力

（资料来源：王明复，孙培雷. 大学生职业生涯规划与求职指导 [M]. 北京：清华大学出版社，2012：54）

（3）MBTI 提供的性格类型描述仅供测试者确定自己的性格类型之用，性格类型没有好坏，只有不同。每种性格特征都有其价值和优点，也有缺点。清楚地了解自己的性格，有利于更好地发挥自己的特长，尽可能避免劣势，更好地与他人相处，更好地做出重要的决策。具体测试和评分方法可扫二维码2-4。

通过对照四个维度的描述，你或许已经识别出自己在每个维度上的偏好，取每个维度上偏好类型的代表字母，即可以由四个字母构成你的性格类型，如ISFJ，即内倾感觉情感判断型；ENFP，即外倾直觉情感知觉型。四个维度、八个端点可组合十六种性格类型，你必然属于其中的一种。

二维码2-4

拓展阅读：扫码阅读《MBTI职业性格测试》和《16PF卡特尔人格测试》，https：//welefen.com/lab/mbti/和http：//www.apesk.com/16pf。

二维码2-5

本章小结

本章引导学生掌握自我的概念、内涵，掌握自我探索的方法，学会发现自己的兴趣、了解自己的能力、探索价值观、了解自己的人格特质的方法和步骤，应用于生涯规划之中。

在探索自我的兴趣、能力、价值观、人格特质之后，需要将所有的相关的、多层次的资讯统合起来，才能确定自己的生涯规划的目标和方向。探索自我的最主要目的，在于提供一项有效的方法或工具，能更清晰地了解自我，有能力在不同的发展阶段对自己的现在、过去和未来，有一个重新审视、评估的机会，从而为自己规划璀璨的人生。

复习思考题

一、基本概念

自我、自我认知、自我评估、兴趣、心流体验、能量水平、霍兰德职业兴趣六边形、能力、高峰体验、价值观、职业价值观、职业价值观类型、人生指南针、气质、性格、人格、MBTI。

二、简答题

1. 你的兴趣类型是什么？它对你的职业发展有什么启示？
2. 你的能力有哪些？你的兴趣与能力是否一致？
3. 在你的生命中你最看重什么？最想送给这个世界的礼物是什么？当你快要离开这个世界的时候，你希望你的墓志铭是什么？
4. 你的气质类型是什么？它对你的职业选择有何启示？
5. 你的MBTI测试结果是什么？它可以对你的职业选择提供帮助吗？

第 3 章

职业世界探索

 学习目标

通过本章的学习,了解大学专业设置以及与职业的关系,掌握职业的含义、分类及其发展;学会评估职业环境,掌握探索职业世界的基本途径。

 关键术语

专业、职业、行业、职业环境。

 引导案例 我们理想的工作到底是什么

学工商管理专业的小吴,2014年大学毕业,在校时取得的成绩颇丰,是学院的风云人物。大学期间他积极参加各种比赛、实习,语言表达、待人接物都锻炼得颇为成熟老练,这些素质都是企业颇为看重的。但在求职的时候他却成了院系里的"老大难"。原来小吴有一个找工作的首要原则——符合自己的工商管理专业,特别是希望能获得资金运作、基金管理方面的营销职位。虽然四年之后,他终于如愿以偿,但是却似"劫后余生"。

"学以致用"是学习最高境界,这一传统观念在大学生的心中根深蒂固,加上大学生在迈向社会的第一步时希望能够从自己熟知的领域开始,所以对于改行有着先天的排斥感。在专业对口方面,如今文科生倒是有所松动,而理工科生依然非常"顽固"。这是由于理工科专业性比较强,客观上也存在"隔行如隔山"的因素。其实,任何专业都不是绝对不能跨越的,就如同跨专业考研一样,很可能跨过去就是另一片天地。如果我们将第一份工作定位于所学专业,择业范围会大大缩小。因此,要想在激烈的社会竞争中获得优势,就要既全方位地提高所需要的专业技能,又要适当拓宽自己的能力与渠道。

许多大学生由于不喜欢自己的专业,在找工作时往往陷入两难的境地:一方面认为找工作必须"专业对口",但是又不喜欢自己的专业,不想做本专业方面的工作;另一方面,如果"专业不对口",自己又不是"科班出身",则担心自己与"科班出身"的求职者相比缺乏竞争力,甚至觉得很难跨越专业的鸿沟。

其实现在许多职业对于专业的限制并没有那么严格,同一种专业可以从事多种不同的职业,而从事同一种职业的人也可能来自不同的专业。相对于专业知识技能,很多用人单位在招人时更看重个人的综合素养。而专业知识技能,也不见得非要通过大学本科学习才能获得。社会上各种各样的培训班、学历班、考证班等都可以帮助我们获得工作所需的专业技能。许多大型公司还会为新员工专门提供专业知识技能培训。因此,跨专业找工作并非不可能。如果你是社会所需要的具有一项专业技能并在另外领域有特长的"复合型人才",则在人才市场上更具竞争力。

资料来源:翁祥栋,李昕皓.我们理想的工作到底是什么?[J].中国大学生就业,2011(7):21-23.

3.1 大学专业

3.1.1 专业的含义

专业有广义和狭义之分。广义的专业是指知识的专业化领域。狭义的专业是指当专业与培养人的活动相联系时,往往就成为一种培养人才的基本单位,演变为一种实体,这个实体形成的依据是学科分类和社会分工需要,实体的任务是对高深专门知识分门别类地进行教与学的活动。"高深"和"专门"体现了培养人才活动中知识领域的特点。

2020年3月3日,教育部在《普通高等学校本科专业目录(2012年)》基础上,增补了近年来批准增设的目录外新专业,形成了最新的《普通高等学校本科专业目录(2020年版)》并予以公布。分设哲学、经济学、法学、教育学、文学、历史学、理学、工学、农学、医学、管理学、艺术学12个学科门类。其中哲学门类下设专业类1个,3种专业;经济学门类下设专业类4个,10种专业;法学门类下设专业类6个,13种专业;教育学门类下设专业类2个,13种专业;文学门类下设专业类3个,72种专业;历史学门类下设专业类1个,4种专业;理学门类下设专业类12个,28种专业;工学门类下设专业类31个,104种专业;农学门类下设专业类7个,18种专业;医学门类下设专业类11个,26种专业;管理学门类下设专业类9个,32种专业;艺术学门类下设专业类5个,29种专业。分为基本专业(352种)和特设专业(188种),并确定了国家控制布点专业。特设专业和国家控制布点专业分别在专业代码后加T和K表示,以示区分。

二维码3-1

拓展阅读:扫码阅读湖北工业大学专业介绍。

3.1.2 专业与职业

专业是学业门类，职业是工作门类，个人所学专业与未来所从事的职业之间大体会出现四种关系，如图3-1所示。

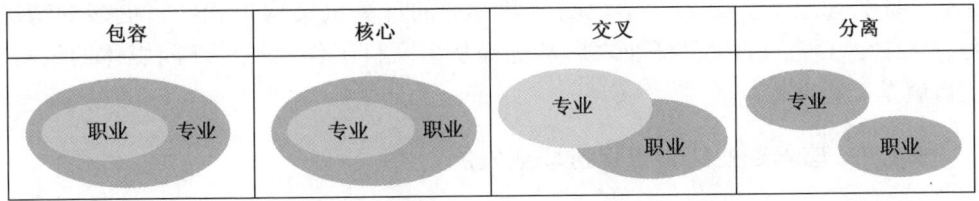

图 3-1　个人所学专业与未来所从事的职业之间的关系

1. 专业包容职业

在这种情况下，个人的职业发展一直在所学专业的领域内，选择的职业与学习的专业吻合，能够做到学以致用。

2. 专业为核心，职业包容专业

这是指以专业为核心发展职业，个人的职业发展以所学专业为核心，向外扩展。在这种情况下，选择的职业与学习的专业虽然方向一致，但职业发展超出所学专业领域，需要根据自己的职业规划，在学好专业的基础上通过选修、自学提高自己所从事职业的素质。

3. 专业与职业交叉

以专业为基础发展职业，个人的职业发展在所学专业基础上有重点地向某一方向拓展。所学专业在个人职业发展中仍有重要意义，需要在职业生涯规划的指导下，在学好本专业的基础上，辅修或自学自己规划要从事的其他专业课程。

4. 专业与职业分离

要从事的职业与所学专业基本无关，所学专业的某些方面在个人职业发展中有一定的重要性，但方向并不一致，这时应尽早调整专业，若为时已晚，应辅修其他专业。

根据专业与职业的匹配情况，就业也可以分为三种类型。

（1）专业密切型就业。专业密切型就业是指大学生根据自己所学的专业来选择与专业对口的职业，大学毕业后从事的工作，与大学的学习、学业是完全相通的。如医学、工学等学科专业性较强，这些专业的毕业生在校期间掌握了较多的专业技能，工作起来才能得心应手。

（2）专业相关型就业。专业相关型就业是指大学生选择从事的职业，与自己学习的专业不是特别对口，但是与专业知识有一定关联，比如说学习的是工科专业，选择从事与工科相对应的一些行业就是相关的；学习的是企业管理专业，毕业之后到高校机关部门工作，也有一定的相关度。

（3）专业无关型就业。专业无关型就业是指所选择从事的职业，与大学所学专业完全无关，完全不对口。比如学的是文科专业，毕业后却从事工科类职业。IBM公司里就有在大学学戏剧编剧专业的计算机架构工程师。更多的情况是，大学学工科的学生，毕业之后却选择从事文科工作，不少新闻媒体的编辑、记者就是工科背景。

3.1.3 培养专业能力以促进职业发展

专业学习包括专业知识的学习、专业技能的掌握和专业能力的形成。大学所设的专业一般面向一个岗位群，纵向可以涉及一个领域、一个行业；横向可涵盖社会各部门的某个层面。实用型人才培养，要求大学生同时具有一个岗位群的理论知识和基本的、通用的、熟练的职业技能，又能掌握与本专业有关的最新科技知识。大学生毕业后所从事的职业无论与专业是否相关，都要求学生在校期间打下牢固的专业知识基础，掌握专业技能，培养专业能力，为求职就业做好知识、能力的储备。

1. 知识结构的完善

合理的知识结构是担任现代社会职业岗位的必要条件，是人才成长的基础。现代社会的职业岗位，所需要的是知识结构合理，能根据当今社会发展和职业的具体要求，将自己所学到的各类知识科学地组合起来的，适应社会要求的人才。另外，当今社会，知识在不断更新，必须储备足够的基础理论知识，以利于继续学习。因此，大学生应充分认识知识结构在求职择业和未来生涯发展中的作用，根据现代社会的发展需要，塑造自己，发展自己，建立合理的知识结构，使之适应现代社会的要求。

2. 专业技能的加强

就业竞争就是能力的竞争，职业能力的强弱和就业机会的多少以及有没有发展机遇呈正相关关系。如果说，职业理想和就业目标是目的地，那么专业学习就是主要的路线图。不同的职业需要不同的专业知识、专业素养、职业技能和职业素养，而不同的知识和技能则是专业学习的主要内容。

3. 实践能力的锻炼

专业实践是大学生将专业理论知识与社会工作相结合的环节。专业实践促进职业能力的发展，专业知识、专业素养、职业技能和职业素养的提升是适应职业岗位需求的重要因素。大学阶段是同学们为自己一生的发展打下坚实的专业知识、专业素养、职业技能和职业素养基础的关键阶段。因此，必须充分利用在校学习期间的各种机会，做一些与专业相关或与目标职业有关的工作，发挥自身专业特长，把自己所学的知识运用到实际工作中，积累丰富的实践经验，全方位地提升自己的综合素质与社会适应能力。

3.2 职 业

3.2.1 职业概述

职业是人类在长期生产活动中，随着生产力发展和社会分工的出现，逐步产生和发展起来的，它是社会生产力进步的结果，同时又促进了生产力的提高，是社会发展的客观产物。职业是我们获得人生价值和自我实现的必经途径。

3.2.1.1 职业的基本概念

职业是劳动者能够从事有报酬的劳动角色。

1. 职业的定义

职业是指具备劳动能力的个体，运用自身的知识、技能与态度，从事社会生产服务，为社会创造物质财富和精神财富，并获取合理的个人报酬，以满足自身物质与精神需求的持续性活动。

2. 职业概念的内涵

一个社会职业一般具有以下基本内涵：以获得现金或实物等报酬为职业目的；是一种与其他社会成员相互关联、相互服务的社会活动；在一定的历史时期形成；必须符合国家法律和社会道德规范。

与职业相对应的是职业生涯，根据职业的概念，职业生涯就是个人在人生中所经历的各种职位和角色。

3. 职业的基本要素

职业名称：职业的定义和社会特征。

职业主体：从事一定社会分工活动的劳动者，必须具有承担该职业活动所需要的资格和能力。

职业客体：职业活动的工作对象、内容、劳动方式和场所等。

职业报酬：通过职业活动所取得的各种报酬。

3.2.1.2 职业的社会特征

职业作为一种社会劳动力的表现，不但具有本身的属性，其社会属性也非常重要。

1. 产业性

国家的产业可以分为三类：第一、第二产业是物质生产部门，第三产业虽不生产物质财富，却是社会物质生产和人民生活必不可少的。在现在科学技术高度发达和经济发展迅速的情况下，第三产业的职业数量和就业人口显著增加。

2. 行业性

行业是根据生产工作单位所生产的物品或提供服务的不同而划分的，它是按企业、事业单位、机关团体和个体从业人员所从事的生产或其他社会经济活动性质的同一性来分类的。

3. 层次性

从社会需要的角度看，职业没有高低贵贱之分，但现实社会中由于对职业素质要求不同及人们对职业的看法或舆论评价不同，不同职业就有了层次之分。这种职业层次由不同职业在体力、脑力劳动中的付出、收入水平、工作任务的轻重、社会声望、权力地位等因素所决定。

3.2.1.3 职业的社会功能

职业在人们社会生活中居于重要的地位，处理好职业问题对人一生的发展和维持社会正常运行具有重大意义。

对个人而言，职业不仅是个人经济收入的来源，而且也是促进个性发展的手段，是个人贡献社会的途径，也是获得名誉、权力、地位的途径。

从社会角度来看，职业活动构成了人类的社会存在，职业劳动创造的财富为社会的发展奠定了物质基础，职业也维持了社会稳定，职业结构的变化是推进社会发展的动力。

3.2.2 职业分类

职业分类是运用一定科学方法和手段，对社会全体从业人员所从事的各类经济活动进行分析和研究，按活动的性质、对象、内容、形式、功能和结果等进行类型划分与归类的工作。职业分类对于国家合理开发、利用和综合管理社会劳动力，提高劳动者的素质有着重大的意义。对于高校毕业生，了解职业分类也很有意义，了解社会职业领域的总体状况，增强毕业生的职业意识，做好职业认知，为自我的生涯发展规划打下坚实的基础。

职业分类的体系通过职业代码、职业名称、职业定义、职业所包括的主要工作内容等来进行确定，描述出每一个职业类别的内涵与外延。社会分工是职业分类的依据，在分工体系的每一个环节上，劳动对象、劳动工具以及劳动的支出形式都各有特殊性，而这种特殊性在一定程度上决定了职业之间的区别。世界各国国情不同，其划分职业的标准也有所区别。

3.2.2.1 国外的职业分类

经济发达的国家，对职业分类的问题都比较重视，因为这是形成产业结构、产业组织以及产业政策的重要前提,也是从业者了解职业、认识职业特点并根据其对人的要求,结合自身情况切合实际选择职业的基本条件。

1. 按脑力劳动和体力劳动的性质、层次进行分类

这种分类方法把工作人员划分为白领工作人员和蓝领工作人员两大类。白领工作人员包括:专业性和科技性的工作,如会计、建筑师、计算机专家、工程师、法官、医生、教师、社会科学家、作家等;农场以外的经理和行政管理人;销售人员;办公室工作人员。蓝领工作人员包括:手工业及类似工人,如木匠、砖瓦匠、建造工人、油漆工等;运输装置工;农场以外的工人,如饲养人员、建筑工人、垃圾工、伐木工等;服务性行业工人,如清扫服务工、洗碗工、私人服务人员等。

这种分类方法明显地表现出了职业的等级性。

2. 按心理的个别差异进行分类

这种分类方法是根据美国著名的职业指导师霍兰德(John Holland)创立的人格—职业类型匹配理论,把人格类型分为六种,即现实型、研究型、艺术型、社会型、企业型和常规型。与人格类型相对应的是六种职业类型。这种分类把个性心理特征与职业类型两者有机统一起来,便于实现职业指导,也可以促使大学生根据自身的人格类型和职业兴趣来合理选择未来的职业。

(1) 现实型的职业主要是指通常运用手工工具或机器进行的熟练的手工工作和技术工作,如木匠、铁匠、机械工人等。

(2) 研究型的职业主要是指科学研究和实验室工作,如自然科学家、计算机程序员、电子技术工作人员等。

(3) 艺术型的职业是指艺术创作方面的职业,包括音乐、文学等方面。

(4) 社会型的职业是指为别人服务办事的工作,包括教育和社会福利等方面。

(5) 企业型的职业是指那些指派领导他人去做某事的工作,包括管理、销售等方面。

(6) 常规型的职业通常是指各部门主管日常事务的办公室工作。

3. 依据各个职业的主要职责或从事的工作进行分类

这种分类方法比较普遍,现以两种代表为例说明如下。

其一是国际标准职业分类。国际标准职业分类把职业由粗至细分为四个层次,即8个大类、83个小类、284个细类、1506个职业项目,总共列出了1881个职业。其中8个大类分别是:专家、技术人员及有关工作者,政府官员和企业经理,事务工作者和有关工作者,销售工作者,服务工作者,农业、牧业、林业工作者以及渔民猎人,生产和有关工作者、运输设备操作者和劳动者,不能按职

业分类的劳动者。这种分类方法便于提高国际上职业统计资料的可比性和国际交流。

其二是加拿大《职业岗位分类词典》的分类，它把属于国民经济中主要行业的职业划分为23个主类，主类下分81个子类、489个细类、7200多个职业。此种分类对每种职业都有定义，逐一说明了各种职业的内容以及从业人员在普通教育程度、职业培训、能力倾向、兴趣、性格以及体质方面的要求，有较大的参考价值。

3.2.2.2 我国的职业分类

我国是最早开展职业分类的国家，如《春秋·谷梁传》中写道："古者立国家，百官具，农工皆有职以事上。古者有四民，有士民，有商民，有农民，有工民。"我国古代先进的职业分类构筑了中国灿烂的古代文明，也为我们留下了丰富的文化遗产。

现代职业分类是工业革命的产物，也是现代人文精神的反映。它是指特定的国家结构采用一定的标准和方法，依据一定的分类原则，对从业人员所从事的各种专门化的社会职业，按照其活动的不同性质、对象、内容、形式、功用和结果进行的类型划分和归总的工作。

1986年，我国首次颁布了《职业分类与代码》（GB 6565—86），并启动了编制国家统一职业分类标准的宏大工程。1999年5月《中华人民共和国职业分类大典》（以下简称《大典》）正式颁布并实行。《大典》按照工作性质同一性的基本原则，对我国社会职业进行了科学划分和归类，将其归入8个大类，并具体划分为1838个细类（职业），如表3-1所示。《大典》比较全面客观地反映了当时我国社会职业结构状况，是我国第一部对职业进行科学分类的权威性文献。

表3-1 八大职业分类

类型	从事人员	具体职业	说明
第一大类	国家机关、党群组织、企业、事业单位负责人	管理类	包括5个中类、15个小类、23个细类（职业）
第二大类	专业技术人员	研发类	包括11个中类、120个小类、451个细类（职业）
第三大类	办事人员和有关人员	事务性	包括3个中类、9个小类、25个细类（职业）
第四大类	商业、服务人员	服务类	包括15个中类、93个类、278个细类（职业）

续表

类型	从事人员	具体职业	说明
第五大类	农林、牧渔、水利业生产人员	生产类	包括6个中类、24个小类、52个细类（职业）
第六大类	生产、运输设备操作人员及有关人员	技术工人类	包括32个中类、171个小类、650个细类（职业）
第七大类	军人	军事类	包括1个中类、1个小类、1个细类（职业）
第八大类	不便分类的其他从业人员	其他类	包括1个中类、1个小类、1个细类（职业）

《大典》颁布以来，随着社会经济的发展和科技的进步，客观反映经济发展和科技进步的职业结构发生了相应的变化，产业结构的调整在职业领域也引起了相应反响，一些新职业不断涌现。这些新职业既包括随着社会经济发展和技术进步而形成的全新职业，也包括原有职业内涵、从业方式因技术技能发展产生较大变化的更新职业。为及时反映这些新职业的发展变革，2004年8月起，劳动和社会保障部建立了新职业信息发布制度，对职业分类与职业标准开发实行动态管理，并通过信息发布制度，系统介绍新职业名称、定义、主要工作内容及从业人员状况等情况。同时，定期组织专家对《大典》进行增补修订，并及时颁布《大典》增补本，2005年增补本收录了77个新职业，2006年增补了82个新职业，2007年增补了31个新职业。

拓展阅读 人社部等部门联合发布16个新职业。

人力资源和社会保障部、市场监管总局、国家统计局联合发布网约配送员、健康照护师、呼吸治疗师等16个新职业，这是自2015年版《中华人民共和国职业分类大典》颁布以来发布的第二批新职业。

这16个新职业分别为：智能制造工程技术人员、工业互联网工程技术人员、虚拟现实工程技术人员、连锁经营管理师、供应链管理师、网约配送员、人工智能训练师、电气电子产品环保检测员、全媒体运营师、健康照护师、呼吸治疗师、出生缺陷防控咨询师、康复辅助技术咨询师、无人机装调检修工、铁路综合维修工和装配式建筑施工员。

据介绍，这批新职业主要集中在新兴产业和现代服务业两个领域，主要呈现以下特点：一是生产制造和建筑领域的技术革新催生出新职业；二是服务业的快速发展孕育出新职业；三是健康照护服务的大量需求派生出新职业。

(记者李婕,2020-03-04 来源:人民网-人民日报海外版,http://edu.people.com.cn/n1/2020/0304/c1053-31616282.html.)

3.2.3 未来职业的发展趋势

1. 国内外职业发展的新趋势

(1) 职业周期缩短,职业本身的变化也在加速,许多旧的职业在消失,新的职业不断涌现,更新的速度不断加快。劳动者就业选择权越来越得到承认和落实,就业实现自主化。

(2) 不同类别的职位数量比例不断变化,第三产业中的职位数量不断增加。社会经济组织数量增多,形式多样,劳动关系、劳动内容、劳动形式也随之多样化和灵活化。

(3) 现在职业对从业人员的知识、经验、技能、能力的要求越来越全面,职业综合化趋势明显。职业对就业者的要求不断提高,学习行为不断融入职业活动中,随着技术进步和知识更新的加速,人们需要不断地进行"职场充电",补充工作岗位对新知识、新技能的要求,防止"人才折旧和贬值"。

(4) 科技的高速发展使得专业分工越来越细、越来越专,职业岗位对专业技术水平的要求也越来越高。职业劳动的知识含量大大增加,要求从业人员具有相当高的知识水平。体力劳动比重下降,脑力劳动比重增加,出现体力劳动脑力化、知识智能化的特点。

(5) 职场竞争会加剧,职业危机会加剧,员工在一个企业里"从一而终"的现象将再难出现,从业人员一生中更换多个岗位和更换多家单位已成常态,职业的流动性呈加速趋势。

(6) 全球经济一体化大势所趋,发达国家的职业管理模式,职业种类,职业劳动技能、工具、手段会大量渗入我国,外商独资企业、合资企业会大量出现,并提供许多国际规范的职业岗位。出国就业有更广阔的发展前景,就业岗位与国际接轨。

2. 职业的发展形势

经济的全球化和科学技术日新月异的发展不断改变整个世界的面貌,更改变了人们的工作和生活方式,并对职业的发展产生了巨大的影响,很多职业的工作方式也在改变。多样的经济形式、快速的高科技发展,为现代社会带来了多样的工作方式和生活模式。

(1) 全职工作:这是传统的工作观念,指在一个或大或小、稳定的单位里面为同一雇主连续工作。每周工作40小时或以上的永久性、全职性工作,周末和节假日休息,有长远的职业发展和稳定的收入待遇。工作稳定、有保障,一般情况下,不会失业,安全感较强,并享有各种奖金、福利、保险,甚至住房。很多人认为单位有责任照顾他们,但是这种认识正受到强劲的挑战。

(2) 兼职工作:一个人同时兼有两个或以上的独立的工作角色。工作环境具有多样性、灵活性和变化性,但是工作需要不断地更新自我技能。

(3) 自由职业者:一种个人的经营模式,不属于某个固定的组织,可以自由地决定工作时间和服务对象,根据工作成果来获得报酬。工作自由、开放,风险性相对较大,从业者需要有良好的心理安全感、自我管理能力和自信心。比如网络主播,网络小说家等。

(4) 自我创业:做企业家,雇用其他人经营企业,具有高风险、高回报特点。企业家重视独立、刺激和成功,具有控制内在因素的特质,很能容忍不确定的状态。

不同职业的工作时间也出现了多种形式。有的是传统的每天8小时(周末和节假日休息)的固定工作时间制;多数互联网公司通常用"996"的工作时间制(早9点到晚9点,一周工作6天);有的是员工根据工作的具体情况,对工作时间加以改变的弹性工作时间制;需要24小时有人工作的企业和行业则采用轮班工作制;有的是流动工作制;有的是远程办公;还有独立签约者、自由职业者随意的自由工作时间制。

3.3 职业环境

 引导案例 华尔街"地震",雷曼兄弟破产

在寻找买家未果后,曾为美国第四大投资银行的雷曼兄弟公司发表声明说,公司将递交破产保护申请。消息一出,美元和美国股指期货齐声下跌。当日,英国第三大银行巴克莱银行在美国政府拒绝提供财政担保后决定退出拯救雷曼兄弟公司的行动。大约3小时后,美国银行也宣布退出,转而收购美林公司。

在政府拒绝救命、收购退路全断之后,雷曼兄弟公司最终决定,根据美国破产法案第11章申请破产保护。拥有158年历史的雷曼兄弟公司在美国抵押贷款债券业务上连续40年独占鳌头。但在信贷危机的冲击下,公司持有的巨量与住房抵押贷款相关的"毒药资产"在短时间内价值暴跌,将公司活活压垮。

面临公司破产的凄凉前景,雷曼兄弟公司在曼哈顿纽约时报广场附近第七大道的总部门口14日夜间人来人往,不少公司员工携带着纸盒子、大手袋、行李袋甚至拉杆箱走出大楼,一些人拿着印有公司名字的雨伞和装在画框内的美术品,一些人眼睛湿润,更有一些人低声哭泣,相互拥抱道别。除了公司员工,面对雷曼兄弟公司破产心中最为焦急的是投资者与在公司开户交易的客户。

作为华尔街巨无霸之一，雷曼兄弟公司的破产冲击了整个金融市场，并最终引发了"金融海啸"。

大量的事实表明，职业生涯规划必须与职业环境相适应、相匹配，把社会、行业、组织的客观需要作为出发点和归宿点，才能更有效地发展我们的职业生涯路径。只有充分考虑了外部职场环境的影响，才有可能更客观地衡量和评估我们将要遇到的困难和挫折，确保职业发展的科学性和准确性。

对于职业环境的认知主要分为四个层面，即社会环境、行业环境、企业环境、岗位环境，这四个层面也分别从宏观、中观到微观帮助大学生深入地了解身处的大环境、小环境，对职业的充分认知有助于为职业选择打下扎实的基础。

3.3.1 社会环境

3.3.1.1 社会环境的概念

所谓社会环境，就是指我们所处的政治、经济、法制、科技、文化等宏观环境。社会大环境要从国际环境、国内环境和所在地区环境三个方面去认知，以便寻找更好的发展机会。社会环境对我们的职业生涯乃至人生发展都有重大影响。

社会环境的影响因素包括政策法规、经济环境、人口环境、社会文化环境和科技环境五个方面。

3.3.1.2 社会环境的影响因素

1. 政策法规

政策法规是指国家的方针、政策以及地方的有关法律法规，如教育制度、人才流动政策、户籍管理制度、社会保障制度等。一个国家制定的政策法规，是基于其经济发展、文化发展、行业变化、民众需求等各方面的需求的，政策法规制定的好坏不仅会影响经济体制，更会影响个人的职业选择和职业发展。

2. 经济环境

经济形势是影响经济环境的重要因素之一，在整体经济形势利好、经济处于高速发展的时期，对人力资源的需求量增加，就业渠道增多，职业选择和职业发展的机会就会增大；反之，个人的职业发展就会受阻。另外，如果是处在经济发展水平高的地区，企业相对集中，优秀企业比较多，个人职业选择的机会也会随之增加，有利于职业发展；相反，在经济落后地区，个人职业发展也会受到一定的限制。这就是一线大城市外来人口增多、"大城市热"的原因，很多毕业生宁愿留着大城市蜗居，也不愿回到中小城市发展，长此以往，在一定程度上也会导致地区经济发展的不平衡。

劳动力市场的供求状况对职业选择和职业发展有重要影响。若某类职业的人力资源供不应求,则职业选择和职业发展的机会增多;相反,若人力资源供过于求,则职业选择和职业发展的机会减少。

3. 人口环境

人口环境尤其是个人所在地区的人口因素对职业选择与职业发展有重要影响,它包括人口规模和年龄结构两个方面。人口规模是指社会总人口的多少,它直接影响社会人力资源的供给量,总人口越多,个人职业选择与职业发展机会就越少;反之,个人职业选择与职业发展机会就越多。年龄结构是指不同年龄段占总人口的比例,不同年龄段的人在收入、生理需要、价值观念、生活方式、社会活动等方面均存在差异,因此,不同年龄段的人在职业选择和职业发展路径方面也存在差异。

4. 社会文化环境

社会文化环境包括教育条件和水平、社会文化设施等。社会文化是影响人们行为、欲望的基本因素,反映人们的基本信念、价值观和规范的变动。如果人们崇尚职业的新奇性和变换性,那么人力资源在各个企业之间的流动频度就高,如美国公民普遍喜欢市场的契约制度;如果人们追求工作的安全感和稳定性,那么人力资源在各企业之间的流动就相对较少,如日本公民喜欢终身雇佣制。另外,一个人生活在社会环境中,必定会受到当地社会文化的影响,很多国家都拥有多个民族,各地区之间的社会文化也略有不同,所以基于社会文化的复杂性因素,在进行职业选择和职业发展时,不仅要考虑各国之间的社会文化差异性,也要考虑同一国家不同地区的社会文化差异。

5. 科技环境

随着科学技术的不断发展,理论的更新、观念的转变、思维的变革、技能的补充等,大规模工业化的生产时代已经终结,取而代之的是以脑力劳动为主的技术时代。据法国学者高兹的统计,在1975—1986年的12年间,有三分之一甚至一半的工业工作已经在几个欧洲国家消失。据美国《民族周刊》的报道,在若干年内,美国现有的1.24亿个工作中有0.9亿个工作将被自动化系统所代替。据美国学者乔治预测,未来蓝领工人将会从1995年占美国劳动力的20%缩减到10%,甚至更少。在发达国家由于办公自动化,非专业白领工人的比例很可能从现在的大约40%减少到20%。其余80%左右的劳动大军可能由知识型人员组成,包括教授、科学家、信息系统设计人员、教育工作者、技术制造人员等。联合国经济合作与发展组织的研究报告表明,依靠智能技术从事生产和传播的就业者越来越占据有利地位,并取得80%以上的份额。尽管制造业中的失业状况持续恶化,但技术型劳动人口的就业情况并没有受到影响。技术的发展使得劳动力从知识含量低的工业化时期的主导产业部门向知识含量高的高科技产业和以知识为基础的服务业大规模流动，信息产业、生物工程等高科技产业的就业率持续增长，依靠高科技实现职业发展成为主流。

科技的进步带来了社会生产力的高速发展，一方面，在一定程度上促进了自动化的普及和提高；另一方面，也迫使产业结构调整，从劳动密集型产业转化到资本密集型再转化到知识密集型。这些因素会导致一些新的工作岗位的产生，同时，也会淘汰一些旧的工作岗位。这既给我们带来了机遇，同时也使竞争加剧，带来危机。这就要求我们根据环境的变化不断地更新自己的知识结构，及时地学习新技能，适应工作的需要，避免落后于社会的发展。

3.3.2　行业环境

行业环境属于中观层面的职业环境，是在社会环境分析的基础上进一步引导学生从比较具体的行业方面进行认知和探索，帮助学生更好地了解和分析行业环境对职业发展的影响。行业环境最核心的问题就是对行业发展前景的判断，如果行业发展前景比较乐观，个人的职业生涯也会伴随行业的发展有所提升。因此，在进行行业前景评估的时候，一定要结合社会环境去评估。要关注国家对某行业是支持、鼓励，还是限制、制约，例如，国家鼓励绿色环保，推行可持续发展战略，出台优惠政策，鼓励环境保护行业发展。要关注经济的增长，根据马斯洛需求理论，人们在满足物质生活的需求后，会更关注精神生活，因此一些服务类行业有了更多发展的机会，比如租赁业、旅游业、娱乐业等。要关注科学技术的飞速发展带来的行业变化，要看清"朝阳行业"和"夕阳行业"，比如IT业和电信业就属于很有发展前景的朝阳行业。因此，我们应尽量选择那些有前景、发展空间较大的行业发展自己的职业道路。

3.3.2.1　行业环境的概念

行业是企业的集合，从事同类产品的生产销售企业或提供类似服务的企业达到一定的数量才能形成一个行业。例如，家电行业就包括生产电视机、洗衣机、空调、冰箱等不同类型具体产品的若干类企业。很多职业都普遍存在于社会的各行各业中，同一个行业中也可能包括多种性质的职业，比如保险行业，可以有从事销售工作的保险业务员，也可以有从事财务工作的会计和出纳。当然，某些专业性极强的职业只存在于某一个行业中，如房地产行业中的房地产经纪人或者评估师等。

行业环境是指目前从事或拟从事的目标行业环境，它包括行业发展状况、国际国内重大事件对行业的影响、行业的优势与劣势、行业发展趋势等。

3.3.2.2　行业分类

了解不同的行业分类有利于全方位了解行业，以此为线索可以很好地掌握并理清行业发展的脉络，也是个人了解行业发展的重要依据。

依据中国行业分类标准（GB/T 4754—2011），行业的主要类型包括保险、采矿、能源、餐饮、宾馆、电讯、房地产、服务、服装、公益组织、广告、航空航天、化学、化工、健康、保健、建筑、教育、培训、计算机、金属冶炼、警察、消防、军人、会计、美容、形体、媒体、出版、木材、造纸、零售、批发、农业、旅游、司法、律师、司机、体育运动、学术研究、演艺娱乐、医疗服务、艺术、设计、银行、金融、因特网、音乐、舞蹈、邮政快递、运输、政府机关、机械制造、咨询服务等。

全球行业分类系统（Global Industry Classification Standard，GICS）是由标准普尔（S&P）与摩根士丹利公司（MSCI）于1999年8月联手推出的行业分类系统。该标准为全球金融业提供了一个全面的、全球统一的经济板块和行业定义。作为一个行业分类模型，GICS已经在世界范围内得到广泛的认可，它的意义在于不仅为创造易复制的、量体裁衣的投资组合提供坚实基础，更使得对全球范围经济板块和行业的研究具有可比性。

新的标普全球行业分类标准把标普1500指数的成分股分为10个行业部门、24个行业组、67个行业。10个行业部门为：

（1）基础材料（materials）——化学品、金属采矿、纸产品和林产品。

（2）消费者非必需品（unnecessary consume）——汽车、服装、休闲和媒体。

（3）消费者常用品（necessary consume）——日用产品、食品和药品零售。

（4）能源（energy）——能源设施、冶炼、石油和天然气的开采。

（5）金融（finance）——银行、金融服务、保险和房地产。

（6）医疗保健（medical & health）——经营型医疗保健服务、医疗产品、药品和生物技术。

（7）工业（industry）——资本货物、交通、建筑、航空和国防。

（8）信息技术（information technology）——硬件、软件和通信设备。

（9）电信服务（telecom service）——电信服务和无线通信。

（10）公用事业（public utility）——电力设备和天然气设备。

3.3.2.3 行业环境的影响因素

1. 行业生命周期

行业生命周期是行业演进的动态过程。行业生命周期分成四个阶段，即形成期、成长期、成熟期和衰退期。

（1）形成期。形成期是指某一行业刚出现的阶段。在此阶段，有较多的小企业出现，因企业刚建立或刚生产某种产品，忙于发展各自的技术能力而不能全力投入竞争，所以竞争压力较小。研究开发产品和技术是这个阶段的重要职能，在营销上则着重广告宣传，增进顾客对产品的了解。

（2）成长期。进入成长期，行业的产品已较完善，顾客对产品已有认识，市场迅速扩大，企业的销售额和利润迅速增长。同时，有不少后续企业参加进来，行业的规模扩大，竞争日趋激烈，那些不成功的企业开始退出。市场营销和生产管理成为关键性职能。

（3）成熟期。进入成熟期后，一方面行业的市场已趋于饱和，销售额已难以增长，在此阶段的后期甚至会开始下降；另一方面行业内部竞争异常激烈，合并、兼并大量出现，许多小企业退出，于是行业由分散走向集中，往往只留下少量的大企业。产品成本和市场营销的有效性成为企业的关键因素。

（4）衰退期。到了衰退期，市场萎缩，行业规模也缩小，留下的企业越来越少，竞争依然很残酷。这一阶段的行业就是所谓的"夕阳行业"。

2. 行业竞争力量

行业竞争力量包括新进入者的威胁、行业中现有企业间的竞争、替代品或服务的威胁、购买者的谈判能力和供应者的谈判能力五种。这五种基本竞争力量的状况以及综合强度，引发行业内经济结构的变化，从而决定着行业内部竞争的激烈程度，决定着行业中获得利润的最终潜力。

一个企业的盈利潜力取决于其所处的行业的盈利潜力，一个行业的盈利水平又取决于这个行业的竞争强度，一个行业的竞争强度是其行业竞争结构的表现。因此，行业选择对一个企业及其中工作人员都具有非常重要的影响。正如有的人所说，行业选得好，不努力都可以获得高利润；行业选不好，苦死、累死也赚不到钱。

在分析行业环境时，一定要结合社会大环境的发展趋势。由于科学技术的飞速发展，某些行业如同夕阳坠落，逐渐萎缩、消亡；更有许多极具发展前途的朝阳行业不断出现、发展起来。同时还要注意国家政策的影响，要了解国家对某一行业是支持、鼓励和引导，还是限制、控制和制约。要尽量选择那些有前景、发展空间较大的行业。例如，我国近年来狠抓环境保护，推行可持续发展战略，保护生物多样性，在农业生产中控制化学制品的使用，开发"绿色食品"等，使环境保护产业如初生朝阳，充满生机，导致环保设备生产、环保技术咨询等行业迅速发展，提供了大量就业岗位。而这时如果不了解情况，为了一时利益，盲目进入那些污染后果严重的行业谋职，必将会对自己的职业生涯造成不良后果。

3.3.3 企业环境

企业环境分析，包括企业在本行业或新的发展领域中的地位和发展前景，以及企业产品或服务在市场上的表现与发展前景，具体包括企业性质、类型、企业实力、资本构成体系、发展历程与背景、企业领导、人才选拔机制、发展战略、薪酬结构、企业文化和规章制度等因素。

1. 企业文化

企业文化是全体员工在长期的生产经营活动中形成并共同遵循的最高目标、价值标准、基本信念和行为规范。它是一个组织区别于其他组织并得以长期生存和持续发展的核心要素。企业文化的好坏决定着企业的经营效益。如果个人的价值观与企业文化有冲突，难以适应组织文化，这也决定他在企业中难以发展。所以企业文化是个人在制订职业生涯规划时应当考虑的一个重要因素。比如很多外企实行弹性工作制，没有固定的上班时间和地点，执行以完成工作任务为导向的绩效薪酬制度；而大部分国企实行早九晚五固定工作时间制，执行以完成工作职责为导向的岗位薪酬制度，这显然是两种完全不同的企业文化。

案例赏析　海底捞的企业文化

很多企业把"尊重人才，以人为本"的口号喊得震天响，背后却是老板的"一言堂"，实行"只有罚文化，没有奖文化"的僵硬制度。而在海底捞，尊重人、相信人是它的核心价值观。公司给予每一位员工权力，普通的服务员都有免单权、退菜权。不论什么原因，只要员工认为有必要，都可以给客人免费送一些菜，甚至免掉一餐的费用。公司把员工当成家里人，海底捞的员工住的都是正规小区，还可以免费上网，有专门的宿舍管理人员打扫卫生。天气冷了，会有人熬姜汤；晚上回来迟，宿管阿姨会一直等；过生日，会有人第一时间想着送上祝福。另外，海底捞还提倡用劳动改变命运，公司鼓励员工创新发明，发明创造可以以发明员工的名字来命名。鼓励员工与顾客的互动，每个员工都可以给客人擦鞋（只要顾客需要）、擦桌子、下面条都变得极具表演性、观赏性。在海底捞的内刊上，有两行让人印象深刻的字：倡双手改变命运之理，树公司公平公正之风。海底捞成功地创造了一种家的文化，解除了员工的后顾之忧，使员工能全身心地投入工作中去。

2. 发展阶段

企业的发展，如同人的生涯发展，也有诞生、成长、壮大、衰退直到死亡的过程。每个企业都有自己的企业生命周期，在生命周期的不同阶段，企业的发展战略、经营方针及人力资源制度都有着不同的特点。学生在了解企业的过程中去深入了解企业的这些发展阶段，也有助于更好地熟悉企业，为未来的职业选择确定方向。

3.3.4 岗位环境

岗位环境也属于微观范畴，即对企业内部某个具体岗位进行探索和分析，了解该岗位的基本职责以及能力要求，为择业进行准备。

1. 岗位描述

岗位描述是对岗位的定义、工作内容以及要具备的素质的概括，这是岗位的基本内容，是理解一个岗位的最直观方面，包括：这个岗位是什么，这个岗位要做什么，这个岗位要具备什么样的素质等。

2. 岗位晋升通道

岗位是在职能的基础上根据具体需要而分化产生的，所以在同一部门、同一职能上一定会有多个类似的岗位，而了解这个岗位能为自己轮岗、换岗、职位转换、升职等带来很大的方便。这包括以下两方面：和这个岗位相关的岗位是什么（拓展发展方向及轮岗、换岗做准备），这个岗位的职业发展通路是什么（晋升的方向）。

3. 不同背景下的岗位要求

岗位的通用要求加上不同背景下的岗位理解构成了一个岗位的最终描述，大学生在求职时特别要考虑以下因素，因为这些因素才是制约个体在公司发展的关键，包括三个方面：不同行业对这个岗位的理解是什么（行业背景下的岗位要求），不同类型企业及企业所处发展阶段对这个岗位的理解是什么（企业背景下的岗位要求），不同领导和上司对这个岗位的理解和要求是什么（人为背景下的岗位要求）。

4. 个人与岗位的差距

当大学生综合了解了岗位需求之后，就可以进行差距量化和差距补充了。全面、准确地了解自己是量化与岗位差距的前提和基础。差距是可以被量化的，如组织能力的强弱、英语口语的好坏、计算机能力的强弱等。只有进行了岗位差距的量化，才能为自己的职业规划和职业道路设计找到目标与方向，自己的努力也才更有针对性。

3.4 探索职业

对职业世界的探索，是正确且合理地进行职业选择的基础。大学生通过探索职业世界，可以全方位地了解当前职业环境的整体状况、各行各业的现状及发展前景、自己面临的一些就业机会以及自己应该走什么样的职业发展道路，有助于自己在知识结构、能力结构、职业技能以及职业素质等方面进行较早的积累和准备,为毕业后迅速转变为职业人角色打好基础。

3.4.1 探索职业世界的内容

从静态角度来看待职业世界,职业世界是由地域、行业、组织、职业、职位所构成的一个嵌套生态系统,如图3-2所示。职业世界=职业/职位+组织+行业+地域。

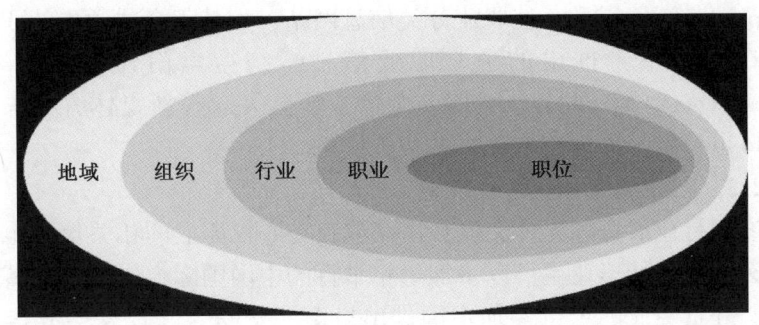

图3-2 职业世界生态系统

客观资讯包括:职业环境、工作性质、发展空间、培训情况、工资收入等;人格资讯包括:知识结构、技能组合、人格结构、价值实现、经验储备等。

拓展练习:扫码填写工作世界调查表。

二维码3-2

3.4.2 探索职业世界的途径和方法

3.4.2.1 书报刊等平面媒体

无论是文学作品,还是专业报刊,都可以提供一些职业方面的信息。如小说《输赢》描述了销售人员为争夺银行订单,冲刺销售目标的故事,可以帮助我们了解销售行业的一些生态;《不认输》描述了一个职场新人在遭遇同事不友好、领导不满意、客户不认可等职场挫折时如何坚持自己的梦想和努力,最终走向成功的故事;《我与上一代人的战斗》则描述了当代职场的道德困惑和危机。除此以外,《中国职业分类大典》《中国大学生就业》《21世纪经济报道》以及麦可思年度《中国大学生就业报告》(就业蓝皮书)等专业报刊、调查报告等有许多专业性、指导性的资料和文章,都可以让大学生间接认知职业。

3.4.2.2 网络、视听等立体媒体

互联网、电视节目等也是观察职业的生动窗口。近几年比较热的职场节目如

《职来职往》《步步为赢》等可以帮助求职者正确地对待自己与职场的关系，为多样的职场精英提供就业机会；《遇见大咖》则是央视二套推出的纪实财经人物纪录片，李彦宏、王石、周鸿祎、雷军、董明珠等亲身讲述自己的创业历程。一些影视作品也能帮我们展现职场气息，如《杜拉拉升职记》《亲爱的翻译官》《中国合伙人》等。在互联网时代，我们也可以从网络上获取更多的职业信息，如91job智慧就业平台（http：//www.91job.gov.cn）、智联招聘（http：//www.zhaopin.com），以及一些职业分类信息网站，如基于全球领先的职业分类信息技术，在国内率先推出的独立职业信息系统搜索门户jobsoso（http：//www.jobsoso.com）等。此外，微博、微信、掌上App等新媒体方兴未艾，通过这些新媒体也可以帮助你获取更多的相关资讯。

3.4.2.3 行业展览和人才交流会

通过参加行业展览和人才交流会来获取自己心仪职业的相关信息也是不错的选择。如医药专业的毕业生可以参加每年举行的中国国际大健康产业博览会，英语、电商、外贸专业的可以参加中国进出口商品交易会（广交会）等，通过参加行业展览可以宏观感受到整个行业的行业状态、景气与否以及未来发展前景等。人才交流会是由政府人才交流机构（人才市场或人力资源市场）或具有人才中介服务资质的部门组织的用人单位和求职者面对面洽谈的招聘形式。校园人才交流会几乎所有高校每年都会举办，参加校园人才交流会的企业都是与该高校的人才培养特色相一致的，如医药卫生类高校举办医药卫生类人才招聘、师范类高校每年举办师范类人才招聘会，因此作为大学生，积极参加本校的人才交流会是了解本校毕业生的就业方向、层次的一个很好的方式。除校园人才交流会外，各地区也会举办面向本地区所有高校的社会人才交流会。

3.4.2.4 现场观察、实践和非现场的情境模拟

大学生可以利用寒暑假通过短学期实践，进入真实的职业环境中去，近距离了解该职业的工作内容、工作流程、工作规则、工作环境、劳动者能力要求、薪酬待遇，等等。如果没有机会现场观察、体验，进行非现场的情境模拟也是很有帮助的，比如通过角色扮演的方式参加校园职场类比赛等，以及积极参加各级职业规划和就业创业大赛，等等。

3.4.2.5 接受信息咨询指导

信息咨询指导是一种提供职业信息来帮助来访者增进对职业世界的了解、理清自己就业方向的有效途径，这种信息咨询指导通常以职业指导师通过口头、书面或者网络形式向来访者全面深入介绍社会职业状况，帮助了解各种职业的性质、条件和发展机会等。在进行信息咨询指导时，职业指导师还会让来访者通过做一些自我探索的问卷和测评量表，如MBTI性格类型自测量表、气质类型自测

量表、霍兰德职业倾向自测量表以及职业价值观自测量表等，来客观分析来访者的心理特征和职业倾向性的匹配程度，对其提供有针对性的指导和建议。开展这种信息咨询指导的一般是各个高校的就业创业指导中心、心理咨询中心等。

3.4.2.6 职业生涯访谈

当你通过以上各种途径对某个职业有了初步的了解，想进一步加深对该职业认知以获取更多的职业信息时，最好的方法就是访问从事这项职业的人，即"职业生涯访谈"。

1. 职业生涯访谈的准备

在访谈前做好准备是非常重要的，这些准备包括了解自己。了解自己有助于你深入思考和挖掘访谈的信息。对自己了解得越多，生涯人物访谈时才能切中自己对职业世界的困惑，澄清对该领域的认识，为未来的职业决策做好准备。

通过你所能了解到的信息，列出你感兴趣的组织和可访谈的人。

（1）组织：行业领域内，你感兴趣的组织或者有资源可以接触到的组织。

（2）访谈对象：业内人士，尤其是在该行业有稳定发展的人；你心仪的那个岗位（职位）的人。

（3）访谈人数：2~3位，不要少于两位，这样有助于你收集到尽可能多的信息。

（4）访谈方式：最佳方式——面对面；电话次之；网上访谈又次之。

2. 职业生涯访谈的过程

（1）设计访谈提纲。无论是哪一种形式的访谈，一般在访谈之前都要设计一个访谈提纲，明确访谈的目的和所要获得的信息，列出所要访谈的内容和提问的主要问题。

拓展阅读： 扫码阅读生涯人物访谈提纲。

二维码 3-3

（2）恰当进行提问。要想通过访谈获取所需资料，对提问有特殊的要求。在表述上要求简单、清楚、明了、准确，并尽可能地适合受访者；在类型上可以有开放型与封闭型、具体型与抽象型、清晰型与含混型之分；另外，适时、适度的追问也十分重要。

（3）准确捕捉信息，及时收集有关资料。访谈法收集资料的主要形式是"倾听"。"倾听"可以在不同的层面上进行：在态度上，访谈者应该是"积极关注地听"，而不应该是"表面的或消极地听"；在情感层面上，访谈者要"有感情地听"和"共情地听"，避免"无感情地听"；在认知层面上，要随时将受访者所说的话或信息迅速地纳入自己的认知结构中加以理解和同化，必要时还要与对方进行对话，与对方进行平等的交流，共同建构新的认识和意义。另外"倾听"还需要特别遵循两个原则：不要轻易地打断对方和容忍沉默。

（4）适当地做出回应。访谈者不只是提问和倾听，还需要将自己的态度、意向和想法及时地传递给对方。回应的方式多种多样，可以是诸如"对""是吗？""很好"等言语行为，也可以是点头、微笑等非言语行为，还可以是重复、重组和总结。

（5）及时做好访谈记录。在征得被访者同意的前提下，可以录音或录像。

二维码 3-4

拓展阅读：扫码阅读斯坦福大学人生设计课"人生设计采访"。

 本章小结

第 3.1 节引导学生掌握大学专业的设置，专业与职业的关系，引导学生培养专业能力以促进职业发展。

第 3.2 节主要介绍了职业的定义、内涵、基本要素、社会特征、社会功能和分类。引导学生进一步了解国内外职业的发展趋势。

第 3.3 节主要引导学生从社会环境、行业环境、企业环境、岗位环境四个层面分析职业环境，帮助大学生深入地了解所身处的大环境、小环境，客观地衡量和评估将要遇到的困难和挫折，确保职业发展的科学性和准确性。

第 3.4 节主要介绍探索职业世界内容、基本途径和方法，重点掌握职业生涯人物访谈的技巧，引导学生全方位地了解当前职业环境的整体状况、各行各业的现状及发展前景等，为毕业后迅速转变为职业人角色打好基础。

 复习思考题

一、基本概念

专业　职业　行业　产业　职业环境　社会环境　行业环境

二、简答题

1. 分析自己的职业环境。
2. 有什么新渠道能帮助我找到更多职业信息？
3. 我可以通过谁去认识这个领域的专业人士？
4. 我应该如何向他们提问才可以了解到我所需要的信息？

第 4 章

职业决策

 学习目标

经过前期的自我探索和对于职业世界的探索,大学生需要整合两方面的信息,进行初步的职业决策,制订大学生涯设计方案。本章介绍了职业决策和大学生涯设计的基本知识,阐释了职业决策的内容、概念、流程与方法,引导学生对自己的人生负责,反思自身的职业决策风格,秉承人生设计思维的五种基本心态,积极开展切实可行的大学生涯设计,勇于尝试、不断试错、快速迭代。

 关键术语

职业决策、CIP 理论、CASVE 循环、5W 归零法、决策平衡单、SWOT 分析法、生涯幻游、大学生涯设计、思维导图、奥德赛计划、原型设计。

引导语

我们的决定,决定了我们。 ——萨特

有什么样的选择,就有什么样的人生。 ——诺贝尔

 引导案例　选择决定命运

在哈利·波特系列的第二部电影《哈利·波特与密室》里,主人公哈利·波特结束了自己的假期,即将回到霍格沃茨继续学习魔法。一个叫作多比的神经质小精灵告诉哈利,不要回到霍格沃茨,因为这样会使他陷入危险的境地,但是哈利没有听从多比的劝告。

很快,霍格沃茨发生了一系列的怪事,许多学生被莫名地石化,却找不到原因。而哈利总是能听到一种奇怪的声音从墙壁内传来……

传说,霍格沃茨学院有一个密室,里面记录着黑魔法师伏地魔年轻时候的秘密。只有斯莱特林分院的人才能打开密室。哈利在一次偶然中发现,自己居然能与蛇对话。此时,传闻称哈利打开了密室,而多比说的危险似乎就在密室里……

在《哈利·波特与密室》中,魔法学院的受害者接二连三地出现。被称为"泥巴种"(血统不纯正)的巫师相继受到不明袭击而石化。在案发现场,就有

几个血字——"密室之门已打开"!

在霍格沃茨，有一个传说。创始人之一的斯莱特林认为：只有血统纯正的巫师，才有资格在学校学习。于是，他在学院的某个角落建了一个密室。密室里豢养着可怕的怪物。这个怪物会袭击他认为没有资格学习的魔法巫师。相传，只有斯莱特林的继承人才能够打开密室，没有人知道密室在哪里。但是，曾经被打开过，并且有一个学生死于非命。

而这次的密室之门，究竟是被何人打开呢……谁又是斯莱特林的继承人？为什么哈利会听到大家听不到的声音？

哈利困惑不已，他想到自己会说蛇语，而蛇语正是斯莱特林的特殊能力，黑魔法师伏地魔也会使用蛇语。哈利更加害怕自己会变成一名黑魔法师……

看着哈利陷入迷茫，邓布利多告诉他："决定我们是什么人的，不是我们的能力，而是我们的选择。"(It is not our abilities that show what we truly are. It is our choices.)

哈利明白了邓布利多的话，他拒绝与伏地魔为伍，寻找蛛丝马迹，终于揭开密室的真相。而他对邓布利多的爱与忠诚，使得学院帽和凤凰被召唤出来与他一同战斗，最后祭出格兰芬多之剑，将伏地魔打败。

所以，从我们踏入这个世界开始，我们一生的命运已经开启。我们的每个选择，都决定了我们将会是怎样的人，将会有怎样的命运。

资料来源：月光下的皮卡丘，https://baijiahao.baidu.com/s?id=1620007057938320570&wfr=spider&for=pc。

决策是一件不容易的事情，同时又是一件无可回避的事情。从早晨能否按照闹钟准点起、穿哪一套衣服、吃什么早餐，到晚上能否按时入睡，是否做完了学习强国，还要看点什么书，每一天的生活都充满了对日常琐事的决定。

在读书时，我们要选择学校，尤其是在初中毕业时选择读高中、中职、五年高职、技校还是职业高中，新高考改革下选择科目，高考后选择如何填报志愿，到大学大类招生录取后选择分流专业。此外，我们还会在交往时选择朋友，在恋爱时选择伴侣，在工作前选择职业，在成家后平衡家庭分工……人生就是一连串选择和决策的过程。

约翰·坎贝尔说："正是你在生活中每个环节的选择和决策塑造了你的人生，决定了你的成败。"这些生涯决策的难易，通常取决于我们所面临的现实选择的重要程度，而其中的职业决策，无疑举足轻重。

在职业生涯设计中，"知己"和"知彼"分别代表了两个"1"，"="代表了职业决策过程，职业决策绝不是简单的"1+1=2"，每个人决策能力和方法的不一样，自然会带来不同的结果。

4.1 职业决策概述

 引导阅读　大学生常遇生涯决策七问

1. 老师，我到底是考研还是工作还是出国？
2. 老师，我准备跨校跨专业考研，您觉得行吗？
3. 老师，我应该去北京工作，还是留在家乡呢？
4. 老师，我应该去哪个行业工作？高校？企业？政府？
5. 老师，我应该去国有企业、民营企业还是外资企业工作？
6. 老师，我应该去大企业的小岗位，还是小企业的重要岗位？
7. 老师，我同时被两家或三家公司录用，我该去哪家？

资料来源：王麒凯，钱骅，黄梅英. 大学生就业准备特点及对策的研究［J］. 中国大学生就业，2014（22）：13-18.

在进行职业决策前，我们首先需要明确的是自己正在奋力解决的人生问题是什么。在此，需要注意规避人生设计中两种类型的问题：重力问题和锚问题。

重力问题，通常有两种情况——一种是完全无法解决的问题，如地球重力的问题；一种是不具有可操作性的问题。我们应该弄清楚困扰自己的问题究竟是一个不可解决的重力问题，还是一个棘手的、需要付出很大努力、承担很大风险的问题。面对重力问题，唯一的解决途径就是接受它。比如在引导阅读里的问题二，跨校跨专业考研。当你没有相关专业基础时，让其他学校其他专业的老师接受你是十分困难的；但是你可以考虑如何改变自己，比如通过辅修双学位打好跨考专业的基础，或者通过前往目标学校旁听课程以及保持长久的有效联系来改变老师的看法。

锚问题，是指不会自行消失的问题，这类问题就像真正的锚一样，把我们固定在一个地方无法前进。解决"锚问题"的方式是，不要固执地坚守一种无用的解决方法，不要把一个可解决的问题变成一个"锚问题"；重新定义解决方案，寻找其他的可能性，识别具有可行性的方案并积极试错，从而摆脱困境。比如说引导阅读里的问题六，应该去大企业的小岗位还是小企业的重要岗位。对于准毕业年级的学生而言，这并不是非此即彼的问题；没有哪种选择是绝对正确的，我们要根据职业决策的执行情况，不断进行评估和调整。

4.1.1　职业决策的概念

决策，语出《韩非子·孤愤》："智者决策于愚人，贤士程行于不肖，则贤智之士羞而人主之论悖矣。"它是决定的策略或办法，是一个复杂的思维操作过程，是信息收集、加工，最后做出判断、得出结论的过程。决策，建立在决策者对自身和周边环境分析的基础上，是为了实现某些目标，采用一定的科学方法和手段，对实现目标的若干可信性方案进行比较和选择，从两个以上的方案中选择一个最为优化合理的方案的分析决断过程。

在职业选择过程中，我们通常需要做出有利于职业发展的决定，这就是职业决策，又称为职业生涯决策或职业决定。关于职业生涯决策的概念，最早源于英国的凯恩斯经济学理论，他认为个人在选择职业生涯目标与职业目标时，将以最大收益及最低损失为标准；而美国学者杰普森·大卫等人在1974年提出的职业生涯决策模型中，首次使用了"职业生涯决策"这一概念。杰普森认为职业决策是一个复杂的认知过程，通过此过程，决策者收集并分析有关自我和职业环境的信息，在多项可供选择的职业前景之间认真权衡利弊，做出职业行为的公开承诺，达成最大的人生价值。

职业决策有狭义和广义之分。狭义的职业生涯决策是指即时的职业选择行为，是行动方案的最后选择；而广义的职业生涯决策则是动态的决策过程，是个人为了选择一个满意的职业生涯方案而分析、判断、选择的过程，对各种可供选择的职业背景进行评估，进而做出最佳的职业选择。它把决策当作生涯设计的过程，要经历职业意识觉醒、自我评估、职业分析、收集资料、确定方案、实施反馈等一系列活动。本书中对职业决策的讨论是基于广义的概念来展开的。

大学生职业决策是在探索自我和职业世界的基础上，进行职业目标的确定。大学生在进行职业决策时，首先需要充分考虑自身的性格、兴趣、气质、能力和价值观等个人信息，同时也要考虑不同的择业目标对于决策者的不同需求。在综合自我认知和社会认知的基础上，利用职业决策的流程与方法，对个性因素和职业因素的契合点进行优化，不断尝试，快速迭代，从而制定出个人的职业生涯决策。

二维码4-1

由此，大学生的职业决策通常具有选择性、可执行性、可持续发展性以及没有标准答案等特点。

拓展阅读：扫码阅读最需要职业决策的五类人，以及职业决策的特点。

4.1.2 职业决策的类型

案例赏析　桃园摘桃

路边有一片桃园，假如你可以进入桃园摘桃子，但只许前进不能后退，只能摘一次，要摘一个最大的，你会怎么办？

A. 对视野内的桃子进行比较，形成一个大概的标准，再根据这个标准选择最大的桃子。

B. 我感觉这个大就摘这个了。

C. 去问问看守桃园的管理员，让他告诉我什么样的最大。

D. 先别管了，走到最后再说吧。

E. 稍微比较，迅速摘一个。

世界上没有两片完全相同的树叶，人的决策也是不尽相同的。在面对重大的职业决策时，不同人会有不同的反应，这就形成了不同的决策类型。决策类型是人们在做决策时表现出来的行为偏好和心理倾向，反映了个体在决策的过程中习惯的反应模式，是个人关于决策行为的个性特征在职业决策过程中的体现。

最早研究职业生涯决策类型的是丁克里奇，他在 1966 年提出人们通常会采用以下八种决策模式：痛苦挣扎型、冲动型、直觉型、拖延型、宿命型、顺从型、瘫痪型、计划型。以上八种决策模式对应的具体特征如表 4-1 所示。

表 4-1 丁克里奇的八种决策模式

决策类型	具体特征
痛苦挣扎型	过度收集信息，反复比较，却迟迟难以做出决定。"我就是拿不定主意。"
冲动型	抓住第一个选择，不再考虑其他。"先决定，以后再考虑。"
直觉型	将直觉感受作为决定的基础。"就是这个好。"
拖延型	习惯将问题的思考和决定都往后推迟。"过两天再考虑。"
宿命型	不能自己承担责任，将命运委诸外部形势。"该怎么地就怎么地吧。"
顺从型	顺从别人的计划而不是独立做出决定。"他们觉得好，我就觉得好。"
瘫痪型	无法开始决策并为决策结果承担责任。"一想到这事就害怕。"
计划型	在决策时充分考虑内外在因素，制订完善的职业发展规划

1979 年，哈瑞恩在此基础上提出了决策类型的"三划分法"，即理智型、直觉型和依赖型。1995 年，美国职业生涯专家斯科特和布鲁斯认为决策风格是在后天的学习经验中逐渐形成的，将决策风格划分为五种类型：理智型、直觉型、依赖型、回避型和自发型。

1. 理智型

"桃园摘桃"的 A 项属于理智型决策。这类决策者深思熟虑，即使面对纷繁复杂的情境，也能系统地、充分地收集相关信息。他们很了解自己的性格、兴趣、能力和价值观，可以综合分析各个选项的利弊得失，做出较为完善的规划。理智型是比较受推崇的决策方式，是其他决策类型的个体需要学习和培养的一种良好的习惯。但这种看似理想、完美的决策方式，也会有因为害怕承担决策的后果而不能整合自己和他人观点的困扰。

2. 直觉型

"桃园摘桃"中的 B 项属于直觉型决策。这类决策者以自己在特定情境中的感受或情绪反应做出决定，比较关注自己内心的感受，不太在乎外在的因素。这种类型的人做决定时以自我判断为导向，在信息有限时能快速做出决策，但通常情况在现实生活中不可能穷尽各种可能性，这种以个人直觉而非理性分析为基础、较少系统地收集其他的相关信息所产生的决策发生错误的可能性较大，容易造成决策的不确定性。

3. 依赖型

"桃园摘桃"中的 C 项属于依赖型决策。这类决策者等待或依赖他人为自己收集信息并替自己做决定，往往不能承担自己做决策的责任。他们决策时拿不定主意，较为被动与顺从，简单地听从命运、模仿他人，十分关注他人的意见和期望。对于这类决策者而言，社会赞许、社会评价、社会规范是他们决定的标准。他们的口头禅是："我爸妈觉得我应该……""我的男朋友/女朋友希望……""他们认为我很合适""要不也跟他一样吧……"这类决策者需要适当减轻他人对自己的影响程度，认识到自己应该承担的责任。

4. 回避型

"桃园摘桃"中的 D 项属于回避型决策。这类决策者往往以拖延、不果断甚至试图回避做出决策为特征。虽然他们也想要收集相关信息，但面对决策，个体往往无法从中做出取舍，经常处于焦灼和挣扎的状态，害怕做出错误决策而不能承担所做决策的责任，倾向不考虑未来的方向，不去做准备，不思考自己的目标，也不寻求帮助，他们常常告诉自己，"我不能轻易下决定，万一选错了，那就糟糕了"。这类决策者需要意识到自身的决策及其可能产生的危害，努力调整，增强职业生涯设计的意识和动机。

5. 自发型

"桃园摘桃"中的 E 项属于自发型决策。这类决策者往往渴望即刻实现意愿，尽快完成选择，不能容忍决策的不确定性及由此带来的焦虑情绪。他们一般会抓住遇到的第一个选择，不再考虑其他的信息或选择，具有很强的即时性。这种方式常常会由于一时的冲动，在缺乏深思熟虑的情形下做出决策。如果用在些无关紧要的小事的决策上则没有大碍，但在人生中的重大事件上，这种决策可能会造成比较严重的破坏作用。

五种决策模型的比较分析如表 4-2 所示。总体来说，理智型、直觉型和自发型这三种类型属于比较积极主动的，而依赖型和回避型则属于比较消极被动的。

不同的决策风格各有优劣之处，都可以在某种程度上满足决策者的需求，作为决策主体，重要的是学会识别自身的决策风格，并有针对性地将其进行调整、实践和组合。

表 4-2　五种决策模型的对比分析

类型	时间		信息		自主性		连续性	
	早做决定	迟做决定	信息充分	信息缺乏	自主	依赖	一致	多变
理智型	√		√		√		√	
直觉型	√			√	√		√	
依赖型		√		√		√	√	
回避型		√	√		√			√
自发型	√			√	√		√	

2002 年，美国著名心理学教授巴·施瓦茨等人以经典的"理性选择模型"和"有限理性模型面"为基础，从"最优解"和"满意制"的决策原则出发，提出了"最优化决策者"与"满意决策者"的决策风格类型。前者力求在决策中找到最佳选择，而后者则寻求在决策中做出足够满意的选择。近些年，职业决策类型受到了越来越多研究者的关注，也还存在着进一步研究的空间。

拓展阅读：扫码完成决策类型测试表、最优化决策量表，阅读职业决策类型的依据、职业决策要素，完成相关体验活动。

二维码 4-2

4.2　职业决策的流程

案例赏析　两难的决定

赵同学，男，普通高校的计算机科学与技术专业的大三学生，籍贯贵州，家庭困难。他的学习能力较强、成绩优秀，从大一下学期进入学院老师的项目团队，有一定的软件研发能力；在班级担任生活委员，受到老师和同学们的广泛好评；生活态度积极，自立自强，一直从事家教等兼职补贴生活。该同学经过前期的自我探索和职业世界探索，定位在冲击 BAT 一线公司，多次投递实习简历未被录用，他在考虑是否要通过考研提升自身竞争力。他父母的意见是希望他回家考公务员或者新机制教师，工作稳定，同时能够照顾家庭。究竟是为了梦想拼一场，还是为了家人回到家乡，他迟迟难以做出决定。

问题：你如何理解赵同学的决策难题？他的职业决策受到哪些因素的影响？如果你是他，会做出什么样的决策？

职业决策是一个复杂的过程，包括了意识需求、界定问题、分析、拟订解决方案、澄清价值、选择方案、开始行动、开展评估等。1991年，美国职业生涯理论家盖瑞·彼得森（Gary Peterson）、詹姆斯·桑普森（James Sampson）、罗伯特·里尔登（Robert Reardon）合著了《生涯发展和服务：一种认知的方法》（*Career Development and Services：A Cognitive Approach*）一书，阐述了这一认知信息加工的方法（简称CIP）。这种理论吸收了认知行为干预、决策制定策略及其他方面的观点，重点研究个体如何进行信息的处理，即大脑如何接受、编码、储存和利用信息与知识，如同人们向计算机输入一个信息，程序会从各种文件中调出所需数据，并按照设定的方式使用这些数据来解决问题。

4.2.1 职业决策的CIP理论

4.2.1.1 CIP理论假设

（1）生涯选择以认知与情感的交互作用为基础。
（2）进行生涯选择是一种问题解决活动。
（3）生涯问题解决者的能力取决于知识和认知操作。
（4）生涯问题解决是一项记忆负担繁重的任务。
（5）生涯决策要求有动机。
（6）生涯发展包括知识结构的持续发展和变化。
（7）生涯认同取决于自我知识。
（8）生涯成熟取决于一个人解决生涯问题的能力。
（9）生涯咨询的最后目标是促进来访者信息加工技能的发展。
（10）生涯咨询的最终目的是增加来访者作为生涯问题解决者和决策制定者的能力。

4.2.1.2 CIP理论基本观点：信息加工金字塔

CIP理论把职业决策的过程视为学习信息加工能力的过程，按照信息加工的特点，该理论构建了一个信息加工金字塔，由三个水平四个部分组成，如图4-1所示。

1. 知识领域

知识领域位于金字塔塔底，包括本书第2章提到的自我探索（对自己的性格、兴趣、价值观和技能等方面的了解）和第3章提到的职业世界探索（对职业信息、职场环境、教育与培训等信息的了解）等。这两大类的信息占据了金字塔

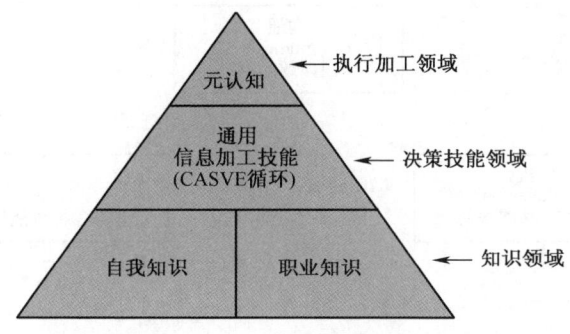

图 4-1　信息加工金字塔

的最底层，是整个职业决策流程的起点，是其他两个领域进行信息处理与决策与反思的基础。

2. 决策技能领域

决策技能领域位于金字塔的中间，主要是指一个人进行决策的依据与方式。每个人都有着自己的一套决策方式，但这里提出了 CASVE 循环，即沟通→分析→整合→评估→执行的流程，强调决策过程的理性与结构性，希望通过一套结构化的决策方法来消化吸收底层知识领域所传递的知识，进而能够做出理性的决策。

3. 执行加工领域

执行加工领域位于金字塔的最高层，也被称为元认知，这是认知信息处理 CIP 理论模型的关键。所谓元认知，简单地讲，就是对于认知的认知，是一个人所具有的关于自己思维活动和学习活动的知识及其实施的控制，是任何调节认知过程的认知活动，即是任何以认知过程与结果为对象的知识，包括自我言语、自我觉察、自我控制与监督。

CIP 理论认为，知识领域相当于计算机的数据文件，需要我们进行存储；决策领域是计算机的程序软件，让我们对所存储的信息进行加工处理；执行领域相当于计算机的工作控制功能，操纵计算机按指令执行程序。三者相辅相成，任何一个领域出了问题，都会影响职业决策的质量。

4.2.1.3　信息加工技能：CASVE 循环

金字塔模型中间层的决策技能领域是职业决策的重要环节，可以对所有信息进行加工处理，进而形成决策。

一个良好的决策需要经历五个步骤，如图 4-2 所示，主要包括沟通（communication）、分析（analysis）、综合（synthesis）、评估（evaluation）和执行（execution），这个过程称为 CASVE 循环。

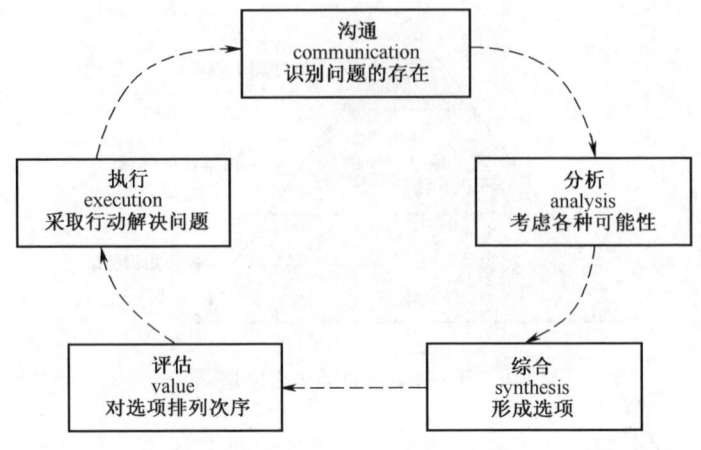

图 4-2　CASVE 循环法

1. 沟通

这是一个"个体意识到自己需要做出选择"的阶段。在这个阶段，个体接收到了关于职业理想与现实情境存在差距的信息。这些信息可能通过内部或外部的信息交流途径传达给你。内部沟通是指个体自身的身心状态，主要包括情绪信号（如不满、厌烦、抑郁、焦虑和失望等）和身体信号（如昏昏欲睡、头痛、胃部疾病、疲倦等）；外部信息是指外界的一些对个体产生影响的信息，比如舍友开始准备简历、老师提醒就业形势不容乐观、父母询问关于毕业后的打算、媒体上关于所学专业所在的行业"遭遇寒冬"的文章等。无论是内部还是外部，只有开始意识到我们需要解决这些问题，需要为将来做点什么，才会进入职业决策的下一个步骤。

2. 分析

这是一个"了解我自己和我的各种选择"的阶段。在这个阶段，问题解决者需要花时间去思考、观察、研究，从而更充分了解差距，了解自己有效地做出反应的能力。通过大量信息的收集和准备，将问题的各个部分联系起来，了解自我和可能的选择，对这些信息进行分析，从而更好地理解现实和理想两个状态之间的差距及其产生的原因。

这一阶段包括三部分：①分析问题产生的原因，并对问题做出反省，避免冲动、盲目行事。例如，需要问这样一些问题："为什么我有这样的感受？""我需要做些什么才能解决这个问题？""做出选择的压力从何而来？"②检查自我知识和职业知识领域，改善并提高自己在兴趣、价值观、技能、职业、学习机会、工作组织、行业类型等方面的知识水平。③考虑和分析可能影响职业生涯决策的积极或消极的想法。

3. 综合

这是一个"扩大并缩小选择清单"的阶段。个体在职业决策中，首先需要搜索和寻找解决问题的各种可能性，尽可能多地找到消除差距的方法，发散地思考每一种办法。再根据收集到的信息，通常把最有可能从事的职业限定到三项左右。最后，问问自己："如果我有这三个选择，是否可以解决问题，消除现实和理想两个状态之间的差距？"如果可以，就进入评估阶段做出最适合的选择，如果不能解决问题或者不能消除差距，就需要重新回到分析阶段，了解更多的信息，最终挑选出三个选项。

4. 评估

这是一个"选择一个职业、工作或学业"的阶段。它对综合阶段得出的三个选项进行具体的评估，以便获得该职业的可能性，以及这个选择对自己和他人的影响，从而进行排序。第一步是评估每一种选择对生涯决策者和他人的影响。例如，如果选择了考研，这一选择将会给自己、父母等重要的他人带来什么影响？每一种选择都要从对自己和对他人的代价与益处两方面进行评价，并综合物质上和精神上的因素。第二步就是对综合阶段得出的选项进行排序，能够将最好地消除差距的选项排在第一位，次好的排在第二位，以此类推。此时，职业决策者会选出一个最佳选项，并且做出承诺去实施这一选择。然而如果不能成功实现，决策者必须转向第二位、第三位的备选方案。

5. 执行

这是一个"实施我的选择"的阶段。在此阶段，决策者以最优选项为目标制订切实可行的行动计划，然后认真实施计划，将思考和选择转换为行动。很多人都觉得在执行阶段制订行动计划是令人兴奋的和有价值的，因为他们终于可以开始采取积极行动去解决问题了。执行，是整个循环的最后一部分，也是确保决策有效的最重要的部分。没有执行过程，任何决策和目标都不可能实现。

CASVE 循环本就是个自身不断循环的过程，必须不断尝试、快速迭代。

在执行阶段之后，个体又回到沟通阶段，以确定已经做出的决策是否合适，现实与理想状态之间的差距是否已经被消除。如果 CASVE 循环的问题解决过程是成功的，那么原先在沟通阶段体验到的消极情绪就会转化为积极的情绪；如果仍然是消极的，那么就需要再次进入 CASVE 循环。

CASVE 循环法无论是对解决个人问题还是解决团体问题都非常有用。用系统的方法思考这五个步骤，CASVE 循环能够为我们提供一个有用的工具，使我们成为一个有效率的人。

案例赏析　赵同学职业决策中的 CASVE 循环

沟通：到了大三下学期，学院建立了分开的考研群和就业群，年级辅导员引导同学们填写详尽的拟毕业去向调查；身边的不少同学着手打听考研的咨询和就业的信息，连寝室群里的讨论都开始围绕大家今后的走向。赵同学充分意识到进行职业决策的时候到了。

分析：赵同学知道自己来自普通高校，虽然有一定的项目经历，但是离梦想中的一线IT公司还很遥远，他在思考能否通过考研来解决这些问题。但是如果选择考研，家庭经济条件和家人的价值观对于他而言都是较大的问题。

综合：摆在赵同学面前的选择有，通过考研提升自身的学历水平，在家乡找到一个软件研发相关的工作，还是回家乡考公务员或者新机制教师。

评估：家人的选择是希望赵同学回到家乡贵州，而赵同学本身是希望去IT行内的一线企业，两者如果结合，能否考取家乡所在地的公费研究生，并且通过对外承接小项目，在自力更生的同时提升自己的实践能力。第二序位是如果考研失败就回到家乡从事软件研发工作。第三序位是正好考研复习了政治，可以考虑参加家乡的公务员、事业单位的招考。

执行：着手择校，好好备考研究生。其他职业方向作为备选项。

4.2.2 职业决策的方法

4.2.2.1 自我剖析：5W 归零法

5W 归零法是从问自己是谁开始，引出五个问题，如果能够成功完成回答，并找到它们的最大共同点，就可以很好地进行决策与规划。这个方法简单易行，尤其适合即将毕业的大学生。

1. 基本内涵

(1) What are you? 你是谁？反思自己的优缺点。

(2) What do you want? 你想做什么？对自己职业发展趋向的检查。

(3) What can you do? 你能做什么？对自己能力和潜力的全面总结。

(4) What can support you? 环境支持或允许你做什么？环境支持在客观方面包括地域的各种状态，如经济发展、人事政策、企业制度、职业空间等；人为主观方面包括同事关系、领导态度、亲戚关系等。两方面的因素要综合起来看。

(5) What can you be in the end? 你最终的目标是什么？列出不利条件最少的、自己想做而且又能够做的职业目标，得出自己最终的职业目标。

以上五个 W 涵盖了目标、定位、条件、距离、计划等诸多问题，只要加以细化和精心设计，使自身因素和社会条件达到最大限度的契合，并对实施过程加以控制，在现实生活中趋利避害，就能使职业生涯设计和决策变得更具实际意义。

2. 运用步骤

先取出五张白纸、一支铅笔、一块橡皮。在每张纸的最上面分别写好上述五个问题。然后，静下心来，排除干扰，按照顺序独立地仔细思考每一个问题。

对于第一个问题"你是谁"，回答的要点是：面对自己，真实地写出每一个想到的答案。写完了再想想有没有遗漏，认为确实没有了，按重要性进行排序。

对于第二个问题"你想做什么"，可将思绪回溯到孩童时期，从人生初次萌生的想做什么的念头开始，然后随年龄的增长，回忆自己真心向往过、想做的事，将其一一记录下来，写完后再想想有无遗漏，确定没有了，就认真地进行排序。

对于第三个问题"我能做什么"，要把自己确实已证明的能力和潜能一一列出来，认为没有遗漏了，就认真地进行排序。

第四个问题"环境支持或允许我做什么"，回答时要稍做分析：环境包括本学校、本地区、本市、本省、本国和其他国家，自小向大，认为自己有可能借助的主客观方面的支持，都应在考虑的范畴。将其一一写下来，再以重要性排列。

如果能够成功回答第五个问题"我的职业与生活的最终目标是什么"，你就有了最后的答案。做法是：把前四张纸和第五张纸字排开，然后认真比较第一至第四张纸上的答案，将内容相同或相近的答案用条横线连起来，你会得到几条连线，其中不与其他连线相交的，又处于最上面的线，就是你最应该去做的事情，你的职业生涯就应该以此为方向。

然后在此方向上，以三年为周期，提出近期、中期与长远的目标。然后在近期的目标中，提出今年的目标，将今年的目标分解为每季度目标、每月目标、每周目标、每天目标，并对照自己的目标进行反省，总结成就与失误、经验与教训，修正目标与方法，然后再投入行动。

4.2.2.2 自我选择：决策平衡单

在进行职业决策时，有时会遇到两个甚至两个以上不同职业发展方案的选择问题，如果此时可以对其进行直观的量化，可能会使决策者的职业生涯目标更加清晰。1966年，卡茨在古典决策理论基础上提出了职业决策理论，强调职业价值观对职业决策的影响。决策者要列出自己的主导价值清单，并对它们进行量化。对于每种选择，决策者都要估计其"回报强度系数"，即每种选择满足主观价值需要的可能性。用"回报强度系数"和各种主观价值相乘，其总和可显示出每种选择的"回报价值"。回报价值与该选择的实现概率相乘可以得到"期望效用价值"。决策者应该挑选具有最大"期望效用价值"的选择对象，但是也不能直接淘汰其他选择对象，而是把其他选择对象按照分值依次作为备选方案，待执行情况进行调整和评估。

1. 基本内涵

1977年，美国心理学家詹尼斯和曼首次设计出"决策平衡单"，这是基于卡茨职业决策理论的简单易行的生涯决策技术，经常被应用于问题解决模式和职业咨询中，用于协助个体系统地分析每一个可能的选项，判断分别执行各选项的利弊得失，然后依据其在利弊得失上的加权计分排定各个选项的优先顺序，以执行最优先或偏好的选项。这种技术包括四个方面的主题：自我物质方面的得失、他人物质方面的得失、自我赞许与否、社会赞许与否。台湾地区生涯辅导专家金树人将后面两项修改为"自我精神方面的得失"和"他人精神方面的得失"。在此基础上，细化成为职业生涯决策平衡单。

2. 运用步骤

决策平衡单有助于将模糊的问题数量化，帮助决策者具体分析每一个备选方案，考虑其利弊得失，择优而选。一般情况下，运用平衡单决策有如下步骤。

（1）建立平衡单。

1）在第一行列出可选的职业选项，一般是有待深入考量的潜在职业选项 3~5 个。

2）在"考虑项目"一列中，根据个体关注的内容，选择性地填入需要考虑的影响因素。

（2）判断各个选项的利弊得失。

1）对每个影响因素确定其评估权重，从 1~5 中选择一个整数分配权重，填入表格中"权重值"一栏。一项因素的重要性越大，它的权重值就越高，5 为最高权重值，表示"非常重要"，3 代表"一般"，而 1 代表"最不重要"。对自我需求和价值观的准确了解，是给出权重的前提。

2）对每个职业选项下属的每个影响因素给出一个原始分，计分范围为 -5~+5，其中"+5"表示"考虑因素在该职业选项中得到完全地满足"；0 表示"不知道或无法确定"；"-5"表示"考虑因素完全未能得到满足"，选择一个整数放入表格中相应的位置。

3）对所有选项的全部因素给分完毕后，对分数进行审核，可以进行二次调整和修改。

（3）计算得分。

1）把每个因素的原始分与其权重值相乘所得的分数即为加权分。注意分数有正负分。

2）把每个选项的加权分相加即为该选项的总分。

3）对所有总分进行比较和排序。

（4）选择与反思。

1）确定每个选项的优先级，分数最高者为最优。

2）反思如下的问题：

- 这个结果是否使原来比较模糊的选择变得清晰？
- 有没有遗漏什么重要的因素？
- 是否认可这个结果？
- 如果不太认可这个结果，原因是什么？
- 是否需要重新调整以上因素的权重？

3）有必要的话，可以再适当调整平衡单，直到认可评估结果。通过使用决策平衡单，可以清晰地把多种选择进行量化排序，为职业生涯决策提供量上的参考依据。需要注意的是，平衡单内的所有因素和权重设定只适用于个体内的比较，不能对不同决策者进行比较。

 案例赏析　赵同学的决策平衡单（见表4-3）。

表4-3　赵同学的决策平衡单

考虑项目		权重值	考研究生		考公务员	
			原始分	加权分	原始分	加权分
个人物质方面的得失	1. 收入	3	-3	-9	2	6
	2. 工作的困难	1	-4	-4	-2	-2
	3. 升迁的机会	3	4	12	0	0
	4. 工作环境的安全	1	3	3	3	3
	5. 休闲时间	1	4	4	2	3
	6. 生活变化	1	1	1	2	2
	7. 对健康的影响	3	-1	-3	1	3
	8. 就业机会	0				
	9. 其他（如社会生活的限制或机会、对婚姻状况的要求、工作上接触的人群类型等）	0				
他人物质方面的得失	1. 家庭经济	5	-3	-15	2	10
	2. 家庭地位	0				
	3. 与家人相处的时间	2	-3	-6	3	6
	4. 其他（如家庭可享有的福利）	0				
个人精神方面的得失	1. 生活方式的改变	1	3	3	-1	-3
	2. 成就感	4	5	20	-2	-8
	3. 自我实现的程度	5	5	25	-2	-10
	4. 兴趣的满足	3	5	15	-1	-3

续表

考虑项目		权重	考研究生		考公务员	
			原始分	加权分	原始分	加权分
个人精神方面的得失	5. 挑战性	2	3	6	3	6
	6. 社会声望的提高	1	−1	−1	3	3
	7. 其他（如社会资源）	0				
他人精神方面的得失	1. 父母	5	−1	−5	2	10
	2. 师长	2	4	8	1	2
	3. 配偶	0				
	4. 其他	0				
合　　计				54		28

4.2.2.3　自我评估：SWOT 分析法

SWOT 是 strength（优势）、weakness（弱势）、opportunity（机会）、threat（威胁）四个英文单词的首字母的组合，原本是管理学中企业进行自我分析的工具，又被称为态势分析法，最早由美国哈佛大学商学院的管理学教授安德鲁在1971 年出版的《公司战略概念》中提出。所谓 SWOT 分析，就是将与研究对象相关的各种主要的内部的优势、劣势、机会和威胁等，通过调查列举出来，并依照矩阵形式排列，然后再用系统分析的思想，把各种因素相互匹配并加以分析，从中得出一系列相应的结论，而结论通常带有一定的决策性。

1. 基本内涵

SWOT 分析法作为一种有效的自我诊断方法，以其很好的分析模式在应用领域不断拓展，可以利用其进行个人职业发展分析，特别是职业决策分析。个体职业决策中的 SWOT 矩阵如表 4-4 所示。具体内涵如下。

表 4-4　个体职业决策中的 SWOT 矩阵

优　　势	劣　　势
指个体可控并可利用的内在积极因素 1. 工作经验 2. 教育背景 3. 丰富的专业知识和技能 4. 特定的可转移技能（沟通、团队合作、领导能力等） 5. 人格特质（职业道德、自我约束、抗压能力、创造性等） 6. 广泛的个人关系网络 7. 在专业组织中的影响力	指个体可控并努力改善的内在消极因素 1. 缺乏工作经验 2. 学习成绩不理想 3. 缺乏目标，且对自我的认知和对工作的认识都十分片面 4. 缺乏专业知识 5. 较差的领导能力、人际交往能力、沟通能力和团队合作能力 6. 较差的寻找工作的能力 7. 负面的人格特征（如缺乏自律，缺少工作动机，害羞、情绪化等）

续表

机　遇	威　胁
指个体不可控但可利用的外部积极因素 1. 就业机会增多 2. 再教育的机会 3. 专业领域急需人才 4. 提高自我认识，获得更多具体的工作目标带来的机遇 5. 专业晋升的机会 6. 专业发展带来的机会 7. 职业道路选择带来的独特机会 8. 地理位置的优势 9. 强大的关系网络	指个体不可控但可以使其弱化的外部消极因素 1. 就业机会减少 2. 同专业大学毕业生带来的竞争 3. 拥有丰富技能、经验和知识的竞争者 4. 拥有较好的寻找工作技巧的竞争者 5. 名校毕业的竞争者 6. 缺少培训、再学习造成的职业发展障碍 7. 工作晋升机会有限或者竞争激烈 8. 专业领域发展有限 9. 公司不再招聘与你同等学历或专业的员工

(1) S：优势分析（较之竞争对手的优势方面）。

1) 你曾经做过什么。即你已有的人生经历和体验，如在学校期间担任的各类职务，曾参与或组织的实习实践活动，参加的各类比赛，撰写的项目报告，获得过的各种奖励、证书等。这些可以反映出一个人的素质状况。在自我分析时，要善于利用过去的经验进行选择，推演未来的工作方向与机会。

2) 你学习了什么。读书期间，你从主（辅）修的课程中收获了什么？接受过哪些培训？有过什么独特的想法和特长？你的专业也许并不会在未来的工作中起多大作用，但在一定程度上决定了你的职业方向。要善于从学习中进行总结，将其真正化为自己的智慧。

3) 最成功的是什么。在过去的日子里，你做过的最成功的事情是什么？它为何成功？是偶然还是必然？通过分析，可以发现自我性格和能力中优势的一面。

(2) W：劣势分析（较之竞争对手落后的方面）。

1) 性格弱点。一个独立性强的人很难与他人默契合作，一个优柔寡断的人很难担当管理者的重任。卡耐基曾说，人性的弱点并不可怕，关键要对其有正确的认识，认真对待，弥补短板。

2) 经验欠缺。需要你完成某项工作，但之前从未接触过，说明经验不足。欠缺不可怕，怕的是自己还没有认识到，且一味不懂装懂。

(3) O：机会分析（有利于职业选择和发展的机会）。

1) 对社会环境的认识与分析。比如当前社会政治经济的发展趋势、社会热点职业分布及需求状况、社会发展趋势对自己职业的影响等。

2) 对自己所选职业的组织环境的分析。所从事职业的发展状况与前景及在本行业中的地位与发展趋势，行业环境和企业环境分析等。

3）人际关系分析。哪些人对自己的职业发展起到帮助作用，如何与他们保持联系、如何持续等。

学校提供了一些学以致用的实习机会，可以积累一定的实践经验，同时也有机会与行业认识、接触、学习、交流。

(4) T：威胁（存在潜在危险的方面）。比如世界及国家经济形势、夕阳产业、领域内有限的发展空间、企业重组、团队变化等负面的外部条件等。

在这些客观信息陈述和分析的基础上，还要进行 SWOT 策略分析。

(1) S-O 策略。寻找与自己优势相匹配的机会是一种理想的策略模式，能够最大限度发挥内部优势和充分利用外部机会。

(2) S-T 策略。利用自己的优势减少外部环境造成威胁的可能性，如通过内部资源整合将对自己发展的不利影响降到最低。

(3) W-O 策略。克服自身弱点去寻找发展机会，利用外部机会弥补内部劣势，使得劣势因素的负面影响降低。

(4) W-T 策略。这是一种应付危机的策略，面临内忧外患，制定一套策略来克服内在劣势，回避外在威胁。

(5) 简而言之，SWOT 策略的基本思路是发挥优势因素，克服弱势因素，利用机会因素，化解风险因素。

2. 使用步骤

一般来说，进行 SWOT 分析应遵循以下五个步骤。

(1) 构建 SWOT 矩阵。通过考察内部和外部的情况，在 S、W、O、T 四个方面分别梳理出需要考虑的因素，可以结合表 4-4 中所考虑的优势因素，如丰富的工作经验、良好的教育背景、丰富的专业知识和技能、可迁移技能、个人特质、广泛的人际关系网络和在专业组织中的影响力七项。

(2) 确定 S、W、O、T 的各因素。个人在考虑的因素上表现如何，这是第二步需要确认的，通常采用"关键提问法"来完成，即通过对提出的与职业决策相关的关键性问题，进行回答来确认自己面临的情况。如我希望成为什么样的人？我未来的家庭生活是什么样子？我理想中的工作环境是什么样子？目前技术和市场的状况能带给我什么样的机会？等等。

(3) 为 S、W、O、T 各因素设置权重并打分。只得到描述性的 SWOT 矩阵，还不足以做出高质量的决策。可以参考决策平衡单法给矩阵的每个因素配以权重，并对拥有了权重的因素打分，每个矩阵最终的得分等于因素得分乘以权重之和。根据权重和打分进行定量分析来解决这一问题。

(4) 制定职业发展决策。在得到各因素的基础上，确定运用哪种职业发展策略，即之前提到的 S–O 策略、S–T 策略、W–O 策略、W–T 策略。

（5）提纲式地列出今后五年内的职业目标和计划。根据职业发展决策，列出你毕业后 5 年内最想实现的三个职业目标。包括：你想从事哪一种职业、希望自己得到的薪水属于哪个级别等，并拟出一份实现上述每一个职业目标的行动计划，详细地说明为了实现每一个目标而要做的每一件事，以及何时通过什么路径来完成这些事。如果你觉得你需要一些外界的帮助，请说明你需要何种帮助和你如何获取这种帮助。例如，你的个人 SWOT 分析可能表明，为了实现你理想中的职业目标，你需要在大学期间选修更多的管理课程，那么，你的职业行动计划应说明你何时选修这些课程，拟订详尽的行动计划将帮助你做出决策。

进行 SWOT 分析时，请注意：对个人的优势和劣势要有客观的认识，不要过分夸大自己的优势，也不要过于自卑、把自己看得一无是处，要尽可能客观全面，同时也要区分个体的现状与远景；要与其他决策者进行比较，尤其是与从事同一职业的竞争者比较后了解自己的优势和劣势；要注意 SWOT 分析法的简洁化，避免复杂化和过度分析。

拓展阅读：扫码了解生涯幻游。

二维码 4-3

4.3　设计大学生涯

歌德用了差不多半生的精力学画无成，面对人生的不断碰壁，及时调整了人生目标，在文学道路上做出一番成就。孙中山青年时悬壶行医，最后发现医治一人并不能救社会，于是转而投身革命，终于成就了令世人敬佩的伟业。

无数成功的例子告诉我们，成功者是在不断的实践中发现了成功的道路，并不是一开始就站到了正确的起点上。因此，我们不要盲目地相信自己的兴趣，不要绝对依赖自己的感觉，而要尽可能多地尝试各种各样的发展道路，与时俱进地调整自己的努力方向。

资料来源：2006 海南省课改试验"发现自己"

在人的一生中，会有很多种不同的生活。人生设计会带给我们无数契机，在任何地点、任何时间，都可以重新开始。我们会发现，大学生涯就是不断地低成本试错，我们应该允许自己随时"校正镜头"，不必执着于所谓"正确的事情"。

4.3.1　大学生涯的阶段性决策

大学生涯设计有三个发展任务：出现、定向、执行。出现阶段，相当于刚入学的一年级，这一阶段要适应大学生活和专业学习、了解个人兴趣爱好、开始觉醒职业意识；定向阶段是关键阶段，相当于大学二、三年级，其核心任务是进行职业探索、制订职业目标、考虑专业发展；执行阶段，出现在大学四年级，主要表现在收集信息、选择不同路径、掌握技能、进行决策。

根据大学生的身心发展特点及高校人才培养模式的特点，大学阶段的具体任务、实施策略和阶段性决策，可按年级逐步展开。

4.3.1.1 大一：探索阶段

1. 阶段目标

探索大学生活，树立规划意识。来到新的环境，大学生需要一段时间来逐步探索生活环境和学习环境，建立新的人际关系等，培养自己的自主学习意识和能力，学会独立解决现实问题。大学生涯设计要从专业探索阶段就开始，学生需要了解自己专业的培养目标、学制、课程设置、学习方法、发展前景，明晰所学专业与未来职业的关系。

2. 实施策略

（1）探索并认识专业，明确专业发展方向，树立新的奋斗目标。如果说之前的学习是为了考上大学，进入大学之后，学习则是为了今后的就业和职业发展。

（2）完成从高中生到大学生的角色转变。虚心请教学长、积极参加活动、建立新的人际关系网络、关注辅修和第二学位的申请。

（3）形成规划意识，开始自我探索。通过测评工具等全面、客观地了解自己，了解与所学专业相关联的职业，并通过网络、书籍等了解这些职业。

（4）夯实基础课程的学习，为大学生涯发展奠定良好基础。

3. 阶段性决策

阶段性决策包括是否转专业等。

 案例赏析　苦恼的小张

材料与化学工程学院的学生小张高考录取结束后，被调剂到材料科学与工程专业。他的父母一直告诉他计算机相关专业就业好，他自己非常喜欢打游戏，身边舍友也说那就一起转专业吧。因此他果断抓住大一上学期结束时转专业的机会，转入计算机学院。但他很快发现，C语言、面向对象等课程太难了，他"嚼不动"，补修课程也让他压力倍增。混到大二上学期的小张，面对十几门挂科课程，不知道如何是好。

案例启示：高校转专业的门槛持续降低。在湖北工业大学，学生第一学期或第三学期结束后，有两次换专业的机会。但不容忽视的问题是，有部分转专业学生是因为转专业这个行为"看起来很美"而去转，又或者是跟小张一样因为人云亦云而去转，缺乏对自身、学校、新旧专业的细致了解，转专业后对课程学习、专业发展、职业生涯发展也迷茫彷徨。小张的盲目跟风与轻率判断造成了他此次转专业的失败；然而暂时的失败没有关系，才大二的小张可以从失败中获得前进的动力，或者认真考量，重新选择专业，或者向目前所在专业的老师和同学们请教，从游戏引擎设计入手，看看能否培养对计算机专业真正的兴趣。

4.3.1.2 大二：尝试阶段

1. 阶段目标

尝试活动竞赛，培养综合素质。大二是专业学习的关键时期，在这个阶段会开展专业分流，大家能够更明确各自的专业方向，尤其应该重视专业理论的学习，在钻研专业知识的基础上，尝试通过各类活动竞赛，提升专业素养。同时，主动培养核心能力，如学习能力、社会适应能力、创新能力、团队合作能力和交流沟通能力。

2. 实施策略

（1）通过自己的发展意愿选定专业方向，在有必要或有条件的情况下，同时辅修其他专业及课程。

（2）建立合理的知识结构，注重专业能力的培养。

（3）参加外语、计算机等工具性证书的考试。

（4）积极组织并参加团学组织的工作，培养自己的组织协调能力、团队合作能力及解决问题的能力，提升自己的综合素养。

（5）尝试参加企业校园接待日、兼职或实习等，开始积累职业经验。

3. 阶段性决策

专业分流方向的确定、是否申请辅修和第二学位等。

案例赏析　小高的迷茫

小高，女生，高考录取的专业是土木类，这是她和家人的共同选择。大一结束后，她面临专业分流，她和家人又查阅了很多资料，看到国家公共事业发展迅猛，建筑工程和路桥专业好像都是不错的选择；但是毕业年级的学姐告诉她，土木行业的女生就业不易，深山老林的工地也并不适合女生，所以她又在考虑选择工程管理是不是会更好。

案例启示：随着大类招生的普遍实施，各高校一直在探索如何建立科学的专业分流方案，各学院也从入学教育开始就加入专业培养方案、毕业要求、毕业去向等内容的介绍，然而理清专业的差异，帮助学生有效地进行专业分流的决策，仍需贯穿于所有专业导学的课程之中。

4.3.1.3 大三：提升阶段

1. 阶段目标

确定规划路径、提升职业技能。进入大三，专业理论知识已经积累到一定程度，要逐渐完成从理论层次到实操层次的过渡。加强对专业知识的应用，参加项目实践、专业竞赛，争取到对口单位实习或见习的机会，了解实际操作的方法与流程。同时，确定不同的规划路径，为实现职业目标做充分准备。

2. 实施策略

（1）加强专业知识学习的同时，考取与职业目标相关的资格证书。

（2）加强实践、实习、见习的针对性，积累对求职有帮助的职业实践经验。

（3）加强对自身职业人际圈的建设工作，扩大与校友、职场人士的联系和交往。

（4）如果决定考研，做好计划和准备，全身心地投入复习；如果希望出国，要掌握多方资讯与动态，准备相关的语言考试；如果准备求职，学习求职技巧和职场礼仪，开始制作简历；如果决定创业，就要多方面整合资源，组建创业团队，积极申报大学生创业园。

（5）大三后期要查漏补缺，检查当前与毕业后目标的差距，及时采取调整措施，为大四目标的顺利实现打好基础。

3. 阶段性决策

进行毕业去向的初步决策并积极执行，选择是考研、留学、就业还是创业；在考研领域，要选择报考学校和专业；在留学领域，要选择去往的国家和学校；在就业领域，要在不同性质、不同规模的公司中间做出选择。要考虑将个人理想融于国家与民族的发展，前往基层就业。

 案例赏析　大企业还是小公司

小朱学业成绩优异，曾获得 ACM 亚洲赛区银奖，在大四秋招时成为名副其实的 Offer 收割机。他比较倾向的是两家公司：一家是一线互联网名企的研发岗位，有稳定的工作环境、稳定的薪水、稳定的福利和稳定的成长体系，家中的长辈都很赞同他选择这家；另一家是创业型小公司的算法工程师岗位，算法是他真正热爱的，而小公司推行扁平化管理，团队氛围很好，最高领导一直邀请他共同创业，并给予他股份分红，让他充满干劲。

那么，小朱究竟该选择大企业还是小公司呢？

案例启示：小朱可以采用前面讲到的职业决策方法，尤其是决策平衡单法进行分析。值得注意的是，决策没有完美，可以再积极尝试后迅速修订。

4.3.1.4 大四：应用阶段

1. 阶段目标

充分掌握资讯、实现毕业目标。个人就业能力及面试技巧的提升是这个阶段的重点。学生要凝练专业能力和职业技能，形成自身竞争力，同时提升个人的求职技巧，向用人单位充分展示自身的优势。

2. 实施策略

（1）掌握获取信息的渠道和方式，及时调整自身的大学生涯决策。
（2）查漏补缺，满足毕业证和学位证的获取条件。
（3）选择实用性高的毕业设计（论文）题目，证明自己的应用研究能力。
（4）做好心理调节，始终保持自信和主动。

3. 阶段性决策

通过实施、评估来不断调整职业决策。

拓展阅读：扫码阅读向邦宇的大学发现探索之旅，归纳大学生涯决策的原则。

二维码 4-4

4.3.2 大学生涯设计的步骤

在进行大学生涯设计前，我们必须明确，没有任何一种决策是完美的，有无数美好的计划等着我们去执行。我们可以优先选择那些可能比较适合于我们自身、适合于当下的方案，进而将目标付诸行动，不断尝试、快速迭代。

秉承人生设计思维的五种基本心态，大学生涯设计通常可以分为以下五个步骤。

4.3.2.1 保持好奇，收集创建选项

在人生的很多阶段，我们会觉得自己陷入困境，遭遇了重力问题和锚问题。为了合理规避这些问题，我们要深刻认识自己，保持旺盛的好奇心，寻找各种潜在的精彩之处，并不断探索自身与周围世界的互动。

我们可以在完成第 2 章"美好时光日志"的基础上展开思维创造，重新定义问题的解决方案，寻找人生其他的可能性，从而识别三种具有可行性的方案，即制订"奥德赛计划"。

1. 规避重力问题和锚问题：根据美好时光日志绘制思维导图

如果你还没有记录"美好时光日志"，那么现在就完成它吧。在完成的基础上，我们可以围绕投入、能量和心流体验，绘制三张不同的思维导图，来规避我们人生中的重力问题和锚问题。每张思维导图都要延伸到三到四层，最外层至少要有 12 个元素。要明确制作思维导图的三个步骤：选取一个主题；制作思维导

图；制作次级链接并创造概念（将概念连接起来，建立概念混搭模式）。

（1）思维导图1——投入。从"美好时光日志"中挑选一个你最感兴趣的领域，或者能真正投入的活动，把它放在思维导图的中心位置，然后根据思维导图绘制技巧，围绕这个中心词汇，联想相关的词汇或概念。

（2）思维导图2——能量。从"美好时光日志"中挑选出你认为能够真正让你充满活力的事，据此绘制思维导图。

（3）思维导图3——心流体验。从"美好时光日志"中挑选出一段让你产生心流体验的经历，把这段精力放在导图的中心位置，完成你的心流思维导图。完成了这三张思维导图后，让我们探索一下如何设计出有趣但不一定实用的"第二种生活"。

1）认真观察这三张思维导图的最外层，选出三个引起你注意且完全不相干的词汇。跟着感觉，你会知道是哪几个词——它们会一下子就自动"跳入"你的眼帘。

2）现在，在一份工作介绍中，你可以想办法用到这三个词。你会发现这个过程非常搞笑有趣，这对其他人也会有帮助（需要再次强调的是，这份工作介绍可能没什么实用性，也不一定要吸引很多人）。

3）给你的角色命名，然后在纸巾上画一幅草图（迅速完稿的草图）。

4）根据这三个方面的思维导图，做三次这个练习，确保每张导图都和其他两张不一样。

体验活动：赵同学的思维导图

赵同学在做"美好时光日志"时，发现自己喜欢全心投入学习的感觉，在项目团队里经常会熬夜敲代码，在一个又一个问题迎刃而解时一定会有心流体验，帮助同学或者团队成员并不会消耗他多大的能量，反而会让他充满活力。如果某天，作为生活委员的他必须要收取班费或者教材费用，那么他就会感到特别疲惫，因此他虽然觉得没有钱是万万不能的，但从来都不喜欢跟财务有关的工作。

由此，我们发现赵同学投入的关键词是学习，能量的关键词是帮助，心流体验的关键词是解决问题。于是，我们可以按照以下步骤绘制思维导图。

第一步，选取一个主题。将关键词放在绘制思维导图的中心位置，将其圈起来。

第二步，制作思维导图。围绕关键词开展联想，写出5~6个概念，一定要严格且客观地记录下首先想到的词汇。现在，在第二层重复同样的过程，每个单词周围画3~4条线，由每个词再自由联想到一些相关的新词。此时想出来的这些词不一定非要和中心位置的词汇相关联，只要和第二圈的词汇有联系就可以。重复这个过程，直到第三或第四层。这个过程不需要太长时间，通常只需要3~5

分钟，必须快速完成，不要考虑自己的想法是否合理。

第三步，任意配对词汇。一般从思维导图的最外层进行挑选，选取那些比较有趣的能够立即吸引住我们的事物，然后把这些独立的词汇混合搭配在一起。

假如你是赵同学，请按照我们的步骤，围绕投入的关键词"学习"、能量的关键词"帮助"和心流体验的关键词"解决问题"，创建三张思维导图吧。

2. 制订可行性方案："奥德赛计划"

通过思维导图，我们发现自己可以变换很多种角度来思考人生，我们所遇到的并不是完全无法解决的重力问题或者把我们固定在一个地方的锚问题。

当体察了内心存在的无数种生活的可能性后，我们可以设计三种不同的五年人生计划作为备选方案。我们必须明确，每一个"奥德赛计划"都是计划A，因为它们都源于我们真实的渴望，通过我们的努力，有可能真正实现。

（1）第一种选择——你已经在做的事。你的第一个计划应着重放在你已有的想法上，它也许是你当前生活的延展，也可能是一个你头脑中已酝酿很久的一个好主意。

（2）第二种选择——如果你突然无法从事正在做的工作（第一种选择），不得不重新寻找谋生之道时，那么第二种选择就是你想要做的事。

（3）第三种选择——在不考虑金钱和形象的前提下，你想做的事情或者你想过的生活。

每个计划必须包括的内容有：

1）一个直观的/图解形式的时间明细表，包括私人的、与工作无关的事情。

2）为每个计划拟定一个六字标题来描述计划的核心内容。

3）针对每个计划提出两到三个需要解决的问题。通过不断提问进行测试来发现新想法。在每一个时间明细表中，你可以尝试各种不同的可能性，多方了解自己和周围的世界。在这三个人生计划中，你想测试并探索哪些事情？

4）填写图4-3所示的"奥德赛计划"仪表盘，评估如下内容。

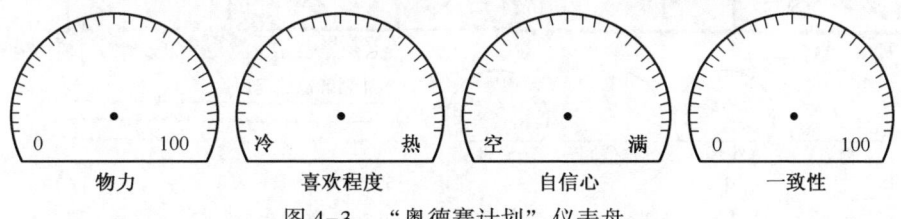

图4-3 "奥德赛计划"仪表盘

- 物力（你拥有客观资源吗？如时间、金钱、人脉，这些都是你实现计划所必需的）
- 喜欢程度（你对这三个计划的态度如何？迫切、缺少热情还是满怀热情?)
- 自信心（你相信自己一定会实现计划，还是不确定？）
- 一致性（这些计划本身有意义吗？它们与你及你的工作观和人生观是否一致？）

5) 潜在考量：
- 地理环境——你住在哪里？
- 你会获得哪些经验？
- 如果选择了其中一种计划，这将对你产生什么影响或者带来什么结果？
- 你的生活会变成什么样？
- 你希望自己成为什么样的人？
- 你希望自己在什么行业或企业工作？

6) 其他内容：除事业和金钱外的其他因素。

体验活动：赵同学的"奥德赛计划"

赵同学为自己的未来设想出三个版本。第一种选择是已经在做的事，考取研究生后就职国内IT名企；第二种选择是成为家乡智慧城镇建设的政府官员；第三种选择是创造美国硅谷风格的创业。要注意，每一个计划都包括6个词的标题和一份4项评估仪表盘，另外，要针对每个计划提出三个问题。如图4-4所示，我们以赵同学的第一种选择为例。

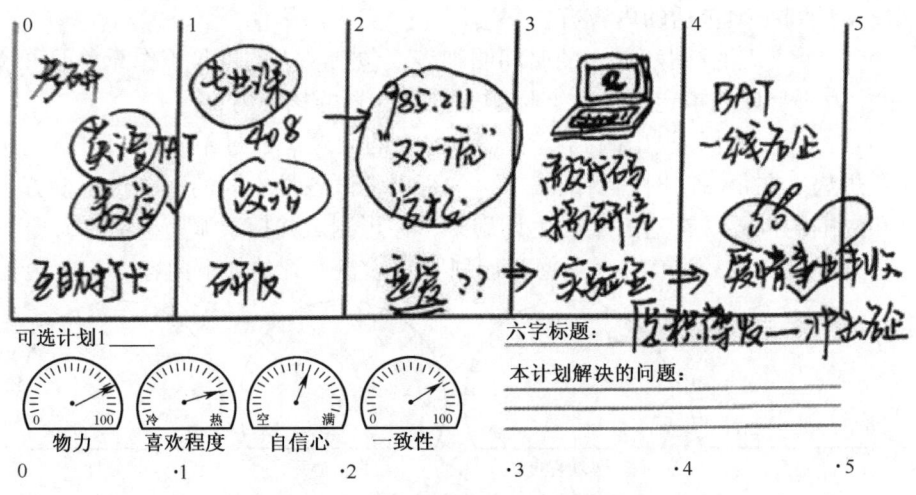

图4-4 赵同学的第一种"奥德赛计划"

题目：厚积薄发——冲击名企！

本计划解决的问题。

(1) 我能够顺利考上我想去的双一流学校吗？

（2）我具备入职 BAT 的能力吗？

（3）我能够平衡我的爱情与事业吗？

请你以此为例，绘制赵同学第二种选择和第三种选择的"奥德赛计划"。

4.3.2.2 不断尝试，确立生涯目标

在确定"奥德赛计划"后，我们不要思虑过度，更不要空想，要勇于付诸行动，乐于探索和尝试。我们可以通过对话、体验和头脑风暴的方式，创造一个又一个原型设计。即使失败，也不能放弃，直到找到人生设计的合理方案。

1. 进行原型对话

原型设计对话，就是了解他人的经历。所谈话的对象，他们的工作和生活必须是你正在考虑的、感兴趣的，或是在某个领域有真正经历或者专业特长的人。谈话的氛围是轻松而友好的，所要了解的内容包括：谈话对象是如何开始从事现在所做的事情的？他是如何获得该专业的相关技能的？他的工作和生活情况怎样的？如果你从事他现在的职业，会怎么样？

2. 构思原型体验

如果你已经利用原型设计对话储备了很多资源，那么你就有很多有兴趣观察或者观摩的人。在大约 12 次原型设计对话后，你就需要做好准备，提出更多的要求，比如亲身参与某些原型体验，不再局限于聆听或观摩的状态。亲自实践、采取行动非常重要，这样你可以了解某件事到底适合不适合你。

3. 展开头脑风暴

构思原型体验才是真正的设计，而构思原型体验需要大量创新的、非传统的想法和主意，这就需要我们使用头脑风暴法。在人生设计中，头脑风暴可以分为四步，其结构非常清晰严谨；如果你是召集人，那么对需要集体讨论的选题要做到心中有数，而且要确保 3~6 名成员都自愿提供帮助。

（1）提出一个合适的问题。一定是开放式问题，问题中不要包含解决方案，不要设计得过于宽泛。

（2）热身。要通过一些过渡活动让大家进入轻松而充满创意的环境中，转化思维、整合信息，并且不掺杂主观评判。

（3）集思广益。头脑风暴会议需要有人协调，协调者要确保大家所说的每个想法都被记录在案，并且负责订立会议规则。头脑风暴规则有，重量不重质，不要对他人提出的想法立即做出评判或进行修改，在其他人的想法上进行创新，鼓励大家说出大胆疯狂的想法。

（4）为结果命名并进行规划。小组成员提出的想法可以根据主题或范畴进行分类，并分别给它们起一个有趣的、叙述性的名字，然后根据最初的焦点问题对结果进行设计。对结果进行投票，对投票结果进行讨论，讨论过后可能会重新

分类和设计，最后才决定对哪个想法进行原型设计。例如，"我们一共提出了128个想法，并把这些想法分成了5类，根据焦点问题选出了6个绝妙的主意进行原型设计。根据优先顺序，我们首先对……进行原型设计。"

4.3.2.3 重新定义问题，分析当下差距

重新审视目前的状况，理清存在差距，转化思维模式来寻求突破。

1. 观念差距

思想观念是指对人、对事物的一种价值观，不同的思想观念往往会产生不同的生涯设计方案。大学生在明确自己的生涯目标时，要深入分析自身的思想观念是否与生涯目标对人们思想观念的要求相吻合，找出差距，进行合理分析并适当改变或调整目标，才能有效地制定和实施生涯决策。

2. 知识差距

社会分工使得不同职业对从业者的知识水平与知识范围有不同的要求，尤其是专业知识方面，它是衡量大学生是否与该职业目标相匹配的核心要素。因此，找到个人当下的知识结构与职业要求之间的差距，进行补充、完善和提升，是大学生生涯决策实施的重要一步。

3. 能力差距

大学生综合能力和职业目标要求之间的差距，也是决定其生涯决策能否有效进行的重要因素。这些能力包括专业实践能力、组织协调能力、团队沟通能力、抗压能力、语言表达能力、执行能力等。大学生要在明确差距的基础上，抓住各种锻炼机会进行相应的能力提升，逐步符合职业目标的能力要求。

4.3.2.4 保持专注，执行发展策略

明确可以优先尝试的方案后，不要苦苦思索方案的正确性，追求所谓的"完美"；而要学会放下，专注于方案本身的实现过程。同时，放手去做，迅速制订方案达成的发展策略，积极行动起来，如参与教育培训、实践锻炼，充分利用有效资源等。

在制定具体策略时，我们需要问自己以下几个问题：

（1）如何达到这一方案的目标？计划是什么？

（2）在校期间我需要掌握、了解哪些课程和学习哪些技能？是否需要参加培训、学习或考核？

（3）在完成方案的道路上，需要排除哪些来自内部或外部的障碍？

（4）有哪些人可以在我计划或行动时给予帮助？

（5）对我而言，还有哪些问题不能解决？

4.3.2.5 深度合作，强化评估和调整

对于人生设计而言，深度合作尤为重要。在实施过程中，要加强与他人合

作，积极执行头脑风暴法，形成良性互动和共同创造的团队；同时，"以人为镜"，对于选择的人生方案，采用自我评估和他人评估相结合的方式，定期对环境、条件和执行情况做出评估。

人生设计的方案不是一成不变的，必须及时反省和修正，变更或调整实施计划的措施，以保证它的合理性和可操作性。

 **本章小结**

第4.1节引导学生掌握职业决策的内容与概念，明确自身决策的风格类型。职业决策要规避人生设计中的重力问题和锚问题；其概念有狭义和广义之分，其中，广义的职业生涯决策是动态的决策过程，是个人为了选择一个满意的职业生涯方案而分析、判断、选择的过程，对各种可供选择的职业背景进行评估，进而做出最佳的职业选择。职业决策的类型可以分为理智型、直觉型、依赖型、回避型、自发型。

第4.2节介绍了职业决策的步骤是CIP理论，即信息加工金字塔，其中间层是职业决策的重要环节，需要经历五个步骤：沟通（communication）、分析（analysis）、综合（synthesis）、评估（evaluation）和执行（execution），这个过程称为CASVE循环。阐明职业决策通常采用的5W归零法、决策平衡单、SWOT分析法、生涯幻游等方法。

第4.3节以人生设计思维指导大学生涯设计，引导学生不断尝试、快速迭代，积极面对大学的四个阶段性决策：如大一明确是否转专业；大二明确专业分流方向、是否申请辅修和第二学位等；大三进行毕业去向的初步决策并积极执行；大四通过实施、评估来不断调整职业决策。秉承五种基本心态来设计大学生涯方案：保持好奇，收集创建选项，即通过绘制思维导图破解人生中的重力问题和锚问题，制订三种可能的"奥德赛计划"；不断尝试，确立生涯目标，即通过对话、体验和头脑风暴法，创造一个又一个原型设计；重新定义问题，分析当下差距；保持专注，执行发展策略；深度合作，强化评估和调整。

 复习思考题

一、基本概念

职业决策　CIP理论　CASVE循环　5W归零法　决策平衡单　SWOT分析法　生涯幻游　思维导图　奥德赛计划　原型设计

二、简答题

1. 职业决策的内容是什么？
2. 职业决策有哪些类型？你属于哪种决策类型，通常会考虑哪些要素？
3. 职业决策的 CIP 理论及其中间层的 CASVE 循环是指什么？
4. 职业决策的基本方法有哪些？

三、论述题

在探索自我和职业世界的基础上，请使用人生设计的思维方式，与你的小伙伴们一起，制订你们的大学生涯设计方案。

第二部分　职业素养

第 5 章

职业道德和意识

 学习目标

通过本章的学习，理解职业素养的内涵和重要性。了解诚信意识的要求，掌握诚信品德培养的路径。理解敬业精神的内涵、价值和培养方法。理解团队的内涵、理解团队精神的内涵和培育方式。理解服务意识的概念和内涵，了解培养服务意识的价值，掌握培养服务意识的渠道。

 关键术语

诚信品德、敬业精神、团队精神、服务意识。

 引导案例　阿里内部搞了抢月饼活动5名员工"刷单"被开除

2016年9月，为了喜迎中秋，阿里在公司内部搞了一个中秋节抢月饼的活动。9月12日，阿里巴巴安全部和阿里云安全的5名员工，用编写脚本代码方式，在公开秒杀月饼的内部活动中不动声色地"秒到"了133盒月饼。这5名员工在与首席风险官刘振飞和阿里云总裁胡晓明进行了"坦诚沟通"后，被全部开除。5名员工中，还涉及前阿里云云盾的安全技术负责人叶敏。

"叶敏是我心目中'前'阿里巴巴全集团（含蚂蚁）在安全攻防技术上的第一人，我的左膀右臂，未来注定是要升P10的人。从某种意义上来说也是这个国家的财富。现在便宜你们这些安全公司了。无语凝噎。"曾经的阿里云首席安全研究员吴翰清如此评价道。

叶敏在2010年加入阿里，"你可能只知道淘宝占据了中国电商的大半壁江山，但是你或许不知道，全国30%的网站都在阿里云上。而叶敏的阿里云盾团队却只有8个人，他的能力和责任可想而知。"当时有媒体评价道。

而叶敏自己的回复也充满了委屈，他曾在朋友圈流露心声："6年多，两耳不闻窗外事，一心做技术，从未在公众场合说过公司坏话。当时的阿里巴巴集团首席人力官蒋芳在内部信中透露，该事件惊动了阿里高层。集团用4个小时对此事进行了复盘和讨论，逍遥子、戴珊、行癫、振飞、郭靖、王坚、王帅、马老师及我都参与其中。

而最后的结论是,支持开除这5名员工的决定。重罚的原因是"阿里是一家把权力真正下放到每个普通小二手里的公司",并提醒员工:"我们必须反复提醒自己,要善待手中的权力,也像爱惜自己的眼睛一样爱惜别人对自己的信任,爱惜自己的才华。"

月饼事件也被解读为阿里巴巴对于价值观的坚持,蒋芳表示,"许多同事担忧我们对坚守价值观过于偏执以及会给鼓励创新的容错文化造成伤害。实话实说,我们也争论、纠结,感到难受。"

本章将进入职业素养的学习部分。中国知网(CNKI)将职业素养定义为:职业素养是指职业内在的规范和要求,是在职业过程中表现出来的综合品质,包含职业道德、职业技能、职业行为、职业作风和职业意识等方面。

职业素养不论是对于个人、企业还是国家发展都具有十分重要的意义。从个人的角度来看,缺乏良好的职业素养就很难取得突出的工作业绩,也不可能在职场上建功立业;从企业的角度来看,只有那些具备较高职业素养的人员才能融入集体,帮助企业节省成本、提高效率,帮助企业"开疆扩土",提高企业在市场的竞争力;从国家的角度来看,国民职业素养的高低直接影响着国家经济的发展,是国民安居乐业和社会高速发展的前提。正因如此,"职业素养"教育才显得尤为重要。

为贯彻落实党的十九大精神,加快建设知识型、技能型、创新型劳动者大军,人力资源和社会保障部教材办公室组织相关行业企业和职业院校的专家编写了系列全新的企业新型学徒制培训教材。2019年出版的《职业素养》介绍了职业素养的内涵以及员工应具备的职业素养;然后从企业员工的角度出发,以企业为着力点,以工作为出发点,详细阐述了企业员工应当遵守的职业道德、树立的职业意识、实现的职业理想、呈现出的职业形象、具备的职业能力,从而形成良好的职业习惯,成为企业青睐、领导信赖、自己满意的优秀员工。

对于大学生的职业素养可以看成一座冰山:大学生的形象、能力、职业行为和职业技能等方面,是人们看得见的显性的职业素养,就如同冰山水面以上的部分。这些显性职业素养可以通过各种学历证书、职业证书来证明。而大学生的职业道德、职业意识、职业理想等方面,是人们看不见的、隐性的职业素养,就如同冰山水面以下的部分。显性职业素养和隐性职业素养共同构成了大学生所应具备的全部职业素养。冰山在水面以上的只有1/8,而在水面以下的部分占整体的7/8,大部分的职业素养是人们看不见的。但正是这7/8的隐性职业素养决定、支撑着上面显性职业素养,显性职业素养是隐性职业素养的外在表现。一个人,能力和专业知识固然重要,但是,在职场要成功,最关键的并不在于他的能力与专业知识,而在于他所具有的整体的职业素养。因此,大学生职业素养的培养应该着眼于整座"冰山",并以培养隐性职业素养,也就是培养诚信品德、敬业精神、团队精神、服务意识的职业道德、意识、理想等为基础。正如陈光德、廖锋主编的《适则成:大学生职业适应与就业指导》一书中指出的,"诚信品德、敬业精神、团队精神和服务意识是最基本的职业素养,培养良好的诚信品德、敬业精神、团队精神和服务意识,将会提升个人在未来职场中的核心竞争力,个人理想的实现不是空谈,集体的目标也将指日可待"。这也是本章学习的重要内容。

5.1 诚信品德

一个国家的强盛,离不开民族精神的支撑;一个社会的发展,有赖于公民文明的推动;一个人的进步,需要社会文化的哺育。中华民族在奋力全面推进中国特色社会主义事业的伟大历程之际,中国共产党在十八大上正式提出,要"倡导富强、民主、文明、和谐,倡导自由、平等、公正、法治,倡导爱国、敬业、诚信、友善,积极培育社会主义核心价值观",分别从国家、社会和个人三个层面高度概括和凝练出社会主义核心价值观的基本内容。《中华人民共和国公民道德建设实施纲要》中明确指出:"要大力倡导以爱岗敬业、诚实守信、办事公道、服务群众、奉献社会为主要内容的职业道德,鼓励人们在工作中做一个好建设者。"因此,"爱岗敬业、诚实守信、办事公道、服务群众、奉献社会"成为我国现阶段各行各业普遍遵守的职业道德的基本内容。"诚信"是人民群众对美好诚信社会的向往,是建设中国特色社会主义的应有之义。

5.1.1 诚信品德的内涵和特征

诚信就其内涵而言,包括"诚"和"信"两方面;两者虽不相同,但又互通互融。

"诚"的内容又包括两方面:一是"真实",二是"诚恳"。"真实"的意思是不刻意歪曲客观事物的本来面貌。人们对客观事物的认识,本来就包含两方面的内容:一是客观事物给人的声、光、热等刺激;二是主体对这些刺激的加工和整理。但由于主体对客观事物进行了加工整理,所以难免产生人的主观认识与客观存在之间的差距。"真实"就是要求我们忠于自己现阶段对客观事物的认识,而不是其他什么原因,特别是因自己的利益而有意地歪曲它。"诚恳"的意思是勇于表达自己主观意图的本来面貌。人对自己的主观意图,一般有着准确的把握,但直接表达这些主观意图可能要付出代价。"诚恳"要求忠于自己,不畏惧代价而去歪曲自己。"真实"与"诚恳"结合起来，就构成了"诚"的基本内容。

"信"字由"人"字旁加一个"言"字组成，指的是人说话要算数，要言而有复，诺而有行。在古代，"信"一开始指的是在祭祀时人对神灵所说的话；由于古人认为神灵支配着自然并统治着自己，因此这些祭祀的话对他们来说具有非同小可的意义，必须要遵守。后来，这种意义扩展开，不再是对神说的话要算数，而是所有的话都要算数了，言必信、行必果。

"诚"与"信"的要求有区别："诚"讲的是不能歪曲主观和客观的实际状况，更强调静态的真实；"信"讲的是不能违背自己的诺言，更强调动态的坚守。更深一层的，"诚"是一种内在的德性与修为，而"信"是一种外在的确认与表达。但二者之间的联系又是一目了然的：静态的真实是动态坚守的基础，动态坚守也是静态真实的结果；内在的德性与修为会通过外在的言行加以确认，而外在的言行没有内在的涵养作为基础那也是难以持久的。正基于此，诚信经常互训连用：一方面，用"诚"来解释"信"，用"信"来解释"诚"，"诚，信也，从言从声"，"信，诚也，从人从言"；另一方面，诚信结合在一起，表示诚实无欺、恪守信用之义。

"诚是开山斧，信是做人金，人无诚信难立身。"诚信作为人类道德的基础，一向受到中外思想家、伦理学家的重视。诚实守信是中华民族五千年以来得以安身立命、血脉延长的重要精神维度。先秦时期儒家学派的孔子有"人而无信，不知其可也""自古皆有死，民无信不立"（《论语》）之说。孟子讲过"至诚而不动者，未之有也；不诚，未有能动者也"。荀子指出"养心莫善于诚""政令信者强，政令不信者弱"。法家学派韩非子强调"小信诚则大信立，故明主积于信；赏罚不信，则禁令不行"。西汉董仲舒将"信"与"仁义礼智"并列为"五常"之一，并将其作为道德实践的重要内容来规范人们的言行，宋朝理学家们将诚信视为修身养性的根本或者世界本体来研究。北宋的周敦颐认为"诚者，圣人之本"。南宋时的朱熹则认"诚其意者，自修之首也"。他还指出："诚者，真实无妄之谓，天理之本然也。"用以论证"诚"存在于理。明清时期，随着商贸的不断繁荣和市场的不断成长，恪守信用则成为商人经营生意的不可逾越的红线。

诚信被视为做人之本、立国之基，既是个人道德的基石，又是社会正常运行不可或缺的条件。诚信缺失的个人将失去他人的认可，诚信缺失的社会将失去人与人之间正常关系的支撑。一个没有信用的人，即使再有本事，其事业也很难成功，搞不好还会用自己的本事去作恶，成为千夫所指、万代唾骂的罪人。诚信不是物质，却可显示出比物质更珍贵的价值；诚信不是智慧，却能放射出比智慧更具魅力的光芒。诚，不仅是一种责任，更是一种品质。人若诚信，人人相信；人若无信，人人不信。

诚信在商业领域中具有三大特征：一是积累性，诚信是一点一滴积累下来的，需要持之以恒，长期如此才能换来诚信的美誉；二是增值性，诚信是一个企业的品牌，一个有诚信的企业必会远近闻名，生意、财富就会源源不断地涌入，它比金钱的价值高；三是易碎性，只要失信一次，以前所积累的所有诚信便会一起丧失，所以必须要时刻维护诚信，才能发展得越来越好。张洪瑞先生曾经说过，人们只会坚持他真正需要的事情，如吃饭、睡觉，如果他不坚持诚信，只能说明他不需要罢了。诚信的层次有三：第一层，说到做到，兑现承诺，遵守合约；第二层，在信息不对称的情况下，不欺不瞒，童叟无欺；第三层，能够切实为他人着想。事实上，我国大部分企业都能做到第一层，但能做到第三层的却寥寥无几。

5.1.2　诚信品德的价值

诚信是各个文明社会都加以珍视的基本价值。因为社会总是由无数个个人和群体组成，人们彼此之间不断地发生着联系和往来。而这些交往则需要靠诚信来联结，保证社会有序运行。也就是说，诚信作为社会纽带的功能和行为规范的要求是始终存在的。

当前，市场经济深入发展和互联网的兴起，极大地改变了人们的生产方式和生活方式。人们的交互达到空前的广度、深度及复杂度。互联网经济目前正呈现"病毒式"增长。互联网经济发展催生了网络购物、网络支付、网络借贷、网络经营等新业态迅速扩展，其覆盖面越来越广。在经济生活以外的其他文化、教育、医疗等领域借助网络也已成为一种趋势。互联网将现实世界以"数字化"或"虚拟化"呈现，但网络和现实社会有时表现出虚实不对应的特点。典型的表现就是电商平台上频频发生的"买家秀"和"卖家秀"的对比。在这种情况下，要保证交易活动的公平有序，就全靠各方诚实守信、践诺履约。我们从一开始对互联网经济不信任，到现在习以为常、积极参与，"讲诚信"对互联网经济发展起到了巨大的推动作用。

 案例赏析　瑞幸财务造假之后中国公司看起来都像骗子

瑞幸"自爆"，行业哗然。

我们梳理一下整个事件的时间线：

- 2020年2月1日凌晨（周五），浑水发布做空报告，瑞幸股价盘中最大跌了26.5%。
- 2020年2月3日晚（周一），瑞幸在SEC发布公开回应，坚决否认所有指控。
- 2020年2月4日开始，瑞幸股价逐日回升，2月10日已经恢复到被做空前的水平。
- 2020年2月5日，美国部分律师事务所开始启动针对瑞幸的集体诉讼。
- 2020年2月10日开始，瑞幸连续发布15条"超过5%披露"的重要公告，涉及股东股权事宜。
- 2020年3月27日，瑞幸宣布任命两名新的独立董事，刘二海卸任审计委员会成员。
- 2020年4月2日，瑞幸成立"特别委员会"，启动内部调查，"自爆"公司存在22亿元的财务造假，瑞幸股价一夜跌了75%。

2020年4月2日，美股上市公司瑞幸咖啡宣布，在审计2019年年报发现问题后，董事会成立了一个特别调查委员会。特别调查委员会发现，公司2019年二季度至四季度期间，伪造了22亿元人民币的交易额，相关的成本和费用也相应虚增。

公开"自爆"财务造假，瑞幸咖啡让所有人大跌眼镜。当天股价暴跌75.6%，市值缩水至16亿美元。

瑞幸或将面临700多亿元赔偿，退市甚至破产。

瑞幸咖啡在被浑水做空后，面临多家律所的集体诉讼。那么，瑞幸可能要为这场集体诉讼付出多少赔偿金呢？

按照美国法律对类似案件的索赔额计算方式，即设定一个时段，当中的最高价，以及事发后最低价，得出价差，再乘以股份数量，即是这家公司可能面临的投资者索赔额。若以2020年初至今作为时间段计算，其间瑞幸咖啡2020年1月7日曾触及年内最高价51.38美元/股，事发后最低价为2020年4月2日晚触及的4.9美元/股，公司最新总股本为2.4亿美元，由此可粗略计算出，一旦面临集体诉讼，瑞幸咖啡将面临的赔偿总计约112亿美元，折合人民币754亿元。

目前，瑞幸咖啡的总市值缩水至16亿美元。民事赔偿美国保险可以覆盖一部分，如果剩下的部分无力赔付，公司就有可能破产。

从"瑞幸咖啡"到"跟谁学"再到"爱奇艺"，不管在海外上市的中国公司从事什么业务，在美国投资者眼中，它们都有一个共同的名字，叫作"中概股"，一荣俱荣，一损俱损。行业内人士的共识是，此次瑞幸咖啡财务造假事件，在中美两国都引起了轩然大波，从瑞幸到整个中概股的声誉都会大打折扣。

所以，不难理解"理想汽车"创始人李想在微博上对瑞幸事件的评价。由瑞幸咖啡造假引发的猜疑，对正筹划上市的理想汽车来说无疑是当头一棒。

资料来源：瑞幸咖啡22亿元造假大起底，https：//mp.weixin.qq.com/s/X8iiCOIYLnjDbkR8GwVhGw。

案例分析：信任就像一张纸，一旦被揉皱，就再也不能恢复完美了。诚信有易碎性，只要失信一次，以前所积累的所有诚信便会一起丧失。瑞幸上市一直是一个奇迹，这种明星级的公司快速到高点又迅速掉下来，对中概股影响会非常大。后续中国公司在美国上市的整个节奏可能都会受到影响，国内融资、估值调整、风险投资资金的退出等都会产生一连串连锁反应，甚至对整个创业圈都是雪上加霜，而且影响可能会持续好几年。可见诚信在商业活动中是企业安身立命的根本。

5.1.3 诚信缺失的表现

今日中国公民诚信品质的现状，可谓喜忧参半。既有很多诚实守信的楷模，也有不少无信无义的败类。前者的典型如兄债弟偿的"信义兄弟"，后者的典型则有声名狼藉的"三鹿"奶粉。普通公民中的情况也大体相似，有人一诺千金，有人言而无信。甚至在同一个人身上，都会出现时而诚信、时而失信的情况。这种现状表明，我国公民诚信品质仍然有提高的空间，需要找到问题所在，并针对性地加以解决。

1. 诚信缺失的原因

公民诚信问题时有发生，问题出在两方面：一方面，功利主义的兴起与传统道德的失落造成了人们不再把诚信作为自己的基本价值追求和安身立命之本，人们内心支撑结构的变化造成了诚信问题的出现；另一方面，市场经济的契约体系不仅仅是道德要求，还是一种制度建构，而目前后者在我国尚不完善，给了违约之徒可乘之机。

2. 高校诚信缺失的表现

当今社会经济构成要素、择业范式、收益分享关系呈现出多样化的态势。在这样的社会背景下，学生在诚信行为养成过程中就会出现真理与价值背离的现象，表现为诚信道德认知与诚信价值实现的矛盾心理，结果导致诚信失范行为逐步侵入校园并滋生蔓延，如违反校纪法规、欺骗老师家长、考试作弊、经济失信、交友失信等。如何建设校园诚信文化，弘扬校园诚信精神，形成师生讲诚信、守诚信、行诚信、护诚信的良好校园氛围，是师生共同的责任，也是新时代学校建设诚信校园文化要解决的重要课题。

3. 经济社会诚信缺失的表现

当前我国社会存在不可忽视的诚信缺失，甚至出现某种程度的诚信危机。某些生产经营和服务行业领域，发布虚假广告信息，制售假冒伪劣产品，以虚构的利益输送为诱饵，进行价格欺诈。诸如：违法生产问题疫苗；旅游业中的低价揽客、强制购物、牟取回扣；打着所谓"神医"、养生大师的招牌，推销高价的"神药"、保健品，或者以大师手工制作忽悠人，出售天价茶叶等产品；房地产市场中的虚假宣传、黑中介行为；假医生、黑诊所欺骗患者等。

5.1.4 诚信品德的培养

诚信作为立身、治国和维护社会秩序的重要基础，并未因时代的更迭和历史的变迁而降低要求。恰恰相反，在当代社会经济条件下，人们之间的交流、协作越来越广泛、多样和复杂，更需要诚信精神和规则予以协调、约束和规范。而现实社会中一定程度的诚信缺失和诚信危机，则使传承、弘扬诚信精神，加强诚信建设的紧迫性凸显。一方面要加强对公民的诚信教育，从主观上恢复国人对中国传统文化中的道德感的认同；另一方面建立征信体系，增强对公民的制度化的引导，从客观上约束公民行为。这两方面结合起来，就能够基本解决中国公民当前面临的诚信问题。

大学生作为社会主义建设事业的接班人，更有责任和义务主动地养成诚信品德。当代大学生应该从学业诚信、经济诚信、交友诚信、求职诚信等方面严格要求自己，培养诚信品德。

1. 学业诚信

学业诚信是指学生在所有学业环节中均应遵循诚信原则，学业环节主要包括作业、实验、论文、考试、竞赛和测评等。对大学生而言，学业诚信主要表现在四个方面：作业诚信、学术诚信、考试诚信和竞争诚信。在作业和实验环节要做到独立完成、不篡改、编造或抄袭他人作业或实验报告；在论文环节要做到独立撰写，使用真实的数据和信息进行学术研究和文档撰写，并通过注释和引用等形式尊重他人的学术成果；在考试环节严格遵守相关考试纪律规范，不找"枪手"代考；在竞赛环节中做到竞赛前不会通过不正当手段获取赛题或泄露试题，赛程中不篡改数据成绩、提供虚假结果等造假行为，不篡改、销毁自己或他人的比赛记录或结果，不找他人代替或代替他人参加竞赛等。

2. 经济诚信

大学生作为社会人才供给，是未来经济活动中的重要主体，必须牢固树立经济诚信意识。否则，在面对更大更多的利益诱惑时，就会做出冲破底线、践踏红线的事，将会付出惨重的代价。大学期间至少要做到：及时足额缴纳学费；不追求超出自己和家庭承受能力的高消费，坚决杜绝"校园贷"；对家庭情况真实描述，不骗取、不拖欠国家助学贷款，更不会故意违约。

3. 交友诚信

进入大学后，大学生的社交活动比中小学阶段大幅增多。除了教室内与同学们共同学习，大学生还忙碌于各种社会实践、社团活动、文体活动中。交往对象从之前的与家人和老师更多地转向为与同学、校友交往等。与任何旁人交往，都必须言而有信、慎重承诺、真诚相待、主动帮助才能"以诚信"立于世。否则，交往之间充满虚伪、欺骗，就绝不会有真正的朋友。在人际交往中，为人诚恳、待人真诚、讲究信用、遵守诺言、言行一致、表里如一，才能构建和谐的人际关系。

4. 求职诚信

求职的过程是大学生怀抱人生理想用自己的能力寻找合适和满意的职位的过程。毕业生会根据目标职位的人才需求标准，对照自身情况制作和投递个人简历，当简历通过企业初筛进入笔试和面试的环节，最终用人单位和毕业生达成雇佣的共识并签订劳务合同。在整个求职的诸多环节中，毕业生可能会为了获得好的工作而在简历中"注水"，夸大技能以及证书造假。现在的用人单位，在选人用人方面越来越重视诚信。企业在签订劳务合同前一般都会对应聘者在求职过程中呈现的个人学习和能力情况进行审核，查看学校档案和证书原件，网上审核电子证书等。一旦发现求职者存在信息造假，绝对不予录用。因此，以下行为绝对不能伴随求职过程：简历"注水"，伪造材料证明参加学业活动并获得成绩，谎报或捏造学术成果，篡改或伪造各类学术成绩单、课程修读证明或其他学业经历，篡改或伪造奖学金及其他荣誉证书，篡改或伪造结业、毕业或学位证书等。

同时，一些大学生在就业时频繁毁约的情况日益困扰着用人单位，虽然原因各异，但毁约使学生个人诚信度大打折扣，严重损害了用人单位对某些求职者的印象，也可能直接影响其所在学校下一届学生的就业。

5.1.5 社会信用体系

社会信用体系也称国家信用管理体系或国家信用体系。社会信用体系的建立和完善是我国社会主义市场经济不断走向成熟的重要标志之一。社会信用体系是以相对完善的法律、法规体系为基础；以建立和完善信用信息共享机制为核心；以信用服务市场的培育和形成为动力；以信用服务行业主体竞争力的不断提高为支撑；以政府强有力的监管体系做保障的国家社会治理机制。

社会信用体系的核心作用在于，记录社会主体信用状况，揭示社会主体信用优劣，警示社会主体信用风险，并整合全社会力量褒扬诚信，惩戒失信。社会信用体系的建立可以充分调动市场自身的力量净化环境，降低发展成本，降低发展风险，弘扬诚信文化。

社会信用体系是一种社会机制，具体作用于一国的市场规范，它旨在建立一个适合信用交易发展的市场环境,保证一国的市场经济向信用经济方向转变,即从以原始支付手段为主流的市场交易方式向以信用交易为主流的市场交易方式的健康转变。这种机制会建立一种新的市场规则,使社会信用资本得以形成,直接地保证一国的市场经济走向成熟,扩大一国的市场规模。

西方发达国家的诚信体系建设已经比较成熟,诚信已经普遍成为人们的信条和习惯。我国也在加快社会诚信体系的建设步伐,并且在社会主义核心价值观中,对公民个人层面明确提出了诚信的要求。早在2014年,国务院印发的《社会信用体系建设规划纲要(2014—2020年)》(国发〔2014〕21号)中就提出,到2020年,社会信用基础性法律法规和标准体系基本建立,以信用信息资源共享为基础的覆盖全社会的征信系统基本建成,信用监管体制基本健全,信用服务市场体系比较完善,守信激励和失信惩戒机制全面发挥作用。2016年6月27日,习近平主持召开中央全面深化改革领导小组第二十五次会议并发表重要讲话,会议强调要"推进社会诚信体系建设","构建'一处失信、处处受限'的信用惩戒大格局,让失信者寸步难行"。

案例赏析　大事情丨罗永浩被下"限消令",失信你将失去什么

2019年11月3日下午,据丹阳市人民法院限制消费令,北京锤子数码科技有限公司及罗永浩被限制消费。

限制消费令显示,丹阳市人民法院于2019年9月4日立案执行申请人江苏辰阳电子有限公司申请执行买卖合同纠纷一案,因北京锤子数码科技有限公司未按执行通知书指定的期间履行生效法律文书确定的给付义务,法院对北京锤子数码科技有限公司采取限制消费措施,限制北京锤子数码科技有限公司及单位(法定代表人、主要负责人、影响债务履行的直接责任人员、实际控制人)罗永浩不得实施以下高消费及非生活和工作必需的消费行为:

(一)乘坐交通工具时,不得选择飞机、列车软卧、轮船二等以上舱位,并且不得乘坐G字头动车的全部座位,其他动车不得乘坐一等以上座位。

(二)在星级以上宾馆、酒店、夜总会、高尔夫球场等场所进行高消费。

(三)购买不动产或者新建、扩建、高档装修房屋。

(四)租赁高档写字楼、宾馆、公寓等场所办公。

(五)购买非经营必需的车辆。

(六)旅游、度假。

(七)子女就读高收费私立学校。

(八)支付高额保费购买保险理财产品。

资料来源:大事情丨罗永浩被下"限消令",失信你将失去什么,https://www.sohu.com/a/351680386_796867。

随着我国社会诚信制度建设的进一步深入，诚信者的利益将会得到越来越大的保障，而不诚信的人，就可能因为记录上的一次失信行为再难找到一份工作，为不诚信付出的代价将大大超过由此可能得到的利益。因此，诚信的人不会吃亏，这是社会发展的需要，也是社会进步的体现。

二维码 5-1　　**拓展阅读**：逃票的留学生。

5.2　敬业精神

敬业是社会主义核心价值观的主要内容之一，也是最基本的职业道德要求。敬业是对公民职业行为准则的价值评价，要求公民忠于职守、克己奉公、服务人民、服务社会，充分体现了社会主义职业精神。敬业是职业道德的灵魂，它为个人安身立命奠定基础，为社会发展进步注入活力。正是依靠敬业奉献，中华民族创造了灿烂的文明。我们倡导的敬业，就是要增强事业心和责任感，追求崇高的职业理想，激发积极进取的奋斗热情，秉持认真负责的职业态度，锻造严谨细致的工作作风；就是要让敬业成为实现梦想的动力之源，以那么一股子干劲、拼劲、闯劲，续写中国奇迹，靠辛勤劳动、诚实劳动、创造性劳动，开创美好未来。

5.2.1　敬业精神的内涵

敬业精神是人们从事职业活动的一种总体态度和精神状态，它是职业道德的精神内核。由于人们的社会价值主要体现在人的职业活动中，一个民族整体对待职业的态度即是否具有敬业精神，也就成为一个民族文化精神的集中体现。因此，从狭义上说敬业精神只是人们对待职业的总体态度，是职业道德的部分内容，而从广义上来说它也是国家的文化精神和民族精神的集中体现。

狭义的理解敬业精神，就是指职业人对待职业及其活动的总体态度和精神状态。敬业精神作为一种职业价值观，其与职业认知、职业情感、职业意志以及职业行为有密切联系，而这四者是相辅相成并相互促进的。其包含如下几个方面的内容：第一，对职业价值与意义的高度认同；第二，热爱职业的情感态度；第三，积极主动的意志品质；第四，勤业、精业的行为意向。敬业精神使行为主体产生对职业的认同感，在职业认知的基础上建立的职业情感和意志才会自发自觉地产生职业行为的表现。反过来，职业行为习惯的形成巩固和增强职业情感和意志，在此基础上加深对职业的认知和敬业精神的形成。

敬业精神的主要内容包括构成要素和实践内涵两个方面：构成要素主要是指

在思想认知层面需要具备的价值观和道德要求，这是敬业精神培育的思想基础；实践内涵主要包括敬业精神落实到行动层面的具体表现和要求，是大学生敬业精神培育的根本保障。从总体上看，敬业精神就是人们在对职业的价值、意义与使命有高度认知基础上形成的一种对职业的崇敬、虔诚、敬畏、热爱、专心、积极主动、开拓创新、忠于职守、勤奋认真、锲而不舍、精益求精的心理和精神状态。

5.2.2 敬业精神的价值

敬业精神的价值主要包括社会价值和个体价值两个方面，其不仅是推动社会行业发展和社会生活的重要基础，还是促进个体价值实现的必要条件。

1. 敬业精神的社会价值

敬业精神是推动社会行业发展的动力源泉。马克思主义认为，道德不是人的自然本质固有的"善良意志"，而是建立在一定社会经济基础上的思想关系，是一种特殊的意识形态或上层建筑。由此看来，敬业精神作为职业道德的重要组成部分，同样是由社会物质条件和经济关系所决定的，生产方式是敬业精神产生的基础。当生产力发展到一定程度时，社会上出现了各行各业。然而，任何一个行业只是整个社会化大生产的一部分，其所提供的商品和服务只有得到社会的承认后，才能换回本行业所需要的生产和生活资料。在市场经济条件下，行业间的竞争变得更加激烈。这就需要业内的从业者积极发挥敬业精神，不断提高本行业的生产效益和服务质量，只有这样才能更好地塑造行业形象，提高行业竞争力。因而，敬业精神不仅是一种行业需求，更是推动社会行业发展的动力源泉。

敬业精神对社会生活有着深远影响。从职业角度来看，社会是由各行各业所构成的，各种"行风"在不同程度上影响着社会风气。敬业精神承载着行业角色和职业行为，其所彰显的行业风范会给社会大众施以积极影响。从社会角度来看，敬业精神不仅是社会存在和发展的基础，也是良好社会风气的前提。敬业会使人形成严谨认真、有条不紊、明达事理而又坚毅顽强的性格特质。当社会中的多数公民都敬业时，其在性格上便会形成类似的优秀品质，久之与优良性格以及以此为基础的良好生活方式相适应的淳朴的社会风气便会自然形成。因而，敬业精神作为一种价值观和文化精神，体现出净化社会风气、引领社会风尚的正能量。

2. 敬业精神的个体价值

从某种程度上来说，人类总是在具体的职业活动中通过自身的不断实践和探索推动着整个社会的发展和进步。这一实践和探索的过程既表现为人类对超越自身存在的局限性、实现自由全面发展的一种需要，也表现为人类对外在客观世界以及借以改变客观世界实现自身价值最直接的方式,作为人类职业活动中一项普遍的道德要求,是否敬业不仅涉及整个社会的发展和进步,而且还涉及个体自我价值的实现。

首先,敬业精神是个人职业活动成功的前提条件和内在动力。在现代社会,每个人都会以某种方式进入职业活动,而具备良好的敬业精神不仅能让从业者对职业产生高度的认同感以及发自内心的热爱本职工作,还能促使从业者不断提升个人的知识水平和专业技能,从而尽心尽力、尽职尽责完成本职工作。这在一定程度上会使从业者发挥自身最大的潜力与创造力,提高职业的效益、更好地实现职业价值的同时,引导从业者在职业活动领域走向成功。

其次,敬业精神是实现个人的人生价值的重要基础和根本保障。美国心理学家马斯洛把人的需求分为五个层次,依次是生理上的需求、安全上的需求、情感和归属的需求、尊重的需求和自我实现的需求。从个人角度来说,人的需要有层次上的区分,而根据工作的不同目的,敬业也有不同的层次。单纯以满足物质需要为目的的敬业,其根本是为了生存和发展,更多呈现一种被动的工作状态,且需要外界的不断激励才能保持这种敬业状态。相比之下,以自我价值和人生价值实现为目的的敬业,不再是一种必然性的道德约束,而是成为一种自觉自发的价值体现。

最后,敬业精神是培养优秀道德品质和积极人生态度的必要条件。敬业精神不仅是一种崇高的职业道德品质和素养,更是一种积极向上的人生态度和精神风貌。从这个意义上说,敬业精神不仅是一种价值观和道德观引导和调控主体行为的表现,更是个体人格的重要组成部分,使得人的品性得到升华。从业者应将敬业精神内化为一种积极向上的人生态度和道德品质,从而更好地培养良好的道德情操以及促进自身全面的成长和发展。

5.2.3 敬业精神的培养

敬业,从职业道德提升到社会主义核心价值观的高度,是敬业精神缺失的现实的呼唤。不可否认,改革开放40多年来,涌现出一大批敬业的模范人物,正是在这样一种敬业精神的引领下,取得了改革开放的伟大成就。但是,我们也应该看到,受市场经济的负面影响,有不少人敬业精神严重缺失。"理想理想,有利就想;前途前途,有钱就图""钱多多干,钱少少干,没钱不干"成为一些人的信条;有些人甚至产生了"学得好不如嫁得好""宁愿在宝马中哭,不愿坐在自行车上笑"等不劳而获、好逸恶劳的错误思想。这些害怕艰苦、不敬业的现象,严重影响了社会主义市场经济的发展和中国特色社会主义建设目标的实现。

敬业精神的培养包括乐业、勤业、守业、精业和创业五个方面,这五者之间是相互联系、相辅相成并相互促进的，五者共同构成敬业精神的有机统一体，缺一不可。

1. 乐业

乐业是敬业精神的前提和基础，其要求从业者必须首先发自内心地热爱自己的学业和职业。孔子曾说："知之者不如好之者，好之者不如乐之者，"只有对自身的学业和职业保持热情并培养出浓厚的兴趣和乐趣，力求干一行爱一行，才能真正做到"乐在其中"。梁启超把它称为"趣味"，他说："凡职业都是有趣味的，只要你肯继续做下去，趣味自然会发生。人生能从自己职业中领略出趣味，生活才有价值……"对于大学生来说，乐业这种情感态度作为其勤奋刻苦、积极上进的不竭动力和源泉，能促进他们自身积极发挥主观能动性和创造性，保持对学业长久的热情和兴趣，从而能更好地完成学业、实现个人价值，为以后在择业、就业过程中培养良好的职业情感和态度打下坚实基础。

2. 勤业

勤业是敬业精神的根本保证，其要求从业者不仅要勤于本职，做到尽职尽责和尽心竭力，还要有奋发向上、勤勉努力的人生态度，全身心投入的专注精神和艰苦奋斗精神。历代贤人志士在推崇勤业时，更是以勤自勉、以懒自省，如车武子"萤囊照书"、王育"折蒲学书"、匡衡"凿壁借光"等，都是那个时代勤业励志精神的表现。"天道酬勤"，一个有敬业精神的人必然是一个有勤奋意识的人。他们非常珍惜时间并且善于时间管理，认为"时间就是生命"，他们从不虚度时光，重视工作效率。在上班这个事情上，他们来得比谁都早、走得比任何人都晚，比任何人干得都多。他们是跑在时间前面的人，他们是坚持今日事今日毕的人。没有勤奋，将一事无成，成功=99%勤奋+1%天才。而在勤奋之中，包含着超强的自律精神。

 案例赏析 王健林的一天，让你知道"自律的人"对自己到底有多狠

王健林这位商业大佬大家都非常熟悉，中国地产界的龙头老大，他的名字几乎已成为财富的代表。他的每一个举动，大到海外企业并购，小到个人生活娱乐，都能牵动公众的神经。身价300亿元让他回归2015年福布斯中国富豪榜榜首，他也在三年内两次超过马云，登上胡润中国百富榜的榜首之位。

王健林在鲜明财富的标签下，是敢想敢干霸气十足的果敢性格。一个人不是随随便便成功的，背后一定有很多故事，一定源于他内在一些坚韧的力量在支撑着他走到现在，也支撑着万达走到今天。

最近看《鲁豫有约》大咖一日行，讲王健林的一天。随后，62岁的王健林一天的行程表就上了热搜。让我们截取几个时间点来看首富的具体动态：

4:15—5:00 健身。健身这件小事,他已经坚持两年了,一天之内一定要留1个小时,风雨无阻,即使出国也不落空。

5:00—5:30 早餐。什么?韭菜盒子?其实,韭菜盒子绝对是谣传,他的早餐很简单:一碗粥,一片面包,几片咸菜而已。王健林4点起床,45分钟的健身和半个小时的早餐之后,立马赶往机场。经过5个多小时的飞行,他从雅加达到达海口,中午在海南迎宾馆与海南领导会见,随后参加海南万达项目的签约仪式。

13:20便餐之后,再次前往机场。15:00—18:10飞机返回北京的路上也没闲着,一直在讨论海口万达城项目图纸。在空中三个多小时之后落地北京,晚上7:00左右到达办公室。

这样算算,他每天的工作时间在12小时以上。已经60多岁的王健林甚至比我们年轻人更加有活力。万达微信君显然受洗颇深,他写道:"王建林说,成功一是要勤奋,二是要有智慧,三是运气。"

资料来源:王健林的一天,让你知道"自律的人"对自己到底有多狠,https://www.sohu.com/a/258314712_503545。

二维码5-2 拓展阅读:扫码阅读《鲁豫有约》之王健林的一天。

3. 守业

守业是敬业精神的必要条件,其要求从业者要做到尽忠职守、"在其位谋其职"。不仅要严格遵守学业、职业中的规章制度和行业规范,还应在此基础上研究和遵守学业、职业内在的自然规律和联系,以使自己更加合乎学业和职业的要求,从而提升自身的学识、技能和能力。《礼记·大学》中说:"欲诚其意者,先致其知;致知在格物。物格而后知至,知至而后意诚。"也就是说,儒家提倡一种"格物致知"的精神,要认识和研究事物的原理、本质和法则以获得知识和理性认识。正因如此,培育大学生做到守业,不仅要求大学生遵守学校的规章制度和学术规范,培育其树立"学业为本"的思想,使大学生对学业有一种崇敬感和归属感,从而自觉自发地忠于学业并为之努力奋斗,还要指导大学生遵守知识、学术和课业内在的规律和联系,适时调整自身的学习方法和提升学习技巧,使其在学业表现上做到"百尺竿头,更进一步"。

4. 精业

所谓精业意识就是使业务精益求精,就是把事情做得更好甚至是尽善尽美,使本职工作有所创新、有所前进、有所发展。精业是敬业精神的深层要求,其要求从业者在胜任学业、职业的基础上,培育自身刻苦钻研的优秀品质,不断发挥精益求精的学习和工作作风,要做到"干一行、爱一行、钻一行、精一行"。

《礼记·中庸》中说："君子尊德性而道问学，致广大而尽精微。"老子在《道德经·第六十三章》中指出："图难于其易，为大于其细。天下难事必作于易，天下大事必作于细。"《诗经》中也用"如切如磋，如琢如磨"来形容君子的学问品德像打磨雕刻兽骨、象牙和玉石一样精益求精。由此看来，精业不仅是一种一丝不苟、千锤百炼以及精益求精的积极向上的态度和精神，同时在行为表现上更要注重细节，做到"细中见精"。一个具有精业意识的敬业者，对自己所从事的职业业务要力图做到精益求精，这不仅是为了推动职业和事业的发展，也被看作一种自我实现。以这种态度从事职业劳动的人，在职业的创造性劳动中实现并展示了自己的自由个性，使他们通过职业劳动体会到了人生的幸福，并从中获得无限的乐趣和满足。工作变成了一种人生的享受，而这种乐趣和满足反过来又成为人们长期为工作和职业奋斗的信心、信念、力量的源泉，这是敬业精神的最高境界。

精业对于大学生来说，意味着既要有精通学业的能力和素质，在学习中保持严谨认真、一丝不苟的态度和习惯，在熟练掌握所学知识和课业、胜任学业的基础上，进一步树立刻苦钻研、孜孜不倦的态度，培养自身精益求精的学习工作作风和精神。同时，在生活中也要从小事做起，注重和完善细节并做到极致。

5. 创业

创业是敬业精神的崇高境界。它要求从业者不能够墨守成规，要以创新创业精神从事自己的职业，开创工作的新局面，创造属于自己的崭新的事业。创新创业是职业发展的力量源泉，是一个国家兴旺发达的不竭动力，是一个民族进步的灵魂。面对知识经济时代科技进步日新月异的挑战，"创业"要求从业者要做到与时俱进，在学业和职业中充分发挥主观能动性、积极性和创造性，在此基础上更要具备一种积极奉献、忘我的精神。与此同时，还要积极发挥创新精神，不仅在学业、职业领域内创新思维、创新观念，提高创新意识和素质，还要做到创新形式和方法，强化其创新实践能力。对大学生来说，"创业"要培养其批判性思维和创造性思考能力，使其具备创新思维和创新能力。这就要求大学生在学习过程中培养其"探究精神"，鼓励他们独立思考和大胆质疑。同时，要求大学生自身要与时俱进不断更新思想观念，充分发挥个人的能动性和积极奉献的忘我精神，以求最大限度地发挥个人的潜力和价值，不仅形成良好的职业态度和责任意识，而且要有创新创业的精神，开创事业的新局面，为创新型国家实现做出应有的贡献。

5.3 团队精神

马克思说过，人首先是社会的。团队与个人相比，最大的区别在于团队具有共同性和交互性，也就是说团队成员有共同的愿景，个人完全服从团队，成员之间相互信任、承担义务。团队的整体绩效要大于团队各成员个人绩效之和，这是团队的基本特征，也是团队与一般群体的本质区别所在。团队精神是人的社会属性在当今的企业和其他各社会团体内的重要体现。团队精神是大局意识、协作精神和服务精神的集中体现，核心是协同合作，反映的是个体利益和整体利益的统一，并进而保证组织的高效率运转。

5.3.1 团队的内涵

团队（team）是由基层和管理层人员组成的一个共同体，它合理利用每一个成员的知识和技能协同工作，解决问题，达到共同的目标。管理学家斯蒂芬·P.罗宾斯认为：团队就是由两个或者两个以上，相互作用、相互依赖的个体，为了特定目标而按照一定规则结合在一起的组织。一般根据团队存在的目的和拥有自主权的大小将团队分为四种类型：问题解决型团队、自我管理型团队、多功能型团队、学习型团队。

团队是指为了实现某一共同目标，由相互协作、能力互补的个体进行创造性劳动，并共同承担责任所组成的正式群体。

案例赏析　"团结一心"抗击海啸的故事

现代化船舶的自动化程度高，一条几十万吨的船只配有二十几个人。其中有船长、政委、轮机长、大副、二副、三副、轮机员、水手、大厨等，缺一不可，各司其职，共同承担维持船舶正常航行的责任。

现代船舶管理实行人船分开，船上的人员配置不是固定的，根据船东、租家的需要配备人员。但是如何配备人员，却是大有学问，如果人员配备合理，就能形成一个很好的团队；如果船员之间疙疙瘩瘩，问题不少，就不能很好地完成运输任务。

中国海运集团下属桃花山货轮是一个优秀的团队，船长指挥有力，政委善于做思想工作，船员技术过硬。平时在船舶管理中，要求船员做到的，船长和干部船员首先做到。在船员最关心的各类考核、奖金、劳务费分配及船舶伙食费的使用等热点问题上，实行船务公开，增强透明度；对船员的疑虑和提出的各种问题，在船员大会上公开解释、解答，实行民主管理；在处理日常事务时，做到公开、公平、公正，在船员中树立了良好的形象，支持船舶管理措施，从而形成良好的氛围。

正因为这是一个和谐、完善的团队，船员之间能够达成共识和默契；在关键时刻大家能够齐心协力；在危急关头豁得出去，依靠团队的力量共渡难关。

某年某月，印度洋发生了强烈地震，引发的海啸波及东南亚数国。正在印度金奈港装货的桃花山货轮面对特大海啸的正面袭击，船体随潮水上下、前后、左右急剧漂荡，随时有可能撞击码头、港口设施，整个港池变得危机四伏。船员们在接到船长的指令后，以最短的时间投入自己的岗位，部分正在休息的船员边穿衣服边往外冲。船员们在短短的3分钟内就将双锚抛下，6分钟内将主机备妥，及时调整系缆均匀受力，防止船体受到损害和撞击码头。

在抗击海啸的过程中，尽管险象环生，周围其他船舶一片狼藉，但船员依然坚守岗位，没有丝毫的犹豫和畏缩。有着28年工龄的老水手面对一次又一次断缆伤人的威胁，机智准确地完成现场指挥下达的一个又一个指令，及时正确执行到位。在7个半小时内，启动最为频繁，最高频率每分钟4次，主机经受了严峻的考验，没有一次启动失败，这在航运史上也是罕见的。

事后，当地港口当局官员竖起大拇指，十分赞叹和佩服中国船员临危不惧的大无畏精神和高超的操作避险技巧。

桃花山货轮成功地抗击海啸，成为海啸中整个金奈港损失最小的船舶。桃花山货轮全体船员的良好素质、工作技能和团队精神，在抗击海啸的考验中获得满分。

案例分析：桃花山货轮的船员来自五湖四海，阅历各自不同，家庭环境各异，为了一个共同的目标——开好船，出色完成运输生产任务，走到了一起，组成了一个以船长为首、船员各司其职、技能互补的团队组织。

团队组织的力量远远大于个人力量之和。在强大的自然灾害面前，他们意识到个人的力量是微不足道的，只有依靠团队的力量，才能战胜灾害，同时个人的力量也能得到充分地发挥而变得强大。

船员们在接到船长的指令后，以最短的时间进入自己的岗位，而且人人都是行家里手，训练有素，形成力量互补。如果没有平时的相互协作、默契配合，很难达到这样的团队合作境界。

案例充分说明团队是一个整体，是技能互补、心愿同一，关键时刻相互依靠，拧成一股绳，共赴难关，共享成果，共同承接责任的群体。

团队的构成要素总结为5P，分别为目标（purpose）、人（people）、定位（place）、权限（power）、计划（plan）。

1. 目标

团队应该有一个明确的既定目标，为团队导航，让团队成员知道行动和努力的方向。没有目标，这个团队就没有存在的价值。对于团队目标，可以将其拆分成小目标具体分到各个团队成员身上，大家合力实现这个共同的目标。同时，目标还应该有效地向大众传播，让团队内外的成员都知道这些目标，有时甚至可以把目标贴在团队成员的办公桌上、会议室里，以此激励所有的人为这个目标去工作。

2. 人

人是构成团队最核心的要素，两个（包含两个）以上的人就可以构成团队。目标是通过成员的努力而实现的，所以成员吸纳是团队组建过程中非常重要的环节。在一个团队中成员分工不同，需要有人出主意，有人订计划，有人实施，有人协调不同的人一起去工作，还有人去监督团队工作的进展，评价团队最终的贡献。不同的人通过分工来共同完成团队的目标。在成员吸纳过程中要考虑人员的能力如何、技能是否互补等。

3. 定位

团队的定位包含两层意思：一方面是团队的定位，团队在企业中处于什么位置，由谁选择和决定团队的成员，团队最终应对谁负责，团队采取什么方式激励下属；另一方面是个体的定位，作为成员在团队中扮演什么角色，是订计划还是具体实施或评估？

4. 权限

团队中领导人的权力大小与团队的发展阶段相关，一般来说，团队越成熟，领导者所拥有的权力相应越小，在团队发展的初期阶段领导权相对比较集中。

5. 计划

团队目标最终的实现，需要一系列具体的行动方案。可以把计划理解成为达成目标制订的具体工作的程序。按计划进行行动可以保证团队目标实现的进度。只有在计划的指导下，团队才会一步一步地贴近目标，从而最终实现目标。

5.3.2 团队精神的内涵

贾砚林在《团队精神》一书中给团队精神（team spirit）下的定义是：团队成员为了团队的利益与目标而相互协作，尽心尽力的意愿与作风。这个概念包括三个层面的意思：一是团队成员对团队有强烈的归属感，而把他们凝聚在一起的是共同的利益和目标，团队成员真心地把自己的前途和团队的命运紧紧联系在一起；二是团队成员之间融为一体，互相配合，相互依存，同舟共济，荣辱与共；三是团队成员为了团队利益和目标的实现，全身心地投入这个事业和美丽的愿景中，并为此而不懈努力。

在英文中，团队精神最初是指一个群体为了实现某一特定目标，通过主动调节群体内部的矛盾和行为，而呈现出通力合作、一致对外的精神面貌。这一定义关注到，团队成员认同和满意自己的团队，自觉地以团队的利益和目标为重，充分地发挥个人的创造性与创新性，在张扬自己个性的同时主动与其他成员团结协作，尽职尽责地为实现团队目标和利益而努力奋斗。

树立个性意识，鼓励个性发展是形成团队理念、塑造团队精神的前提和基础。团队管理的价值性体现出关注于人的精神满足，尊重人的个性展示和发展，让每一个个体都拥有特长，表现出特长。从这一层面上讲，团队精神是以人的充分解放和全面发展为基础的。

协同合作、优势互补是团队精神的核心。团队的根本功能或作用，在于提高组织整体的业务表现。为了使团队成员能更好地协作，就必须在团队内形成良好的人际关系，因为良好的人际关系有助于加强团队成员之间的团结，团结是团队赖以生存和发展的重要条件。良好的人际关系还可以增强团队成员的正义感、责任感和集体荣誉感，可以激发团队成员的工作热情，形成和谐的团队氛围，使人心情舒畅、精神振奋，更好地发挥各自的聪明才智和吃苦耐劳的精神，积极工作。

共同目标是团队精神的动力。成员们有共同的目标，为完成共同的目标，成员之间彼此合作，这是构成和维持团队的基本条件。团队的目标赋予团队一种高于团队成员个人总和的认同感。这种认同感为如何解决个人利益和团队的碰撞提供了有意义的标准，使得一些威胁性的冲突有可能顺利地转变为建设性的冲突。这种由共同目标所赋予团队的认同感也正是产生团队精神的根本的动力。

共同的价值观是团队精神的实质。团队精神表明了组织成员的一种态度，一种对真善美、对个人和组织之间以及组织成员之间的关系，对组织目标、利益与个人发展，对待团队价值与个人价值实现，对待团队事务与工作等的根本态度，这种态度与组织的要求相一致，并且逐渐内化为团队的价值观念和理性标准。因此，其实质就是组织与个人在长期的活动中形成的共同价值观，是组织成员对客观事物意义总的看法和观点，这是一种持久的、稳固的、积极的群体心理，是综合群体成员的意向、信仰、情感、意志和品质后形成的一种新的"特殊的情感"。团队之所以能够"青出于蓝而胜于蓝"，是在群体的基础上发展而来的，但却又与群体有着本质的区别，就是因为团队成员与团队有着以共同的价值观为根本的团队精神。从这个意义上讲，组织建设的全部要旨就在于培养以共同价值观为根本的团队精神，用价值观、团队精神把人员组织起来。

团队精神仍然要提倡奉献精神。真正组成一个团队的，不是单个的人，个人的协作意愿意味着自我克制、交出对个人行为的控制权，意味着个人行为的非个性化。在一个团队中，没有每个人的自我克制，团队就很难对个人行为进行支配，那么就难以有协作行为产生，团队活动也难以持久。在团队中，这种个人行为的非个性化并不是说完全丧失自己的个性，而是放弃一部分不利于组织团结、组织利益的个性和个人利益，要使那些几乎在各个方面都相差甚远而且工作独立性又强的人自我克制、相互理解、信任、协作乃至"甘当配角"，绝不是一件说到就能做到的事，这仍然需要一种奉献精神，即人们在与人共事时，不只是看到自己，而是从大局出发，在为他人、为社会、为集体的贡献中，在与他人的协作中实现自我价值。从这一角度讲，团队精神仍然要提倡奉献精神，因为它要求团队中的每个人都在自己的岗位上"尽心尽力"，在必要的情况下应"主动"为了整体的和谐而甘当配角，与他人协作，"自愿"以整体利益为重，甚至为了整体的利益而放弃自己的私利。

案例赏析　向大雁学习团队协作

　　每到秋季来临，天空中就会有成群结队的大雁向南方迁徙。南飞的雁群是一支完美的团队。首先，雁群是由许多有共同奋斗目标的大雁组成。其次，在团队中，它们有明确的分工合作。当队伍在途中飞累了停下休息时，它们中有负责觅食、照顾年幼或老龄大雁的少壮派，有负责雁群安全的巡视放哨的大雁，有负责安静休息、调整体力的领头雁。在雁群进食的时候，巡视放哨的大雁一旦发现有敌人靠近，便会长鸣一声给出警示信号，群雁便整齐地冲向蓝天，列队远去。而那只放哨的大雁，在其他大雁都进食的时候不吃不喝，非常警惕，恪尽职守，具有牺牲精神。再次，在迁徙过程中，大雁总是结队而行，队形一会儿呈"一"字形，一会儿呈"人"字形。为什么大雁会这样编队飞行呢？原来这样编队飞行能产生一种空气动力学效应。研究表明，一群编成"人"字形或"一"字形飞行的大雁，要比那些单独飞行的大雁提高22%的速度，比单独飞行多出12%的距离。而且"人"字形队形可以增加雁群70%的飞行范围。在飞行过程中，雁群还时常大声嘶叫，以相互激励。通过共同振动翅膀来形成气流，为后面的队友提供了"向上之风"。如果在雁群中，有任何一只大雁受伤或生病而不能继续飞行，雁群中就会有两只大雁自发地留下来守护照看受伤或生病的大雁，直至其恢复或死亡，然后再加入新的雁阵，继续南飞直至目的地，完成它们的迁徙。

5.3.3　团队精神的培养

　　当今的"后浪"们多为独生子女。在成长的过程中缺乏与之交流的同伴，养尊处优，被全家视为掌上明珠，天长日久形成了他们的"自我中心"意识。这种"自我中心"意识，在他们身上一定程度地表现为：不关心别人，只想着自己；莫名优越感，受不得批评；霸道善妒，别人比自己强就受不了。

　　在大学的学习生活中，以"个人奋斗""自我实现"为包装的利己主义泛滥，更多表现为：集体观念淡漠，个人利益高于集体利益；过分强调竞争，忽略合作，人际关系紧张；参加集体活动不积极，"独行侠"盛行；集体规范意识差。试想这样的个体，如何能融入团队，与他人共事合作呢？

大学的集体生活的环境和氛围是培养团队精神的"天堂"。在校园里，同学们应该充分珍惜和利用这段时光培养自己的团队精神，同时收获弥足珍贵的友谊。

高校作为大学生团队精神培养的主阵地，在教学实践中要切实提高大学生集体主义观念的树立，从课堂教学、实践活动、文化教育引导大学生正确处理个人与集体的关系，当个人利益与集体利益发生矛盾时，能以大局为重，将集体利益放在首位，在实现集体利益的过程中妥善处理好个人利益。

1. 认真参加小组学习

小组合作学习的任务可以来自老师，也可以由学生发起。小组学习一般有以下特点：一是学习的目标或结论必须是靠分工合作才能完成的探究性任务；二是小组成员必须首先独立学习，在此基础上学习小组要对每个成员得到的信息进行总结和汇总；三是成员间的展示能体现个体的差异化，从而发现学习方法存在的问题；四是学习过程需要学生在特定的情境中进行互动，通过协作、交流和配合来达成一致性，从而完成教育目标的学习任务。

小组合作学习可以最大限度地实现资源共享，通过学习中的积极交流，避免个体探索的时间浪费；有利于开阔视野，使整个团队具有获取知识上的广度优势；有助于头脑风暴、智慧激荡，产生新知识和新方法；有助于合作精神的培养，增强大学生的团队凝聚力和荣誉感。

2. 积极参加班级活动

通过参加班级的活动，能够促进同学间的交流，密切同学间的关系，增强自己的集体归属感。当个人在遇到困难和挫折时，能从班集体中获得帮助和慰藉，取得成绩时能从班集体中得到承认和肯定，切身体会"我为人人，人人为我"的集体主义内涵，从而自觉摒弃自私自利、唯我独尊的个人主义作风。

3. 有选择地参加学生社团

学生社团是学生基于兴趣、爱好、特长等方面的共同点，在自愿的基础上自发结合并经有关部门批准形成的具有特定目标、组织章程和活动方式的学生群体组织。社团中学生的个性差异较小，学生对社团的情感倾向性较高，社团的凝聚力较强。因此，有选择地参加学生社团，与志同道合者共事，能够不断强化学生的群体意识，强调合作的重要性，培养学生的团队精神，提高学生的综合素质。

4. 有针对性地参加拓展训练

学生可以参加一些专门为提高团队凝聚力设计的拓展训练，既可以是院系、班级、社团等集体组织的拓展活动，也可以自主选择与陌生人一起参加社会拓展训练，学会更好地与陌生人相处，学会如何快速融入新团队，学会与团队成员配合完成任务等。拓展训练会让我们意识到：明确责任，落实分工极其重要；做事要先做计划，再开展行动；遇到问题学会换位思考；知识和技能还只是有形的资本，意志和精神则是无形的力量；团队需要核心和灵魂；相互信任是团队建设的基石，离开信任的团队是松散的团队，是毫无战斗力的团队，建立一支相互信任的团队，比任何激励都重要；学会沟通和理解；懂得摆正自己的位置和发挥自己的特长。

5.4 服务意识

 引导案例 谁也阻止不了的海底捞

张勇的创业经历颇有些传奇色彩。1994年，身为拖拉机厂电焊工的他，在街边摆起了四张桌子，开始卖麻辣烫。这就是海底捞的前身。

张勇当时并不会做火锅，只能照着书本摸索。"想要生存下去只能态度好些，别人要什么快一点，有什么不满意多赔笑脸。"张勇回忆道，"你什么都不懂，如果连最基本的谦虚和对客人友好的态度都失去的话，你还做什么生意？"

创立之初，海底捞生意并不好。冷冷清清几天过后，终于迎来了第一拨客人。让他没想到的是，结账时客人竟然一致评价：味道不错。等客人一走，张勇品尝了一下自己做的火锅，发觉底料中由于放入过多的中药而味道发苦，简直是难以入喉。这样的火锅也能得到客人的好评？张勇反复思忖后恍然大悟：原来是优质的服务，弥补了味道上的不足。

认定了这一点，张勇更加卖力，帮客人带孩子、拎包、擦鞋……无论客人有什么需要，他都二话不说，一一满足。其独创的招牌接待动作：右手抚心，腰微弯，面带自然笑容，左手自然前伸做请状，今天在海底捞仍随处可见。

凭借一腔热情和体贴入微的服务，几年之后，海底捞在当地已经是家喻户晓。之后，海底捞的名声越来越大，通过连锁发展，开出了40家门店。

在海底捞，顾客能真正找到"上帝的感觉"，甚至会觉得"不好意思"。甚至有食客点评："现在都是平等社会了，让人很不习惯。"但他们不得不承认，海底捞的服务已经征服了绝大多数火锅爱好者，顾客会乐此不疲地将在海底捞的就餐经历和心情发布在网上，越来越多的人被吸引到海底捞，一种类似于"病毒传播"的效应就此显现。

如果是在饭点，几乎每家海底捞都是一样的情形：等位区里人声鼎沸，等待的人数几乎与就餐的相同。这就是传说中的海底捞等位场景。

等待，原本是一个痛苦的过程，海底捞却把这变成了一种愉悦：等待就餐的顾客一边观望屏幕上打出的座位信息，一边接过免费的水果、饮料、零食；如果是一大帮朋友在等待，服务员还会主动送上扑克牌、跳棋之类的桌面游戏供大家打发时间；顾客也可以趁等位的时间到餐厅上网区浏览网页；还可以来个免费的美甲、擦皮鞋。即使是提供的免费服务，海底捞一样不含糊。待客人坐定点餐的时候，围裙、热毛巾已经一一奉送到眼前了。服务员还会细心地为长发的女士递上皮筋和发夹，以免头发垂落到食物里；戴眼镜的客人则会得到擦镜布，以免热气模糊镜片；服务员看到你把手机放在台面上，会不声不响地拿来小塑料袋装好……

每隔15分钟，就会有服务员主动更换你面前的热毛巾；如果你带了小孩子，服务员还会帮你喂孩子吃饭，陪孩子们在儿童天地做游戏；抽烟的人，他们会给你一个烟嘴，并告知烟焦油有害健康；为了消除口味，海底捞在卫生间里准备了牙膏、牙刷，甚至护肤品；过生日的客人，还会意外得到一些小礼物……如果你点的菜太多，服务员会善意地提醒你已经够吃了；随行的人数较少，他们还会建议你点半份。

餐后，服务员马上送上口香糖，一路上所有服务员都会向你微笑道别。一个流传甚广的故事是，一位顾客结完账，临走时随口问了一句："怎么没有冰激凌？"5分钟后，服务员拿着"可爱多"气喘吁吁地跑回来说："让你们久等了，这是刚从超市买来的。"

"只打了一个喷嚏，服务员就吩咐厨房做了碗姜汤送来，把我们给感动坏了。"很多顾客都有过类似的经历。孕妇会得到海底捞的服务员特意赠送的泡菜，分量还不少；如果某位顾客特别喜欢店内的免费食物，服务员也会单独打包一份让其带走。

这就是海底捞的"粉丝"们所享受的，"花便宜的钱买到星级服务"的全过程。毫无疑问，这样贴身又贴心的"超级服务"，经常会让人流连忘返，一次又一次不自觉地走向这家餐厅。

案例来源：张耀辉，朱峰. 创业基础［M］. 广州：暨南大学出版社，2013（有改动）。

5.4.1 服务意识的概念和内涵

中国社会科学院编、商务印书馆出版的《现代汉语词典》对"服务"的解释是"为集体（或别人）的利益或为某种事业而工作"。互联网上《汉典》将"服务"定义为"为他人做事，并使他人从中受益的一种有偿或无偿的活动。不以实物形式而以提供劳动的形式满足他人某种特殊需要"。也有专家给"服务"下的定义是这样的："服务就是满足别人期望和需求的行动、过程及结果。"社会学意义上的服务是指为别人、为集体的利益或为某种事业而工作，如"为人民服务"。

"服务意识"一词最早出现于经济学领域，它是指提供服务的主体为了获得一定的收益而主动地、友好地为被服务者提供劳动的想法。"服务意识"是指作为一定社会角色的人类个体，以为服务对象（含潜在服务对象）提供利益（含便利、财富等）为目的，运用感觉、知觉、思维、记忆等心理活动对服务对象、服务过程、服务环境及自身进行自觉、主动地觉知、认同、理解并产生复杂的态度、情感、意向、信念、智慧、能力和个人的敏感性的保持。李晓东认为，服务意识是指服务行业从业者对服务的认识和理解，以及从业人员内在素质中对服务的感受和修养（包括敬业精神、职业道德、技能等各方面）并自觉、主动、发自内心地为他人与社会提供有偿劳动的意识，包括服务认识、服务感受和服务行为方式三个层次。服务意识是发自内心的，它是提供服务者的一种本能和习惯。其中，意识是本质，主动地认知是核心。

　　从服务主体而言，不仅包含作为企业员工角色的个体，也包含除经济活动外其他活动的行为主体和作为不同社会角色的个体。从服务对象而言，不但包括其他的个体和组织，同时也包括自己，也就是我们常说的"自我服务"。从服务意识涵盖范围而言，不仅包含对服务知识、服务技能的认知，也包含换位思考、共情能力等情感倾向，还包含更高层次的行为倾向、信念、智慧等。具有较高服务意识的表现大致为：履职尽责、勇于承担、自我提升、待人热情、换位思考、善于共情、行为主动、考虑周详等。

5.4.2　培养服务意识的价值

　　服务意识是人类文明进步的产物。我们处于一个大的社会系统中，人与人相互依存、相互服务、密不可分。我们社会中存在一些所谓的"聪明人""精致的利己主义者"。这些人缺乏服务意识，表现出"以自我为中心"和"自私自利"的价值倾向，简单地认为"利己"和"利他"是矛盾的，把"利己"和"利他"对立起来。在他们眼里，要想满足自己的需要，就要尽量从别人那里"占便宜"。而真正的"聪明人"更加懂得"吃亏是福"的道理。常常表现出"以别人为中心"的倾向，常常会站在别人的立场上，急别人之所急，想别人之所想；为了别人满意，不惜自我谦让、妥协甚至奉献、牺牲。因为他们知道，只有首先以别人为中心，服务别人，才能体现出自己存在的价值，才能得到别人对自己的认可和回馈。真正的"聪明人"能够把"利己"和"利他"有机协调起来，把自己利益的实现建立在服务别人的基础之上。实际上，多为别人付出的人，往往得到的才会更多。

　　随着我国社会发展的不断深化，产业结构等也在不断地发生着变化。在激烈的市场竞争中，企业特别是传统行业的企业面临着产品和服务的升级。"服务意识"实质上就是指企业的员工在与企业有关的人员或者单位进行交流时，特别是与企业利益有着十分密切关系的个人或者企业进行来往时，应当具有热情、周到、贴心等服务意识。它是企业员工的一种发自内心的想法继而反映到实际的行动中，同时也是员工主观上为企业利益考虑的一种表现，这对企业的发展和企业经济效益的提高等具有十分重要的影响。

受传统教育教学模式的影响，大部分家庭和高校对培养学生服务意识并没有引起高度的重视。部分学生进入社会企业工作之后，自我表现欲望较低，不适应社会集体生活，对从事的工作没有强烈的责任心。这些现象的出现都是服务意识较为淡薄的典型表现，对其今后的职业发展会有一定的阻碍作用，增加了大学生融入社会生活的难度。

5.4.3 服务意识的培养

服务意识的萌生，通常最早来自家庭的教育。家长越早教育孩子应该尊重别人，礼貌待人，那么，孩子就越早能够建立起服务意识。成熟理性的服务意识的建立，则常常要到人们成年之后。当家才知柴米贵，养子方知父母恩。随着年龄的增长，家庭成员和社会就要赋予人们更多的家庭责任和社会责任。学生需要充分认识现代社会经济生活中服务的普遍性、价值性，形成"他人中心"的服务价值观，培养良好的服务意识，广泛参与各种社会实践、社团、志愿者活动，在服务实践中提升对服务的认识，发展共情能力，学会倾听、理解、表达、沟通、说服、合作、服从，并从中习得服务的基本规范与技能。

大学生服务意识的培养渠道主要有以下几种。

1. 广泛参加社会实践和志愿服务活动

树立正确的服务观是培养大学生服务意识的重要基础。端正大学生的服务态度，树立正确的服务理念，是大学生社会服务的重要保证。服务观对大学生社会服务的开展具有决定性作用。当前，在大学生群体中，"学校人"与"社会人"的角色严重脱节导致大学生自身社会化迟滞，大学毕业生步入社会之初，往往抱有不切实际的幻想，但其本身又缺乏社会需要的技能、道德和心理素质，难以适应社会的要求。志愿服务活动能深化内心的志愿服务意识，使其清楚地认识社会、了解自身，形成更加适应社会的心理倾向、性格特征和行为方式，增强针对不同社会群体的社交能力。

只有亲身参与到火热的社会实践中，才能切身体会到社会服务活动的重要性，只有亲身体验了社会服务活动带来的成就感，才能激发内在的社会责任感和服务意识。课余时间，大学生应尽可能参加志愿服务活动，看看参与志愿服务活动的学长们的成长轨迹，你会深切体会到社会服务的重要性。志愿服务是培养服务意识的有效途径。开展志愿服务活动不以换取价值劳动为原则,这样才能达到强化树立服务意识的目标。志愿服务有利于塑造并深化大学生的服务观。通过开展各类志愿服务,可以增强人与人之间的交往和关怀,减少彼此的疏离感,促进社会和谐,有利于帮助大学生了解社会,培养大学生的社会责任感,培养其服务社会的大局意识和奉献精神。

2. 开展与专业相结合的社会服务活动

结合专业特色开展社会服务活动,既可以在实践中提升服务意识,也能够学以致用,在实践中提升专业能力。例如,师范类专业的学生具有一定的教师技能,可以开展义务家教、道德讲堂等活动。社会工作专业的学生可以到社区、医院、福利院等做义工,帮助有需要的人。

 本章小结

第5.1节主要介绍了诚信品德的内涵和特征。诚信是各个文明社会都加以珍视的基本价值,诚信作为社会纽带的功能和行为规范的要求是始终存在的。本节还详细列举了诚信缺失的表现,要求当代大学生从学业诚信、经济诚信、交友诚信、求职诚信等方面培养诚信品德。最后介绍了什么是社会信用体系和社会信用体系构建的重要作用。

第5.2节主要介绍了敬业精神的内涵。敬业精神主要包括社会价值和个体价值两个方面的价值。敬业精神的培养包括乐业、勤业、守业、精业和创业五个方面,这五个方面之间是相互联系、相辅相成并相互促进的,五个方面共同构成敬业精神的有机统一体,缺一不可。

第5.3节主要介绍了团队的内涵,团队的构成要素为目标、人、定位、权限和计划。讲解了团队精神的内涵。列举了大学生中团队精神缺失的主要表现。提出高校要从课堂教学、实践活动、文化教育方面引导大学生正确处理个人与集体的关系。

第5.4节主要介绍了服务意识的概念和内涵。列举具有较高服务意识的表现大致为:履职尽责、勇于承担、自我提升、待人热情、换位思考、善于共情、行为主动、考虑周详等。讲解了培养服务意识的价值,介绍了大学生服务意识培养的主要渠道。

 复习思考题

一、基本概念

职业素养　敬业精神　社会主义核心价值观　团队　团队精神　服务　服务意识

二、简答题

1. 你认为职业能力与职业素养哪个更重要？
2. 职业素养与职业能力的关系是怎样的？
3. 职业素养的核心是什么？

三、论述题

1. 你认为职业素养在工作中的重要性体现在什么方面？
2. 作为一名大学生，如何将团队意识融入大学生活的方方面面？
3. 你打算从哪些具体活动中培养自己的职业素养？

参 考 文 献

[1] 任仲平. 凝聚当代中国的价值公约数——论培育和践行社会主义核心价值观［N］. 人民日报，2015-04-20.
[2] 吴波. 论新时代校园诚信文化建设的三个维度［J］. 南方论刊，2020（4）：80-81.
[3] 郭建宁. 社会主义核心价值观基本内容释义［M］. 北京：人民出版社，2014.
[4] 肖群忠. 敬业精神新论［J］. 燕山大学学报（哲学社会科学版），2009，10（2）：28-32.
[5] 周和平. "团队"理论概述团队精神（一）［J］. 现代班组，2019（12）：18-19.
[6] 谢保国，李冬梅. 大学生涯规划与职业发展［M］. 北京：电子工业出版社，2011.
[7] 李晓冬. 谈高等职业教育中旅游服务意识的培养［J］. 中国高新技术企业，2009（19）：186-188.

第6章 主要职业能力

学习目标

通过本章的学习，引导学生学习主要职业能力基本概念，理解职业能力在大学生职业生涯发展中的重要性，从中识别和评估自身的职业能力。掌握创新创业能力、专业实践能力和社会能力提升的基本途径，全面提升综合素质，适应社会发展。

关键术语

职业能力、创新创业能力、专业实践能力、社会能力、提升途径。

引导案例　充实的大学生活

某一本省属工科院校外语专业的大四毕业生冯某，在大四上学期成功应聘到总部位于香港的大型上市控股企业 J 集团管理培训生的岗位，主要负责海外营销。这份工作薪酬待遇、晋升平台、未来前景都很不错，该公司在业内名声和排名都很好。冯某当时应聘时表现出来的专业素质令招聘企业的 HR 对他刮目相看，虽然专业并不对口，冯某外语专业能力也并不拔尖，但冯某各方面展现的能力让他从众多竞争者中脱颖而出，与他一同角逐的均来自武大、华科大等省内重点高校和中山大学、南京大学等省外名校，冯某是当时应聘成功的唯一一名省属工科院校的学生。

冯某在大学期间，专业能力一直保持在班级较为靠前的位置，他知道自己首先是一名学生，学习是第一位的，也许以后可能不会进入专业对口的领域，但是专业知识不能丢，所以专业四级、专业八级，大学英语四六级他都一次性通过，其他专业技能也都有较好的表现。虽然他的专业能力在全院并不是出类拔萃，但是他顺利完成了所有课程的学习，也获取了相当的专业技能。

除了专业学习外，冯某根据自身优势和发展方向，参加了很多院校活动，不仅参加专业类的竞赛，还涉猎创新杯创新创业类、文学类、科研竞赛类等多个领域赛事，也取得了不俗的成绩。此外，冯某还参与学院学生工作，曾担任学生会主席、班级班长等职务,学生服务工作使得冯某的组织管理、沟通协调、灵活应变能力得到了极大的提升,锻炼了他的语言表达和文字书写能力,冯某在朗诵、演讲等比赛中也取得了非常好的成绩。加上冯某还坚持练习硬笔书法,他的字写得非常漂亮,是大学男生中的佼佼者。大学生活、学习和工作中,冯某也遇到过很多的困难,但是各方面的经历使得他面对困难时能够冷静处理,思考和行为方式也非常沉稳,这也得益于他进行了双学位经济类课程的学习,并且利用假期参加了很多社会实践活动,锻炼了动手、动脑能力。

正是在大学期间对自己的全面规划和各种能力的提升,成为他之后成功入主名企的强有力的砝码。专业能力是他进入企业的基础,全面的综合能力,也就是他在大学期间逐步形成的适应社会发展的职业能力才是他能够成功的关键。随后的两年,冯某凭借超强的学习能力和全面的综合素质,一步步晋升,目前在集团总部管理层工作,常年来往于香港和内地,也因为良好的外语能力让他经常随公司高层管理者穿梭于世界各地。如今,冯某事业、家庭都呈现上升趋势,得到集团的重用,有非常好的前景。

案例导学:这则案例给所有即将进入职场的大学生以很好的参考和借鉴。这位学生所学专业虽然并不对口,但他大学期间在各方面的学习实际是他积累职业能力的过程,在这个过程中,这位学生表现出的是将所学与社会所需连接起来,逐步提升能力。在之后的职业中,这位学生又展现出大学期间沉淀下来的学习能力、实践能力、社会能力、创新创业能力,这些都迁移到他的工作中,慢慢形成自己独特的思考和行为方式,顺利完成了从校园人到职场人的转变。因此,在学生时代积累职业能力,培养综合素质,是大学生成功步入社会的关键。

职业能力是人们从事其职业的多种能力的综合,这里所说的综合,是各种能力的综合体现,职业除了对专业知识有所要求外,对专业实践能力主要是专业技能的熟练应用也有要求,同时对从业必需的通用能力和职业素养也有要求。职业能力可以定义为个体将所学的知识、技能和态度在特定的职业活动或情境中进行类化迁移与整合所形成的能完成一定职业任务的能力。

在这里需要把职业能力和就业能力做一定的区分,就业能力的概念源自20世纪50年代以前,国际劳工组织对它的表述是"个体获得和保持工作、在工作中进步以及应对工作生活中出现的变化的能力"。加拿大会议委员会(The Conference Board of Canada,CBC)将就业能力定义为"个体为满足雇主和客户不断变化的要求,从而实现自己在劳动市场的抱负和潜能而具备的品质和能力"。所以,就业能力是一种与职业以及职业发展相关的综合能力,短期的求职技能、应聘技巧也被归纳为就业能力。而职业能力体现的是劳动者具备的一种长期的职业发展所需要的素质和技能,大学生的职业能力依赖一定的专业理论、专业技术等相关知识，要求从业者将这些知识具体应用在工作中，以解决实际问题，并转化为一种技术能力，也就是一种能够适应职业岗位需求变化的能力。

如果说职业兴趣可能指向一个人的择业方向，以及在该方面所乐于付出努力的程度，那么职业能力则能说明一个人在既定的职业方面是否能够胜任，也能说明一个人在该职业中取得成功的可能性。因此，用人单位非常关注大学毕业生的职业能力，并在选人用人时将其作为重要的评价标准。职业能力不是教出来的，而是通过训练习得的，这也是高校人才培养的重中之重。高校应充分发挥其在学生职业能力培养阶段中的重要作用，将教学内容、教学方式与社会需求、个体特征有效地结合起来，用科学的方法形成适合当代大学生的职业能力培养的模式。对于大学生来说，职业能力必须是其通过自主的整体性学习、体验、感受，充分理解和应用知识，在实践中思考、效验，并在解决实际问题中得以获取、习得和提升。

6.1 创新创业能力

创新是一个民族进步的灵魂，是一个国家兴旺发达的不竭动力。党的十九大报告中指出，创新是引领发展的第一动力，是建设现代化经济体系的战略支撑，加快建设创新型国家成为影响我国现代化建设全局的一项重大战略举措。建设创新型国家的重要标志在于培养具有创新意识的科研人才，这就成为高等院校人才培养目标，创新教育是顺应时代发展和高等教育的必然。创业是创业者对自己拥有的资源或通过努力能够获职的资源进行优化整合，从而创造出更大经济或社会价值的过程。创业是致力于创造新事物，它是一种劳动行为，更是一种思维方式。2014 年 9 月，李克强总理在夏季达沃斯论坛上发出"大众创业，万众创新"的号召，2015 年 5 月，国务院颁布了《关于深化高等学校创新创业教育改革的实施意见》，2017 年联合国大会通过决议将每年 4 月 21 日指定为世界创意和创新日，并呼吁各国支持大众创业、万众创新。创新创业教育现已成为高校关注的话题和教育改革实践的重点，创新创业能力培养则成为衡量人才的重要标志，是新时期对大学生职业能力要求最为重要的要求之一。

6.1.1 创新创业能力的基本内涵

创新创业能力是在充分运用所学专业，在实践中寻求社会资源，进而整合身边资源，进行分析、再组合，从而产生新的想法，在这个创新的过程中，会运用到各种能力，包括资料收集、整理能力；分析研判能力；分析、解决实际问题能力；应变能力；抗压能力等，这些能力既是大学中所具备的能力，反过来也在新想法产生过程中得以提升，并逐步适应职业社会中所从事的不同类别的工作，转化成处理实际工作所具备的知识和技能。创新创业能力一般都会被看作企业家、创业者所具备的首要或者是最重要的能力，对于大学生而言，创新创业能力则是培养大学生学会企业家、创业者在创业过程中的思维和行为方式，这种能力能够帮助大学生更好地掌握所学知识或胜任所从事的工作，在进行深入和长期的了解后，不断加深思考和钻研，进而在问题出现时不断提出新的解决方法，再出现新问题，提出新方法，进而逐步提升和锻炼创新创业能力，形成能力作用于实践，实践反指导和提升能力这样的良性循环，从而得到全面、系统的提高，加强大学生整体职业能力，更好地适应社会发展。

创新创业能力需要进行创新创业教育，这是以培养具有创业基本素质和开创型个性的人才为目标，培育在校学生的创业意识、创新精神、创新创业能力为主的教育，从本质上讲，创新创业教育是一种实用性教育。创新创业教育下培养出具备创新创业能力的大学生，就是创新创业人才，这是当代社会最需要的人才，是具有首创和开拓精神、强烈的社会责任感和职业道德感，有很强的社交和组织管理能力，并能够熟练运用现代商业经营理念，对社会经济发展有创造性贡献的人才。

创新创业能力包含几个特征，第一是具备创新创业意识，即具有强烈的好奇心和求知欲，并愿意为之主动学习，这是能够培养和提升创新创业能力的基础；第二是创新创业知识，包括基本的理论知识，对社会环境和自我的认知；第三是创新创业品质与精神，即创新创业活动中表现出来的开拓进取、应变适应、艰苦奋斗、坚强自信、勇担责任、团队协作等；第四是创新创业素养，在社会大环境下，这种素养尤为重要，是指思想政治、人文道德、身心素质等。

6.1.2 创新创业能力的重要性

2019年，教育部出台了《国家级大学生创新创业训练计划管理办法》的通知，明确说明了创新创业能力培养推动了高校创新创业教育教学改革，促进高校转变教育思想观念、改革人才培养模式、强化学生创新创业实践，培养大学生独立思考、善于质疑、勇于创新的探索精神和敢闯会创的意志品格，培养适应创新型国家建设需要的高水平创新创业人才。

对大学生群体来说，创新创业能力是职业能力全面提升的关键一环。知识经济时代的大学生有着非常明显的时代特征，自我意识、个性发展、新潮思想，对任何事物都有比较高的要求，也越来越强烈。在选择职业时，也带有强烈的自主意识，追求能够发挥个性，发挥自我价值，展现才华和能力的职业追求和目标。对于企业来说，按部就班、一成不变的员工已经不能让企业快速发展，他们更倾向能够与时俱进、洞悉社会发展、有综合能力的大学生。在体现大学生综合素质的职业能力上,创新创业能力无疑表现出大学生更强的适应应变能力、创造新事物能力、良好的观察力、开拓进取力,让大学生呈现积极乐观的心态,面对新事物、新问题,变被动灌输为主动学习,能积极主动地适应社会,将职业变为事业,进一步提升大学生社会责任感,成长为对社会有用的人才。

对高校来说,创新创业能力是高等教育的最重要任务之一。教育部在《关于大力推进高等学校创新创业教育和大学生自主创业工作的意见》中指出:"在高等学校开展创新创业教育,是深化高等教育教学改革,培养学生创新精神和实践能力的重要途径;是落实以创业带动就业,促进高校毕业生充分就业的重要措施。"可以看出,创新创业能力培养在高校转变人才培养方式、深化教育改革的重要性,高等教育的核心就是培养具有创新能力的全面、新型人才。过去的高等院校在人才培养模式上存在对教育本质理解不够的现象,出现了重视知识的灌输,而忽视了培养学生自主学习、发现解决问题这样的创新能力,导致课堂教育变成填鸭式,学生只输入不懂得输出运用,这样培养出的学生不适应社会发展,不能实现个人和社会价值,所以,培养高素质的创新创业能力的人才,才能提升高等院校的教育质量,才能办好人民满意的大学,才能培育全面发展的社会主义建设者和接班人。

对社会来说,创新创业能力是缓解就业压力的需要,体现了社会的进步与发展。2020年全国高等学校毕业生已超过870万,使得就业环境更加严峻。培养创新创业能力能够帮助大学生更适应社会发展,寻求更多就业机会,缓解社会压力,稳定社会发展。此外,从我国所处的社会主义初级阶段和国际形势中,可以看到我国目前经济发展与发达国家还存在较大差距,而缩小这个差距的关键就是需要调整经济结构,转变经济增长方式,加快产业优化升级,有效发展科学技术,把握先机,取得经济发展的主动权。承担这些的就是具备创新创业能力的全面人才,他们具有国际前瞻性,有很强的开拓进取和力变求新的思维方式,能够促进社会快速发展,展现知识与技术的竞争力,让我国能够在国际竞争和全面深化改革中占据主动。

案例赏析　大学创业的小李

小李是一所省属院校中文专业的学生,他的家庭经济条件不太好,大学期间做过很多兼职,他卖过电话卡,去餐厅做过服务员,发过传单,虽然这些工作占用了他很多时间,他也将赚取生活费当作第一目标,但这不是他唯一目的,更多的是他在不同的行业中找寻自己的职业定位,也在这些兼职中发挥自己的创新创业能力。他在第一份工作卖电话卡中通过对学生日常消费的分析,他以买电话卡送优惠券的形式来推销电话卡；他帮旅游公司发放传单时又把旅游信息通过在线形式推广到大学生群体，推出定制旅游服务。通过这些经历，他逐步认识到自己适合创业，于是他参加了电子商务三创赛、"互联网+"等各类创新创业赛事积累经验，这些比赛都获得了很好的成绩，也为他汲取了人脉和一些关注，大四毕业的时候，小李用大学期间的收获创办了自己的文化传播公司，业务涉及旅游推广、文化创意产品等，他的公司还吸纳了很多应届毕业的大学生。

这个案例中，小李充分利用大学期间的各种实践途径对未来职业进行探索，但他不满足于赚取生活费，而是在不同工作中发现机会，获取商机，这样的创新创业能力让他明晰自己的职业发展，并以此为起点，开启自己的事业。同时，也正是因为对职业的探索让他比刚毕业的大学生更早走进社会，以创业带动就业，也帮助了其他大学生，实现个人价值的同时也实现了社会价值。

6.1.3 创新创业能力的提升途径

创新创业能力教育和培养在各高校都不同，也不会有统一的模式。例如，地方高校以服务地方特色产业为基准，从而培养复合型创新创业人才；职业类院校以各类职业中的创新为根本培养应用型人才，在模式方面会根据学校定位而进行不同类型的相关教育，但最终是以培养创新创业意识、精神和理念的人才为目标。不同专业对于创新创业能力要求也不尽相同。例如，工科专业的学生动手能力强，但是社会管理和人文素养则稍弱；文科专业的学生人文精神强，但动手能力和创新意识则稍弱。所以，创新创业教育应该是以个性化教育为依托，因材施教。创新创业能力培养应是学生本人、高校、社会三方互相合作，学生本人作为能力培养的主体，发挥主观能动性；高校是作为主要教育方，提供教育资源、方案、评价等机制；社会则既作为检验方也作为次要教育方，提供能力施展主体——学生得以应用创新创业能力的环境，并以在环境中检验来提升能力。

1. 学生主动学习创新创业知识，提升实践能力

创新创业能力培养应作为大学生在大学阶段重点关注并加强的主要能力，不仅需要有主动学习创新创业知识的意识，还需要建立在培养专业兴趣、提升专业能力的基础上，广泛阅读、研习相关书籍和资料，拓宽视野，培养良好的观察力，掌握一定的创新创业政策，关注创新创业动态，具体路径有以下几类。

（1）拓展理论知识提升思想道德修养。要提升创新创业能力，首先应该具备相关知识结构，主动学习"创业基础"等相关课程，培养创新创业意识。此外，还应具备良好的思想道德修养，创新创业能力的体现是在社会大环境下，不论从事何种职业、何种岗位，都应该具备有责任心、进取心，以为社会做贡献来达到实现个人价值的目的。

（2）主动参与教师科研项目。充分利用专业优势，积极参加专业教师的科研项目，可以在项目开展过程中提高发现和解决问题的能力以及勇于质疑和提出新想法的能力，同时，项目以团队形式，也能很好地培养团队协作意识。

（3）积极参加社会实习实践。充分利用寒暑假和平时课余时间，参与有意义的社会实习和实践，能够更好地运用和提升创新创业能力。

（4）广泛参加创新创业类赛事。创新创业大赛和与此类相关的赛事是近年来国家大力推广的，如已经成为全国最高级别赛事的"互联网+"创新创业大赛、"挑战杯"大学生课外学术科技作品大赛、"创青春"创业计划大赛，还有一些与专业相关的创新创业赛事，以赛促学，以赛锻炼，可以从比赛中获取知识和经验，这样大型的赛事也是国家创新创业发展的风向标，引导学生更好地提升能力。

2. 高校改革创新创业教育模式，提高学生质量

高校作为培育大学生创新创业能力的地方，需改革现有的传统教育模式。传统的教学模式是以教师为主，学生被动地接受知识的灌输，往往出现沉默课堂的现象。这种现象不利于学生自主学习的成长，也不利于创新创业思维的培养。在"双创"理念下，高校需要转变教育模式，过渡到以学生为中心，课堂形式多样，师生互动，鼓励学生多想、多问，养成发现问题和探索问题的习惯。

（1）完善创新创业教育制度，形成整套培育机制，根据不同学校的办学定位和特色，开展个性化教育。针对不同专业、不同个体的学生，也应该有不同形式的培养方案，达到因材施教的目的。

（2）建设创新创业课程体系，培养高素质教师队伍。创建符合学校特色的课程体系，建设一支专业精、能力强、素质高的创新创业教师团队，精心开展课程研发、培训授课、项目指导、企业实践等工作。不同年级的创新创业能力培养不尽相同，大一阶段以培养创新创业意识为主，"创业基础"等基础类课程尤为重要；大二阶段以培养创新创业精神和素养为主，通过实习实践这样的实操课程走进企业，或者开展创新创业活动来逐步提升能力；大三到大四阶段以培养创新创业实践能力为主，通过参加相关竞赛、科研项目或社会调研等将所学知识应用到实践中，从而提升创新创业能力。

（3）拓展平台，打造特色化社团。高校需加强与企业、社会团体的交流与合作，聘请优秀的企业家、创业家担任兼职创新创业指导教师，进行实操训练，让大学生提前走进企业，提升创新创业意识。此外，还可以通过学生社团的形式，组建创新创业型社团，专业教师进行指导，开展模拟实习实践。

（4）探索大学生创业园基地建设。在高校建设大学生创业园，能够将大学生初创企业进行校内孵化，并提供专业技术支持和指导，帮助有创业意愿的大学生以平台创办企业，更能提升创新创业教育。

（5）开展创新创业竞赛，组织好社会实习实践。充分利用国家对创新创业教育的支持政策，组织和开展相关赛事。此外，根据学科专业方向，组织相适应的社会实习实践，让学生充分利用假期开展实践活动，营造良好的创新创业氛围。

3. 社会营造创新创业培育环境，实现教育成果

大学生的创新创业能力最终通过在社会发展中得以呈现，达到学生自我提升和高校教育的成果。

（1）企业加强与高校的协同合作，拓展实习实践平台，帮助学生通过实操训练、创业训练等将知识应用到实际中。此外，企业家、创业家还可通过学校创业园等项目深入创新创业技能培养方案中，以担任创业导师、兼职教师的形式，为学生的创新创业活动提供经验，做好铺垫。

（2）企业可以通过主流媒体将成功的创新创业案例进行宣传、报道，树立典型，激发大众对创新创业的关注。在"互联网+"和"双创"时代，以互联网媒介形式在大学生群体中扩大影响，从而激发他们的创新创业热情。

（3）加快创新创业成果转化。通过大型创新创业类赛事和相关实习实践活动，企业可以第一时间将竞赛中出现的创新创业成果进行转化，既能够让企业进步和发展，也能够帮助学生获得经验，提升能力。

6.2 专业实践能力

6.2.1 专业实践能力的基本内涵

《教育管理辞典》（海南人民出版社）将专业定义为：高等学校或中等专业学校根据社会分工需要而划分的学业门类。各专业都有独立的教学计划，以体现本专业的培养目标和要求。这个定义基本与《辞海》的解释一致，认为专业是一种学业门类。专业能力是指个体在由"生物人"向"职业人"转变过程中，在特定方法引导下，有目的、合理利用专业知识和技能独立解决问题并评价成果的能力。大学生的专业实践能力是指大学生在高校中经过严格的专业训练，全面而系统地掌握了本学科、本专业的基础理论和方法，掌握了从事相关职业所需要的技能与相应的知识，适应工作需要，具备运用所学理论指导实践的能力。专业素质与专业技能成为大学生整个素质与能力的核心，直接决定了学生的就业能力和发展潜力。只有重视专业实践能力的培养，才能真正实现专业学习与就业市场的有效衔接，在提升大学生就业能力的同时促进其在未来工作中的可持续发展。

《国家中长期教育改革和发展规划纲要（2010—2020年）》中，明确了高校进行实践育人的重要性，是全面落实党的教育方针、把社会主义核心价值体系贯穿于国民教育全过程、深入实施素质教育、大力提高高等教育质量的必然要求。专业实践能力体现在对专业知识的运用，即将所学知识运用到实际问题的解决中，企业考核员工的专业基础能力，往往是动态的评价机制，在不了解新进员工基本素质的基础上，一些企业也会通过参考专业技能证书来衡量专业基本能力，如会计师从业资格证、英语专业等级证、计算机等级证等，当然在校学习成绩、专业技能证书，仅仅能表示大学生的基本专业素养，企业更关注的是将专业知识用到实际的工作中。所以，如果用公式来表示，则是专业能力＝专业学习＋工作经验＋职业资质。

不同专业对于专业实践能力的要求是不一样的，如教育培训行业要求员工具备实际教学能力、有教学相关经历等；广告行业要求具备大型活动策划经历、有实际广告成品文案等。狭义的实践能力是适应专业和工作需要的专业技术能力，是在一定的文化科学知识和专业知识基础上通过培养训练形成的，是顺利从事职业活动的必要条件。高等教育阶段是学生专业知识提高完善和综合素质提升的关键阶段，能否将专业能力通过实践开展工作，直接决定了学生的就业能力和发展潜力。只有重视实践能力的培养，才能实现专业知识与就业市场的结合，提升自身的职业能力，顺利在就业市场找到能实现自身价值的工作岗位。

 案例赏析　在线教育培训机构的招聘简章

某在线教育培训机构招聘简章对岗位职责和应聘岗位要求做了说明：

1. 能够参与直播课程，重点跟踪学生在网校的学习效果。
2. 能及时检查学生学习效果、优化教学方法，及时跟踪、反馈、提升教学质量。
3. 与家长保持良好的沟通，及时反馈学生学习情况。
4. 良好的沟通能力和团队合作能力，有责任心，愿意投身教育事业。

从这则招聘简章中可以看到，这家教育培训行业并没有对求职者专业、学历、学习成绩提出高要求，而是围绕求职者能否将专业技能应用到实际教学中。要求中前两项提到教学方法、反馈教学质量，都是对专业技能应用的考量，后两项则是对专业素质的要求。

通过对一些企业的了解，可以发现，现在的企业更关注学生实际操作和动手能力，用专业知识解决实际问题。在筛选简历时，如何从成百上千份简历中脱颖而出，在短时间内促使企业选择最合适员工的依据是简历上对于工作和实习实践经历的描述，尤其是相关工作和实践经历，高校的《就业指导》一课中在简历制作环节讲授时，也会着重强调简历的"历"，这个"历"就是实践经历，参加过何种实践，取得过什么样的成果，是最直接了解学生是否适合工作岗位的途径。

案例赏析　宝贵的实践经历

应届毕业生饶某，是某高校外语专业的学生，大四上学期便顺利通过面试进入创维集团工作，同时他所在岗位为海外工程师，他是创维当时在该省招聘的唯一一名非对口专业的、非名校的本科应届毕业生。饶某能够应聘成功的关键在于他在大学期间参加过很多社会实践，同时担任主要学生干部，此外，他在暑期参与了创维集团在高校开展的维生素训练营项目，直接参与企业的实习。丰富的社会实践经历和在目标企业的暑期实习，加上饶某全面的综合素养，使得他能够在众多竞争者中脱颖而出，获得 HR 的青睐。

这个案例中，饶某在招聘时展现出来的就是丰富的实践经历，尽管专业不对口，但是有针对性的实践经历和之后的目标企业的实习让企业了解他之后会在工作中充分运用这些能力，解决实际问题，更好地适应任何工作。

拓展练习：扫码用 STAR 法（即 situation、tasks、action 和 result）分析你曾经的经历，书写成就故事。

二维码 6-1

6.2.2　专业知识是专业实践能力的核心

职业能力以专业实践能力为基础，而专业实践能力则体现在专业知识和专业素养上。专业知识是专业能力和专业素养形成和提高的基础与前提。专业素养决定了专业能力，专业能力是专业素养的外在表现。因此，习得了专业的知识，将所学转化成内在素养，形成专业素质，进而体现在对专业的运用上，展现的就是专业能力。

要完美地展现专业能力，需要有过硬的专业知识，这里说的专业知识的储备，需要有"大学习观"，也就是说不仅仅是专业课程的学习，也不局限于专业教师在课堂上的讲授，更不是考试的高分，这只是停留在书本上的知识，就专业知识本身的体系而言，既包括本专业的相关知识，也包括相关专业、交叉学科、复合型的知识结构，还有从专业自身引申出的动态发展知识。例如，教育专业的学生，除了要有教育专业基础知识，还应该具备网络技术应用、心理学等知识；计算机科学技术专业的学生，在掌握网络技术知识的同时，还应涉猎文学、管理学方面的知识，这些交叉学科或是复合型学科存在相辅相成的关系，是专业能力的全面体现。所以，对于高校在人才培养中，强调专业技能和专业知识的全面、系统，就是指的培养"高级专门人才"的教学目标，达到体现大学生自身能力

系统，就是指的培养"高级专门人才"的教学目标，达到体现大学生自身能力的"专业化"。大学生在专业知识学习中首先要坚持认真严谨的态度，不能仅仅满足于一知半解，更要保持不断探究的精神，通过适当的过度学习来夯实专业基本知识技能；其次，大学生应在加强自身专业基本功的同时，尽力拓宽专业知识的广度和深度，实现一专多能，拥有更为突出的职业竞争力。

这里所讲的专业知识一般为基础知识、专业理论知识和复合型知识。基础知识是指基本的、具有普遍性的知识。其主要包括：语言性知识，主要指语言和文字方面的知识，如汉语、外语、写作、演说等；常识性知识，主要指在生活、生产、学习、工作中必须具备的一些基本常识，如物理、化学、生物、地理、历史、政治、经济、文化等；工具性知识，主要指应用性的知识，如计算机应用等。专业理论知识是指一定范围内相对稳定的系统化的知识，通过专业教育，围绕某一个方向或某一领域进行系统和专门学习而获得的知识，这是我们整个知识结构中的核心。当然，大学专业所涵盖的专业理论知识仅仅是这里所讲专业知识的一部分，或者说是形成我们专业知识的核心，成为我们对于自身专业的理解，更多的是通过在大学期间专业知识的学习而形成对于专业的思考能力，进而形成一种学习能力。复合型知识主要指交叉学科知识、基础和专业内知识在发展中的前沿性知识，所以，复合型知识对大学生提出了更高、更全面的要求，也更符合知识经济时代对知识全面融合和快速更新的要求。

对专业知识的实际运用集中表现为专业能力，就是大学生在职业中需要知道如何运用专业知识，主要强调的是运用技能实际操作的能力。高校中专业理论课的教学为掌握专业技能提供了理论指导，基础课程的知识结构决定了学生掌握的专业技能知识的结构。学生在扎实掌握理论的基础上要学会运用这些知识的技能，如在学习时应掌握工作中所需的基本技能（如计算机操作、语言、阅读及写作等技能）和解决专业技术难题及灵活应用专业技能的知识。

6.2.3 不同职业对于专业实践能力的要求

对于专业实践能力的要求，不同职业岗位不尽相同，这取决于职业内涵。以下选取几类职业，凝练出其对于实践能力的要求，并分类归纳出从事此类职业可进行的一些实践活动。

1. 事业单位、公务员等行政管理类职业的要求

（1）较高的政治素质、敏锐的政治洞察力、高度责任心和强烈事业心。

（2）扎实、全面的专业基础知识，良好的语言运用和表达能力。

（3）有较强的组织管理、协调和沟通交流能力，能够在一定范围内决策。

（4）具备良好的分析、综合、判断、比较、概括的能力。

（5）有很强的实操能力，良好的文字功底和计算机基本操作能力。

2. 企业管理类职业的要求

（1）对国家的法律、法规、政策有全面的了解，并能应用到实际管理中。

（2）很强的组织管理和协调能力，具备很好的团队合作和沟通交流能力。

（3）敏锐的观察力，能够应对突发事件，有决策力。

（4）具备各类学科、交叉学科，如哲学、经济学、管理学、心理学、法学等基本知识，能够熟练应用。

（5）良好的文字表达、演讲能力，有较好的逻辑思辨能力，勇于创新。

3. 工程技术类职业的要求

（1）扎实的专业基础知识，能够指导实践，应用于实际工作。

（2）良好的逻辑思维、创新能力，很强的数学能力。

（3）具备良好的外语和计算机基础知识。

（4）较好的文字表达和运用能力，善于进行科研活动，与时俱进。

4. 营销类职业的要求

（1）具备很强的语言表达、沟通交流能力。

（2）掌握经济法、管理法等相关专业知识，充分了解国家政策，并应用到实际工作中。

（3）很强的调查研究能力，能够走在市场前沿，进行信息和数据的收集和分析。

（4）具备良好的适应、应变和耐挫能力，较好的创新意识。

5. 教育培训类职业的要求

（1）扎实的专业基础知识，掌握教育学、教学法、心理学等学科和交叉学科知识，能够开展实际教学活动。

（2）具备良好的文字写作和沟通交流能力。

（3）掌握多媒体网络技术，有创新精神。

（4）较强的语言表达、演讲能力，很强的学习能力和责任意识。

6. 服务类职业的要求

（1）很强的语言表达和沟通交流能力，能够在实际工作中体现说服能力。

（2）具备各类学科知识，很强的实操能力，并应用到工作中。

（3）良好的逻辑、调查、分析、判断能力，很强的观察力，有服务意识。

（4）很强的学习和抗挫能力，能够及时获取信息，具有较好的创新意识。

7. 银行金融类职业的要求

（1）很强的专业基础知识和实操能力，熟练掌握各类法规和国家政策，能够直接应用到实际工作中。

（2）具备良好的语言文字和沟通交流能力。

（3）良好的数学运算和应变能力，很强的责任意识。

8. 设计、公关类职业的要求

（1）很强的语言表达和沟通交流能力。

（2）具备良好的专业基础知识，同时具有音乐、绘画、文学等方面的才能，能够应用到实际工作中。

（3）有一定的营销能力，较强的说服能力。

（4）有创新意识，敏锐的观察力，丰富的想象力，能够进行市场调研，分析数据。

以上几类职业可以归纳整合为几大类型，每一种类型的实践活动方式有所不同，大学生可以在大学阶段以体验的形式进行实践训练，并获得一定的实践能力。

第一类为公务员、事业单位等国家机关行政管理类，这类职业可以通过以下几种实践训练方式进行实践。

（1）参与学校的学生社团、学生会等组织，初步体验角色转变，学习组织管理等相关知识，并从每一次的学生组织活动中获取经验。

（2）参加学校和地方行政单位对接的寒暑假社会实践项目，直接接触基层机关单位，从办公室工作开始，体验国家机关的工作方式。

（3）参加公务员、事业单位考试或是相关竞赛。

（4）参与或自主进行政策理论宣讲等主题的社会调研，近距离观察国家行政单位的工作内容。

第二类为专业技术类，这类职业主要是和专业技术相关，进行研究和分析，实践训练有以下几种。

（1）加入学校特定专业类社团，开展相关社团活动。

（2）参加各类专业竞赛，提升专业知识的同时，应用专业技能。

（3）参加校内外专业实习实训，利用兼职、勤工俭学等方式，进入实际专业技术类职场，运用专业知识开展实践。

（4）参与教师科研项目或自主开展科研活动。

第三类为营销服务类，这类职业以与人沟通交流为主，服务型强，工作强度较大。可以进行的实践训练有以下几种。

（1）利用寒暑假参加校企合作的实习项目，直接进入实际工作，运用专业能力解决实际问题。

（2）开展社会调研，获取此类职业的相关信息和间接经验。

（3）参加职场大赛、营销大赛等比赛。

（4）参加相关学生组织，获取组织管理和沟通交流能力。

（5）利用兼职、勤工助学，做职业目标涉及的岗位工作，积累工作经验。

第四类为教育培训类，这类职业以教学、咨询为主，可以进行的实践训练有以下几种。

（1）参与校内外教学实习实训，提升教学方法。

（2）参加相关竞赛或模拟教学实践。

（3）利用家教等方式，积累教学经验。

（4）利用假期进行支教等社会实践。

（5）观摩、学习教学活动，积累间接经验。

6.2.4 专业实践能力习得的有效途径

大学阶段是提升实践能力的最好阶段，也能够让大学生在有限的时间内通过各种方式参与实践，明确职业定位。当然，实践能力的提升不仅是大学生自身的任务，高校、社会也应共同承担这个任务。

1. 学生主动提升专业实践能力

（1）大学生应在有限的大学学习阶段加强专业知识的学习，做好职业生涯规划，明确职业目标，关注有意向、感兴趣的职业领域，收集职业发展的相关信息，运用职业规划知识分析自身的优势和不足，分析社会变化，根据自己的定位来适时调整职业目标，找到符合自身发展的职业。

（2）适当参加校内外学生组织或社团，主动开展学生活动，锻炼自己组织协调、沟通交流、应变、受挫等能力。注重培养语言表达、文字写作、外语、计算机等方面的基本技能，培养一技之长，能够在未来工作中发挥优势。

（3）参加与专业相关的竞赛，提升专业知识的深度。积极参加非专业类，类似职场类、创新类赛事，在准备比赛过程中积累经验，提高实际问题的解决能力。

（4）充分利用校企合作、订单班等形式，认真参与实习实训，直接接触企业，做基本工作，锻炼日常处理事务能力。

（5）积极参加校内外假期社会实践，对大学四年的寒暑假进行规划，结合自身专业，确定职业方向，选择相关实践活动，将所学运用到其中；也可自主开展社会调研、参观、游学等实践，从中获得职业社会发展的第一手资料，为未来的择业提供支持。

（6）在兼顾学业的同时，适当利用课余时间进行兼职、勤工助学等实践活动，通过广泛的实践活动积累经验。

2. 高校承担专业实践教学任务

（1）建立大学生专业实践能力训练基地，将职业要求与高等院校人才培养方案进行融合，开设多种类、深层次的实训课程，进而提升大学生职业思维形成和实践能力培养。这有助于学生将专业理论知识与工作场景中所运用的工作标准进行相互融合，实现大学生实践能力培养和实际工作经验的积累，重点培养厚基础、宽口径、高素质、强能力、重实践的职业场景所需要的应用技能型人才。

（2）高校需转变人才培养理念，对知识的传授注重应用与实践，形成"知识应用"理念，更加注重学生综合技能方面的培养，将职业要求与就业技能嵌入课堂教学中。创新开展《职业规划》《就业指导》等基础类课程，改善教学模式，提升课程的实际指导作用，将课堂知识灵活化，注重实操性。注重实践课程的架构设计，对接专业培养目标与社会用人需求，开展职场模拟训练缩小理论与实践、书本与技能之间的距离，使学生能够对知识有感性认识，并进行理性输出，以应用到实际工作中，提升"知识—能力—职场"的转化。

（3）充分利用寒暑假这种学校特有的时间段，搭建各类"产学研"结合实践平台，拓展校企、院企合作形式和渠道。

其一，根据大学生四年学业发展和素质提升要求，制定有针对性、分阶段、分层次的社会实践，拓展实践形式。大一可开展社会调研、观摩游学等走进社会形式的实践活动；大二可开展科研研究、创新竞赛等专业类实践；大三可根据不同专业和职业要求开展实习实训，充分利用与社会企业、事业单位、科研单位等建立起来的"产学研"合作关系，进行走进职场的实践活动；大四可利用毕业设计、毕业实习等进行真正职场的锻炼，实现培养过程与生产实际的对接，使学生在实践中将书本知识转化为能力，在实践训练中得到全面的锻炼和成长。

其二，可适当利用"请进来"形式，在实操课程中邀请企业、职场人、创业家等走进校园，通过讲座、座谈、沙龙等，或是以兼职教师的形式，让实践形式和内容更加贴近实际。

3. 社会给予广阔专业实践平台

大学生刚从"象牙塔"走进职场社会，角色需逐步转变，社会应对大学生多一些包容，提供更为广阔的实践平台。企业应主动加强与高校的联系，通过实习实践、订单合作班等方式帮助大学生提前进入相关专业企业，从事基层基础工作，在此过程中得到锻炼和经验的积累。企业也应适当开展一些参观、观摩等活动，让大学生能够在实操实践课程中走进企业，了解最新信息和资讯。此外，企业还应做好与高校合作搭建"产学研"平台的机会，适当参与实践课程的教学环节，将课堂延伸至实际职场，提高学生对职业岗位的适应性。

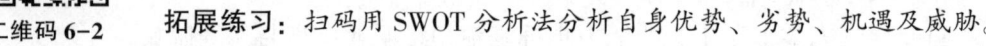

二维码 6-2　　　**拓展练习**：扫码用 SWOT 分析法分析自身优势、劣势、机遇及威胁。

6.3 社会能力

6.3.1 社会能力的基本内涵

专业实践能力是职业能力和素质表现的基础，创新创业能力是职业能力的核心，那么社会能力就应该是职业能力得以可持续发展，将职业变为事业的关键。社会能力是除专业能力和实践能力之外其他通用技能的综合，是可迁移能力，是可以迁移应用到不同工作之中的能力，比如组织、演讲、沟通、设计等，是从生活各个方面得到积累、学习和发展的。社会能力使得大学生从"生物人"走向"社会人"，在其所应有的适合其生存环境的、公众化的言行举止的能力。从职业发展而言，它侧重于要求个体具备从事职业活动所需要的行为规范及价值观念以及学会与人共处，从而确立积极的人生态度。社会能力既是基本生存能力，又是基本发展能力，它是劳动者在社会生活与职业活动中必须具备的基本素质。

拓展阅读：扫码阅读商务印书馆出版的《适则成——大学生职业适应与就业指导》第六章第三节通用职业能力。

二维码 6-3

6.3.2 社会能力包含的核心关键素质

1. 扎实的思想政治素质

在 2016 年 12 月 7 日召开的全国高校思想政治工作会议上，习近平总书记指出："把思想政治工作贯穿教育教学全过程，实现全程育人、全方位育人，努力开创我国高等教育事业发展新局面。"社会主义制度大环境要求高等学校教育应以培养社会主义合格建设者和接班人为目的，为社会主义事业和国家繁荣发展而培育优秀大学生，所以，具备扎实的思想政治素质，是作为大学生走进社会，适应社会，体现自身综合、全面素养的首要条件。这里的思想政治素质，不仅仅是有正确的三观，还需要了解国家政策，具有敏锐的政治前瞻性和洞察力，诚实守信、爱岗敬业的职业道德素养。

以往的高等学校教育把专业素质教育摆在第一位，大学生在能力提升方面也会把主要关注点集中在如何提升自己的学业成绩、分数等，常常忽视了思想政治素质的培养，造成很多学生在大学阶段没有摆正思想政治立场，在进入社会后，充斥着频繁跳槽、急功近利、思想浮躁、追求功利、自私自利的现象，违背了高等学校教育目的，对大学生产生了负面影响，不良风气蔓延，不利于社会稳定和健康发展。对于社会而言，当今企业也把求职者的思想政治素质放在首位，社会主义核心价值观逐步变为企业衡量人才的标准之一。一个人无论从事何种职业，首先要学会做人，有较高的政治素养，对国家、民族、社会和家庭有责任感，能够处理好集体和个人之间的关系，能够奉行集体主义精神，思想政治素质的高低关系到个人在岗位上能否成为报效祖国、为人民服务的人才，能否在基层岗位、艰苦行业上做贡献。所以，思想政治素质的培养和教育是大学生社会能力培养的关键，能够激发大学生的积极性和创造性，直接影响大学生个人价值和社会价值的实现。

切实加强大学生思想政治教育，提升大学生的思想政治素质，一方面，大学生和高校应以爱国主义为核心加强政治历史、传统文化培养，注重社会主义核心价值观、中国特色社会主义道路、中国梦教育，厚植爱国主义情怀和民族自豪感；另一方面，大学生应提升理想信念，树立正确的三观，积极参加社会实践活动，高校则应注重培养学生法治观念、家庭美德、职业道德和社会公德教育，切实践行社会主义核心价值观，帮助学生把自身理想与社会主义共同理想结合起来，在就业选择中依据国家和社会的需求来择业，进而树立高尚的职业理想和健康成长的动力。

2. 广阔的国际视野

经济全球化加速发展，使得我们的国家不是单独存在与发展，与其他国家、地区联系更为紧密。伴随着国家提出高校"双一流"战略，对当代高校大学生进行国际化视野培养的需求日益旺盛，这是高等学校教育转型的重点，对于大学生来说，也是了解国家、了解世界，更好发挥自身聪明才干的重点。

国际视野也称为全球视野、国际化意识，它是指人们在本国历史、国情、地位的基础上，从世界的角度，结合本国和世界历史，了解当今国际社会，以此来评价本国在国际社会中的地位和作用，同时明晰自己在国际化环境下的义务、作用，表现出恰当、合适的态度、观点、行为等。国际化视野是个人在全球化背景下所具备的知识、意识、能力、态度的综合体现。高校对于大学生国际化视野培育，以我国国情为出发点，面向全球化背景，以提升大学生科研研究能力为目标，加强大学生把握发展机遇，提高整体竞争力。

大学生的国际视野能力培养应包含几个维度。第一是国际化意识培养，是指能否迅速地、准确地了解国际社会，并主动收集各方资料，分析国际形势。这种意识应该是一种国际前瞻性，以一种开放、公平、公正的心态，去主动了解国际社会，理性理解多样性和个性发展，汲取人类创造的优秀文明成果。第二是国际化知识积累，是指在专业知识和其他知识的学习中，了解其在国际化领域下的前沿动态，掌握最新发展成果。第三是国际化客观态度，对待纷繁复杂的国际形势，以站在本国国情的基础上，客观、公正地对待国际化形势和国际事务，掌握基本的国情、世情。第四是国际化能力提升，是指具备扎实的与国际接轨的专业能力、沟通交流能力、信息删选分析能力等。

国际视野素质培养对于大学生职业能力发展有着至关重要的作用。第一是全面提升综合能力，展现核心竞争力，在职业选择中占据主动，也符合国家对于创新型人才培养的要求。第二是帮助学生转变职业规划观念，了解国际社会生涯规划知识，明晰自身职业定位，找准职业方向，拓展职业选择，寻求更好发展机会。第三是能够更好地了解国家发展形势，提升自身能力的同时，把握历史潮流，熟悉国际文化氛围，抓住发展契机，推动国家向前进步。

大学生国际视野素质培养在不同阶段有所不同，大一阶段以意识培养为主，通过基础理论课、通识教育课程提升学生国际前瞻性；大二阶段以开展国际化合作项目，如游学、实践、交换生项目等，完善合作机制和制度，拓宽学生了解国际社会的渠道；大三阶段以请进来和走出去结合的形式，培育国际化师资队伍，搭建平台，拓展多领域、多层次、多类别的合作项目。大四则可以尝试国际化实习实训，鼓励学生出国、出境深造，加强高校学生间的国际交流氛围。

3. 健康的身心素质

大学生走出校园，进入社会，成为职业人，离开了家庭、学校的保护，需要学会自己处理问题、安排生活、规划生涯，有一个良好的身心素质，能够帮助大学生更好地在社会生活、学习、工作。身心素质是身体素质与心理素质的合称，身体素质是大学生应具备的健康的身体，全面发展的身体适应性，良好的卫生习惯与生活规律等；心理素质是指大学生应具备积极健康向上的情绪、坚强持久的意志力量和鲜明独特的人格力量。

健康的身心素质包含五个方面的维度。第一是有健康、强健的体魄，能够保持身体活力，主动锻炼，这是个人能够稳定从事职业的首要条件。几乎所有的职业都需要长时间的工作，即便按 8 小时工作来规定，但是偶尔的加班、高强度的任务也会延长工作状态，尤其有些基层工作、特殊行业更是强度大、时间长。这就需要强健的身体，能够在压力、工作面前保持健康的状态，能够面对高强度的工作任务调整身体应对机制。第二是要有合理的生活作息习惯，生活规律，能够保持活力。职场中有时会因为工作任务繁多而造成加班、熬夜现象，这就要求学生能够适当调整作息，保持合理膳食，尽量避免不良生活习惯，坚持锻炼。第三是要有积极健康的情绪，面对新问题、新任务，能够保持冷静的态度，能够正确认识和运用自己的情绪。不管是在学校接触了不同的人、事、物，还是在职场中面对全新工作领域，都会遇到受挫、棘手、不知如何处理的情况，这时如果控制不住情绪，不能冷静面对，只站在自己的角度，往往会让问题愈演愈烈，更加不能解决。所以，保持积极健康的情绪能够更好地适应工作，人际交往也更加顺畅。第四是要有坚强的意志、品质。对待工作，诚信认真、专注细心；对待同事，热心友好、乐于助人；对待困难，勇于面对、坚强果敢；面临逆境，永不放弃、积极进取。第五是健全人格，良好修养。这是指在生活工作中展现出来的个人影响他人的外显形象和在人际交往中体现的态度和行为，包括具有很强的自律性，谦虚谨慎，待人友善；与人交往能够相互理解，善于沟通交流，协调各方利益，能够适应各种环境，应对各种问题。这既是个性展现的一面，也表现出个体融入群体的一面。

健康的身心素质是大学生职业能力的发展的重要条件。第一，大学生综合能力培养和提升的保证，帮助大学生更好地适应生活、学习和工作；第二，大学生全面发展的重要条件，身心素质健康能够让大学生应对各种困境，依旧保持积极向上的心态；第三，身心素质高低关系到职业成就和职业发展的深度，能够指导学生在生涯规划、职业定位时做出合理选择；第四，大学生的身心素质发展影响整个社会的进步与发展，健康的生活态度和良好的身心素质营造出积极向上的氛围，更好地促进社会的良性发展。

培养健康的身心素质，提升职业核心竞争力，一方面需要学习相关知识，提高理论基础；另一方面积极参加社会实践、身心健康活动。对于高校而言，一方面需要完善身心素质教育课程，完善课程培养方案和设置，注重课程对于学生大学生四年的影响的规划；另一方面需要开展合适的教育活动，做好困难帮扶机制，利用好心理咨询手段，开展好身心健康宣传。

4. 丰富的人文艺术素养

我们的生活、工作、学习环境不仅是数字、机械、语言这些物质化的表现，更应该有精神层面上的追求，这能够让我们的生活更加丰富多彩。党的十九大报告指出，我国的主要矛盾已经转变为人民日益增长的美好生活需要和不平衡不充分的发展之间的矛盾，这里的美好生活需求就是对人文精神的追求。大学生的人文艺术素养是指大学生所具有的人文艺术知识和由这些知识内化成的人文艺术精神，外显表现为大学生的人文关怀、文化品位、艺术气质、审美情趣、人生态度等丰富的精神世界。人文艺术素养是个体外在精神面貌和内在精神气质的综合表现，也是一个现代人文明程度的综合体现。有着丰厚的人文艺术素养的大学生，兴趣广泛、情趣高雅、开朗自信、谈吐文明，追求较高的生活、工作品位，有着丰富的精神世界涵养。

人文艺术素养既包含人文艺术知识，如哲学、文学、艺术学、历史学等，这是人文艺术素养的形成基础，此外，还应该以外化的形式表现，这是人文艺术素养的核心，就是思维方式、价值取向、人文艺术精神、思想品位等，这些决定了个人的气质，表现为思考、行为方式、谈吐、语言和做事的态度、方式。人文艺术素养重要性不言而喻，一方面，对于学生而言，丰富的人文艺术素养有利于综合素质发展，有利于增强个人魅力与自信，有利于形成良好的心态去面对繁重的学习、复杂的人际关系以及残酷的就业压力。如果一个学生除了有扎实的专业知识和实践能力外，能够具备一些音乐、绘画的才能，或是在工作之余有着较高的人文品位，那么他在职业世界中能够更好地适应周围的环境，更好地处理人际关系，生活也更加令人满意。另一方面，对于高校和社会而言，人文艺术素养是民族信仰和民族精神的沉淀，能够形成良好的环境氛围，有利于高校人才培养和教育，提升精神文明世界。

高等学校教育中，除第一课堂专业知识外，会开设第二学位和公共选修课，满足学生对各类知识的需求。这里的第二学位或是公共选修课以人文艺术、通识教育类为主，很多学校会要求理工科的学生涉猎人文艺术类课程，并修满学分，文科专业的学生则被要求修读理工、计算机管理类的课程，这是对人才全面培养的要求，具备人文艺术素养的理工科学生能够更好地了解自己、了解社会，运用人文艺术知识去分析社会环境，以帮助学生提升未来职业生活的广度和深度。培养和提升人文艺术素养需要学生、高校和社会的共同作用，从学生角度，需要学习人文艺术相关知识，提升文化内涵，参加人文艺术活动和社会实践，以丰富的人文知识指导实践。从高校角度，应完善人文艺术类课程，做好基础通识类课程指导方案，组织和举办各类文化活动，引导学生积极参与，提升校园人文艺术氛围。从社会角度，需利用新媒体方式做好宣传、引导，企业凝练文化特色，形成文化底蕴，做好人文关怀。

5. 持续的学习能力

持续的学习能力是在实际职场中对其他各类情况的学习力，这种学习力是持续在职业生涯中并且具有自主性的，所以也被称为自主持续学习能力。这种学习能力是在职场中应对人际关系、问题处理、分析判断、情绪控制等方面所积累的能力，并把这种能力活学活用。这不是书本上实实在在的知识、经历、经验的转化，而是不以物质形式存在的一种能力的转化，它使得初入职场的大学生能够在日常观察、学习、实践中所积累的知识逐渐沉淀，转化自身的应对能力，且这种能力根据主观能动性和职业变化进行调整，以应对不同的岗位、领域。

 案例赏析　佳明的潜力

佳明是一所工科院校计算机专业的应届毕业生，在校期间学习成绩比较好，专业基础扎实，也曾在学生组织担任主要学生干部，策划过一些大型的学生活动。大四毕业时，佳明顺利通过事业单位招聘考试，成为一名基层公务员。刚入职场时，由于佳明在工作中常常处理不好人际关系，文字运用也不够好，部门领导时常批评他不认真、做事不积极。随后佳明在工作中注重观察，学习其他同事的处事方法，加之得益于在大学期间学习比较好，对于新事物有很好的学习能力，能够把之前学习专业知识的方法、态度迁移到实际工作中，此外，他也很注重摸索，不懂就问，工作之余，还自学公文写作和行政管理方面的知识，大学期间担任学生干部的经历也让他很快找到待人处世的方式方法，逐渐改变了他在领导心中的印象，工作起来也越来越得心应手，而所学的计算机的专业知识也让他在工作中脱颖而出，逐渐成长为部门的骨干。

从这个案例中可以发现，这位毕业生工作的岗位和其专业背景并不对口，但是他能够把在学习专业时的能力、态度、方法迁移到学习其他新事物上，也能够沉下心在基层岗位积累知识，逐渐在工作中显示出其比较好的持续学习能力，为他赢得了进一步发展的机会，这种持续的自主学习能力可以一直影响他以后从事的任何职业。

培养和获取持续的学习能力并将此转化为学习其他新事物的技能，以应用到实际工作中，这需要大学生根据职业生涯发展来确定明确目标。要达到这个最终目标，首先，需要进行阶段式的分解，从而制定学习的范围、内容。这个学习的过程不仅在学生时代，更贯穿整个生涯，决定了大学生事业的发展，反过来，这种学习目标的确立也能够激发兴趣和内在动力，使得学习的过程不会枯燥，充满乐趣。需要有持续的学习动力。国外曾经有一个视频，一位哲学教授授课时带了一只空瓶，他首先往空瓶里装了几个高尔夫球，问学生满了没，学生回答，满了。随后，教授又往里面装了几颗石头，同样问学生满了没，学生回答满了。第三次，教授往其中装了一把沙子，再次问学生，满了没，学生回答满了。最后，教授往已经装满高尔夫球、石头、沙子的瓶中倒入了啤酒，再问学生满了没，学生都不敢再回答了。教授说道，如果再放一些更细小的东西，应该还能放进去。这个案例说的是一个人如何填充人生这样一个哲学道理，用到学习能力培养上也是适用的。空瓶就像是大学生，高尔夫球、石子、沙子、啤酒都是能够获取的知识，永远都不应觉得学习到头了，实际还能够继续去学习，保持持续学习的动力，能够不断被注入更多的新的知识和信息。再者，要创造性应用学习，善于总结、分析、归纳，勤于思考，对任何问题有自己的见解，结合实际工作，在实践中完善对知识的再理解和再应用，达到学以致用的目的。反过来，面对实际工作中的新问题，更能促进对于学习能力的提升，促使学生更新知识结构，发挥内在潜力，主动探寻新知识领域。持续自主学习能力提升不仅是学生本人，更需要教师、学校、社会协同配合。对于高校而言，应重视学生自主学习能力培养，转变人才培养目标，在扎实推进第一课堂发展的同时，精心开展好第二课堂相关活动，用活学生自主学习实践课程，丰富社会实践活动，激发大学生内在学习动机和兴趣。对于教师而言,应适时调整教学方案,强调授人以鱼不如授人以渔,摒弃唯考试分数论的观念,树立为学生发展、创新人才培养的教学理念,开展如翻转课堂、慕课这样的自主学习方式,让学生参与到课程中,变传统教师为中心的课堂模式为以学生为主体课堂模式,教会学生自主学习。对于社会而言,应加强与高校的联系,拓展校企合作模式,给予大学生更多的实践实习实训平台,使大学生能够有机会展示持续学习能力,更好地适应社会发展。

6. 良好的人际交往和沟通协调能力

人际交往是指人与人之间在心理和行为上的互动,是一个动态过程,是对人际关系的感受、适应、协调和处理的能力,能够妥善处理组织内外关系的能力,包括与周围环境建立广泛联系和对外界信息的吸收、转化能力,以及正确处理上、下、左、右关系的能力。结合当代大学生的发展特点,人际交往可以归纳为平等、相容、真诚和互助法则。

提升人际交往能力,首先要正确认知,应对不同人际关系;其次是悦纳自己,真诚尊重理解他人;再次是注重实践,提升人际交往能力,大学的社会实践是很好的平台,给予大学生在团队中习得人际交往能力的机会。

人际交往能力强,人缘好,在任何时候、任何情况都具备良好的沟通协调能力。沟通是人与人之间、人与群体之间思想与感情的传递和反馈的过程,以求与思想达成一致。良好的沟通是双方达成一致,在这个过程中,双方会表达观点和意见,如果出现了无法达成一致的情况,就需要去协调,尤其是工作任务开展中,可能会有不同的见解,如果能把不同观点协调统一,就会得到最终的一致性,工作开展也能够事半功倍。

案例赏析　"好""坏"传话人

某公司老板让员工小王和小李分别通知各自部门员工这个周末因客户需求,需要额外加班一天。小王回去后是这么说的,"老板让我通知大家这个周六每个人都必须加班,不允许请假,有什么问题去找老板"。小李回去后这么说,"告诉大家一个不太好的消息,因为客户紧急需求,这个周六大家需要加一天班,希望大家不要有意见,到时不能调休的老板说会发加班费给大家的,如果确实家中有事,可以写个请假条,我代你们给老板请假,如果大家都能加班,我会非常高兴"。

从上面的案例中,可以看到运用良好的沟通能够获得的效果,小李的沟通更让人容易接受,小王的沟通容易让人产生逆反心理,这样工作起来肯定都会带有情绪,工作效率也就不会好。

沟通协调除了顺畅以外，还应该是有效的。有效的沟通，是通过听、说、读、写等思维的载体，通过演讲、会见、对话、讨论、信件等方式准确、恰当地表达出来，以促使对方接受。定义里有一个重点就是准确、恰当的表达，促使对方接受，这个接受就是一种双向性，对方需要收到有用的信息，也就是我们常说的"收到请回复"。上级在布置工作任务时，虽然并未要求回复，但是如果能够充分理解任务要求，并适时回复，这个沟通就是有效的，之后的工作开展也能够顺利进行。

良好的沟通协调需要提升四个方面的能力，第一是语言交流要有技巧。使用语言文字时要简洁、明确，叙事说理要言之有据，条理清楚，富于逻辑性；措辞得当，通俗易懂，可以借助手势语言和表情动作，以增强沟通的生动性和形象性，使对方容易接受。语言交流要遵循几个原则，一是要尊重对方，眼睛要注视对方，能够对对方发表的意见和观点予以回应。二是适当使用敬语；三是语速适当；四是语气平缓和谐；五是对事不对人。谈话中有意见不统一时，应在适当场合、适当时间进行委婉的表态，可以运用如"您刚才说得很对，不过，您看我这样理解是不是也可以"这样的方式去表达自己的观点，也更为容易说服别人接受新想法。第二是有效的倾听能增加信息交流双方的信任感。有效的倾听不仅仅是听，还应该注视对方，对对方所讲内容进行有效的回应。这个回应不是简单的"嗯""哦"这样的附和，而应该认真听对方的语言内容，不随意打断话题，让对方自然地表达他的想法和感受，设身处地去体验对方的内心感受并做出富于同感的反应。适当运用点头、微笑，包括坐姿等非言语行为和感受性赞扬而非评比性赞扬的语言。第三是适当使用肢体语言。曾有研究显示，在信息传递的全部效果中，有7%是词语，38%是声音，身体语言沟通所起到的效果则达55%，可以说适当使用肢体语言，能够让沟通更加顺畅。肢体语言第一位的便是微笑；其次就是眼神、目光，注视对方，不是死死盯着，而是能够用心感受和理解对方谈话内容；再者是谈话时表现的体态，摒弃一些不雅的小动作，注意个人形象表现。第四，还应注意人际距离，把握适当的空间距离，不随意进入对方的私人距离内，让对方感受到个人良好的素养，沟通的过程才会令人舒畅。

7. 灵活的应变适应能力

应变适应能力是个体主动调整自己的心理状态和机体行为，应对所处社会环境和自然环境的变化，做出心理、行为等方面的回应，以逐步满足自己所处环境需要时的能力，是人赖以生存的基本条件。灵活的应变适应能力指的是一个人思想、道德、知识、技能的全方位的综合素质。就育人主体高等学校而言，大学生应变适应能力的培养和教育是思想政治教育的根本前提，能够帮助提升高校办学水平，达到立德树人的目的；就育人受体大学生而言，应变适应能力是其角色转换、找到个人定位、适应社会发展，由学生转变为社会人的重要途径和载体；就育人环境社会而言，大学生具备良好的应变适应能力是社会良性发展的时代要求。

大学生的应变适应应该是对周遭环境改变的适应，也是对身份转换的适应。在个体成长成才过程中，经历了两个适应阶段，第一个阶段是从初高中被动式的学习和灌输过渡到大学主动式的获取的习得的阶段，这个阶段要求学生学会独立自主应对大学的学习、生活环境，学会独当一面处理自己的事情，这是成长的阶段。第二个阶段则是从大学逐步过渡到社会，将大学学到、领会到的技能运用到职业发展中，也就是成为"社会人"的阶段，这个阶段全面地考查了大学生面对各种复杂环境、生活、工作等的处理方式、态度。这个阶段是生涯规划中最难的阶段，但也是提升最快的阶段。离开"象牙塔"，没有父母、老师、亲人、朋友的帮助，学生要学着应对身边的一切事情，面对困难、挫折，要能够冷静处理、合理应变；面对机遇、成就，要学会摆正心态、居安思危；面对不公、委屈，要能够不骄不躁、勇往直前。总之，进入社会、职场，就类似打怪升级，每过一关，都是能力的一次提升，也能够更加从容面对自己的人生。

提升应变适应能力，对于大学生个体而言，要牢牢把握大学阶段一切能够锻炼、实践的机会，同时也可以参加一些社团、学生组织，可以帮助提高解决问题的能力。此外，很多的竞赛，尤其是创新创业类赛事、社会实践等，也是很好的锻炼途径，在备赛和实践中，会临时遇到很多情况，正是考验灵活应对的能力。对于高校而言，要拓展实践途径，增加教学环境中自主学习的机会，提升校企合作平台，提供更多的实习实践实训机会。对于社会而言，初入职场的大学生可能会有落差，企业和社会应给予适当的宽容，给予一些机会和平台，帮助学生快速成长。珍惜每一次独立解决问题、处理事情的机会，就是一次很好的锻炼和提升。

二维码6-4

拓展练习：扫码进行职业能力测评，分析自身职业能力特点。

本 章 小 结

本章通过对主要职业能力的定义进行概述，并从三个小节分别对创新创业、专业实践和社会能力进行详细说明。

第6.1节主要阐述了创新创业能力的内涵，分析了创新创业在大学生个人发展、高校教育和社会发展中的重要性，并结合学生实际提出了培养和提升此项能力的有效途径，需通过学生本人、高校和社会三者共同作用形成合力。

第6.2节主要介绍了专业实践能力的基本内涵以及结合当代社会主要职业对不同行业的实践能力要求做了分析，并归纳了四类行业实践能力提升的路径。章节最后从学生本人参与社会实践、高校开展实践活动和社会营造环境氛围三个方面对大学生培养和提高专业实践能力给予建议与意见。

第6.3节主要从我国的国情和世情以及当今社会发展现状，并结合编者所在学校的人才培养理念对社会能力进行了分析，从思想政治素养、国际视野、身心素质、人文艺术素养、持续的学习能力、人际交往沟通协调能力和应变适应能力七个方面进一步阐述其内在含义、重要性和锻炼途径。

 复习思考题

一、基本概念

职业能力　创新创业能力　专业实践能力　社会能力

二、简答题

1. 结合所参加过的社会实践简要说明大学生社会实践形式有哪些。
2. 简要举例说明现代社会的社会能力包含哪几个。

三、论述题

评估和分析你所具备的职业能力，对自己全面探索，试回答以下问题：

1. 对比本章节中的职业能力三大类，你认为哪一个能力最重要？为什么？
2. 如何评价你的职业能力强弱？有哪些优势，有哪些劣势？
3. 除了章节中提到的三类，你还具备哪些有优势的能力？
4. 结合所学专业和现代社会发展，你如何提升劣势能力？

四、案例分析

这个世界上凡是历经百年长盛不衰的企业，骨子里都有"变"与"不变"两个对立统一的强大基因。变，是能审时度势、与时俱进，不断融入新的历史中去。不变，则是能秉持初心，执守价值，将优秀的管理基因一代一代传承延续。诞生于1885年的世界先进制造业巨头霍尼韦尔国际公司就是这样一家企业，其中国区人力资源总监沈雁能够深切地感受到这一点。

沈雁于2003年进入霍尼韦尔，从带十几个人的小团队起一直做到整个霍尼韦尔中国区的人力资源总监。这期间的15年，沈雁不是没有遇到过挫折，也不是没有经历过低潮，但她却从未想过离开这里。问她为什么，她说："我觉得我一直被需要。"

霍尼韦尔一直把成为"思索型公司"（Thinking Company）作为企业文化，希望员工不只考虑眼前的业绩，还应该学会独立思考，不唯上、不盲从，并且勇

敢地表达出来。正如沈雁所说："在我们的文化里，有一个行为准则，是勇敢无畏。我们内部的解释就是说，我们希望每一个人能够很勇敢地说出自己的观点，不惧怕让自己成为一个别人'不喜欢'的人。"沈雁也把这个原则很好地运用到她的 HR 团队管理中。她经常和她的团队说：脚踏实地和仰望星空，你两边都要做。一方面你要完成每天固定流程的工作，另一方面你不能完全机械地工作，你还要成为一个"思索者"。要在一项工作或某个项目中发现更好的方法，提供更好的建议。即便不能影响到最终的决策，但至少可以促使管理者从另一个角度看问题，放眼更加全面和长远。

2013 年，沈雁开始担任霍尼韦尔中国区的人力资源总监，她任职的这 5 年，正是中国互联网经济风头最盛的时候，商业模式的变化，技术的飞速发展，也推动了过去稳如磐石的实业、制造业的转型。既而，经营模式的转型又推动管理的转型，而人力资源管理的转型也不可避免。

说到这个话题，沈雁感慨颇深："这 5 年确实是相当不一样，最明显的感觉就是老本儿不太好吃了。"老本儿不太好吃，首先体现在业务模式上，过去霍尼韦尔主要是一家卖产品、卖硬件的公司，但是现在要成为一家高科技的互联方案的提供者，要卖服务，卖一些无形的东西，那对人才的需求就不一样了，人力资源部对业务部门支持的方法也不一样了，这些都是新的挑战。

另外一个变化是，人变了。过去这些世界 500 强的巨头企业，对于国内的年轻人来说是神一样的存在，只愁没有岗位，不怕招不到人。但现在"90 后"们的思想变了，公司什么背景，他们并不关心，工作体验才是最在乎的，甚至宁可去创业也不打工。所以霍尼韦尔的招聘就遇到了困难，社招、校招都碰到了很大的挑战，但霍尼韦尔在中国的发展又飞快，每年需要数百计的人才补位。所以，必须改变，必须创新！

面对外界的变化，要么打开胸襟，自我革新，勇敢拥抱变化，要么抱残守缺，执而不化，被时代淘汰。真正优秀的企业一定是选择前者。霍尼韦尔从战略上彻底转身，把自己定义为一个互联工业企业，而不再仅仅是制造业。同时，要求公司全员在思想上进行转变，具备互联网思维，对于人才也提出了更高的"复合"和"跨界"的需求。这对沈雁来说，无疑也是新的挑战。

针对霍尼韦尔中国的大多数 HR 都是纯粹 HR 背景的情况，沈雁设计了"one day with business"（业务体验日）的实践。每个季度，HR 都要去一个业务部门，实实在在地做一天业务，不只是熟悉、了解流程，而且要把自己代入角色之中，或者是销售市场人员，或者是质检员，或者是客服人员，在实际的工作中感悟业务人员的真正需求和真实想法。为能真正深入了解业务，沈雁要求每一个 HR 都要找一个业务部门的"师傅"或者说伙伴。通过这样的模式，霍尼韦尔中国区的人力资源团队不再是简单机械的规则执行者,而真正成了业务部门的支持伙伴,能够灵活、主动地帮业务部门解决问题,极大地提高人均产出。

为实现互联网工业化的转型,霍尼韦尔在战略规划上向软件业倾斜,下大力气拓展自己的软件产业,这需要在较短的时间内招聘相当数量的软件人才。但是,如果以传统方式按部就班地招聘,一是时间慢,二是未必能把行业内最好的人才招来。怎么办?沈雁他们想了一个办法,搞"黑客马拉松"大赛,吸引全国范围内的技术大咖、软件高手来参赛,比赛长期举办,每周一次,很多一流人才由此脱颖而出。一年多时间里,这个活动吸引了多达2000余名高手参加,有数十位佼佼者被霍尼韦尔选中,不仅解决了霍尼韦尔软件人才需求和储备问题,而且也给当前人力资源的创新管理提供了一种新思路。

霍尼韦尔内部有一个One Honeywell(一个霍尼韦尔)招聘平台,所有招聘需求向霍尼韦尔全球的员工开放。不论你在世界的哪个地方,在哪个业务板块,只要你愿意,本职业绩好且在岗18个月以上,敢于尝试,都可以申请跨部门、跨国界、跨行业、跨职能换岗,当然,后面有相应的培训措施会跟上,甚至会根据员工发展意愿为其定制个性化的培养方案。如沈雁说:"我们有做化工产品的,我们有做航空航天的,我们有做自动化控制的,越来越多的霍尼韦尔经理人不以行当门槛预筛人才。我们都在霍尼韦尔这个大家庭,我们都愿意接受跨业务部门的人,因为他们的学习能力和适应性可能更强。"

从庞大坚实的工业时代巨头,到引领时代风潮,以软件开发为主的互联网工业企业,霍尼韦尔成功地实现了自身的世纪蜕变。在一切都是人才先行的新经济时代,霍尼韦尔的成功,至少有一半是其人力资源决策和管理的成功。如同霍尼韦尔倡导的文化一样,"勇敢无畏"和"超越自我"也是他们推动人力资源管理变革的精神底气。

思考讨论题:

(1)结合案例说明霍尼韦尔公司对于人才培养关注到了哪些职业能力,这些职业能力是如何帮助公司成为行业"领头羊"的。

(2)沈雁能够成长为跨国公司的中国区人力资源总监和公司的成长史对你有什么启示?

第7章

职业情商培养

学习目标

通过本章的学习,引导学生掌握职业情商的定义;了解职业情商之于就业创业的意义;掌握提升职业情商的方法。

关键术语

情绪、情商、情绪问题的调适、职业情商、职业情商的意义、职业情商的培养。

引导案例 总是"战斗"状态的张文凯

销售总监张文凯加入公司不久,带领团队抓住行业发展的新机会,将销售额提高了50%,占领大了部分市场份额,让竞争对手望尘莫及。有着如此傲娇的业绩,张文凯本来应该有如冉冉升起的新星,机会大把。但是最近,张文凯却苦着脸跟我说,他打算辞职离开,令人诧异。

仔细回顾他进公司以来发生的种种事情,不难发现问题所在。记得一次会上,他和财务部因为意见不同,展开激烈的辩论,张文凯不依不饶,双方僵持不下,最后还是财务部退让一步,同意会后再做论证,张文凯非常得意。

后来听HR部门同事说,在和张文凯沟通激励政策时,他并不认真听取提案,而是大谈特谈自己以前的公司怎么做的,还说HR就是糊弄事。无论HR如何解释,张文凯就是听不进去,还搬出一番大道理,双方不欢而散。

因为张文凯每回和其他部门沟通,总是一副"战斗"的状态,掰扯道理,所以即使他说得在理,大家还是很反感,渐渐都躲着他走,避之唯恐不及,互相配合越来越差。

渐渐地,到领导那里投诉张文凯的人越来越多,张文凯不仅不反思自己的问题,反而抱怨同事们无事生非有意针对他。与同事们的关系越发紧张,工作热情逐渐下降,最终混到在公里待不下去的地步,于是想到了辞职。

张文凯走后,公司HR客观评价说,张文凯是一个智商很高的高才生,工作能力强，也很有干劲儿，但在人际交往中不懂得退让，过于强势，不善于倾听他人的意见和建议，这会让一个公司的管理层失去人心，最终成为职业发展的绊脚石。

案例导学：张文凯原本有着良好的职业发展势头，却因处理不好与同事、下属之间的关系而被迫离职，葬送了大好前途。如果他离职后不反思自己的问题，不努力提高职业情商，就算重新入职，也同样走不远。对于张文凯这样的人来说，修炼职业情商，势在必行！

7.1 情绪与情商

7.1.1 情绪

1. 情绪的定义

"情绪"一词，《辞海》定义为"从人对客观事物所持的态度中产生的主观体验"。目前，学者们对情绪的定义还未达成一致意见，学者们从不同的角度提出了情绪的定义。一些学者从环境的角度来研究情绪，认为情绪是社会建构的结果，文化、语言等社会环境因素对情绪的形成有重要的影响[1]；一些学者从认知的角度提出，情绪是多种行为、感觉和思想综合而产生的一种心理状态，是对个体获得的主观经验的理解和认识[2]；还有学者从个体需求的角度指出，情绪是个体对客观事物是否满足了自己的需要而产生的主观感受和体验。

2. 情绪的类型

与对情绪的定义相似，古今中外的学者对情绪的分类也持有不同的观点。例如，《白虎通》中提到情绪分为"六情"，即喜、怒、哀、乐、爱、恶。《礼记》在此基础上更进了一步，认为情绪包括喜、怒、哀、惧、爱、欲、恶"七情"。Ekman认为，情绪是一种与生俱来的本能，他的研究将情绪分为六种基本情绪，即愤怒、厌恶、恐惧、快乐、悲伤和惊讶[3]。Plutchik与Ekman观点一致，认为情绪是由生理驱动的。而Izard则有不同的观点，他将情绪的分类从基本情绪升级到复合情绪，指出基本情绪是人类在进化基础上产生，对外界刺激的适应性反应。而复合情绪则包括认知评价及行为表现等多种成分，是2~3种基本情绪的混合、基本情绪与内驱力身体感觉的混合以及感情—认知结构与基本情绪的混合。[4]由此看出，他认可情绪的产生和变化均受认知结构的影响。

7.1.2 情商

7.1.2.1 情商的定义

长久以来,人们对智力的开发颇为关注,在很长一段时间,智商水平的高低往往被用于评判和预测一个人未来的发展情况,甚至智商被认为是一个人是否能成功的决定性因素。但随着时间的推移,一个现象逐渐引起人们的关注,那就是诸多成功人士的智商并非出类拔萃,同时,一些高智商的人也并非能比智商相对较低的人能取得更大的成功。这些与经验不一致的现象引起了学者们的兴趣[5]。

1920年,美国心理学家爱德华·李·桑代克提出了社会智力的概念,开始关注人们了解他人、处理人际关系方面的能力。1983年,美国心理学家霍华德·加德纳提出了多元智力理论,在传统智力理论只关注数学、语言等能力的基础上增加了人际关系等内容。这些研究的研究对象实则就是情绪智力的雏形。对情绪智力的研究日益增多,但就其定义来讲,学界并未达成高度统一。情绪智力的概念最早是由美国心理学家彼得·萨洛维和约翰·梅耶提出的。1990年,他们首次提出"情绪智力"这一概念,认为情绪智力是一种"监控与辨别自己和他人情绪情感并利用这些信息指导自己的思维与行动"的能力[6]。

美国哈佛大学心理学教授丹尼尔·戈曼系统而深入地研究了情绪智力,并于1995年在研究基础上出版了一本极具影响力的非学术性专著《情绪智力》。该书指出,人的成功与拥有较高的情绪智力密切相关,认为情绪智力对人成功的影响甚至高于智力因素。因与"智商"(IQ)一词相对应,"情绪智力"又被称为"情商"(EQ)[7]。

虽然国内外学者对情商的表述不同或存在不同侧重点,但对情商的核心内涵的理解基本一致。戈尔曼教授在其著作《情绪智力》一书中提出情商包括以下五种能力[8]。

1. 认识自己情绪的能力

认识情绪是情商的基石,这种认知感觉能力,对了解自我尤为重要。无法了解自我感觉能力的人,最终会沦为感觉的奴隶;相反,能够掌控自我感觉能力的人,才能主宰自己的生活和未来。

2. 善于管理自己情绪的能力

要想管理好自己的情绪,必须建立在自我认知的基础上,主要包括:自我安慰,摆脱焦虑、灰暗或不安。缺乏自我情绪管理能力的人,经常会出现情绪低落的现象;能够管理自我情绪的人,即便处在生命的低谷,也会在短时间内把自己调整好,重新向未来发出挑战。

3. 自我激励的能力

通常情况下,我们要想做好一件事情或者要想攻克一个技术难题,注意力集中，成功的概率才会大一些，否则，成功的机会将大大降低。因为，一个很重要的问题，就是克制冲动。一般来说，集中注意力和发挥创造力都是延迟满足和保持高度热情的表现，是一切成就的动力。因此可以说，能及时自我激励的人做任何事的效率都比一般人高。

4. 认知他人情绪的能力

要了解他人的情绪，就要首先取得别人的信任，这常常需要有较多同情心。同情心是博取别人信任和与别人取得沟通机会的最有效的和最基本的渠道，这同样建立在自我认知的基础上。有同情心的人比较能从细微的信息中捕捉到他人的需求信息，这种人在销售、医护与管理等工作方面会很出色。

5. 管理人际关系能力

管理人际关系的能力具体表现为管理他人情绪的艺术，是一个人情商高低的高层体现。一个人的领导能力、人际和谐程度等都与这项能力紧密相关，能自由驾驭这项能力的人往往情商很高。

7.1.2.2 情商的重要性

1. 情商影响事业成就

案例1：谦虚的企业家——李嘉诚

有一年，一位内地企业家来拜访李嘉诚，李嘉诚热情地接待了他，并带着一个儿子陪同他。在交流的过程中，当他的儿子讲香港话时，李嘉诚立即纠正，让他的儿子说普通话，因为内地企业家可能听不懂香港话。会谈结束后，李嘉诚还亲自把这位企业家从办公室带到电梯门口，看着他离开，直到电梯门关上。

从这个小故事中我们可以看出，越是成功、越是受人尊敬的人，往往就越谦虚，他们越宽容和尊重他人，就会越成功，并且更受别人尊重。这是一个良性循环，也是李嘉诚成功路上的一个关键因素。

案例2："戒多言"的曾国藩

曾国藩是晚清历史上非常厉害的人，当时他刚进入翰林院不久，正春风得意，一次在给父亲过生日时，对前来祝寿的好友郑小珊夸夸其谈，有些得意忘形，结果引起郑小珊反感，拂袖而去。

事后曾国藩后悔万分，他在日记里反思自己有三大错。一是平常就自以为是；二是嘴上说话没把门的，想到哪儿说到哪儿；三是明明说话得罪了人，还跟人强辩，甚至到了不近人情的地步。

总结这三点，曾国藩说自己作为一个标准的儒家知识分子，连《礼记》里说的"恶言不出于口，忿言不反于身"的道理都参不透，连语言这一关都过不了，还能成什么大事呢？

曾国藩一生在"戒多言"上下足了功夫，他不仅经常批评自己"每日言语之失,真是鬼蜮情状!"也经常反问自己"言多谐谑,又不出自心中之诚",这种言语习惯、个性缺点,"何时能拔此根株?"

他不仅对自己有这个"戒多言"的要求,还把它当成家训智慧中非常重要的一条内容,尤其是对他的两个儿子和几个弟弟反复灌输、强调这一点。

曾国藩认为,如果想用言语超过压制别人,即使胜了,别人也不会服气,为人处世上,还是应当谦逊一些为好。争吵往往没有是非可言,结果常常会意气用事。一个人牢骚太多,结局必然抑塞,无故而怨天,天必不许,无故而尤人,人必不服。抑郁不平之气,往往伤人害己。

案例1里的小细节看似微不足道,却充分体现了李嘉诚的谦虚、细致和大度。李嘉诚表现出的高超的人际交往能力就是高情商的体现,这不仅使他取得了事业的成功,而且使他更显人格魅力。案例2中,曾国藩的一生都在"戒多言"上下足功夫,他要求自己做到自我控制,避免祸从口出,本质上是一种为人处世的智慧。

在职场中,高情商可以帮助一个人在工作中清楚地表达自己的想法,恰当地协调、处理各方面关系,从而使自己在职场上如鱼得水,获得良好的业绩和职业前途。同时,对于企业来说,高情商的员工不仅能创造较好的业绩,也有助于保持融洽的团队关系,因此,企业也更倾向录用情商高的人。

1960年,心理学家瓦特·米歇尔做了一个著名的"软糖实验"。他在一所幼儿园里召集了一群4岁的小朋友,给每个小朋友一颗软糖并告诉他们有两个选择,一是坚持20分钟不吃糖,等他出去一趟回来后再吃,每个人都可以得到两颗糖;另一个选择是现在可以吃,但只能吃一颗糖。对于4岁的孩子来说,这是一个两难选择。

实验的结果显示,三分之一的小朋友选择马上吃掉这一颗糖;另外三分之二的小朋友通过睡觉、把眼睛闭上不看糖、唱歌或跳舞转移注意力等方式来控制欲望。最终,他们抵制住了诱惑,获得了两块糖。

经过12年的追踪,实验者发现,那些抵制住了诱惑的孩子大多有较强的自制力,对自己充满信心,乐于接受挑战,处理问题的能力强;而选择吃一块糖的孩子则多表现出任性、多疑、犹豫不定、抗挫能力弱等。后来,实验者又持续了几十年的追踪观察。事实证明:那些有耐心等待吃两块糖的孩子在事业上比那些不愿意等待的孩子更容易获得成功。

李嘉诚的故事、曾国藩的故事和"软糖实验"都很好地说明了一个人成就的大小与情商的高低密切相关。正如戈尔曼指出的,真正决定一个人能否成功的关键往往是情商而不是智商的高低[9]。

2. 情商助力幸福生活

每个人都想找到打开幸福大门的钥匙,想过上幸福的生活。聪明的大脑和较好的物质条件固然重要，但并不一定会带来幸福。如何运用智慧和已有的物质条件使自己体验到幸福快乐的感觉，才是获得幸福的保障。人们在日常生活中的行为方式与行事态度不同，情商低的人会因为错误的处理方式影响生活体验。但情商高的人通过控制情绪等方法，综合利用已有条件为自己创造幸福美满的人生。

7.1.2.3 情商的影响因素

1. 高情商的表现

美国著名的《赫芬顿邮报》基于戈尔曼关于情商的诠释，系统总结出情商高的人通常有以下表现[10]。

（1）有自知之明：能准确清晰地认识到自己的优点与缺点，自信心十足。

（2）喜欢结识新朋友：喜欢结交新朋友，对陌生人有好奇心，并希望向陌生人学习。

（3）有较强的情绪控制力：能有效地控制自身的情绪波动，避免不良情绪带来的影响。

（4）懂得适时拒绝：心理承受能力较强，懂得在合适的时间以合适的方式拒绝他人。

（5）能和大多数人友好相处：能与大多数人相处愉快，不论对方年龄长与幼，地位高与低。

（6）乐于帮助他人：能敏锐地捕捉到他人的困难，并向他们提供力所能及的帮助。

（7）善于察言观色：有敏锐的洞察力，能领悟他人的意思，照顾他人的感受。

（8）有较强的抗挫能力：心理韧性较强，遭遇失败不气馁，能在逆境中迅速调整情绪，恢复斗志。

2. 影响因素

影响情商水平的因素主要包括两类，即外部因素和内部因素[11]。

（1）外部因素。

1）家庭熏陶：一个人处理人际关系的方式方法、调控自己情绪的能力最初都是受家庭环境的影响。父母受教育的程度、教育方式、家庭成员之间的相处方式等为一个人的情商刷上了最初的底色。父母受教育程度较高、关系较和谐的家庭，会更加重视孩子情商的培养，更能对孩子情商的形成产生积极、正面的影响。

2）学校教育：一个人在成长过程中，除了家庭生活以外，学校生活占据了绝大部分时间。因此，学校也是情商培养的主要场所之一。学校的校园文化、管理模式、教师的品格、教学方法、师生关系、生生关系等都能通过教学、校园活动等潜移默化地教会学生处理人际关系,对学生情商的培养产生巨大影响。

3) 社会影响:人的本质属性是社会性,一个人在接受家庭和学校的影响之外,还无可避免地受到社会上各种人和事物的影响。社会影响包括消极和积极两个方面。一个人面对社会影响时,能通过已建构起来的知识体系做出反应。要提高情商,就需要充分利用社会影响中的积极因素,尽量克服消极因素。

(2) 内部因素。

1) 自我认知:一个人对自己的认识有多深,对他人、对社会的认识就有多深。能对自己进行准确、客观的评价,是一个人更好地认识周围环境的重要前提,也对后续适应环境并做出有效反应起着极大的促进作用。

2) 自身性格:高情商的人通常表现为乐于、善于与周围人打交道,而性格又在很大程度上影响着一个人与他人打交道的兴趣与能力。

3) 情绪管理:情商的本质内涵就是对情绪的识别与管理。因此,对情绪的监控与调节能力是情商高低的重要指标,影响着一个人情商的发展。

4) 自我激励:一个人自我激励能力的高低严重影响其情商的发展。面对挫折和困难时,能通过自我激励使自己重拾信心,从而正视问题努力解决的人情商水平往往更高。

5) 志向水平:一个具有远大志向的人,往往更能克制自己的情绪,以便为长远利益做准备,因而能拥有较高的情商水平。

6) 人际策略:人际交往难免遇到一些障碍,适当的人际交往技巧可以有效地帮助你化解矛盾,使人际关系更融洽。

各种影响因素不是独立存在,而是相互作用,共同影响情商水平。

7.2 情绪问题及调适

7.2.1 情绪问题

7.2.1.1 情绪问题的内涵

情绪问题是指当受到外界刺激产生持续痛苦、悲伤、紧张、焦虑的感觉,却不能得到有效消除的状态。

7.2.1.2 常见的情绪问题

1. 焦虑情绪

焦虑是一种常见的情绪状态,当一个人在生活、学习、工作、情感等方面遭遇困难与挫折,或碰到在他们看来需要付出巨大努力或超过能力范围的事情时,就会产生焦虑情绪体验。

焦虑对人的影响是复杂的，既可以成为人们成长发展的阻力，又可以起到积极作用。研究发现，一定程度的焦虑有助于保持适当的紧张状态，注意力集中，学习工作效率高。但焦虑程度一旦超过承受范围则会影响身心健康。例如，在工作中，有的人因对自己的业绩不满意担心末位淘汰而感到惶恐不安，表现出心神不宁、记忆力下降、注意力难以集中，甚至失眠或耳鸣，这就是焦虑过度的表现，会导致他们难以应对日常工作，甚至影响正常生活。

2. 抑郁情绪

抑郁情绪是另一种较为常见的情绪状态。是当人们遇到生活挫折、精神压力、生老病死、天灾人祸等痛苦境遇而感到无力应对的消极情绪。抑郁情绪多与一个人遭遇的应激性事件和自身性格有关。自身性格较内向、不善人际交往、悲观的人产生抑郁情绪的可能性更大。但这并不意味着性格外向、积极乐观、善于人际交往的人就不会产生抑郁情绪。当这类人遭遇突发生活事件时，也有可能产生抑郁情绪。例如，一个积极乐观的学生，遭遇重大家庭变故，会经历极度悲伤和痛苦的情绪，但随着时间的推移，绝大多数人都能通过自我调整而恢复，只有极少数人可能因持续时间过长、情绪低落过于强烈而发展为抑郁障碍。

3. 愤怒情绪

愤怒是指行为受到阻碍不能达到目的，或愿望不能实现时产生的一种紧张而不愉快的情绪体验。有的人会因为别人一句刺耳的话而大打出手，有的人则会因为人际交往中别人与自己意见相左而恼羞成怒，还有的人会对不公平的社会现象或他人遭遇的不公而怒不可遏。易怒的人往往不够稳重，遇事不能冷静地分析与思考，行动走在思维的前面，轻则容易影响自己的形象和人际关系，重则会因愤怒之下的冲动酿成大祸，因此，愤怒对人的成长是十分不利的。

4. 嫉妒情绪

嫉妒是指人们为竞争一定的权益，对应当团结的人怀有一种冷漠、贬低、排斥或敌视的心理状态。具体表现为，看到比较对象表现比自己优秀、地位比自己高时心中会产生痛苦、愤怒的感觉，严重时甚至会产生恨的情感；当他人遭遇不幸时则幸灾乐祸。嫉妒是一种扭曲的心理，不仅妨碍人与人之间的正常交往，还会损害人的身心健康。

5. 失落情绪

失落是指现实没有达到对自己和他人的期待而产生的一种沮丧与灰心的情绪状态。面临来自工作、生活、择业、交友诸多方面的挑战，人有时期望过高，一旦现实中遭遇挫折和失败时则陷入失落。例如，对异性产生好感，鼓足勇气表白却遭拒绝，因此感到伤心、失落、愤怒。在恋爱中被拒绝意味着要重新评估自己在对方心中的地位。如果这种情绪持续时间过长，会导致自信心受到打击甚至产生自我怀疑和自我否定。

6. 冷漠情绪

冷漠是一种对周围的人和事冷淡、漠然的消极心态。冷漠的人通常表现为对一切都不在乎，对人心存戒心甚至怀有敌意。他们不爱与人交流，同时对他人的不幸漠不关心，毫无同情心。冷漠往往不是天生的，而是因为曾经受人欺骗、受人漠视或歧视而感到心灰意冷。这些心理阴影会导致在后续的人际交往中逐渐失去原有的热情和同情心，对生活中的悲欢离合无动于衷。

7. 自卑情绪

自卑是指在和别人比较时，由于低估自己而产生的情绪体验。自卑的人通常会拿自己的缺点和别人的长处比，总觉得自己处处不如别人，看不到自己的长处和价值，久而久之就会产生一种悲观厌世的情绪。严重自卑的人会对生活失去希望，甚至万念俱灰。一方面，自卑对人的成长起激励作用，它可以促使人们认识自身的缺点并及时弥补，成为人们取得成就的动力；另一方面，严重的自卑会使人们排斥、厌恶比较对象，阻碍发展。

自卑感是产生自我封闭的心理根源，青少年时代的自卑感往往会为一生埋下祸根。父母、教师、朋友对一个人的评价都会对他产生巨大的影响，特别是贬低性的评价。例如，你"笨死了""蠢得跟猪一样""什么都做不好""你长得真土"等，都可能严重挫伤一个人的自尊心，使他产生自卑感。而随着年龄的增长，这种自卑情绪会滋长、蔓延，导致他长大后产生自我认同缺失和人际关系障碍。如果这种病态心理不能得到及时矫正，后果可能不堪设想。

20世纪奥地利著名心理学家阿尔弗雷德·阿德勒指出，所有人都有自卑感，而攻击和力量是克服自卑感的手段。他认为，人通过控制和征服他人而获得优越感，以此来抵消内心的自卑感。他们因自卑而渴望受重视，因渴望被重视而伤害他人，最终走向犯罪。

7.2.1.3 产生情绪问题的原因

（1）家庭环境：父母关系和谐，或尽管有分歧也能以理性、平和的方式解决的家庭环境培养出的小孩情绪较稳定，遇到困难会想办法解决而不是消极、抱怨；家庭教养方式也会影响孩子情绪的稳定性。以自卑情绪为例，孩子在成长过程中遇到困难，家长如果能适时提供建议和引导，孩子能得到支持，就能不断积累克服困难的成就感，从而树立内在的自信心。相反，如果家长一味地批评和埋怨，就会使孩子的自尊心受到压抑，久而久之，就会从爱表达变成不是很想表达，最后变成不愿意表达、不敢表达，内心无比自卑；此外，父母对孩子成长成才的过高期待也会加重孩子的心理负担，产生一系列情绪问题。例如，家长希望孩子在同龄人中表现出众，无形中对孩子造成压力。一旦达不到期望，就容易引发焦虑和苦闷的情绪反应。

（2）学校环境：学校对一个人的学习、课外活动、综合素质等方面有着明确的要求和考核标准，学生稍有松懈就会在竞争中失利。学业和提升综合素质的双重压力影响着大学生的情绪。

（3）社会环境：现在的大学生大多是独生子女，在父母或其他家人的无微不至的关心和呵护中长大。家庭环境像温室，为孩子们遮风挡雨的同时，也让他们失去了在艰苦条件中摔打磨炼成长的机会，抗压、抗挫折能力普遍较弱，应对复杂局面的经验和能力普遍缺乏，因此容易引发心理与行为严重失调，从而产生不良情绪。进入社会后，又会面临工作、家庭、婚姻、人际交往、发展等多方面的压力，不少人会出现高度焦虑或抑郁的状态，这些都是社会环境造成情绪问题的表现。

（4）恋爱问题：不论年龄长幼，都有可能无法正确处理恋爱中的矛盾与冲突，也无法正视一段关系的结束。有的人一旦感到现实情况与爱情的想象之间的落差，就容易灰心丧气、自我否定，甚至走向极端。

（5）重要丧失：重要丧失也会对情绪产生重大影响，主要包括丧失荣誉、丧失学业、丧失情感、丧失亲人。丧失荣誉，是指与发展有关的荣誉的丧失。例如，失去晋升机会等；丧失学业，是指重要考试失利、毕业困难等；丧失情感，是指失恋、与好友关系破裂等；丧失亲人，是指重要亲人去世、家庭发生重大变故等。上述几类丧失都可能引起负面情绪，如果不及时调整，容易引发情绪问题。

7.2.1.4 情绪问题产生的影响

情绪问题一方面引起大脑神经活动功能紊乱，导致学习效率降低；另一方面，会引起内分泌失调，降低免疫功能，影响身心健康。

7.2.2 情绪调节

1. 情绪调节的内涵

迄今为止，学术界对情绪调节的定义并没有完全形成共识。在研究早期，研究者们倾向认为情绪调节是一个通过监控、评估、修正等方式调节与修正自身情绪，以便达到预设目标的过程[12]。

Gross 将情绪调节的范围由对自身进行调节拓展到对自身及他人进行调节。他认为，情绪调节是指个体有意识地和自愿地管理和改变自己或他人情绪的过程。在这个过程中，通过一定的调节策略和机制，使情绪在生理反应、主观体验和表情行为等方面发生一定的变化[13]。这一变化的终极目标是实现个体情绪与环境变化协调，提高个体对外部环境的适应性。

2. 情绪调节的功能

研究者们从不同角度对情绪调节的意义进行了探讨，其中得到普遍认可的是情绪调节的适应性功能，它指个体以社会允许的、容忍的策略做出适当的情绪反应，可以控制或延迟个体，因此情绪不同于感觉，情绪具有工具特性[14]。适当的情绪调节策略应当是适应当时的环境，根据环境变化采取灵活的策略调节过高或过低的唤醒状态。个体采用情绪调节策略是为了协调情绪与认知和行为的关系，使情绪在生理唤醒、主观体验和表情行为等方面达到良好的、适应的、灵活有效的结果[15]。国内以孟昭兰为代表的一批学者也提出了类似观点，她认为，情绪调节可以使人的心态或情绪与社会需求达到协调统一，同时能维持心理平衡[15]。

生活中不论是积极情绪还是消极情绪都需要予以调节。积极情绪需要加强、维持和管理，而过度的消极情绪需要采取抑制措施。因为情绪是不断被唤起的，而且情绪会随着情境的变换而发生变化，因此，情绪调节是一个持续的、动态的过程。在临床领域，无法对焦虑、抑郁等消极情绪进行有效的管理，就容易导致情绪失调，严重影响身心健康。情绪调节有利于使个体对与环境不协调的情绪进行干预与调整，从而增强个体对环境的适应性。情绪调节在人际交往中同样发挥着重要作用。在不同的人际交往情境中使用不同的情绪调节策略，能有效提高人际交往质量，避免人际冲突。有研究发现，情绪调节能力的强弱，会导致不同的社会适应。良好的情绪调节可以使个体体验到更多的社会支持，获得积极的情绪体验，表现出良好的社会适应性。相反，情绪调节能力不足的个体则在共情和亲社会行为上表现较差，社会适应水平较低[15]。

情绪调节的效果对个体的职业发展有着重要影响。在职业发展中，工作年限、工作环境、工作成就感、特殊工作和生活事件等因素都可能引发工作者产生焦虑、紧张、沮丧、愤怒、无助、失落等负面情绪。这些负性情绪不仅主观上影响工作者的幸福感，还会在客观上引起抱怨和争端，从而影响工作效率。处理不当，则会影响个体对工作的态度，使其产生倦怠甚至厌恶，影响个体职业成就高度，也影响企业组织的发展。

3. 常用的情绪调节策略

Masters 将情绪调节策略定义为个体为了达到情绪调节的目的而采取的努力和做法[16]。情绪调节策略是个体推断与内外部环境之间的关系很重要时试图保持、建立、破坏或终止这种关系，经过系统化的策划形成的调节计划；是个体对情绪进行有效调节并使个体处于良好的情绪状态以适应社会和环境需要的一种重要手段，也是指个体为了达到情绪调节的目的，有计划、有意图的一种努力和做法[17]。

国外学者 Gross 构建了情绪调节过程模型，根据这一模型理论，情绪调节分为起因调节和反应调节两个部分：起因调节，包括情境选择、情境修正、注意分配和认知改变四种类型的调节方式，主要作用是增强或减弱情境和对情境的认知。反应调节是指增强或减弱因刺激而产生的生理反应或可观察到的情绪反应，如表情、行为等。

在这些情绪调节策略中，最有价值的两项策略为认知重评和表达抑制。认知重评是指通过改变认知，尝试以更积极的方式对事件进行重新解释，从而改变对事件的看法，最终达到增强或减弱事件对个体影响的目的。美国临床心理学家艾利斯所提出的情绪 ABC 理论与上述观点有类似之处，他也认为是人们对事件的认识引发了情绪，而非事件本身引发了情绪。他建议，当个体产生情绪时，应先对引发该情绪的事件进行梳理，再找出引发该情绪的非理性观念，随后通过对非理性认识进行纠正，建立合理认识，最后改变情绪感受[18]。

表达抑制是一种典型的反应调整，是指压抑正在发生或即将发生的情绪反应。研究发现，表达抑制会产生消极作用，不仅会产生继发消极情绪反应，还会在抑制过程中消耗一部分资源，不利于心理健康[19]。

具体到日常的生活、学习和工作中，可以通过下面的五步法尝试调适情绪。

（1）识别不良情绪。识别自身情绪的能力是情商的重要指标，包括自我觉察和分析辨别两个部分。情绪无时无刻伴随着我们，以至于当受到某种情景的刺激时，我们可能下意识产生某种情绪而不自知。应对不良情绪的前提是要觉察自己产生了不良情绪。可以通过以下方法帮助自己识别不良情绪：日记法、沟通反馈法、测试法。日记法，即通过记录发生的事件、内心产生的想法等反思自己的情绪反应是什么？是否得当？沟通反馈法，即通过与他人交流，了解自己的情绪反应是否正常，是否给他人带来了不适，是否恰当。测试法，即利用专业的情绪测试题库来帮助判断产生情绪的种类。

（2）正视、接纳不良情绪。人的一生都是一个不断尝试、修正和调整的过程。不论是积极情绪还是消极情绪都是人生的宝贵财富，应该以一种接纳、包容的心态予以正视。当遇到挫折产生消极情绪时，要对自己说，这是正常的，是人生不可或缺的一部分。不要压抑，应该勇敢地接受，正确地面对，积极地想办法应对。只有以更平和的心态接纳不良情绪，才能不断进步。

（3）找出引发不良情绪的认知。敢于面对情绪，还必须要准确地找出究竟是什么样的认知导致了不良情绪，这一步是有针对性地进行修正的重要前提。当觉察到产生了不良情绪后，静下心来梳理一下脑子里的想法，一条一条地分析这些想法是否是导致产生不愉快的原因，找到它，然后记录下来。

（4）认知重建。有针对性地纠正引发不良情绪的认知，建立合理的信念。

重建认知并非易事，需要当事人重新审视自己与他人的行为和观点，尝试找到这些行为和观点中的积极方面，建构新的认知。

（5）积极求助。当发现自己陷入不良情绪却无法走出时，就需要向可信任的亲人、朋友、专业心理机构寻求帮助，诉说内心的不安、恐惧、焦虑、沮丧等，借助"旁观者清"的优势帮助自己尽快走出不良情绪，或减轻负面影响。

7.3 职业情商的培养与提升

7.3.1 职业情商的定义

情商，是一个人掌控自己和他人情绪的能力，它包含五个方面的情绪能力，即了解自己情绪的能力、控制自己情绪的能力、自我激励的能力、了解他人情绪的能力和维系良好人际关系的能力，这五项能力在职场中的具体表现就是职业情商。职业情商更加侧重对自己和他人的工作情绪的了解和把握，以及如何处理好职场中的人际关系，是职业化的情绪能力的表现[20]。职场中，良好的职业情商有助于个体选择和驾驭情绪，做出最佳决策。传统的职业情商是从事某种职业应具备的情绪表现。情商研究的专业机构"六秒钟"对职业情商的定义是：通过在工作中进行有效的综合思考和情绪，来形成最佳决策的能力。许多企业在招聘新员工时，越来越重视考察求职者的职业情商[21]。

7.3.2 职业情商之于就业创业的重要意义

湖北工业大学人才培养目标是培养创新创业精神与实践能力强的高素质应用型人才。

在创新创业教育中，我们不难发现一个现象，那就是有着过硬知识储备、专业素质的大学生创业者，却在创业实践时因人际交往、情绪处理等问题屡遭挫折。培养学生的创新创业能力不仅要教授学生创业运作模式及技巧，更要注重培养学生的创新创业素质和能力。在创新创业教育中重视大学生的情商培养，将二者有机融合，有利于从责任意识、意志品质、沟通合作能力、人际交往能力及危机管理能力等方面提升创新创业综合素质和能力，也是我校人才培养目标的应有之意。

 案例赏析　人生总有起落，精神终可传承

褚时健（1928年1月17日—2019年3月5日），云南红塔集团有限公司和玉溪红塔烟草（集团）有限责任公司原董事长，褚橙创始人，先后经历两次成功的创业人生，被誉为"中国烟草大王""中国橙王"。

1979—1994年，褚时健成功将红塔山打造成中国名牌香烟，使玉溪卷烟厂成为亚洲第一、世界前列的现代化大型烟草企业。1994年，褚时健当选全国"十大改革风云人物"。褚时健成为"中国烟草大王"。

1999年1月9日，71岁的褚时健因经济问题被判处无期徒刑、剥夺政治权利终身。2001年5月15日，因为严重的糖尿病获批保外就医，回到家中居住养病，并且活动限制在老家一带。2002年，保外就医后，74岁的褚时健与妻子在玉溪市新平县哀牢山承包荒山种橙开始了第二次创业。2004年获假释后减刑为有期徒刑17年，2008年减刑至有期徒刑12年，2011年刑满释放。

2012年11月，85岁的褚时健种植的"褚橙"通过电商开始售卖，褚橙品质优良，常被销售一空。褚时健成为"中国橙王"。2012年，褚时健当选云南省民族商会名誉理事长。2014年12月18日，荣获由人民网主办的第九届人民企业社会责任奖特别致敬人物奖。

褚橙果园靠着一句"人生总有起落，精神终可传承"的广告词感动了很多人。被判无期徒刑，女儿自杀，74岁再创辉煌，这是褚时健在人们眼中的"大起大落"。为什么在遭受重大人生和家庭变故，经历了数次人生大起大落之后，褚时健依旧能以巨大的热情和毅力投身创业并取得巨大成功？原因就是他拥有高情商。情商高的人会激励自己，以正向的态度看自己，相信自己有未开发的潜力，会认为未来很有希望。特别是在遭遇挫折、陷入低潮、跌倒或受到打击的时候。在瞬息万变、压力随处可见的创业中，高情商是多么不可或缺。

有人说，职场上，一个人的智商决定了他是否能够走上正确的道路，而一个人的情商却决定了他能在这条路上走多远。职业情商是最重要的职业素质，是个人职业发展的关键。

职业情商赋予成功更多的可能，也是职场人士走向成功的必备能力。一个优秀的职场人士必须具备全方位的沟通能力，与上司建立相互信息、开放健康的关系，与同事既能和睦相处又能分工协作，对下属既能友善以待，又能充分调动其工作积极性以实现更高的发展目标。

做学生工作的老师工作时间长了会发现这样一个现象：有些学生在校期间成绩名列前茅，年年拿奖学金，是公认智商较高的那一类学生。可是毕业进入社会几年后，却泯然众人。反而是那些在学校时成绩一般，相貌平平，看起来似乎没有过人之处的学生在工作几年后能在事业上获得企业的认可，取得一定的成绩。

心理学家们通过调查研究发现，价值观、世界观、抗挫折能力、性格、毅力、信念、情感等品质决定了一个人在职场能达到的高度。换言之，智商一般，但拥有上述积极品质的人，比智商较高，但不具备职场所需积极品质的人，更易取得职场成功。

美国创造性领导研究中心的大卫·坎普尔的研究"昙花一现的主管人员"时发现,这些人之所以在职业发展中不能取得长久的成功,并不是因为缺乏知识和技术,而是没有处理好人际关系中的种种问题导致的。例如,处理不好与上下级的关系、协调不好工作关系、缺乏团队精神、性格孤僻、强势独断等。

在职场,不论从事何种职业,居于何种地位,都要具备一定的情商。通过与招聘单位的 HR 交流也发现,现在越来越多的企业十分重视员工的情商相关的能力素质。于是,用人单位会安排心理测试、压力测试等手段来测评应聘人员的情商水平。录用之后,在员工的培养和管理上,企业也会把员工情商的培养与提高作为打造企业文化、提升企业效益的重要手段。

7.3.3 职业情商的提升路径

 案例赏析 陈庆浩的职场经历颇具传奇色彩

1985 年,中专毕业的他,被分配到了一家国企工作。那年他 18 岁。进入这家国企后,陈庆浩由一名普通的车间工人一步步晋升到了分厂厂长一职。那是 1997 年,他刚满 30 岁。然而,2000 年,他 33 岁时,这家国企倒闭了。

很快,他想办法进入自己所在行业的一家大型民营企业。进入这家企业后,他只是成为该企业财务部的一名普通员工,并没有人知道他的过去。

为什么会被安排进财务部,他也不知道。他并不懂财务,所以到了这个部门,刚开始他也颇感意外。但"既来之,则安之",为了让自己尽快掌握财务知识,他经常主动请教别人。

每天,他都很早到公司上班。一到办公室,他就拖地、打开水、擦桌子,只要力所能及的活儿,他都干。等他干完这些,办公室里的其他同事才来到办公室上班。

他长着一张和善的脸,总是保持着微笑,让人看着很有亲切感。再加上他说话风趣幽默,总是主动为大家付出,所以上班一个月后,他便融入了这个小集体。每每遇到财务上的问题,他总是爱请教别人,让大家觉得他很谦虚好学。

在财务部仅工作了两个月,陈庆浩便被调到了总裁办公室工作。在这家企业里,他并没有任何背景和关系。自己会被调到总裁办,唯一的可能是,财务部主管向总裁推荐了自己。

在总裁办,他依然每天都很忙,脸上则始终带着和善的微笑。

又过了两个月,他对公司里的每一个人都熟悉了。他的过去,也慢慢地被人了解。于是,越来越多的人对陈庆浩心生敬意,佩服他的平常心、乐观和积极生活的态度。

很快，公司便到了销售旺季。然而，在旺季里问题也暴露得很明显，那就是供货严重不足。关键问题有两个：一是装箱车间的工人们素质不高，自由懒散，很不好管理；二是装箱车间由于要和供应、质检、储运、营销等部门打交道，程序流程非常烦琐，所以也大大地延误了成品出厂的时间。

每天，装箱车间的主任忙得焦头烂额，还是不能及时交货。营销部因此对装箱车间大为不满，公司高管也对车间主任提出了多次批评。尽管被责备过很多次，但装箱车间的效率问题还是改观甚微。公司例会上，正当公司中高层管理者都在为这个问题而犯愁时，突然有一位部门主管提出让陈庆浩试一试。总裁其实也对陈庆浩的能力逐渐有所了解，这位主管一提出来，他立马就拍板，让陈庆浩担任了装箱车间的副主任。

在装箱车间，陈庆浩与工人们慢慢熟悉后，便用自己的个人魅力和带队伍方法，迅速地改变了大家的工作态度与方法，结果，装箱效率得到了迅速的提升。在工作中，他总是能够将心比心，站在工人们的角度去考虑问题，经常关心工人工作与生活，所以大家很快就都喜欢上了他。

他做过很多感动大家的事。例如，有一次外面下起了大雨，一位离家很远的工人没有带雨具，他便把自己的雨披借给了对方，自己则宁可让家里人来给自己送伞。结果，他一直等到晚上9点多，才得以回家。

在接下来的几年里，陈庆浩历任了车间主任、生产管理部经理、总裁办公室主任、运营部经理、董事长助理。2005年，在他进入这家企业的第五年，企业在上海设立了分公司。在该分公司总经理人选上，企业上下都不约而同地想到了陈庆浩。于是，他成为总公司的副总经理、分公司的总经理。

陈庆浩在这家企业里没有背景和人脉，也没有熟人，他之所以能在这家企业里平步青云，迅速赢得成功，最关键的原因就是他拥有超乎常人的高职业情商。

令人鼓舞的是，职业情商是可以通过学习得到提升的，就像一个运动员不停地练习，就能提高自己的体能跟技术。根据职业情商的概念，要有效地提升职业情商，就要做好以下几个方面，即了解自己的情绪、管理自己的情绪、了解他人的情绪和管理他人的情绪。

7.3.3.1 了解自己的情绪

"知人者智，自知者明"。古代先贤早就认识到能清醒地认识自己、对待自己的才是最聪明的，最难能可贵的。在职场中，只看得见别人，看不见自己的人往往是不受欢迎的人。要学会了解和反省自己，既要了解自己的长处和优势，也要认清自己的缺点和不足。只有这样才能以客观的眼光看待自己和他人，才能以一种平和的心态对待工作中的得失荣辱，也才能够保持谦逊、扬长避短，不至于在职场中表现出盛气凌人与自负。

记工作日志、与人交谈都是很有效的了解自己情绪的方式。对于初入职场的年轻人来说，养成记工作日志的习惯，将工作中遇到的事情、当时的心情等记录下来，及时反思、总结是否存在情绪失控、表达不到位等情况。此外，利用向上司汇报工作的机会间接了解上司对自己工作和表现是否满意，虚心聆听上司的指导和建议。还可以在工作之余与同事聊天，根据他们的反馈了解自己的情绪表现，并做出相应调整。

7.3.3.2 管理自己的情绪

没有人能在职场中一帆风顺，人生不如意之十之八九。能否控制情绪以及控制情绪能力的强弱是关乎事业成败的关键因素。通过管理自己的情绪，让自己尽量避免产生不良情绪、消除不良情绪的影响、产生良好的情绪，从而在工作中表现得积极向上、勇敢主动、充满正能量。怎样才能管理好自己的情绪呢？要抓住三个关键点：不抱怨、不逃避、不带情绪工作。

1. 不抱怨

抱怨怀才不遇，不如抓住机遇。知名企业家俞敏洪先生在《赢在中国》第三赛季现场演讲中勉励青年：不管你现在的生命是什么样的，一定要有水的精神。像水一样不断地积蓄自己的力量，不断地冲破障碍。当你发现时机不到的时候，把自己的厚度给积累起来，当有一天时机来临，你就能够奔腾入海，成就自己的生命。与其抱怨职场遭冷遇，不如把时间花在工作上，让自己的能力在完成一次又一次工作任务时得以展示，暗暗积累实力，以坚毅的态度等待机会的到来。

抱怨待遇太低，不如创造价值。在很多企业老板看来，他们理解并愿意支付员工高工资，但前提是一定要给他们一个支付高薪的理由，让他们看到你为公司创造了相应的价值。阿里巴巴的创始人马云也对工资预期这件事给出了建议，他希望职场人，尤其是处在职业上升期的人，不要把钱看得太重，应该把钱看轻一点，把事情看重一点，一个人脑子里成天想着钱的人，是成不了大器的。当你对当前的薪酬不满意时，反思一下自己足够努力吗？自己的薪酬预期与为企业创造的价值匹配吗？自己在公司的位置不可替代吗？在努力为企业创造价值的过程中提升自己，与企业共同成长，一切都会水到渠成。

抱怨位卑职低，不如做好当下。职场中的小事看起来不起眼，但实际上，这能看出一个人的工作态度和工作能力。有些员工，自以为胸怀大志，在被安排做小事时感到委屈和大材小用，殊不知，万丈高楼平地起，很多了不起的人都是在日复一日的琐碎事务中成长起来的。正因为有了基层工作的锻炼，才磨炼了心性、夯实了基础。当自己位卑职低时，不要妄自菲薄，告诉自己，你值得更好的，但要从做好当前每一件不起眼的事开始，哪怕工作再不起眼，也要不折不扣地完成。因为没有卑微的工作，只有卑微的工作态度。要记住，有为才有位。只有脚踏实地、兢兢业业地做出一番成绩来，职业道路才能走得稳、走得远。而眼高手低、好高骛远的人，是很难得到机会的。

二维码 7-1

拓展阅读：扫码观看俞敏洪《赢在中国》第三赛季 36 进 12 现场演讲《水一样的精神》。

2. 不逃避

不逃避付出，做得多学得多。2019 年 3 月 27 日，一个名为"996ICU"的项目在 GitHub 上传开。程序员们揭露"996ICU"互联网公司，抑制互联网公司的 996 工作制度（996 工作制是指早上 9 点上班、晚上 9 点下班，中午和傍晚休息 1 小时左右，总计每天工作 10 小时以上，一周工作 6 天的工作制度）。显然，这是一种违反《中华人民共和国劳动法》的工作制度，不值得提倡。不过，身在职场，纵使不是 996，加班也在所难免。我们坚决遏制要求员工无条件、没日没夜地加班，但对于工作中偶尔出现的、完成工作必需的加班，也不能逃避。不仅不逃避，还应该摆正心态，将加班当作学习的延伸。当别人以应付的心态完成了加班，你却在加班中精进业务，迅速成长。高情商的员工之所以卓越，除了因为能做好本职工作以外，还能主动做一些不属于自己职责范围内的事，他们比上司期待的多付出了那么一点点，机会也许就蕴藏在那些额外的工作中。

 案例赏析　"笨"人王永庆

台湾首富王永庆创业之初在嘉义一条偏僻的巷子里开了一家米店，他的米店在当地开得最晚、规模最小，位置又偏僻，所以刚开始生意非常冷清，经营惨淡。

当时由于稻谷收割与加工的技术落后，很多小石子之类的杂物很容易掺杂在米里。人们在做饭之前，都要淘好几次米，很不方便。王永庆知道后，就和两个弟弟一点一点地将夹在米里的秕糠、砂石之类的杂物拣出来，然后再卖。这样，王永庆的米店帮顾客省去了淘米的麻烦，自然大受欢迎，生意日渐红火。

不仅如此，王永庆还主动送货上门，帮顾客将米送到家中，并亲手把米倒进米缸里。这一举措虽然让王永庆多出了很多力，表面上似乎很吃亏，但却为他赢得了很多回头客，积攒了良好的口碑。之后，王永庆的生意越做越大，终于成为一代台湾首富。

在创业之初，王永庆并没有什么精明的手段，也没有投机算计，靠的就只是多干活儿、多出力，尽量为顾客提供方便这样的"笨"办法。他乐于吃亏，更善于吃亏。他通过细心观察、用心思考发现了商机，又用卖力付出抓住了商机，终成人生赢家。

不逃避批评，忠言逆耳利成长。做事，就难免犯错，难免受批评。面对领导的批评，员工会表现出两种极端的态度，一种是抗拒，另一种是自卑。其实大可不必这样极端，换个角度看待领导的批评，会发现未尝不是一件好事。试想，如果老板从来不批评你，要么说明你已经做到了完美，要么是他可能已经放弃你。显然完美是不可能的。从这个意义上说，能在某件事上被老板批评，等同于得到了指点，老板用这种方式敦促你进步。只要能体谅老板对你的批评，就不该抗拒，也无须自卑，有则改之，无则加勉。能以这样积极的态度对待批评，说明你心胸开阔，有大格局，相信任何一位老板都不会排斥笑着接受批评的员工，职业生涯一定前途光明。当然，被老板批评后心里感到不舒服很正常，这时需要及时调整、疏解郁闷情绪，以免形成不良情绪，进而对工作造成不必要的影响。

不逃避失败，学会对失败免疫。一帆风顺，永不失败，一切都按照希望的方式进行的生活是不存在的，我们能做的是，面对失败时尽量避免它带来的负面情绪，消除它给生活带来的不必要的负担。

要实现对失败免疫可以从以下三个方面努力：第一，不要以结果评判人生成败。首先，从内心接受失败是不可避免的，认识到一件事即使失败了，对这件事的体验仍然会让你获益，从而帮助你不断进步和成长。应该树立人生是一场无限游戏的观点，把人生中经历的每一件事都当作全面展现自己、不断接近真实自己的一次机会，这样一来，就算你会遭遇失败，会体验以痛苦和挫败，但这些体验会让你在现实生活中更具复原力。第二，树立"成长到死"的观念。总结起来就是不断失败、不断前进、不断调整，如此良性循环，最终你会发现你可能已经不那么在乎你是否成功，但你已经成为生活的赢家。第三，失败重构。失败重构分三步走：记录失败——对失败进行分类——鉴别出蕴含成长机会的失败。对于成长机会类型的失败，我们将它记录下来，从中寻找促成成功的经验教训，应用到今后的生活中去，就是失败重构。

拓展阅读：扫码阅读雷德"成长到死"案例，看看雷德面对失败是怎么做的。

二维码 7-2

 案例赏析　等不到录取通知的神田三郎

有一次，日本的松下公司招聘一批推销人员，考试是笔试和面试相结合。这次招聘的人总共就 10 名，可是报考的达到几百人，竞争非常激烈。经过一个星期的筛选工作，松下公司从这几百人中选择了 10 名优胜者。

松下幸之助亲自看了一下这些入选者的名字，令他意外的是，面试时给他留下深刻印象的神田三郎并不在其中。于是，他马上吩咐下属去复查考试分数的统计情况。

经过复查，下属发现神田三郎的综合成绩相当不错，在几百人中名列第二。由于计算机出了毛病，把分数和名称排错了，才使神田三郎的成绩没有进入前10名。松下听了，立即让下属改正错误，尽快给神田三郎发录取通知书。

第二天，负责管理这件事情的下属报告了一个令人吃惊的消息：由于没有接到松下公司的录取通知书，神田三郎竟然跳楼自杀了，当录取通知书送到时，他已经死了。这位下属还自言自语地说："太可惜了，这位有才华的年轻人，我们没有录取他。"

松下幸之助听了，摇摇头说："不！幸亏我们公司没有录取他，这样的人是成不了大事的。一个没有勇气面对失败的人又如何能做一个优秀的销售？"

当我们失败了，不要忌讳谈论它，而要直面它，要用心总结失败的原因，避免在同一个地方摔倒两次。这样的态度，更容易赢得老板的赏识。真正的失败者，不是犯了错误的人，而是明知失败却找借口逃避的懦夫。

拓展练习：扫码进行失败重构练习。

二维码7-3

3. 不带情绪工作

不要因为心情不好而忘了该做的事。当今，巨大的生活和工作压力让我们的精神负担较重，有时一件小事就可能使我们的情绪濒临崩溃。有的人不善于掌控自己的情绪，情绪一旦产生，会任由其像脱缰的野马肆意狂奔，导致该做的事没做好，自己难受，饭碗也砸了。不善于调节情绪的人，很容易沦为情绪的"奴隶"。那如何成为情绪的主人呢？第一，调整思维方式，客观认识情绪。控制情绪说起来容易，真正做起来很难。情绪瞬间产生，相应的生理反应也是一瞬间的事儿，有时候情绪一上来，什么都忘了。因此，要改变情绪必须从调整思维方式入手，从根本上改变对事情的认知。首先要认识到情绪是可以控制的。情绪是我们基于先验经验对外界发生的事产生的反应，只要我们改变了对事情的认知，相当于改变了先验经验，就能从之前的反应模式中跳脱出来，形成一个新的反应模式。举例说明，一个员工对加班深恶痛绝，是因为他认为加班就是压榨劳动力，只有利于公司而对于自己没有任何好处。如果这个员工换个角度来想，利用加班时间把工作做得更漂亮、更出彩，自己的业务能力得到精进，一方面自己会很有成就感，另一方面上司、同事们也能更认可我的能力，能力得到了提升，不管今后在哪里工作都是别人抢不走的财富。有了新的认知后，再面对加班的要求时，相信这个员工不会再那么反感了。第二，转移注意力，合理发泄情绪。例如，当你和同事在工作中出现意见分歧时，两人争论不下，情绪即将点燃，这时，告诉自己冷静下来，想想同事平时对你的好，想想你们和睦相处的场景。事后，找机会发泄出来，运动、唱歌、找好友谈心等都是不错的情绪发泄方式。心情平复后提醒自己该做什么。心情可以慢慢调整，但工作如果耽误了就得不偿失了。

不积压情绪，及时化解矛盾。高情商的员工并不是不会与人产生摩擦，而是会及时巧妙地化解矛盾，避免情绪积压。如何才能做到，以下几个原则可以提供参考：一是豁达大度。小事看能力，大事看格局。真诚地对待他人，有了摩擦多反思自己的问题。俗话说，静坐常思己过，闲谈莫论人非。慢慢地就能培养出你的人际交往修养，就会收到善意的反馈。相反，凡事机关算尽的人是不能真正融入同事们的圈子的。二是善于沟通。每个人脾气秉性不同，都习惯用自己的方式与他人沟通。想要达到好的沟通效果，就要先学会倾听。听懂了对方的意思，尝试去理解对方的想法，才可能有效沟通。退一步说，在理解的基础上，即使争论也不会伤感情。三是修炼钝感力。钝感力是日本作家渡边淳一提出的，指"迟钝的力量"，即从容面对生活中的挫折和伤痛，坚定地朝着自己的方向前进。在职场中，有的人太过敏感，觉得同事投来的目光含有嘲讽的意味，觉得领导的话语带有不满意的暗示。因此，心思不能完全放在工作中，而是去打探、琢磨他人的意图，心情起伏不定，终日惶惶。这时，需要修炼钝感力，尝试迅速忘记不愉快的事，坦然面对他人的目光，面对表扬不得寸进尺、面对非议不妄自菲薄，不以物喜不以己悲，始终关注自己的内心，保持乐观向上的斗志。

正确地管理冲突。不论是在大学还是在职场，冲突在所难免。学会正确地管理冲突，是提高职业情商的重要路径之一。管理学和组织行为学中运用最广泛的冲突模型是根据诱发因素的不同，将冲突分为认知冲突和情绪冲突，冲突管理的关键则是区分这两种冲突。认知冲突是一种与任务有关的冲突，是由决策时的不同意见导致，而情绪冲突则是由人际关系摩擦、工作中的误解等引起的厌恶、鄙视、恐惧、不信任所导致的对任务主体的抵制与抗拒[22]。举个简单的例子，工作之余你与同事闲聊，在说到鸡蛋的气室在哪一端时，你的同事坚定地说气室在尖的那一头，但这与你多年的认知相矛盾，二人因此产生激烈的争论。这时，在你与同事之间产生的冲突就是认知冲突。我们再将这个例子延展一下，你和这位同事因争吵而不欢而散，从此彼此心存芥蒂。过了一段时间，在某次工作例会上，领导正好安排他作为小组负责人管理一个项目。当他安排作为团队成员的你完成一些工作时，你因为对上次的争吵耿耿于怀，表现出抵触和不配合，此时的冲突就是情绪冲突。

冲突处理策略可采用 Pruitt 和 Rubin[22]提出的冲突处理四种策略，即竞争、问题解决、让步、不作为。竞争是采取强硬的不合作的态度来处理，这种方式必然会牺牲掉一部分人的利益；问题解决是指将双方的关注点聚焦在产生冲突的事件本身，通过寻找权威答案让双方都信服，从而解决冲突；让步，顾名思义，矛盾一方放低姿态，主动做出妥协，力争找到一个权宜的方案；不作为，是指不置可否，寄希望于矛盾不了了之的态度。竞争和问题解决是相对强势一些的策略，相比之下，让步和不作为更显柔和。

有两点值得强调：一是四种策略没有优劣之分，只有合适与否。具体采用哪一种，需要结合冲突的性质、背景、冲突双方的性格及所处的地位等因素具体问题具体分析。二是四种策略不一定单独使用，在处理同一冲突时，往往会多个策略结合起来使用。而能从诸多策略中灵活选取恰当的策略，从而实现事件处理与情感沟通双赢的局面，本身就是高职业情商的表现。

在人际交往产生冲突时，首先应该迅速在脑海中做出判断——这属于认知冲突还是情绪冲突。如果是认知冲突，可采用竞争或问题解决的策略。如果是情绪冲突，往往采用让步和不作为的策略。尤其是在冲突的点不是原则性问题，没有绝对的正确和错误时，妥协折中和不置可否的态度有利于平息争论、缓和矛盾。此外，处理情绪冲突时，遇到情绪很激烈，双方均不愿做出让步的情况下，可采用转移解决法。即暂时搁置情绪，转而分析双方存在的认知分歧，即俗话说的"对事不对人"。它有利于冲突双方冷静、客观地解决问题。学会正确地处理冲突，从长远看，有利于维持健康的人际关系，促进职业发展。

7.3.3.3　了解他人的情绪

与领导、同事相处，了解对方的情绪，是正确地说话做事的前提。要了解他人的情绪，首先要具备同理心。己所不欲，勿施于人。知道别人最需要的是什么，大家的心理需求都是大同小异的，把自己看透了，也就明白别人是怎么一回事儿了。其次，要客观地分析当前的事实，看他人的需求是否得到满足；此外，还要注意察其言观其行，分析对方的表情、姿态、语音语调背后的真实情绪。有时候，我们看到的别人表现出来的情绪背后，其实还掩盖着深层次的情绪，需要结合情景仔细分析。

7.3.3.4　管理他人的情绪

管理别人的情绪，是指通过一系列的言语和行为影响他人的言行的过程。具体在职场中，就是通过言行达到影响上司、融入同事的目的的过程。管理他人的情绪，关键要有同理心，只有站在对方的立场考虑问题，才能与对方的思想同频共振，说到对方心坎儿里。央视《主持人大赛》节目火了，优秀的选手，强大的评委阵容，一起把这个节目收视率推向高潮。董卿的点评更登上了热搜。她尊重每一个选手，在做点评的时候，基本都会先真诚地表达对选手的赞美，指出选手做得好的地方，然后再言简意赅地提出改进的方法。提出建议时，董卿也谦逊温和，多以询问、探讨的语气点出改进的思路，点评一针见血又温暖人心。此外，注意适时回避。必须承认，不是所有人的情绪都能被管理。面对领导、同事突如其来的情绪时，要正确评估你在他们心中的位置及影响力。如果觉得没有能力影响对方，就应该选择暂时回避，等时机成熟后再出手。

 本章小结

第7.1节主要介绍了情绪与情商的定义、情商的构成要素、重要意义及影响因素。情绪是从人对客观事物所持的态度中产生的主观体验。情商是指认知并管理自己情绪的能力。戈尔曼教授的观点，情商包括认识自己情绪的能力、善于管理自己情绪的能力、自我激励的能力、认知他人情绪的能力和管理人际关系的能力五个要素。高情商不仅是促进职业发展的重要手段，还能助力幸福生活。影响情商高低的因素有包括家庭熏陶、学校教育、社会影响在内的外部因素和包含自我认知、自身性格、情绪管理、自我激励、志向水平、人际策略在内的内部因素。

第7.2节主要介绍了常见的情绪问题类型、产生原因及调适策略。常见的情绪问题包括焦虑、抑郁、愤怒、嫉妒、失落、冷漠和自卑。之所以产生情绪问题有家庭、学校、社会多方面的原因，人际关系、恋爱、重要丧失也会导致情绪问题的产生。可以通过五步法尝试调节情绪，即识别不良情绪、正视接纳不良情绪、找出引发不良情绪的认知、认知重建及积极求助。

第7.3节主要介绍了职业情商的定义、之于就业创业的重要意义及职业情商提升路径。职业情商更加侧重对自己和他人的工作情绪的了解和把握，以及如何处理好职场中的人际关系，是职业化的情绪能力的表现。在创新创业教育中融入情商培养，有利于从责任意识、意志品质、沟通合作能力、人际交往能力及危机管理能力等方面提升创新创业综合素质和能力，也与我校人才培养目标相吻合。职业情商可以通过学习得到提升，要有效地提升职业情商，就要做好以下几个方面，即了解自己的情绪、管理自己的情绪、了解他人的情绪和管理他人的情绪。

 复习思考题

一、基本概念

情绪　情绪调节模式　情商　职业情商

二、简答题

1. 你认为智商与情商哪个更重要？请举例谈谈你的理解。

2. 情绪调节策略有哪些？

3. 提升职业情商的方法有哪些？

三、论述题

1. 你认为情商对我们的生活和工作有什么帮助？

2. 上司或老板批评你后，你会如何调节情绪？

3. 为什么创业者需要高情商，谈谈你的理解？

4. 假如你是一个创业团队的管理者，当你的团队成员抱怨工作太累，有厌烦情绪时，你打算如何做？

参 考 文 献

[1] EKMAN P, FRIESEN W V, ELLSWORTH P C. Emotion in the human face [M]. New York：Cambridge University Press，1982.

[2] GROSS J. Emotion regulation：affective，cognitive，and social consequences [J]. Psychophysiology，2010，39（3）：281-291.

[3] IZARD C E. Human emotions [M]. New York：Plenum Press，1977.

[4] KIM Y Y. Communication and cross-cultural adaptation：an integration theory [M]. Exeter：Short Run Press，1991.

[5] PRUITT D G, Rubin J Z. Social conflict：escalation，stalemate and settlement [M]. New York：McGraw-Hil，1986.

[6] THOMPSON R A. Emotion regulation：a theme in search of definition [J]. Monographs of the Society for Research in Child Development，1994，59（2-3）：25-52.

[7] 陈猛，车宏生，王丽娜，卞冉. 情绪智力理论的整合：挑战、依据和方法 [J]. 北京师范大学学报（社会科学版），2012（3）：14-22.

[8] 戈尔曼. 情感智商 [M]. 查波，耿文秀，译. 上海：上海科学技术出版社，1997.

[9] 李洪华. 大学生常见情绪问题及调控 [J]. 教书育人·高教论坛，2017（10）：52-54.

[10] 李君. 情商高的8个标志 [J]. 政工学刊，2015（1）：91.

[11] 李雯. 情绪调节策略对大学生求职面试焦虑的影响 [D]. 重庆：西南大学，2012.

[12] 梁艳艳. 中小学教师认知情绪调节、心理资本与职业幸福感研究 [D]. 郑州：郑州大学，2019.

[13] 孟昭兰. 情绪心理学 [M]. 北京：北京大学出版社，2008.

[14] 强音，彭瑞. 超越情绪——细数职场情商的三个作用 [J]. 职业，2013（31）：18-19.

[15] 乔云雁. 情绪性青少年情绪调节策略研究 [D]. 北京：首都师范大学，2011.

[16] 汪小红. 大学生情商培养策略研究 [D]. 重庆：四川外国语大学，2016.

[17] 王紫薇. 大学生求职过程的积极情绪和动机联动机制研究 [D]. 南京：南京理工大学，2016.

[18] 邢存瑞. 青少年负性生活事件对社会适应的影响：情绪调节的作用 [D]. 太原：山西大学，2019.
[19] 于璠. 创业教育视角下的大学生情商培育问题研究 [D]. 济南：山东大学，2017.
[20] 于美琪. 三种情绪调节策略的效果和资源消耗的比较 [D]. 南昌：江西中医药大学，2019.
[21] 张新越. 职业情商 [M]. 北京：红旗出版社，2013.
[22] 左岸. 情商管理课：优秀的人如何掌控情绪 [M]. 北京：中国华侨出版社，2017.

第 8 章 职业发展实践

 学习目标

通过本章的学习，引导学生明确大学生社会实践的内涵、特点和意义；掌握短学期社会实践的概况、了解短学期实践三大类九小类的具体内容，掌握学校短学期实践布局、安排、答辩考核；了解大学生社团的概念、国内外发展和大学生社团活动对职业发展的促进作用；引导学生解读就业见习制度、对毕业生就业的实践意义和部分地区就业见习制度政策的落地。

 关键术语

大学生社会实践、短学期社会实践、"三下乡"暑期社会实践、劳动实践、志愿服务、实习实训、专业实习、职业技能鉴定、学科竞赛、创新创业、课题研究、大学生社团、就业见习制度

 引导案例 "动手达人"赵轩

赵轩，湖北工业大学 2010 级机械制造及其自动化专业学生，本科期间就特别注重实践动手能力的培养，曾获中国自强之星提名奖、湖北省首届长江学子提名奖。本科期间在"挑战杯"全国大学生课外学术科技作品竞赛等竞赛中荣获国家级奖项 6 项，省级奖项 5 项，他一直明确自己的职业、岗位选择，认为自己将来要从事科研实践，积极参加国家级大学生创新创业训练计划项目、大学生科研立项，撰写中文核心论文，申报实用新型专利 4 项，申报发明专利 2 项。

2014 年 10 月由于大学本科期间的科研实践经历，成功进入香港中文大学硕博连读，科研实践能力的提升未曾间断，2015 年 11 月团队参加了"挑战杯"香港地区竞赛获得一等奖，2016 年 5 月团队凭借外骨骼机器人项目拿到了香港政府科创项目基金，2017 年 3 月个人联合香港中文大学医学院开发了"细胞微重力效应模拟回转器""膝关节数据采集系统"，2018 年 4 月自主创业，成立了自己的自动化科技公司，主要经营机器人研发和自动化流水线定制，创业首年业绩十分可观，拥有多款自主研发产品。2019 年 4 月团队参加了日内瓦国际发明展获得

银奖。2019年7月毕业选择留校，同时发展自己的公司。

案例导学： 无论以后从事何种工作，实践能力的强弱将在很大程度上影响着职业、岗位选择和未来的发展空间。社会实践活动有利于大学生了解当前就业环境、政策和形势，以便找到与自己的知识水平、性格特点和能力素质相匹配的职业。大学生只有具备较强的实践能力和社会适应能力，步入社会后才能缩短自己的社会适应期，充分发挥自己的聪明才智。

8.1 大学生社会实践概述

随着时代的发展，社会实践教育已是高等教育体系的重要组成部分。大学生社会实践历经30多年的发展，已形成一套系统完备的体系。2017年习近平总书记在中国政法大学考察时指出，无论是在学校，还是在社会，青年都要把学习同思考、观察同思考、实践同思考紧密结合起来，善于把握社会生活的现象和本质；要充分发挥青年的创新精神，勇于开拓实践，勇于探索真理。[1]理解大学生社会实践的内涵，认识大学生社会实践的意义，对于引导大学生"受教育、长才干、做贡献"，努力成长为社会主义合格建设者和可靠接班人具有重要的理论价值和实践意义。

8.1.1 大学生社会实践的内涵

实践是人们能动地改造客观世界的活动。实践构成了人们社会生活的基本内容，推进了人类历史的不断发展。正因为如此，马克思认为"社会生活在本质上就是实践"，实践观点是马克思主义哲学的核心观点。实践决定认知，是认知的源泉和动力，也是认知的目的和归宿。[2]

大学生社会实践是人类实践的组成部分，是高校对接社会的重要桥梁，具体指高校着眼于高等教育目标，有计划地引导青年学生利用课余时间参与社会政治、经济和文化生活的教育部分，是学生深入实际、了解国情，增强社会责任感、提高社会适应能力、促进职业发展的重要途径。

8.1.1.1 大学生社会实践的国际比较

20世纪80年代以来，美国由于受到实用主义的高等教育哲学观念的影响，主张教育目的之一就是"确保高等学校学生对国家经济和政治生活中的现象具有

---

[1] 习近平. 习近平在中国政法大学考察 [EB/OL]. [2017-05-03]. http://114www.xinhuanet.com/politics/2017-05/03/c-1120913310.htm.

[2] 张琼. 大学生职业核心能力培养 [M]. 上海：同济大学出版社，2010：32.

分析批判和解决实际问题的能力"①，实行多元化主体支持，无论是政府、社会、企业、学校和家庭都非常重视大学生社会实践。英国高校也致力于提高教育的"社会相关性"以培养适应社会、经济、科技发展需要的人才，开始更多关注社会需求，英国高校普遍认同"高等能力教育"，"能力教育"中的一个重要内容是主张"产—学—研"的结合，积极探索改革，加强实践环节，突出实践能力教育。正如约翰·哈威-乔尼斯所说："我们国家与社会发展依赖于学校提供高水准的能力教育。"②日本也出台系列措施推进社会实践，1997年发表的《关于推进体验式就业的基本思考》明确在"产学"合作的基础上把对大学生的就业意识和就业能力的培养作为大学教育的重要部分。

8.1.1.2 斯坦福大学人生实验室关于原型设计的阐述

斯坦福大学人生实验室的创始人比尔·博内特和戴夫·伊万斯教授认为，人生并不存在唯一的最优解，任何人的人生都不可能只有一种活法。在人生设计的过程中，你需要利用设计思维模式。对你感兴趣的事，一定要进行原型设计。原型设计并不是在大脑中进行思维实验，而必须是现实生活中的实际体验，有益的数据只存在于真实世界中，原型设计最好的方法是亲身参与到你感兴趣的领域，将目标付诸行动，努力实践、不断尝试，大胆试错，才能找到更适合的职业方向。这样才能找到自己的生活目标，集中精力，大胆探索和尝试，为自己创造更多的可能性，才能为自己打造一条不断前进的人生路。③

8.1.1.3 大学生社会实践的内涵

《国家中长期教育改革和发展规划纲要（2010—2020年）》提出注重知行统一，注重理论与实际相结合。大学生社会实践以社会为课堂，以在校大学生为主体，以假期和课余为主要活动时间，以学生能动地参与、体验为主要途径，有利于大学生了解当前就业环境、政策和形势，以便找到自己的知识水平、性格特点和能力素质相匹配的职业。从大学生社会实践普遍性和特殊性结合的视野来看，大学生社会实践是一种学习性、成长性和社会化实践。

1. 学习性实践

学习性实践即社会实践，是大学生以学习为导引的活动，为大学生在校期间储备良好的知识、毕业后踏入社会而奠基，这是由大学生的学习角色和大学教育的根本任务所决定的。

---

① 博克. 美国高等教育 [M]. 乔佳义，译. 北京：北京师范大学出版社，1991：45.
② 张彦通. 英国高等教育"能力教育宣言"与"基于行动的学习"模式 [J]. 比较教育研究，2000（1）. 11-16.
③ 比尔·博内特，戴夫·伊万斯. 斯坦福大学人生设计课 [M]. 周芳芳，译. 北京：中信出版社，2017：84.

2. 成长性实践

大学生面临的任务有学业的深化、精神的完善、身体的健康和高尚的人生追求等，这表明大学生社会实践是大学生全面成长成才的基础和保证。

3. 社会化实践

大学生社会实践是连接校园活动和校外活动的桥梁与纽带，是大学生进行职业规划、学习扮演社会角色、学习社会生存方式的准备活动。

以上三个方面所表现的基本功能之间还存在着纵横互动的关系。一是从学习性实践到成长性实践再到社会化实践，存在着纵向递进的关系。例如，学习性实践为大学生奠定了坚实的知识基础；成长性实践促进了大学生素质的深化发展；而社会化实践则是对大学生学习、成长结果的总结和验收，能够通过反馈而促进学习性实践、成长性实践的发展。二是功能各有侧重，但都同时渗透到每项具体的大学生社会实践活动中，横向补充，相得益彰。

8.1.2　大学生社会实践的特点

大学生社会实践活动自 20 世纪 80 年代开展以来，经历了萌芽、推广、全面展开、深化发展、创新发展等多个阶段。纵观国外和我国大学生社会实践的发展历程，可以看出，大学生社会实践始终与社会需求和大学生成长密切结合，始终保持和时代背景与国情相一致的主题。大学生社会实践和其他形式的教育相比，有许多共同特征，又具有以下特点。

1. 双重属性

大学生社会实践既具有学校教育的属性，又具有社会教育的属性。实践活动需要社会对学生成才的引导，帮助学生正确认知社会，迅速融入社会，同时又充分发挥了社会舞台对学生的教育作用，巩固知识、增长才干。二者相互促进、相辅相成。大学生只有具备较强的实践能力和社会适应能力，步入社会后才能缩短自己的社会适应期，充分发挥自己的聪明才智。因此，在不影响专业知识学习的基础上，大胆走向社会，参与包括兼职在内的社会实践活动是大学生提升自身就业能力和尽快适应社会的有效途径。

2. 多功能性

大学生社会实践活动主题鲜明、内容丰富、形式多样，社会实践活动所体现的教育功能有思想品德、身体心理、专业技能、创新创业、职业发展等多方面，因此可以对大学生进行德智体美劳全方位的教育，促进大学生素质的全面协调发展。正因为这一特性，大学生社会实践活动在各个高校发展迅速，已成为高等教育体系中不可缺少的一部分。

3. 协同发展

大学生社会实践是检验理论知识的重要途径。它是一个动态的过程，通过对社会实践模式构建、内容设计等，依托社会、企业、高校等多方资源，对大学生进行全方位、多层次的能力培养。涉及教学、科研、宣传、安全，关系到人才培养、科学研究、社会服务、产学融合等，活动的开展需要学校教务、科技、就业、宣传、团委等各部门和社会各方面的力量，形成学校各部门齐抓共管、社会、企业各界协作支持的局面，不仅要与学校相关职能部门相互配合，还要积极与地方政府、单位紧密联系和沟通，各方面形成合力。

8.1.3 大学生社会实践的意义

据人力资源和社会保障部数据，2020年全国应届高校毕业生规模达到874万，较2019年同比增长40万，再创新高。社会实践是高校对接社会的重要桥梁，也是高校提升人才培养质量和促进职业发展的重要途径之一，具有十分重要的理论意义和实践价值。

1. 提升大学生思想道德素质的必然要求

党的十九大会议精神、2016年召开的全国高校思想政治工作会议、2018年召开的全国教育大会以及《教育部等部门关于进一步加强高校实践育人工作的若干意见》中，始终坚持把立德树人作为高校人才培养的根本任务。在社会竞争日益激烈的知识经济时代，坚持高等教育与社会实践相结合的方针，积极开展大学生社会实践活动，是大学生健康成长、提高道德素质的重要途径。大学生充分利用在校学习的专业知识，通过广泛的社会实践活动，以"受锻炼、长才干、做贡献"为宗旨积极投身于社会实践，可以了解社会、了解国情、增长才干、锤炼意志、培养品格，培育责任感和使命感，激发他们勇于实践，勇于创新，积极奋发向上的精神，亲身践行习近平总书记中国特色社会主义理论的真谛。

2. 促进大学生全面成才发展的需要

马克思指出："每个人的自由发展是一切人的自由发展的条件"，习近平总书记在党的十九大报告中也强调，要"不断促进人的全面发展"。倡导人的全面发展是塑造新时代人才良好的职业素养和社会责任感的基本要求。大学生的全面成才发展，不仅体现在知识水平的不断提升和知识结构的不断丰富上，更要求学生各种实践能力和创新素质的全面提高与协调发展，并在实现个人发展的基础上，适应社会发展的需要，实现个人与社会的和谐发展。大学生只有正确进行职业规划，并根据个人实际情况适时调整，才能树立正确的职业价值观，真正实现自身价值与社会价值。

3. 增强大学生社会认知的重要途径

作为身处"象牙塔"中的大学生，生活环境相对封闭，缺乏对外界的了解，往往存在脱离现实的倾向性，喜欢仰望星空，缺乏脚踏实地；喜欢梦想，缺乏实干；空有知识，缺少能力等，而社会实践是大学生了解社会、融入社会、服务社会的一条重要途径,是检验专业知识学习的一个优良平台。对于大学生职业规划来说,必须基于对社会需要与所学专业有一定的认识,大学生主动参与到社会实践中正是实现这种认识的快捷途径。通过把书本知识与具体实际相结合,既能让学生了解所学专业知识在实际工作中可发挥怎样的作用,可产生怎样的效果,也能让学生明白,如果将来走上社会,参与具体的工作时如何开展这项工作,自己需要具备哪些知识,哪些知识是可以在学校学到的,哪些是教学内容以外需要自己补充的等等。有了这些认识,从而为自己以后的学习与努力找准方向。正如"从实践中来到实践中去",在实践中对知识进行检讨、反思、创新和传承,实现社会认知,从而明确职业定位。

4. 提高大学生职业素养的重要渠道

社会实践活动以其生动的形式、丰富的内容和有效的组织吸引了大学生参与其中,可以增强大学生团队协作能力、动手能力、创新能力等,成为能提高大学生职业素质的重要渠道,是提升大学生职业素质的主要途径。通过社会实践锻炼,能让学生自觉地将理论和实际、学校与社会、课内与课外有机地结合起来,既有利于提高他们分析问题、解决问题的能力,更有利于增强学生的就业竞争力。学校通过构建校院两级大学生社会实践平台,依托专业团队,引进校外资源,构建了"校—企—学"的社会实践平台,形成校企互动、多方联动的实践服务工作体系。大学生在真实的职场情境中,能够增加对职业、行业、企业的了解,认识并深刻体验到学校人才评价标准与职场人才评价标准的差异,判定自身的能力倾向与兴趣等,改变重知识轻能力的传统观念,主动调整学习态度,尽早设计好适合自身发展的职业生涯规划。

俗话说,十年树木,百年树人。社会实践活动作为第一课堂教学的延续和补充,是实现大学教育目的的重要途径,大学生参与社会实践能培养社会责任感,养成良好的职业品质,增强服务社会的意识,调适自己的职业定位,提高对职业的认识,树立正确职业观念,强化个人的职业素养,是大学生成长成才、职业发展的重要环节。

8.2 短学期社会实践

 案例赏析 与各个选择"神交"的安迪

安迪曾是一名优秀的医科大学预科学生。他对未来有两个打算,还有一个备选方案,他为自己定下了一个重大使命——促进完善美国医疗保障体系。

安迪明白,若要改善医疗保障领域经济结构比例失衡以及穷人看病难的局面,就要对医疗保障体系进行大规模的改革,大幅度改善预防保健护理和健康管理体系。他认为有两个途径可以帮助他实现:成为一名具有影响力的医疗政策制定者,或是成为一名医学科技企业家。安迪明白,只有真正进入医疗保障领域才能引起重大变革。关于医疗科技,他知道新科技能够带动企业改变,但医疗科技的发展取决于市场,而不是政策。

他的备选方案"成为一名医生",只是给自己上了一个保险,他认为作为医生,它也能够在工作中施加一些影响,甚至对他所在的医院或地区产生影响,进行医疗保障的宣传。

对安迪来说,做出选择并不困难。他践行制定政策是最具潜在影响力的,棘手的是如何实现这个目标,是应该大学毕业就攻读公共卫生的研究生,还是先去医学院攻读医学博士,然后再攻读公共卫生的研究生?安迪知道,在医学领域,医学博士更具有权威性。虽然在他看来,获得医学博士学位并不意味着能成为一名出色的政策制定者,但是他仍愿意花10年左右的时间拿到博士学位(获得博士学位需要4年时间,获得执业医师资格还需要担任4~6年的住院医师)。

这对安迪来说是个艰难的决定——10年后才开始真正投身到事业中去,时间太长了。

安迪十分纠结,不停思考,最终没有决定如何选择。最后他停止思考,开始与各个选择"神交"①,亲身体验每个选项。实践中他发现医学院情境中的安迪比政策学院中的安迪感觉更好。最后,安迪选择去读医学博士,准备用10年的时间成为一名合格的医生,这样将来才能成为一位更具公信力的政策制定者。

案例导学:你可以有多种人生选择,虽然你最后只能选择一种人生,你艰难选择时,不能单纯地思考,要与它融为一体,就可以尝试与各个选择"神交",亲身体验每个选项,在亲身实践中调适自己的职业定位,提高对这个选择的认知,强化职业素养,获取最正确的选择。

8.2.1 短学期社会实践概况

斯坦福大学人生实验室认为,你可以设计多种人生,虽然你最后只能选择一种人生,但这一切将非常有意义。你的生活不会只有一种选择,通往幸福、高效的路有很多条,每一条都不同,你可以选择其中一种。②对于任何问题,都不要

---

① 20世纪60年代,美国著名科幻小说家罗伯特海因莱因在《异乡异客》中发明了这个词(gork),借以描述火星人的知觉方式。这个词意味着对事物的理解十分透彻深入,已然深入其中,与之融为一体。比尔·博内特,戴夫·伊万斯.斯坦福大学人生设计课[M].周芳芳,译.北京:中信出版社:2017:164.

② 比尔·博内特,戴夫·伊万斯.斯坦福大学人生设计课[M].周芳芳,译.北京:中信出版社,2017:84.

只选择一个解决方案,不要固执地坚守一种解决方法。以具有可行性的方案为原型进行设计,通过亲身体验、努力实践,收集并创建选项→进行筛选→缩小范围→留下几个最佳的选项→慎重进行最后的选择,理解每一个选择步骤,才能够鉴别选的"好"与"不好"之间存在的主要差别。[①]

社会实践刚好可以为大家创建这些选项,通过将学校和社会两个课堂、教师和群众两类老师、书本和实践两种教材有机结合,亲身体验,践行每个选项,进而做出选择。当前,许多高校已经将大学生社会实践纳入实践教学计划,有组织、有目的、有要求、有考核,根据不同层次、不同专业、不同年级学生特点科学安排社会实践活动的内容,为大学生收集并创建多个选项,充分发挥实践育人的功效。

近年来,基于国际化发展和国家新兴战略发展需求,"中国制造2025""一带一路"等国家重大发展战略和倡议,以及我国正式加入《华盛顿协议》,我国高等教育倡导教育理念和改革,社会对人才培养的需求也在发生变化。传统的两学期制存在学习周期长等问题,所以一些高校开始实行短学期制,先后采取"三学期制"(即春季长学期、夏季短学期实践、秋季长学期)或四学期制(即春季长学期、夏季短学期实践、秋季长学期、冬季短学期实践)的创新实践教学改革[②],旨在通过学习时间的调整和学习制度的改变,整合校内外资源,拓展学生自主学习与思考,提高学生发现问题、分析问题、解决问题的能力,强化学生实践能力与创新思维的培养,有利于加深社会认知,增强参与社会服务的意识与责任心。

短学期实践教育活动是人才培养的重要环节,收集并创建一些选项,通过筛选缩小范围,留下最佳的选项而慎重进行最后的选择,过程强化符合"知行合一"的学习认知规律,深厚的实践基础是学生们未来顺利进入社会规划职业发展的良好保证。

8.2.2 短学期实践的内容

短学期实践内容具体分为社会实践类(大学暑期"三下乡"社会实践、劳动实践、青年志愿服务)、实训实习类(实训、专业实习、职业技能鉴定)、科技创新类(学科竞赛、创新创业、课题研究)三个大类九个小类。

[①] 比尔·博内特,戴夫·伊万斯. 斯坦福大学人生设计课 [M]. 周芳芳,译. 北京:中信出版社,2017:92.

[②] 朱世琴,刘颖,吉久明. 短学期实践——文献检索课改革新方向 [J]. 上海高校图书情报工作研究,2014,24(2):23-26.

8.2.2.1 社会实践类

大学生社会实践是一个使学生充分接触社会、了解社会和融入社会的平台。这类社会实践是以走出校门、深入社会、了解国情为社会服务的教育过程,其实质是高校课堂教学活动的补充和延伸,是高校教育教学的一个重要部分。

1. 大学生暑期"三下乡"社会实践

大学生可以结合中华人民共和国成立70年以来我国经济、政治、文化、社会、生态领域建设和改革开放,提出调研问题,选定调研对象,设计调研方案,开展调查研究,形成调研报告,进行有组织、有计划、有目的的深入社会,深入实际,服务基层,服务社会。社会实践是不断完善个人知识结构,提高应用能力和创新能力的一种实践形式,体现新时代青年在以实际行动投身社会主义现代化建设生动实践中的真实所见、所闻、所思、所感。

大学生暑期"三下乡"社会实践活动是社会实践类的重要组成部分,是引导大学生走出校园、服务社会、练就本领的重要途径。暑期"三下乡"社会实践是指文化、科技、卫生三下乡活动,大学生发挥自我的知识优势,深入农村基层、贫困地区,推广农村实用技术,组织和引领全省大学生在社会实践活动中积极参与新时代"三农"工作等。

大学生暑期"三下乡"社会实践把大学生爱国情、强国志、报国行自觉融入新时代追梦征程,为决胜全面建成小康社会、全面建设社会主义现代化强省,实现中华民族伟大复兴的中国梦汇聚磅礴青春力量。

二维码8-1　　**拓展阅读**:大学生暑期"三下乡"社会实践活动重点团队、专项团队介绍。

2. 劳动实践

习近平总书记在全国教育大会强调,"培养德智体美劳全面发展的社会主义建设者和接班人","要在学生中弘扬劳动精神,教育引导学生崇尚劳动、尊重劳动,懂得劳动最光荣、劳动最崇高、劳动最伟大、劳动最美丽的道理,长大后能够辛勤劳动、诚实劳动、创造性劳动"。按照2020年3月中共中央、国务院发布的《关于全面加强新时代大中小学劳动教育的意见》的要求,将劳动教育融入思想引领、校园文化和社会实践中;采取丰富多彩的教育形式和喜闻乐见的活动方式,打造具有"劳动教育"特色的校园文化;提倡"做中学"和"学中做",手脑并用,知行合一;激励学生参与社会实践,走进工厂、走下基层、走进社会,感受一线劳动的魅力;以劳树德、以劳增智、以劳健体、以劳溢美、以劳促创新,引导学生学习、掌握基本生活技能,实现劳动教育全员全过程覆盖,鼓励学生研习劳动精神、劳模精神和工匠精神。

3. 青年志愿服务

《新时代公民道德建设实施纲要》指出，志愿服务是践行社会主义道德的重要途径。青年志愿服务活动是由共青团中央发起的，以奉献、友爱、互助、进步为宗旨，在不求回报的情况下，为改善社会，促进社会进步而自愿参加付出个人的时间及精力所做出的服务工作。奉献精神是高尚的，是志愿服务精神的精髓。

我国的志愿服务活动是随着改革开放而发展的，始于 1978 年。1993 年年底，共青团中央开始组织实施中国青年志愿者行动，中国志愿服务进入有组织、有秩序的阶段。中国青年志愿者行动实施以后，志愿服务日益广泛发展，全社会对志愿服务的认知程度已大大提高。志愿者通过参与志愿服务，提高自身的办事能力，同时也促进了社会的进步。

新时代青年志愿服务活动具有如下鲜明特征。

（1）青年志愿服务活动具有时代性。青年志愿者活动顺应时代发展的要求，弘扬社会正能量，引导当代青年在服务社会的实践中成长成才，具有鲜明的时代特征。有新的事件发生，就可能有与之相关的志愿服务的开展，如 2019 年军运会、2020 年新冠肺炎暴发等。

（2）青年志愿服务活动具有自愿性。青年基于内心的道义、良知、同情心和社会责任感，组织者公开招募，参与者自愿报名，不具有强制性，一般具有较强的自愿意识。

（3）青年志愿服务活动具有无偿性。青年志愿服务活动不能从服务过程中得到任何的经济、物质的回报和其他连带利益。

（4）青年志愿服务活动具有社会性。青年志愿服务活动已经成为全社会广泛参与的一项社会事业，志愿者来自全社会、不同行业、不同职业、不同社会背景、不同文化层次的青年聚集，从机构建设、组织发动到开展服务，都十分注重利用社会资源，调动社会各方面的积极性，形成全社会的合力，共同推动志愿服务活动的开展。

8.2.2.2 实习实训类

加强实训实习基地建设，提高实训实习环节的质量和管理水平，真正发挥实训实习环节在人才培养过程中的作用，对提高学生实践能力、创新能力和综合素质具有重要的意义。同时，实训实习过程对于大学生就业的影响也较为显著，通过加强实训实习基地建设，促进就业基地建设，对于增强大学生的就业创业能力、提高大学生的就业率具有重要意义。

1. 实训

实训即"实践"加"培训"的简称，是指在学校里按照人才培养规律与目标，对学生进行职业技术应用能力训练的教学过程。具体包括以下内容。

（1）从时空上分，有校内实训和校外实训，包括教学实训和生产实训。

（2）从形式上分，有技能鉴定达标实训和岗位素质达标实训，包括通用技能实训和专项技能实训。

（3）从内容上分，有动手操作技能实训和心智技能实训，包括综合素质要求（创业和就业能力统称跨岗位能力）实训。

实训的最终目的是全面提高学生的职业素质，最终达到学生满意就业、企业满意用人的目的。学校构建了以校企合作为主体，实习实训基地建设、校企合作办班协调的"一体两翼"实习实训平台，签订校企合作协议，并依托"校友邦"实践平台，实现实践教学全过程信息化管理。

2. 专业实习

实习教学是高等学校人才培养的重要组成部分，是促进理论与实践相结合，培养学生创新创业和实践能力的重要实践性教学环节。大学生社会实践活动，包括教学计划内的实践环节和教学计划外的一切实践活动。

专业实习是大学生在校内教学计划内专业学习过程中根据教学要求设置于课程内的实践活动。专业实习一般是指在专业理论课程结束，为专业理论和实操相结合及巩固，在本专业实习岗位上练就本领和技能，为到相关专业工作及职场上打下坚实的基础和初步的工作经验。

（1）实习内容。实习教学必须严格依据实习课程大纲要求，精心制订实习计划，以"讲究实效、保证质量、本地就近、相对稳定、节约开支"的原则组织实施。实习内容应包括：实习课程目标、课程目标与毕业要求的关联矩阵；实习的内容与实习方式；实习教学安排；实习考核内容和考核标准；实习要求（含实习纪律、实习总结等要求）。

（2）实习方式。实习可根据专业特点和实习场所实际情况，在确保实习课程目标得以达成的前提下，采取集中实习、集中管理的分组实习、分散实习等多种实习方式。

1）集中实习，以专业、班级为单位集中安排，由实习指导教师带队，在指定的单位或区域进行实习。

2）集中管理的分组实习，相关专业可采取"集中管理的分组实习"方式，将专业、班级分为若干小组，以小组为单位进行实习。

3）分散实习，特殊专业可经指导教师允许，学生分散到可满足实习教学要求的实习单位，事先根据实习大纲要求制订实习计划并按计划实习。校内指导教师负责分散实习过程管理及指导。

实习教学有助于提高学生的动手操作能力、组织管理能力、专业知识技能等多方面的能力，检验理论学习状况，消化、吸收、巩固学习成果，并促进学生以实践指导学习、提高学习的主动性和针对性,为就业做好充足的准备。

3. 职业技能鉴定

职业技能鉴定是一项基于职业技能水平的考核活动,属于标准参照型考试。它是由考试考核机构对劳动者从事某种职业所应掌握的技术理论知识和实际操作能力做出客观的测量和评价。

职业技能鉴定主要内容包括职业知识、操作技能和职业道德三个方面,分为知识要求考试和操作技能考核两部分。内容是依据国家职业(技能)标准、职业技能鉴定规范(即考试大纲)和相应教材来确定的,并通过编制试卷进行鉴定考核。

2020年,为深入实施职业技能提升行动"互联网+职业技能培训计划"和"百日免费线上技能培训行动",人力资源和社会保障部所属6家线上培训平台,支持劳动者免费线上培训提升技能,推动职业技能培训和职业技能顺利鉴定。

通过实训实习类实践,学生巩固所学理论,拓宽学生视野,理解和掌握专业知识在生产实践中的应用,实习过程中引导学生了解社会、认识社会,提升学生的劳动观念和社会责任感,增长综合分析和解决专业领域内生产实际问题的能力,并为后继课程学习和毕业设计(论文)做好充分准备。

8.2.2.3 科技创新类

当前,大力推动"大众创业,万众创新",培养高素质、复合型的创新人才,是高校的重要使命,也是办好高等教育的关键。在高科技日新月异的形势下,高校毕业生如果只会因循守旧,不知创新,毕业之后也难以找到工作。即使走上工作岗位后,也无法取得较好的成绩。通过创新思维指导行动上的创新,提高自己的创新能力,才能在职业发展的道路上学有所用。

1. 学科竞赛

学科竞赛是面向大学生开展的课外科技活动,以提升大学生的实践动手能力为目的,大力开展各类高水平竞赛,以赛促学,以赛促教,通过竞赛提高学生专业学习兴趣,培养学生创造性思维、创新能力、团队合作精神,促进学生理论联系实际,将书本知识转化为解决实际问题的能力,也是培养创新型应用人才的有效途径之一。

大学生学科竞赛按类别可分为单科类学科竞赛、专业类学科竞赛和综合类学科竞赛。

(1)单科类学科竞赛。单科类学科竞赛主要是指结合某门课程,如英语、数学、物理、化学等开展的学科竞赛,注重单科知识的掌握程度与运用水平,主要有全国大学生英语竞赛、全国大学生数学竞赛、全国周培源大学生力学竞赛等。

（2）专业类学科竞赛。专业类学科竞赛主要指偏向于某些特定专业的科技竞赛，此类竞赛主要注重学生对专业知识的实际运用能力，主要有全国大学生数学建模竞赛、全国大学生机械创新设计大赛、全国大学生物流设计大赛等。

（3）综合类学科竞赛。综合类学科竞赛主要指竞赛作品涵盖工、理、文、管等多学科或者竞赛内容需要多学科交叉配合完成的科技竞赛。主要有挑战杯大学生课外学术科技作品竞赛、全国大学生机器人大赛等。

大学生参与学科竞赛竞赛活动可以有一个整体规划，从低年级抓起，统筹规划，明确在大学的不同阶段参与不同层次的学科竞赛活动，分阶段落实。具体建议如表 8-1 所示。

表 8-1　大学生学科创新竞赛类成长规律建议表

年级	成长阶段	主要参加	尝试参加
大一	初步介入	以单科类学科竞赛为主	校内综合类学科竞赛
大二	积累提高	以单科类学科竞赛为主	专业类学科竞赛
大三	全面参与	全面参与各类竞赛	综合类学科竞赛、发表论文、申报专利等
大四	结合就业	结合就业规划（就业、创业、考研、出国）和时间安排，选择性参加竞赛	根据兴趣参加社会类学科竞赛

二维码 8-2

拓展知识点：中国高等教育学会 2015—2019 年普通高校学科竞赛排行榜的竞赛项目。

拓展知识点：大学生学科竞赛项目具体介绍。

2. 创新创业

二维码 8-3

2018 年 9 月习近平总书记在全国教育大会提出"要把创新创业教育贯穿人才培养全过程，以创造之教育培养创造之人才，以创造之人才造就创新之国家"。高校开展创新创业教育是人才培养的实践育人的重要途径，高校通过大学生创新创业基地等平台，结合不同阶段大学生的不同特点，按照创新创业的科学标准和要求进行规划设计，开展系列创新创业学习、培训、竞赛活动，以提高学生创新创业能力和实践动手能力。

（1）内容体系。

1）意识培养：启蒙学生的创新意识和创业精神，使学生了解创新型人才的素质要求，了解创业的概念、要素与特征等，使学生掌握开展创业活动所需要的基本知识。

2）能力提升：解析并培养学生的批判性思维、洞察力、决策力、组织协调能力与领导力等各项创新创业素质，使学生具备必要的创业能力。

3) 环境认知：引导学生认知当今企业及行业环境，了解创业机会，把握创业风险，掌握商业模式开发的过程，设计策略及技巧等。

4) 实践模拟：通过创业计划书撰写、模拟实践活动开展等，鼓励学生体验创业准备的各个环节，包括创业市场评估、创业融资、创办企业流程与风险管理等。

(2) 国家级大学生创新创业训练计划简介。国家级大学生创新创业训练计划内容包括创新训练项目、创业训练项目和创业实践项目三类。

1) 创新训练项目：本科生个人或团队在导师指导下，自主完成创新性研究项目设计、研究条件准备和项目实施、研究报告撰写、成果（学术）交流等工作。

2) 创业训练项目：本科生团队在导师指导下，团队中每个学生在项目实施过程中扮演一个或多个具体的角色，通过编制商业计划书、开展可行性研究、模拟企业运行、参加企业实践、撰写创业报告等工作。

3) 创业实践项目：学生团队在学校导师和企业导师共同指导下，采用前期创新训练项目（或创新性实验）的成果，提出一项具有市场前景的创新性产品或者服务，以此为基础开展创业实践活动。①

3. 课题研究

学生参与教师课题研究的方式一般分为两类：一类是直接进入教师已在进行的科研项目中；另一类是在教师指导下独立完成一个完整的课题。大学生也可以利用所学，积极参加科技实践兴趣小组或者科技类协会，坚持开展课外科技创作、科技小发明活动，开展课题研究，有意识地培养自己分析问题、解决问题的能力，激发创新思维，提高自身的科学素养，弘扬科学精神。

课题研究可以培养查阅并整合文献的能力，学生选择课题后，可以请教教师指导使用数据库、书籍等电子及纸质资源，详细了解参考文献的规范要求；还培养表达撰写以及应用计算机的能力，整个过程需要整合文献资料，撰写文字材料，学生需要学会使用学习类软件；还可以培养解决问题能力、团队协作能力、抗压能力等。

课题研究是一个艰辛又富有挑战的过程，可以促使学生了解交叉学科的应用，并容易树立终身学习的理念，不仅能在就业及考研面试中展示出良好的专业素质和综合素质，而且就业后能够更快更好地胜任所承担的工作。

8.2.3 学校短学期社会实践布局安排

湖北工业大学以学生为中心，坚持因材施教、分类培养、协同育人、人人成

---

① 教育部关于做好"本科教学工程"国家级大学生创新创业训练计划实施工作的通知 [EB/OL]. [2012-02-22] http://www.moe.gov.cn/srcsite/A08/s7056/201202/t20120222_166881.html.

才、系统集成、全要素设计,全面实施"721"人才培养模式改革,明确应用型人才、复合型人才、创新型人才培养目标。针对70%左右的学生,校企合作、理实一体,培养应用型人才;20%左右的学生,校校联合、学科交叉,培养复合型人才;10%左右的学生,校内科教融合、研学结合,培养创新型人才。学校实施短学期制,旨在树立"育学结合"理念,以育人为本,通过学生实践能力的全面提升,形成供给侧推动的人才培养新格局,较好地满足学生和社会发展需要,培养创新创业和实践能力强的高素质应用型人才。

8.2.3.1 "六元"结合的实践育人体系

学校通过短学期实践树立"育学结合"理念,面向全体学生、根据年级、结合专业、分类实践,改变实践的从属地位,构建专业教育与素质教育、专业资源与育人资源、专业教师与管理教师、学工系统和教师系统协同的全方位协同育人的新模式,统筹一、二、三课堂,加大实践教学比重,将创新创业教育融入人才培养全过程,完善"实验教学—实习实训—毕业设计(论文)—创新创业教育—课外科技活动—社会实践"六元结合的实践育人体系,按"一年级接触社会、二年级接触企业、三年级深入企业、四年级服务企业"的总体设计,要求学生全员全程参加社会实践、实习实训、科技创新三大类九小类短学期实践,确保学生实践累计不少于1年。即每学年按"秋季学期19周+冬季学期2周+春季学期19周+夏季学期4周"执行,确保所有学生累计不少于1年的实践经验,促进学生全面发展。

8.2.3.2 协同推进"四走两融合"

短学期实践坚持"四走",即走出课堂、走出校园、走向社会、走进企业,深度融入生产、科研、实践,深度融合职业生涯规划,目标更加明确、要求更加统一。坚持协同推进,形成合力。把完善短学期工作机制作为推进短学期实践的支撑点,教务处、学生工作部、校团委、宣传部、招生与就业指导处等多部门分工协作,齐抓共管,营造良好的育人环境。学校实施短学期制,可以增强学生学习的内在驱动力,强化学生实践与创新能力的培养,同时拓展学校办学资源,加强学校为区域经济发展做出积极贡献。

8.2.3.3 短学期社会实践的总体安排

根据短学期实践的内容与学生所在年级的要求,与学生的职业生涯教育相结合,按七个学期分阶段实施的"二三七"短学期实践教学模式,鼓励学生积极参加与专业相关的学科竞赛活动、大学生创新创业训练计划项目等科技活动,有效提升学生的创新创业与实践能力。对于本科学生在校期间的七个短学期实践教育活动安排主要内容如表8-2所示。

表8-2 本科学生在校期间的短学期实践教育活动安排

学期	主题	主要内容
第1学期	规划自我、接触社会	安排大学生涯规划、社会实践活动等

续表

学期	主题	主要内容
第2学期	深入接触、了解社会	以当今社会改革热点为主题的社会实践调研活动、认知实习、夏令营活动等
第3学期	认识专业、体验社会	开展专业教育（含认知实习）、以调查研究为主的社会实践、学科竞赛培训、大学生创新创业教育与训练计划项目等
第4学期	结合专业、研究社会	实习实训、大学生创新创业训练计划、学科竞赛、团队形式的主题社会实践活动
第5学期	深入专业、强化能力	专业实习、学科竞赛、课题研究、大学生创新创业教育课程与训练计划、职业技能鉴定培训等
第6学期	扎根专业、实践创新	以"集中管理的分组实习"为主的专业实习、大学生创新创业训练计划、课题研究、学科竞赛、国内外游学访学活动
第7学期	运用专业、全面提升	毕业实习、就业实践、课题研究、职业技能鉴定培训活动、复习备考等

除上述实践安排之外，学生可以结合自己的实际情况和兴趣爱好，自行设计部分短学期实践活动。凡学生自行设计的短学期实践活动，须事先向学院申请，获批后方能实施。

8.2.3.4　短学期社会实践的答辩考核

1. 考核方式

短学期实践考核以过程考评与实践结束答辩考核相结合的方式进行，具体比例一般由学院自行确定。学校在每个春秋学期初的周末组织全校班级进行答辩考核，学生通过PPT展示介绍短学期实践的内容，分享实践心得与经验，规划未来发展，是一堂别开生面、生动有趣的思想政治教育与专业实践相结合的大课堂。

班导师要再对学生的周日志、实践报告进行审核，对未完成实践报告的学生不允许参加答辩；在班级答辩考核时，要向答辩小组及全体同学告知答辩审核情况。答辩考核小组要严格按照学生陈述与考核小组提问的流程对学生逐一进行考核（单班的答辩时间应不少于4学时），对每个学生要至少提2个问题，严格按照评分标准以百分制进行打分。

2. 答辩准备

参加答辩的学生需要认真准备、精心答辩，准备好实践报告等答辩资料。学生在"校友邦"管理平台中完成日志、周志以及实践报告的撰写后，下载打印成册，由班导师审核后，带至答辩现场，提供给教师。参加答辩的学生需制作

PPT 进行汇报展示。内容包括实践内容（实践的具体安排、要求、主要的事项等）、实践收获（知识的深化、各项能力的提升等）与总结、单位评价、实践建议，要求制作精美、内容翔实。

8.3　大学生社团活动

 引导案例　热爱表演艺术的原梦姣

原梦姣，湖北工业大学 2017 届工程管理专业学生，因为热爱表演艺术，热爱舞台，在本科期间加入了学校的启浪戏剧社。在剧社期间参与很多戏剧演出活动，在大二时担任戏剧社社长，每年策划和制作"新生短剧节""年度大戏""毕业大戏"等活动。其中，2015 年制作话剧《心心相印》获得了广州市大学生戏剧节二等奖，2015 年制作原创短剧《破晓》在武汉市洪山区大学生艺术节和武汉高校戏剧节荣获铜奖。通过在戏剧社三年的实践经验来开阔眼界，拓展兴趣，提升职业素养，将剧社的管理工作实践和本科所学的管理知识相结合，几次获奖经历使她获得极大的鼓舞和勇气。2016 年暑假，综合考察所有的信息后，她决定报考上海戏剧学院艺术管理专业研究生。在备考研究生的过程中，因为戏剧社大量的工作实践，在学习中可以更好地把书本知识和经验结合，最终以第二名的成绩成功考上上海戏剧学院艺术管理专业的研究生。

自 2017 年连续两年担任乌镇戏剧节嘉年华单元项目执行，2018 年 3 月负责上海音乐厅音乐舞蹈剧《水腔》舞台监督、2018 年 5 月参与制作第二届武汉天地公共空间艺术节，两年来制作《困·一次实验》《爸爸的床》《我弥留之际》等作品参加全国巡演。

案例导学： 通过戏剧社三年的实践经验，开阔眼界，提升素养，将戏剧社的组织管理工作实践和本科所学的管理知识相结合，屡次获奖。将戏剧社大量的工作实践融入书本知识学习中，以第二名的成绩成功考上上海戏剧学院艺术管理专业的研究生，如愿进入自己喜欢的戏剧行业。

当我国高校教育与全球高校教育接轨，高校毕业生的就业形势发生了很大的变化，高校学生社团作为高校一道亮丽的风景线，已经成为第二课堂育人的主要载体，成为高校实施素质教育的重要途径和有效方式，能够培养学生与人相处、与人合作的能力，对于提高学生综合素质、引导学生适应社会、促进学生成长成才，对大学生职业发展具有特别重要的意义。

8.3.1　大学生社团的概念

学生社团是指学生在自愿基础上为实现会员的共同愿望，按照其章程自主开展活动的学生群众组织。不分年级、系科甚至学校的界限,由兴趣爱好相近的同学组成,发挥他们在某方面的特长,开展有益于学生身心健康的活动。在保证学生完成学习任务和不影响学校正常教学秩序的前提下开展各种活动。目的是活跃学校学习氛围,提高学生自治能力,丰富课余生活;交流思想,切磋技艺,互相启迪,增进友谊。

学生社团一般分为思想政治类、文化体育类、创新创业类、自律互助类、学术科技类、志愿公益类等。《团中央、教育部关于加强和改进大学生社团工作的意见》指出:"要充分认识加强和改进大学生社团工作的重要性。切实加强对大学生社团的领导和管理。"[1]每年各社团以其具有思想性、艺术性、知识性、趣味性、多样性吸引广大学生积极参与其中。学生社团形式多种多样,如学术问题、社会问题研究会、文学艺术、体育、音乐、美术、影视等方面组成的活动小组,有文艺社、棋艺社、摄影社、美术社、歌唱队、话剧团、篮球队、足球队、数学社、物理社、化学社、微电影社团等。

8.3.2 大学生社团的发展历程

学生社团活动是学生大学期间的重要组成部分,也是学习如何建立人际关系及学会建立组织团体的关键点。大学的学习应该具备主观能动性的,社团是寻找自我在团体中的价值、发展人际关系的地方,学生可以从社团去印证课堂所传授的书本上的理论;社团更是学生踏入职场前可学习到实务经验的场所。社团涉入指的是大学期间,利用课余时间,依据自身兴趣与需要所参加各种内容性质不同的社团组织,学生可在参与过程中学习到课堂上所缺乏的群体生活经验,并在社团中体会到种种社会生活样态。

Pascarella and Terenzini 研究发现,学生学习成果和学生在学校中从事什么活动有关,也就是说学生越是积极投入校园活动,越能提升其学习成果,因此大学生社团涉入的频率越高时,即从事社团活动规划、安排、执行、参与越多时,则获得的学习成效将越高。

在美国,大学生社团具有高度社会化,因此大学生社团吸引了大量社会力量为大学生社团的活动投资,学校也鼓励大学生社团成为具有自身动力的自动化组织。高校在社团的教育学生社团活动是学生读大学很重要的部分,也是学习如何建立人际关系及学会建立组。[2]

---

[1] 共青团中央,教育部.关于加强和改进大学生社团工作的意见(中青联发〔2015〕5号)[Z]. 2015-01-13.

[2] TERENZINI P. How college affects students. (Vol.2): A third decade of research [M]. San Francisco: Jossey Bass, 2005.

哈佛大学前校长 Derek Bok 认为世界越来越小，变化越来越大，大学应在全方位、多目标的教育基础下，让学生为未来前途的就业做准备。在斯坦福大学，由设计学院研究生组成的团队包括各个专业的学生，如商科、法律、工程、教育和医学，他们学会深度合作和关注过程的思维方式，使整体的力量远远超过个人的力量，总是能够提出具有突破性的创新想法。[①]在知识经济和全球瞬息万变的年代，今天的热门行业随时可能成为夕阳产业，学校永远无法未卜先知。替学生提前做准备、传授就业能力已成为各国大学教育改革的驱动力。[②]美国高校学生社团活动是学生表达个性、实现自我价值的重要途径，通过严格的制度管理和高效的引导支持，部分高校的学生社团在人才培养、个性塑造方面优势突出，与社会发展高度对接，已经形成了良好的品牌效应，附加价值得到充分挖掘。

在国内，虽然高校教育的全面改革工作持续推进，学生社团的教育管理作用也不断得到强化，但是国内学生社团建设起步较晚，缺乏正确的引导支持和成熟的管理经验，发挥引导性、服务性功能欠佳。从发展的眼光来分析，学生社团也要随着时代的变化不断与时俱进，要与时代主题和素质需求相匹配。目前全球化所需的人才，并非视野狭窄、缺乏弹性的技术人员，而是需要具备主动学习与反思批判的能力的高素质综合性人才，大学社团正是培养大学生学习力、适应力、组织力、创新力、领导力的高素质人才的重要平台。

8.3.3　大学生社团对就业的促进作用

大学生社团营造积极向上的校园文化氛围不仅能丰富学生的课余文化生活，更能够提高校风和学风建设，积极参加健康的校园文化活动，有利于大学生的个性发展和人格塑造，满足大学生的精神文化需求，促进综合素质提升，有利于职业选择。

1. 营造良好文化氛围，培养大学生健康向上精神品质

社团活动以其趣味性、开放性、群众性的特点成为高校思想政治工作的新生力。学生社团活动是校园文化建设不可缺少的重要组成部分，丰富多彩的学生社团活动给校园文化建设带来了生机和活力，并将促进校园文化多渠道、深层次、高质量的发展。

大学生社团活动把学生吸引到健康发展的道路上来，创造优美的校园环境，营造良好的文化氛围，培养健康向上的精神品质，不断增强大学生服务国家和人民的社会责任感，推动习近平新时代中国特色社会主义思想入脑入心，把青年学

---

① 比尔·博内特，戴夫·伊万斯. 斯坦福大学人生设计课［M］. 周芳芳，译. 北京：中信出版社，2017：引言.

② 秦含奇，夏悦新. 大学生社团经验与就业竞争力关系分析［J］. 市场研究，2015（6）：12-14.

生培养成德智体美劳全面发展的社会主义事业合格建设者和可靠接班人。

2. 促进大学生全面成长和综合素质发展

大学生社团作为学生活动主要途径之一,是校园文化的重要载体,与大学生的日常学习、生活密切相关,对大学生的思想、行为都产生着潜移默化的影响。加强大学生的素质教育,特别是培育具有创业精神和时代精神的大学生是高校人才培养的方向,而大学生社团活动是实施素质教育的重要方法和有效途径。

部分高校毕业生在选择就业的过程中,语言表达能力很差,面对面试官的提问,语无伦次、答非所问,在语言上与他人的交流障碍必定会影响其就业状况。高校社团通过为大学生举办"演讲比赛""辩论赛"等多种语言表达能力的锻炼平台,大学生经过多次锻炼,提高自己在不同场合中的语言表达能力,掌握在大学第一课堂中无法掌握的更多技能。

一是学生社团通过各种活动提高个人组织管理能力。社团干部在社团工作中具备了一定的组织能力,由于社团每一个成员都可以参与到社团的管理工作中,所以每一个社团成员都接触到了管理问题,潜移默化地提高了组织管理能力。

二是学生社团通过各种活动强化学生自信心,勇于担任社团干部社团活动具有拓展人际领域,学习团体合作精神的特色,对学生有一定的吸引力,能够增加其参与社团的意愿。

三是学生社团通过各种活动鼓励学生提高责任担当。把握机会参与社团事务,担任不同的职位可以学习到不同的事务与对事情的感受,处于核心的干部能够提高多方面能力,但同样需要担当,从活动的决策到组织间的沟通,最后执行这个活动企划及处理各式各样的突发状况。

3. 提升大学生创新思维和实践能力

大学生对国家未来的建设和发展起到了重要的作用,高校社团给大学生提供一个个性化展示、实现自我、创造自我的平台,在与他人碰撞的基础上,在思想上形成创新意识。增强学生社团和专业发展的吻合度,大学生社团通过组织各种专业知识讲座、专业技能比赛等活动,让更多的同学参与进来,促使他们在切磋知识技能之际,激发他们的兴趣,巩固课堂上所学的理论知识,应用到实践中来,从而提高自己的实践能力。创新创业需要依托专业人才的专业知识进行创新,从而最终带动创业,它的核心和本质出发点就是学科创新,只有拥有扎实的专业才能够进行良好创新。所以,学生所学的专业知识是非常重要的,如果学生社团能够将社团活动和社团成员的专业进行良好的契合,那么这样的社团活动就能够受到就业市场的欢迎。例如,一些市场营销类的知识就能够应用在社团的管理上,能够激发社团成员的创新热情。

4. 明确大学生职业定位和发展规划

大学生社团,便于学生找到有共同兴趣和共同语言的朋友,社团中的高年级学生对学业、志向和就业的态度，对低年级学生有言传身教的效果，社团活动中通过成功人士分享经验，让学生客观、正确地进行职业选择，更务实地寻找发展方向；通过研讨会，让学生自己谈经验，引导社团成员更好地进行职业规划。这种效果往往比学校专门的新生入学教育的效果更为明显，使他们能摆正自己的位置，端正心态，根据自身特点明确就业发展方向。

同时，为促进自我社会化提供了机会，也充分调动了大学生提高自身素质的主动性和积极性，使学生在活动中既巩固和发展了兴趣、爱好、特长，又促进了具有个性特征的志向、品格、意志和情感的生成，在无形中增强了学生的自我管理、自我教育和社会适应能力，可以根据个人特点明确职业发展规划。

5. 提高大学生社会适应和就业竞争力

社团成员专业多样，不同专业背景的学生具有不同的解决问题思路，所以在社团活动中可以学会从不同的角度思考问题，从而改善知识结构，实现资源互补，有利于培养复合型人才。社团中平等的氛围让每个成员都自由的表达观点，通过个人演讲等活动使社团成员的表达能力得到锻炼，有助面试时表现更佳。

大学生社团增强与用人单位的结合度。社团加强和用人单位、机构中介的联系，并与用人单位建立长期良好的合作关系。例如，让企业和学校建立订单式培养、建立教育基地、培训实习基地等。提供多元化校内外实习，增加深入学习机会。有校内外实习经验的社团学生，其在就业能力、开创发展、组织适应、人际领导各方面显著高于没有实习经验的学生，很好地体现学生若能在课业之外参与各项社团活动，则可了解现今社会选才所需的各项能力。

21世纪社会需要复合型人才，即必须具备理想、担当、学习、创新、创业、就业等精神和能力。学生社团适应这一社会需要，不仅为学生提供了锻炼能力、增进交际、增强社会适应能力，引领大学生、教育大学生、凝聚大学生、服务大学生，在大学生活中具有重要作用，最终实现大学生的全面成长成才和职业发展。

二维码 8-4

拓展知识点：湖北工业大学大学生社团基本概况。

8.4 就业见习

引导案例　参加就业见习的小田

小田7月大学毕业没有找到合适的工作，办理毕业报到的时候，现场了解到高校毕业就业见习政策，在市人社局工作人员的建议下，小田来到某企业就业见习，解决了毕业后就业迷茫问题，给刚走出大学校园的小田一个缓冲的时间，调整好状态，为未来奋斗积蓄力量，快速从毕业后的不知所措中找到正确的人生道路。

8.4.1 就业见习制度解读

就业见习是指由各级政府有关部门组织对离校后未就业但有就业意愿的毕业生到企事业单位实践训练、积累工作经验的就业扶持措施。见习制度素有"曲线就业"之称，可以帮助有就业意愿的毕业生提升工作技能和就业竞争力，是促进其尽快实现就业的一项有效措施。

就业见习制度发端于 2004 年的"大学生就业见习行动"。该行动是由共青团中央、全国学联为贯彻落实《中共中央 国务院关于进一步加强和改进大学生思想政治教育的意见》精神，进一步加强大学生思想政治教育，推进"大学生素质拓展计划"，服务大学生就业创业的具体举措。

2006 年，人事部、教育部、财政部、劳动和社会保障部、国务院国资委、国防科工委联合发出《关于建立高校毕业生就业见习制度的通知》，确定从 2006 年开始，国家将陆续推出一系列优惠政策，逐步建立和完善高校毕业生就业见习制度，建立毕业生就业见习基地，以帮助回到原籍、尚未就业的高校毕业生提升就业能力，促进供需见面，尽快实现就业。

2009 年，为促进高校毕业生就业，人力资源社会保障部、教育部、工业和信息化部、国资委、工商总局、全国工商联和共青团中央联合下发《关于印发三年百万高校毕业生就业见习计划的通知》（人社部发〔2009〕38 号），决定自 2009 年至 2011 年，拓展和规范一批用人单位作为高校毕业生见习基地，用 3 年时间组织 100 万离校未就业高校毕业生参加就业见习。2009 年，全国组织 30 万离校未就业高校毕业生参加就业见习。

1. 就业见习不等于就业

就业见习计划重点是组织离校未就业的高校毕业生在入学前的户籍所在地城市参加见习，有条件的城市可探索开展非本地户籍高校毕业生和在校生的就业见习活动。从国家层面和教育部统计就业数据来看，见习不属于就业，只有签订了就业协议或就业合同才算就业，见习属于待就业。

见习期满未被见习单位录用的高校毕业生，可继续享受政府提供的免费就业信息和各类就业服务；对有创业愿望、有关机构将提供项目开发、方案设计、风险评估、开业指导、融资服务、跟踪扶持等"一条龙"创业服务。

2. 就业见习不同于实习

第一，就业见习针对的对象是毕业后两年内未就业并办理失业登记的全日制普通高校毕业生，毕业年度内的全日制普通高校毕业生；第二，高校毕业生在见习期间，见习基地应向见习人员发放生活补助费，其标准不低于当地最低工资标准，并为见习人员购买人身意外伤害保险；第三，高校毕业生如果在见习期间或期满后被见习单位正式录用，见习时间计算为工作年限；第四，各级公共人才服务机构将为参加见习的高校毕业生免费提供人事档案托管等服务。

8.4.2　就业见习的实践意义

党的十九大报告中指出："就业是最大的民生。"大学毕业生能否就业直接关系到每一位大学毕业生的成长和发展，也关系到千家万户的切身利益，更关系到社会的安全稳定。因此，高度重视毕业生见习工作，切实把就业见习作为促进高校毕业生就业的重要措施，具有重要的现实意义。

（1）有利于为高校毕业生提供就业机会，搭建一个通向职场的过渡平台。通过就业见习，一部分毕业生有机会被见习单位正式录用。有一部分毕业生由于增长了工作经历和基本技能，实现了应聘就业或自主创业。见习期满未被留用且仍未就业的，可以参加技能培训与创业培训，相当一部分高校毕业生能够通过就业见习走上工作岗位，也有一部分高校毕业生的就业见习后选择了自主创业。

（2）有利于验证自己的职业抉择，提升就业能力，促进毕业生理性择业。缺乏工作经验是制约高校毕业生就业的不利因素。当大学生在了解自我的基础上确定未来的职业理想时，需要在真刀真枪的实际工作中检验自己是否真正喜欢这个职业，自己是否愿意做这样的工作。通过就业见习，毕业生掌握了业务知识和技能，积累了工作经验，会自觉调整择业范围，并在见习实践中逐渐发现自己的优势所在。

（3）有利于为用人单位提供择优选才的渠道，解除后顾之忧。对用人单位而言，应届毕业生的缺点是缺乏工作经验，优点是具有较大潜力。就业见习计划的实施，解决了企业招聘毕业生不能迅速适应岗位的难题，又使用人单位能够在充分了解毕业生综合素质的基础上，挑选与招聘岗位更加匹配的人才，降低了用人风险。对企业而言，不仅是重要的招聘渠道和重要的人才储备库，更是企业承担社会责任的重要体现。

就业见习工作拓展和规范了高校毕业生的就业选择，进一步完善就业见习制度，改善见习条件，可以使高校毕业生通过见习，全面提升自身综合素质和职业能力，丰富工作经验，增强就业竞争力，尽快实现就业。

8.4.3　就业见习制度落地

未就业高校毕业生如参加就业见习可向当地人力资源和社会保障部门咨询，

当地人力资源和社会保障部门是就业见习的组织单位。非本地生源毕业生参加见习享受的优惠政策，由各地根据实际情况自行制定。

1. 湖北省就业见习制度

2018 年，湖北省人力资源和社会保障厅修订《湖北省高校毕业生就业见习管理办法》，指出见习人员按照有关政策规定，在见习单位提供的见习岗位进行一定期限的实践锻炼，积累工作经验、提升就业能力的就业促进活动。就业见习人员补贴范围为毕业两年内离校未就业的普通高校毕业生（以下简称"高校毕业生"）、技师学院高级工班、预备技师班和特殊教育院校职业教育类毕业生。艰苦边远地区、老工业基地、国家级和省级贫困县可将见习对象范围扩大到离校未就业中职毕业生。见习期限一般为 1~6 个月。见习期间，见习基地与见习人员签订就业见习协议。见习期满，见习基地应对见习人员进行考核，湖北省高校毕业生就业见习考核表归入见习人员基础电子台账存档备查；见习基地对见习期满后正式录用人员，应及时与其签订劳动合同（聘用合同）、缴纳社会保险费；对吸纳参加见习人员的单位给予就业见习补贴，主要用于见习单位支付见习人员见习期间基本生活费、为见习人员办理人身意外伤害保险，以及对见习人员的指导管理费用；就业见习补贴标准按照当地最低工资标准的 60% 确定；对见习人员见习期满留用率达到 50% 以上的单位，补贴标准可按照当地最低工资标准的 80% 执行。

2. 北京市就业见习制度

根据 2019 年《北京市就业见习工作管理办法》的规定，见习单位与见习人员之间签订《北京市就业见习协议书》，明确见习岗位、职责要求、见习期限、见习期间基本生活补助标准、双方权利义务及违约责任等事项，双方不建立劳动关系。见习人员应满足毕业 2 年内未就业的北京生源高校毕业生、中专毕业生及技工院校毕业生，每名见习人员只能享受一次见习补贴。16~24 岁登记失业人员和转移就业登记的农村无业或务农劳动力，享受见习补贴政策期间，不同时享受失业保险金、一次性临时生活补助等。市级见习补贴标准为本市当年月最低工资，主要用于见习人员生活补贴、带教人员补贴、重大疾病和人身意外伤害保险。其中，带教人员补贴标准为每人每月 200 元，重大疾病和人身意外伤害保险费标准为每人 150 元。以上资金由市级财政资金予以保障。见习期间或见习期满时被正式录用的，见习单位应及时与见习人员签订劳动合同，按规定缴纳社会保险。见习期满时未被录用的，进入就业市场自主择业。见习期满，由见习单位为见习人员出具《北京市就业见习鉴定表》，交见习人员择业时使用。

3. 重庆市就业见习制度

重庆市人力社保局发布消息，为加强岗位实践锻炼，提升就业能力，自 2019

年至 2021 年，用 3 年时间组织 3.7 万名青年参加就业见习。离校 2 年内未就业的高校毕业生、高校毕业学年在校生以及对口支援西藏等地区的高校毕业生。见习期限一般是 3~12 个月（具体可根据见习人员特点和岗位要求合理确定）。符合条件的人员只能参加一次就业见习（见习单位不得以派遣、中介等形式将见习人员委派到其他单位见习）。就业见习补贴按见习人员每人每月 1300 元的标准补助见习基地。对见习留用的就业率达到 50%以上的，留用人员就业见习补贴标准按每人每月 1500 元执行。

4. 江西省就业见习制度

江西省自 2019 年至 2021 年，组织 3.3 万名青年参加就业见习。要求各地在每年七月初毕业生离校时启动信息衔接和登记摸排，主动衔接，及早锁定见习对象。结合当地优势产业和青年对见习岗位的需要，确定一批企事业单位、社会租住作为青年就业见习单位。要求提供岗位的单位和社会组织为见习人员提供不低于当地城镇最低标准的基本生活补助，并为见习人员办理人身意外伤害保险。见习期限一般是 3~12 个月。见习补贴包括见习岗位补贴和见习综合保险补贴。优先为建档立卡贫困家庭、城乡低保家庭、零就业家庭青年，以及缺乏工作经历的青年提供见习机会。

大学生应该广泛了解就业见习制度，其实现在有些地方的就业见习制度不局限于毕业生，也向毕业学年的在校生开放；还有一些地方的就业见习制度完全没有地方保护主义的色彩，对见习生的生源没有限制。但是关于就业见习制度，毕竟各地方政府职能部门有权因地制宜制定政策，所以大学生还应该有针对性地了解自己未来就业目的区域的相关政策，早做准备。

 本 章 小 结

第 8.1 节主要介绍了大学生社会实践的内涵、特点和意义。理解大学生社会实践的内涵，认识大学生社会实践的意义，是大学生成才的重要环节，对于引导大学生努力成长为德智体美劳全面发展的社会主义建设者和接班人，对大学生职业发展具有重要意义。

第 8.2 节主要介绍了短学期社会实践概况，对短学期社会实践内容，社会实践类（了解社会、融入社会、研究社会）重点介绍了大学生"三下乡"暑期社会实践、劳动实践和青年志愿服务实践，实习实训类重点介绍了实训、专业实习、职业技能鉴定，科技创新类重点介绍了学科竞赛、创新创业、课题研究等。对短学期社会实践全面了解后，介绍了学校关于短学期实践的总体布局、内容安排和答辩考核等相关规定。

第 8.3 节主要介绍了大学生社团活动概念和发展历程，通过大学生社团涉入讲解了大学生社团对职业发展的指导作用。

第 8.4 节通过对就业见习制度进行解读，讲解了就业见习制度对大学生就业的实践意义，对各地区的就业见习制度的落实进行了简单介绍。

 **复习思考题**

一、思考问答题

1. 大学生社会实践的意义是什么？
2. 短学期实践主要分为哪三大类九小类，如何根据所在年级进行合理安排？
3. 大学生如何通过社团涉入来促进职业发展？
4. 就业见习与就业的区别是什么？实行就业见习制度的实践意义是什么？

二、案例分析

李晓雨，湖北工业大学 2014 届金融专业、2019 届思想政治教育专业毕业生。从本科入学起，她就将自己的职业发展方向定位于全面发展的复合型人才成长之路，参加校主持团、演讲与口才等大学生社团，充分利用短学期实践，发挥自身特长优势，成为湖北省语言类比赛中的佼佼者，曾获湖北省楚天大学生艺术节之"畅想中国梦"大学生朗诵大赛一等奖等各级奖项近 20 项，连续两年获"国家励志奖学金"，连续 4 年获"优秀大学生标兵"称号，2014 年 7 月，她向这座美丽的校园递交了一份圆满的青春答卷。

本科毕业后，她凭借着优异的专业成绩成功考入金融系统，在人生的第一份工作开始时，她以理论知识武装头脑，以实践检验真理，经过两年的探索和实践，她如愿荣获了"优秀工作者"的嘉奖，如期完成工作目标的她想要继续深造，超越自我，并决定辞职考研。

2016 年 9 月，她顺利回到母校继续攻读硕士学位。这时的她已明确研究生的学习更注重理论功底和实践能力，她刻苦钻研，并积极参加科研实践，发表包括南大核心与北大核心在内的专业论文 7 篇，参与课题研究达 8 项，并荣获国家奖学金及校一等奖学金，在 2017 年湖北省"挑战杯"大学生科技学术竞赛中获二等奖，此外还荣获"湖北省社会实践优秀个人""优秀研究生"等称号。

2018 年 10 月，她以校团委学生副书记的身份借调至共青团中央志愿工作部实践锻炼，在此期间得到了各部门领导的一致认可，这段实习经历为她的硕士学习锦上添花，也为未来的发展蓝图指明了方向。2019 年她不辜负长期的努力，考取了全国广播电视编辑记者证，现就职于国家工业和信息化部出版系统。

案例思考题：
1. 职业发展是一项长期规划，需要"积跬步"的丰富实践经验。
2. 人生没有白走的路，每一步都算数。
3. 我们无法肯定哪一条才是通往成功的道路，但可以肯定的是，实践出真知，所有通向成功的路都需要脚踏实地的努力。

第三部分　求职指导

第9章 就业信息

 学习目标

通过本章的学习，了解我国目前整体的就业形势及大学生的就业状况；熟悉国家就业创业政策；掌握招聘信息的收集、整理与使用方法；了解行业与职位的概念、分类及选择方法。

 关键术语

就业形势、就业政策、就业结构性矛盾、招聘信息、行业、职位

 引导案例　我的求职之路

（作者简介：张某某，湖北工业大学2018届制药工程专业本科毕业生，就业去向：中国医药集团有限公司）

我的求职之路是从大三暑期开始的，在正式参加各种宣讲会之前，有很多前期工作需要在这个时候准备好，如个人简历、正装等。我在暑假整理了自己的获奖情况、社会工作及科研经历，做到自己心中有数。同时，在这个时候要想清楚自己找工作关注的重点，包括行业情况、地域、薪水、发展前景等。一般来讲，从每年的九月份开始就陆续有招聘信息发出。我是从以下几个方面获取相关招聘信息的：

（1）湖北工业大学就业信息网。在这里会随时更新相关招聘单位及宣讲会的信息，这些信息是经过审核并且大多数招聘单位与湖北工业大学都有合作关系，所以信息还是比较靠谱的。在就业信息网上还可以看到每年学校的就业情况以及本专业学长的毕业去向，这也有利于我们把握整体及行业就业形势，做到有的放矢。

（2）学院网站、就业QQ群和微信群。在这里发布的大多数都是和自身专业非常契合的招聘信息，相比于学校就业信息网的信息少而精。在找工作期间，我每天至少会看两次学院网站、就业QQ群和微信群，因为有的信息如果不及时看到，那么准备会很仓促。

（3）湖北工业大学就业指导办公室微信公众号。这里也会有很多招聘信息，尤其是一些专场宣讲会的详细信息。还可以每天在相关板块搜索一下，看看有没有适合自己的职位。

（4）校外相关网站。除了上述校内资源，我还会关注一些校外的网站，如智联招聘、前程无忧、592职业圈、应届生求职网等。可以关注其中一些网站的订阅号，这样可以收到每天推送的邮件，以便快速获取相关信息。不过校外的信息在真实性方面不如校内信息，可以作为一种补充。

（5）企业网站。一般找工作时大家心中都会有理想的企业，而这些企业也并不都会来湖北工业大学开宣讲会，所以经常登录这些企业网页看看有没有招聘信息就显得非常重要了。同时也可以了解一下企业信息，这样面试时如果被问到也能答得上来。

（6）相关论坛及QQ群。作为一名制药专业的学生，我在求职伊始就把重心放在与医药行业有关的工作上。所以我还关注了医药英才网、药智人才等专业网站，并且加入一些同样求职的制药学子的群中。论坛上信息比较冗杂，社会招聘偏多，但是对了解行业形势很有帮助，找工作之余了解也很有好处。加入一些QQ群可以和其他学校的学生互通信息，了解一些重点单位在全国的招聘情况，也有利于提前做好准备。

当获得相关信息后，就要筛选出适合自己的企业，去参加相关宣讲会。在宣讲会上可以进一步了解企业本身以及想要应聘岗位的要求，并且可以和HR沟通、针对自己找工作的重点向HR咨询，以确认是否与自己的要求一致。如果与自己意向比较符合，就可以投递简历，经历网上申请、笔试、面试等环节，最后拿到Offer。

回顾自己的求职经历，我觉得有两点非常重要。第一点，清楚自己对职位的要求。当求职开始时，各种求职信息多而杂，必须要根据自己的要求快速圈定想获取的职位，避免将时间和精力浪费在无谓的比较上。第二点，建立自信，以饱满的精气神迎接笔试、面试，展现出自己的风采。求职过程中，运气要占很大的一部分，但是只要做好自己，就能把握住机会，得到自己想要的职位。

案例导学：了解就业形势和就业政策，明确求职方向，并有针对性地收集招聘信息，是毕业生求职成功的关键。张同学能成功求职是与他前期的充分准备分不开的。

9.1 就业形势

就业形势是大学生就业的大背景和风向标。大学生就业需要全面了解目前国家整体的就业形势及大学生的就业状况,了解近几年本校本专业毕业生的就业情况。

9.1.1 目前我国总体的就业形势

9.1.1.1 近年来我国就业形势持续稳定

就业事关人民群众切身利益、国家发展大局与社会和谐稳定。习近平总书记高度重视就业问题,多次强调"就业是民生之本""就业是最大的民生工程、民心工程、根基工程"。近年来,党中央把稳就业作为"六稳"之首,始终把就业工作摆在突出位置,克服经济增速下行带来的困难,保持了就业形势的持续稳定,实现了比较充分的就业。特别是党的十八大以来,各地区、各部门深入学习贯彻习近平总书记关于就业工作的重要指示精神,坚决贯彻落实党中央、国务院决策部署,坚持实施积极的就业政策,不断健全工作机制,就业工作取得积极进展,主要表现在以下几个方面。①

(1)就业规模不断扩大。2013—2018年,城镇新增就业人数连续6年保持1300万人以上,2018年末全国就业人员总量达7.76亿人,失业率保持低位运行。

(2)就业结构持续优化。第三产业吸纳就业能力显著增强,三大产业就业人数占比从2013年的31.4∶30.1∶38.5,调整为2018年的26.1∶27.6∶46.3,"倒金字塔形"就业结构形成。

(3)城乡就业格局发生历史性转变。2014年城镇就业人员比重首次超过乡村,2018年占比达56.0%,比2012年提高7.6个百分点。

(4)重点群体就业保持稳定。应届高校毕业生就业和创业人数连年实现双增长,年底总体就业率始终保持在90%以上。年均帮扶超过550万失业人员再就业,超过170万困难人员实现就业。截至2019年11月底,累计帮扶1192万建档立卡贫困劳动力实现就业增收,121万因去产能下岗的职工得到妥善安置。

(5)就业质量稳步提升。劳动者就业渠道更加多元,工资收入稳步提高。企业用工日益规范,劳动者合法权益得到有效维护,社会保险覆盖范围不断扩大,保障水平逐步提高。

9.1.1.2 有利于就业稳定的积极因素不断显现

1. 经济规模的扩大拉动就业

习近平总书记指出,解决就业问题根本要靠发展。把经济发展蛋糕做大,把就业蛋糕做大。党的十八大以来,我国坚持把稳定和扩大就业作为经济运行合理

---

① 人力资源和社会保障部党组. 如何看待我国就业形势. 求是,2020-01-01.

区间的下限，创新实施区间调控、定向调控、精准调控等宏观调控方式，稳定了经济增长，夯实了就业的基本盘。目前，我国经济保持平稳健康发展态势，仍处于中高速增长区间，在世界范围内仍居前列。经济总量持续增加，对就业的拉动能力相应增强，带动了就业容量的不断扩大。

2. 产业结构的优化推动就业

如果说经济发展是扩大就业的"火车头"，那么合理的经济结构就是拉动就业的"加速器"。党的十八大以来，党中央、国务院坚定不移推动高质量发展、推进供给侧结构性改革，以质量和效益的提升拓展就业增长的新空间。大力发展电子商务、服务外包等现代服务业，充分发掘新型工业化、信息化、城镇化、农业现代化进程中蕴含的巨大潜力；坚决化解过剩产能，压缩落后产能；协同推动东部率先、中部崛起、西部开发和东北振兴"四大板块"发展，加快实施"一带一路"建设、粤港澳大湾区建设、长三角一体化发展，着力推进京津冀协同发展、长江经济带发展、黄河流域生态保护和高质量发展。产业、城乡、区域结构进一步优化，使得经济增长的就业弹性持续增强。

3. 改革红利的释放助推就业

个体私营经济和小微企业日益成为吸纳就业的主渠道。党的十八大以来，简政放权、放管结合、优化服务持续推进，政府效能进一步优化，有力支撑了经济动能转换，为促进创新创业营造了良好环境；同时，大众创业、万众创新扶持力度不断加大，财政支持政策得到加强，普惠性税收措施不断完善，融资模式进一步优化创新。"双创"成为时代热潮，市场活力竞相迸发，市场主体井喷式增长，创造了大量就业机会，创业带动就业的倍增效应不断显现。

4. 政策效应的发挥促进就业

有力有效的政策措施是弥补市场不足、稳定和扩大就业的重要支撑。党的十八大以来，我国根据形势发展变化和劳动者的新期待，不断发展和完善积极的就业政策体系。统筹优化人力资源供给与改善劳动力市场需求，强化就业政策与经济政策、产业政策、社会政策之间的协同联动，将就业与创业紧密结合；织密织牢促进高校毕业生和农民工就业创业的经纬线，注重兜住就业困难人员就业底线，同时注重完善改革进程中受影响劳动者、全面小康建设中贫困劳动者就业创业的政策体系；调整提高部分就业补贴标准、扩大就业补贴享受范围，创新推出了创业基金、求职补贴、创业补贴等利民惠民新举措。2018 年 11 月，为应对外部环境变化给就业带来的影响，国务院出台促进就业新政策，打出稳企业稳岗位、强培训促就业、重服务兜底线的政策"组合拳"，进一步充实完善了就业政策体系。2018 年年底召开的中央经济工作会议明确提出实施就业优先政策，2019 年的政府工作报告明确要求就业优先政策要全面发力，并首次将就业优先政策置于宏观政策层面来考量。中国特色的就业政策体系成为稳形势、助发展的重要利器。

9.1.1.3 当前和今后一个时期我国就业形势更加复杂严峻

当前和今后一个时期，我国就业领域固有矛盾依然存在，由于外部经济环境的影响产生的变化具有不确定性，新技术、新经济及就业新形态等影响就业的因素还在增多，就业形势更加复杂严峻。

1. 总量压力和结构性矛盾仍将持续

劳动力总量高位持压。2012年开始，我国劳动年龄人口数量持续下降，与以往高速增长的发展趋势明显不同，就业总量的压力从增量向存量转变。未来相当一段时间，我国的就业总量仍将处于一种持续中高压状态。据测算，到2030年之前我国16~59岁的劳动年龄人口仍将一直保持在8亿以上。

就业结构性矛盾更加凸显。在经济结构调整、产业转型升级过程中，结构性就业矛盾进一步凸显，突出表现为"招工难"与"就业难"并存。一方面，企业反映招工难，技能人才的求人倍率一直在1.5以上，一线普通工人也面临短缺；另一方面，部分高校毕业生等新成长青年群体存在就业难题，去产能等结构调整中产生的大龄失业人员再就业则更加困难。这种"两难"并存的局面，其根源在于劳动力需求和供给的不匹配，是经济发展不平衡、不充分的结构性问题在就业领域的集中体现。从需求端看，我国目前仍处于工业化中期和产业链的中低端，市场中增加的岗位大部分是制造业、服务业一线普通工人和服务员；从供给端看，每年新成长劳动力中高校毕业生超过一半，农民工群体中80后、90后新生代已占据主体，新一代求职者更加注重职业发展、工作条件和自我价值实现，供需对接存在错位。另外也要看到，相对于产业和技术的快速变化，人的变化是一种慢变量，实现职业转换需要一定的教育培训，转变就业观念更需要较长的时间。

2. 外部经济环境变化造成的不确定性

经过40多年改革开放，中国经济与世界经济深度融合，世界经济环境变化，必然对我国经济产生冲击，进而影响到就业领域。受此影响，我国部分对美外贸依赖程度较高的企业可能出现用工减少，并对当前就业形势产生影响。从目前调查监测情况来看，这种影响十分有限，对用工总量的实际影响要小于市场预期和心理的影响，总体来看仍将是可控的。我国经济和劳动力市场的回旋余地和承压能力仍然巨大，在考虑未来就业形势时，要更多关注国际经济形势变化对我国宏观经济的影响；同时，应加快我国劳动力市场改革，在国际经济调整、再平衡的过程中，促进就业结构调整与经济转型升级和结构调整的协同推进，避免结构性失业风险，实现更高质量和更充分就业。①

3. 新技术革命带来的机遇和挑战

世界银行发布的《2019年世界发展报告》指出，近10年，以人工智能为代表的技术爆炸正在重塑新一轮社会经济格局。新一轮技术革命的迅猛发展，是以工业智能化、互联网产业化、工业一体化为代表，以人工智能、清洁能源、量子信息、3D打印、智能制造、虚拟现实、生物医药技术和新材料科学等为主的全新技术革命。其将重构生产、分配、交换、消费等经济活动各环节，既推动产业转型升级，带动经济高速增长，也实现生产力的新跃升以及生产要素的重新配置，必然对就业产生广泛和深刻的影响。

4. 新经济、新形态发展面临的机遇与挑战

与新技术进步相伴而生的，是新产业、新业态、新模式的经济部门和经济活动的繁荣，新的动力和增长点逐步形成，战略性新兴服务业、高技术服务业、科技服务业、文化及相关产业服务业、生产性服务业、电子商务及相关的快递业等实现较快增长。云计算、大数据、物联网等技术层出不穷，在线旅游、医疗、教育、网络约车、第三方支付等"借网而生"，智能制造、个性化定制、普惠金融、智慧城市等也催生出一批新模式和新业态，"大众创业，万众创新"持续推进，新企业、新经济蓬勃发展，创客群体不断扩大，营造了新的就业增长空间。

新经济的快速成长改变了传统的就业方式，创造了大量的新就业机会，人们可以按照自己的兴趣、技能、时间和其他资源禀赋，参与新业态活动，实现就业，获得收入。目前，我国新业态从业人员的规模呈现扩大趋势。以分享经济为例，《中国分享经济发展报告2017》数据显示，2016年我国参与分享经济活动的人数超过6亿，比2015增加1亿左右。

同时我们也要清醒地认识到新产业、新业态发展过程中的不稳定性带来的失业风险，部分低知识技能水平劳动者有可能被甩出正规劳动力市场，新就业形态从业人员劳动权益和健康有可能受到损害等问题。

9.1.2 我国大学生的就业形势

9.1.2.1 我国大学生就业整体情况稳中向好

媒体上频繁出现"史上最难就业年""史上更难就业年"的报道，那么我国大学毕业生的总体就业形势究竟如何呢？根据教育部发布的统计数据，近几年高校应届毕业生的就业率保持相对稳定，薪资持续增长，北、上、广、深等地的就业比例持续下降，教育、医疗、信息等民生行业成为就业增长点。

---

① 中国社会科学院. 2019年国内就业形势面临新挑战 [J]. 检察风云，2019（3）：30-32.

1. 就业率保持相对稳定

《2019年中国大学生就业报告》[①]显示，2018届大学毕业生的就业率为91.5%。其中本科毕业生就业率（91.0%）缓慢下降，较2014届（92.6%）下降1.6%；高职高专毕业生就业率为92.0%，较2014届（91.5%）上升0.5%。

2. 平均薪资持续增长

收入方面，2018届大学毕业生的月收入为4624元，比2017届增长了307元。其中，2018届本科毕业生的月收入为5135元，比2017届增长了361元；2018届高职高专毕业生的月收入为4112元，比2017届增长了252元。从近三届的趋势可以看出，应届大学毕业生月收入呈现上升趋势。从专业上看，从事IT类职业的本科毕业生月收入较高。2018届本科毕业生月收入最高的是信息安全，为6972元；其次为软件工程和网络工程，分别为6733元、6597元。

3. "北、上、广、深"等地的就业比例持续下降

近年来本科毕业生在北、上、广、深四个一线城市就业的比例从2014届的25%下降到了2018届的21%，而在"新一线"城市就业的比例从2014届的22%上升到26%。刚毕业时在北、上、广、深就业的毕业生中，3年内离开的比例明显上升，从2011届的18%上升到了2015届的24%。

4. 与民生相关的教育和医疗服务成为毕业生就业增长点

2018届本科毕业生就业比例增长最多的行业是"中小学及教辅机构"，就业比例为12.7%。就业比例增长较多的其他行业是"信息传输、软件和信息技术服务业"与"医疗和社会护理服务业"。2018届高职高专毕业生就业比例增长最多的行业是"学前、小学及教辅机构"，就业比例为6.6%。

9.1.2.2 大学生就业所面临的困境与挑战

1. 供需不平衡

一方面，就业总量压力始终不减。根据教育部发布的统计数据，近年来高校毕业生数量逐年攀升：2018年大学毕业生人数为820万，2019年达到834万，2020年达到了874万人，2021年全国高校毕业生规模为900万人。

另一方面，高校毕业生就业面临市场需求的不确定因素增加，尤其是当前我国正处在新旧动能转换的关键时期，一些传统产业发展缓慢甚至萎缩，新兴产业还没有完全成长起来，会对就业产生一定影响。

2. 结构不匹配

高校毕业生的专业、职业素质、就业意愿和市场需求的矛盾进一步加剧，人岗不匹配的结构性矛盾更加突出。据人力资源市场调查，应届毕业生认为"就业

---

① 《2019年中国大学生就业报告》（就业蓝皮书），麦可思研究院，2019.

难"的主要原因中,"期望与现实落差太大"占 25.4%,"所学知识无法满足实际工作需要"占 21%。

3. 支持不到位

近年来,国家和地方出台了一系列促进大学生就业创业的政策措施,政策力度很大,含金量很高,但从实际效果看,部分政策还没有完全落实到位;有的政策措施的操作性、便利性不强,如有的地方创业扶持项目资金拨付链条长,不能直达学生。

4. 用人单位对毕业生的素质要求越来越高

目前毕业生就业形成了"买方市场",人才竞争越来越激烈,用人单位对毕业生的素质要求标准越来越高,选择毕业生也更加理性。不再单纯追求人才的数量,而是更加注重毕业生的综合素质。那些具有较高的思想政治素质和高尚的品德、扎实的基础知识和宽广的知识面、强烈事业心和责任感且吃苦耐劳、动手能力与团队精神强、身心健康的毕业生十分走俏。那么,用人单位究竟需要什么样的毕业生呢?

以本科为例,通过对近 1.4 万条招聘信息的内容分析和数据挖掘发现,用人单位在招聘信息中对各项能力素质以及工作经验、就读专业等要求情况的描述性统计分析如图 9-1 所示。①

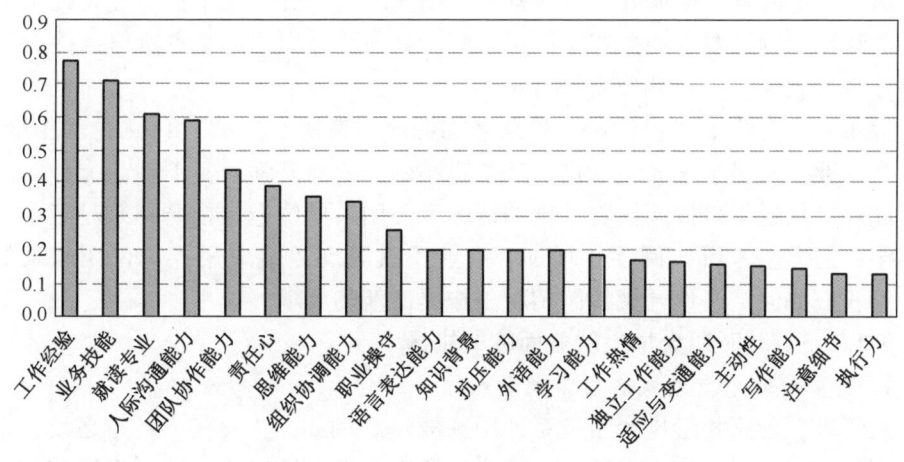

图 9-1 招聘信息中各项应聘要求被提及的比例

从图 9-1 可以看出,在各项能力素质中,比例最高的是业务技能,71.8%的

---

① 宋齐明. 劳动力市场需要什么样的本科毕业生——基于近 1.4 万条招聘信息的量化分析[J]. 中国高教研究, 2018, (3): 56-60.

用人单位提出了一定的业务技能要求；另有 20.3%用人单位还提出了知识背景方面的要求，即要求求职者具有某方面的知识或理论；除业务技能外，大部分用人单位在招聘信息中还提出了人际沟通能力方面的要求（比例达到 59.9%），提及率较高的通用性能力还有团队协作能力（44.6%）、责任心（39.8%）、思维能力（36.9%）、组织协调能力（35.3%），其余能力素质的提及率在 26.5%~12.8%。需要说明的是，招聘信息往往行文简洁（样本中任职要求信息的平均字数约为140 字），其包含的内容基本上是对于该工作岗位来说较为基本或迫切的要求，因而可以认为图 9-1 中所包含的能力素质在用人单位需求中均具有一定的普遍性。另外统计发现，除业务技能和知识背景外的 17 项能力素质中，至少提及一项的样本比例达到 97.1%，这说明用人单位希望求职者具有的并不仅仅是特定的业务技能，还包括一些通用性能力或软性能力。

从图 9-1 还可以看出，较高比例（77.8%）的用人单位要求毕业生具有一定的工作经验。这一方面是由于工作经验与工作能力和工作绩效存在一定的关联，另一方面还在于当前用人单位仍然比较注重毕业生的相关工作经历并且忽视在职培训。61.7%的用人单位对本科毕业生的就读专业提出了一定的要求，并且其中大致有 7.5%的招聘信息是将特定的专业作为优先条件，有 42.7%的招聘信息中出现的是"×××相关专业"，如"计算机相关专业"。如此来看，大多数用人单位对本科毕业生的就读专业并没有非常严格的要求。部分用人单位可能是以提出业务技能和知识背景要求的方式来确保求职者具备胜任岗位的基本资格条件。

5. "慢就业、考研热"持续升温

近年来，毕业生"慢就业"现象愈加明显，考研"二战"比例也逐年增加，且此类毕业生大多学习成绩优良，其意愿明确，选择升学而暂不就业。

此外，从近年来校园招聘工作的情况看，用人单位进校招聘越来越集中、越来越早，但学生考研比例逐年增加、有业不就等现象造成用人单位招聘难的问题，给我们如何更好地开展校园招聘工作提出新的要求。

9.1.2.3　新时期大学生就业面临的机遇

1. 国家与地方重大战略急需大量人才

近年来，国家相继出台了一系列国家战略。例如，"一带一路"建设、京津冀协同发展、长江经济带发展、粤港澳大湾区建设、长三角一体化发展、黄河流域生态保护和高质量发展、海南自贸试验区等。国家经济发展重点地区、重大工程、重大项目、重要领域都迫切需要人才，需要注入大量的新鲜血液。与此同时，各省区市也相继进行区域和产业发展布局，各高校积极主动对接国家和地方战略需求，为毕业生提供了更多的就业机会。近年来，湖北工业大学主动对接国家和地方绿色工业发展和传统工业绿色化的战略需求，大力实施以绿色工业为主导的"135+"学科发展战略,深度对接湖北"一芯两带三区"区域和产业发展战略布局,必将为毕业生就业创业提供更加广阔的空间。

2. 战略性新兴产业助力大学生就业

战略性新兴产业是以重大技术突破和重大发展需求为基础,对经济社会全局和长远发展具有重大引领带动作用,是知识技术密集、物质资源消耗少、成长潜力大、综合效益好的产业,包括新一代信息技术产业、高端装备制造产业、新材料产业、生物产业、新能源汽车产业、新能源产业、节能环保产业、数字创意产业、相关服务业九大领域。

战略性新兴产业作为具有广泛关联的产业群,其发展需要周边产业的支持,也需要拓展上下游产业环节,从而将构建多层次的产业链。因此战略性新兴产业的发展在带动产业链形成的过程中也必将强有力地带动就业体量的增长,这对于稳定我国经济增长具有重要意义。同时战略性新兴产业所具有的广阔发展前景也使得其对就业量的需求具有巨大的潜力,将为社会提供大量的就业机会,发挥其对国民经济的"战略性"价值。近年来战略性新兴产业对大学生就业拉动作用显著,也渐渐成为高校毕业生就业的首选。

3. 就业创业优惠政策不断加强

近年来,国家针对大学生就业创业的优惠政策不断加强,每年国家相关部委都会针对大学生就业创业出台一些新的政策规定。很多已有的政策要么是力度进一步加大,要么是得到了具体和细化。同时还有很多新的政策出台,例如,解决社会保障、档案户口、人员编制等各类实际问题的基础性政策。除此之外,各级地方政府的就业部门也在努力为毕业生就业创业创造更多的便利条件,高校更是开足马力、千方百计保证毕业生就业创业的顺利进行。

4. 企业用工更加规范

新常态下,国内整体的就业环境有所改善,劳动者与企业之间的关系也愈发稳固,大学生就业的薪酬福利及相关权益有了充分的保障。与此同时,在信息化时代,也涌现出一批新生的小微企业,而这些企业在创业初期,需要大量的高素质、专业化技术人才,而高校毕业生则刚好填补了这方面的人才空缺,从某种程度上,有力地促进了大学生的就业与发展。

二维码 9-1

拓展阅读 扫码阅读《2019 年中国大学生就业报告》。

拓展阅读 扫码阅读湖北工业大学 2019 届、2018 届、2017 届本科毕业生就业质量报告。

二维码 9-2

9.2 就业政策

就业政策是政府和社会群体为了解决现实社会中劳动者就业问题制定和推行的一系列方案及采取的措施，是使失业人员和新生劳动力就业的根本手段和政策手段。大学生只有真正了解国家有关就业政策以及各省（区、市）的具体就业办法，根据国家需要，结合个人实际，在就业政策允许的范围内选择职业，才能少走弯路，顺利就业。

9.2.1 我国大学生就业政策的历史演变

我国高校毕业生就业制度改革随着社会经济体制、政治体制改革的稳步前进，从过去计划经济体制下的"统包统分"到目前的"市场导向、政府调控、学校推荐、学生和用人单位双向选择"的就业制度，取得了令人瞩目的成绩。在从计划经济向市场经济转变的过程中，我国高校毕业生就业制度的变迁与完善经历了以下三个阶段。[①]

1. "统包统分"到"双向选择"的过渡阶段（1977—1988 年）

1981 年，国务院批转了国家教委等《关于改进 1981 年普通高等学校毕业生分配工作的报告》，确定在国家统一计划下，对毕业生分配实行"抽成调剂，分级安排"的办法，教育部直属院校面向全国培养人才，毕业生由国家本着"加强重点，调剂质量"原则统一分配。1983 年，国务院批转了国家计委等《关于 1983 年全国毕业研究生和高等学校毕业生分配的报告》，决定实行学校与用人单位直接见面的就业办法，即"供需见面"，使培养、分配与使用更好地结合起来。1985 年 5 月，《中共中央关于教育体制改革的决定》明确提出了"要改革大学招生的计划体制和毕业生分配制度，改变高等学校全部按国家计划统一招生、毕业生全部由国家包下来分配的办法"。在毕业生就业计划编制方式上，改变了自上而下的计划编制方式，扩大了学校的自主权，毕业生和用人单位均有了较大的选择自由，为以后进一步全面深化改革并逐步过渡到"自主择业"的毕业生就业制度奠定了基础。

2. "双向选择"到一定范围内的"自主择业"确立阶段（1989—2000 年）

1989 年，国务院批转了国家教委《关于改革高等学校毕业生分配制度的报告》，明确指出改革的目标是在国家就业方针、政策指导下，逐步实行毕业生自主择业、用人单位择优录用的"双向选择"就业制度。1993 年国务院颁布《中

---

① 刘静. 我国高校毕业生就业制度的变迁与完善 [J]. 知识经济，2010（4）：64-65.

国教育改革和发展纲要》，明确了毕业生就业制度改革目标：改革高等学校毕业生"统包统分"和"包当干部"的就业制度，实行少数毕业生由国家安排就业，多数毕业生"自主择业"的就业制度。1995年国家教委在《关于1995年进行普通高等学校招生和毕业生就业制度改革的意见》中，要求各普通高校对"并轨"后所招学生，毕业时原则上在本系统、本行业范围自主择业，在条件成熟后逐步过渡到大多数毕业生自主择业。2000年教育部决定将毕业生就业"派遣证"改为"报到证"，标志着"双向选择、自主择业"高校毕业生就业制度的确立。

3. "双向选择、自主择业"，突出"面向基层"的全面落实阶段（2001年至今）

2002年，国务院转发教育部等部门《关于进一步深化普通高等学校毕业生就业制度改革有关问题意见》，明确提出建立"市场导向、政府调控、学校推荐、学生与用人单位双向选择"的就业机制，努力实现高校毕业生的充分就业；明确提出市场导向就业的方针，引导高校毕业生到基层、到中小企业就业是解决高校毕业生就业问题的主要途径。2005年6月，中共中央办公厅和国务院办公厅印发了《关于引导和鼓励高校毕业生面向基层就业的意见》，就鼓励和支持高校毕业生到基层自主创业和灵活就业、建立高校毕业生就业见习制度、选调生制度等方面做了重要部署，对于整体推进高校毕业生面向基层就业创业，有效解决我国大学生就业流向不平衡和就业难问题，加快全面建设小康社会，都有积极作用和深远影响。2008年1月1日起施行的《中华人民共和国就业促进法》第二条规定：国家把扩大就业放在经济社会发展的突出位置，实施积极的就业政策，坚持劳动者自主择业、市场调节就业、政府促进就业的方针，多渠道扩大就业，进一步明确"自主择业"的就业制度。2009年1月，国务院办公厅下发了《关于加强普通高等学校毕业生就业工作的通知》，要求把高校毕业生就业摆在当前就业工作的首位，采取切实有效措施，拓宽就业门路，鼓励高校毕业生到城乡基层、中西部地区和中小企业就业，鼓励自主创业，鼓励骨干企业和科研项目单位吸纳和稳定高校毕业生就业。

9.2.2　大学生就业的主要政策和办法

毕业生就业的方针、政策和规定用以指导毕业生择业方向、规范毕业生择业行为。毕业生择业之前，必须认真学习和了解相关的政策和法规，唯其如此，才能在择业过程中少走弯路，节省时间和精力，做到事半功倍，从而顺利实现自己的择业目标。

9.2.2.1　就业法规政策和办法

就业法规政策是指国家、地方政府或者职能部门以法律、法令、行政法规等形式对毕业生就业做出的政策规定。就业的法规政策主要有以下几方面。

1. 我国现行的毕业生就业政策

国家教委1997年颁布的《全国普通高校毕业生就业暂行规定》对高等学校毕业生和用人单位具有普遍的约束力。到目前为止，它仍是一部最为系统、最为全面的毕业生就业法规性文件。《全国普通高校毕业生就业暂行规定》内容涉及高等学校毕业生就业工作方针、政策和原则，还涉及毕业生就业工作程序和毕业生权利与义务，以及毕业生就业工作的各个环节。

教育部和有关部委针对每年毕业生就业工作做出部署并下达的文件，是毕业生当年就业的具体依据，毕业生应认真学习掌握。

2. 地方性毕业生就业政策

地方性毕业生就业政策指的是各省、区、市毕业生就业主管部门根据国家的就业方针、政策，结合本地区实际情况制定就业工作办法和规范。例如，天津市在全国率先建立了高校毕业生就业维权领导小组和高校毕业生就业权益担保中心，上海市启动鼓励创业带动就业专项行动计划，湖北省大力实施"我选湖北""百万大学生留汉创业就业"计划，建立"孵化器+加速器+工业园区"创业服务链等，这都是本地区范围内高校毕业生就业行为的法规性文件。毕业生务必知晓学校所在地区、主管部门以及自己即将就业的地区和单位的有关政策规定，避免盲目择业。

3. 学校毕业生就业创业工作制度

高校在毕业生就业工作中起着主导作用。学校每年都要根据国家就业方针、政策以及上级主管部门的工作意见，结合本校工作实际，制定具体实施办法与细则。其主要内容包括就业方针政策、就业原则、就业工作程序、就业工作规定、就业工作时限要求、就业工作纪律等。对毕业生来说，学校的就业工作方案更具体、更直接，是毕业生择业的重要依据。湖北工业大学近年来不断建立健全就业创业工作机制，修订完善就业创业工作制度，2019年出台了《关于进一步加强本科学生就业创业工作的意见》；与此同时，学校还汇聚校内外资源，先后成立科技园、创业园和就业创业学院，打造国家级众创空间，提供培训、法律、工商、税务、项目推荐、项目融资、成果转化等一站式服务，形成了完整的创业扶持链条。

9.2.2.2 就业准入政策

就业准入政策是指大学生就业获准进入某些地区、专业、职业等的相关政策。当前的就业准入政策主要包括地区准入政策、职业准入政策等。

1. 地区准入政策

随着人才竞争的日趋激烈和各地产业结构的调整，不同地区在人才的吸引和招聘方面出台了鼓励或限制性政策，如跨地区招聘高校毕业生，要求户口、档案关系转入或限制转入等有关政策。

2. 职业准入政策

职业准入政策是指根据《中华人民共和国劳动法》和《中华人民共和国职业教育法》的有关规定，对从事技术复杂、通用性广、涉及国家财产、人民生命安全和消费者利益的职业（工种）的劳动者，必须经过培训，并取得职业资格证书后方可就业的有关规定。根据人力资源和社会保障部 2019 年公布的国家职业资格目录，目前有 35 个必须持职业资格证书就业的职业（或工种）。

9.2.2.3 招考录用政策

招考录用政策主要是指在选拔毕业生过程中一系列关于招考的规定，是国家在人才录用入口所制定的一系列限制性原则和措施。在招考国家公务员方面主要是公务员招考的相关制度，在企事业单位录用大学生方面主要表现为政府和企业制定的在招考程序上的一系列规范。国家公务员招考录用的一系列政策就是典型的招考录用政策，如公开招考招聘、择优录用等。

9.2.2.4 权利维护政策及法规

权利维护政策是指在就业过程中对就业者本人和就业单位权利维护的一系列原则及法规。对于就业者而言，主要是维护其平等的就业权；对于用人单位而言，主要是保护用人单位的一系列利益。权利维护政策有利于就业过程的规范化和秩序化，其中最主要的是对毕业生的保护政策，如毕业生获取信息权、接受就业指导权、被推荐权、选择单位权、公平待遇权、违约及求偿权等。

9.2.2.5 宏观调控政策

宏观调控政策最主要的是指政府为了促进我国人才结构的平衡和资源配置而出台的一系列关于大学毕业生到基层、到中小城市企业、到农村、到西部等地区去就业的鼓励性措施。中央各有关部门主要组织实施了 4 个引导高校毕业生到基层就业的专门项目，包括团中央、教育部等四部门从 2003 年起组织实施的"大学生志愿服务西部计划"；中组部、原人事部、教育部等八部门从 2006 年开始组织实施的"三支一扶"（支教、支农、支医和扶贫）计划；教育部等四部门从 2006 年开始组织实施的"农村义务教育阶段学校教师特设岗位计划"；中组部、教育部等四部门从 2008 年起组织实施的"选聘高校毕业生到村任职工作"。

9.2.2.6 创业扶持政策

创业扶持政策是劳动政策体系中最直接、最积极的政策，也是现阶段效果比较显著、作用比较持久的措施。人力资源和社会保障部规定，为适应多种所有制经济的发展，各级人力资源和社会保障部门鼓励毕业生多渠道、多形式就业，支持毕业生自主创业和灵活就业。凡高校毕业生从事个体经营的，除国家限制的行业外，自工商行政管理登记注册之日起 3 年内免交登记类、管理类的各项行政事业性收费。对自主创业且符合条件的毕业生,在自筹经费不足时,可向当地经办银行申请小额担保贷款;对从事微利项目的,贷款利息由财政承担50%;对以自由职业、短期职业、个体经营等方式灵活就业的高校毕业生,各级政府要提供必要的人事劳动保障代理服务,在户籍管理、劳动关系形式、社会保险缴纳和保险关系接续等方面提供保障。有条件的地区,可通过财政和社会两条渠道筹集"高校毕业生创业基金"等一系列优惠政策。这些政策的实施为大学生的创业提供了积极的支持。

9.2.2.7 社会保障政策

近几年,随着大学毕业生人数的快速增加和就业压力的增大,国家除了出台一系列促进就业的政策外,还出台了一些有关的社会保障政策,以支持和服务大学毕业生就业。人力资源和社会保障部关于大学毕业生社会保障的相关政策主要包括:将高校毕业生就业工作纳入当地就业工作整体规划,在宏观调控和增加就业岗位等方面进行统筹安排;积极组织实施"毕业生职业资格培训工程"和多种形式的创业培训,为毕业生自主就业创造条件;发挥公共职业介绍机构的作用,加强职业指导和就业信息服务,为高校毕业生择业提供更多帮助;加强劳动力市场的管理,为高校毕业生就业创造良好的环境。

9.2.2.8 派遣接受政策

派遣接受政策是指国家为大学毕业生离开学校到就业单位报到所制定的一系列原则。派遣接受政策的完善有利于明确相关责任的主体,落实各项工作,有利于大学毕业生就业的最终实现。大学毕业生一般需要持《全国普通高等学校本专科毕业生就业报到证》到单位办理报到和其他手续。

除了以上列举的有关政策外,还有一些与大学生就业相关的特殊问题的处理原则。例如,人事代理制度、特殊毕业生就业政策、大学生入伍的有关规定、新冠病毒肺炎疫情防控期间毕业生就业政策等,它们和前面的政策一起构建了较为完善的大学生就业政策体系。

9.3 招聘信息

大学毕业生能否顺利求职,能否找到满意的工作,除本身应具备较好的综合素质、熟悉就业形势和就业政策外,还取决于招聘信息收集情况,收集的信息越多,择业就会越主动。然而从实际情况来看,大部分学生懂得招聘信息的重要性,能够及时抓住信息,把握就业机会,顺利走上称心如意的工作岗位。但也有不少学生,或闭目塞听,缺乏信息,一味地拿着自荐材料到处乱碰,自然运气不佳;或者信息不够全面、准确,没有找到足以充分发挥自己聪明才智的工作岗位就草率决定，签约后后悔；或有了信息却不知如何充分利用，错失良机。

因此，在当前"双向选择、自主择业"的就业制度下，每位大学毕业生在清晰认识自身条件的同时，必须充分认识收集招聘信息的重要性，利用各种渠道收集信息，并学会对招聘信息进行分析、筛选、整理和运用，进而做出正确的职业选择。

9.3.1 招聘信息的内涵

招聘信息是指那些由招聘单位或人才市场、中介公司等机构发布的旨在招聘人员从事某项工作的信息。它有别于就业形势、就业政策等宏观就业信息，属于微观层面的就业信息。通常一条招聘信息应包括招聘单位简介、薪酬待遇、招聘需求（岗位、人数、专业、学历、相关学习实习经历及其他素质要求）、招聘流程、报名方式等内容。

9.3.2 招聘信息收集渠道

毕业生要学会"多管齐下"，充分利用各种渠道收集招聘信息。从招聘信息的发布方式和可靠性来看，目前主要有以下几个信息收集渠道。

1. 校园人才市场

随着校园人才市场的不断完善，高校自己举办专场招聘会或双选会，邀请的用人单位多是口碑好、合作好、校友发展好的优质单位，无论在专业对口，还是满足毕业生就业意向上，都具有很强的针对性，相当多的毕业生通过这种途径落实了就业单位，因而这种途径始终是毕业生获取招聘信息的最主要渠道。

目前武汉高校已经形成了以武汉大学、华中科技大学、武汉理工大学、湖北工业大学等为代表的、比较成熟的校园人才市场。湖北工业大学作为"全国首批就业典型经验高校"（简称"全国就业50强"），连续十多年承办了湖北省大学生就业服务月的首场招聘会，参与单位和提供的就业岗位逐年增加，其中2019年参与单位700余家，提供的就业岗位2万余个，全年进校招聘单位累计达3200余家，湖北工业大学人才市场品牌影响力不断扩大。通过近几年"湖北工业大学就业信息网"与"湖北省高等学校毕业生就业办公信息系统"中用人单位数据发现，湖北工业大学有超过2/3的毕业生通过"校园人才市场"获取信息并求职成功。

2. 本校就业部门及所在院系发布的信息

各高校都设有负责就业工作的职能部门，通常称为"职业发展与就业指导中心""就业指导服务中心""就业指导办公室"，专门负责指导学生就业、收集招聘信息、提供就业服务。这些部门一般都建有就业信息网，安排专人负责从媒体、网络等途径收集招聘信息，并及时在就业信息网上发布；与此同时，对招聘信息进行分类整理，精准推送给各院系及毕业生。各院系的学生工作办公室承担着本院系毕业生就业工作的具体任务，与本学院的校友以及专业对口的用人单位有着密切的联系，很多单位会直接联系院系招聘毕业生。学校及院系的招聘信息发布渠道通常包括：就业信息网、微信公众号、电子公告栏、各类QQ群及微信群、群发信息及学校就业管理系统精准推送信息等。

此渠道提供的招聘信息量大、针对性强、可信度高，毕业生应当高度重视，把它作为收集招聘信息的重要渠道加以充分利用。

3. 各类招聘网站

随着互联网的高速发展及就业工作信息化的提速，网络传递信息具有"信息量大、效率高、成本低"的特点，利用网络发布或搜索招聘信息，越来越受到用人单位和毕业生的青睐。目前主要的招聘网站有中央有关部门主办的全国性就业信息网站、地方有关部门主办的就业信息网站、各高校就业信息网站及校内BBS求职版面、其他专业性就业网站等主要包括以下网站。

（1）人力资源与社会保障部：中国公共招聘网（job.mohrss.gov.cn）。

（2）人力资源与社会保障部：中国国家人才网（m.newjobs.com.cn）。

（3）北京：就业超市（fuwu.rsj.beijing.gov.cn/jycy/jycs/index.html）。

（4）上海：上海公共招聘网（rsj.sh.gov.cn/zp/zyjs/index.shtml）。

（5）广东：广东就业（hrss.gd.gov.cn/jyzl/index.html）。

（6）湖北：湖北公共招聘网（www.hbggzp.cn）。

（7）武汉：武汉人才招聘网（whrc.zhaopin.com）。

需要提醒的是，网络信息查找方便，更新速度快，但是信息量比较大，需要求职者有一定的筛选能力，而且由于信息过于公开透明，所以面试成功率不是很高。另外还存在部分企业为了广告需要长期招人的现象。

4. 校外各类招聘和双向选择活动

校外各类招聘和双向选择活动包括国家有关部门、各地、学校、用人单位等相关机构组织的各类现场或网络招聘活动。近年来，随着人才市场的发展，各类人才招聘会越来越多，举办的频率也越来越高，给大学毕业生增加了许多招聘信息。这类活动由于双方能够直接面对面地交流，所以信息时效性、真实性较高，成功率也较高，而且很多时候当场就可以敲定，所以效率也高。但是毕业生参加校外招聘活动常常因为地点、时间的问题而错失良机。而且很多政府和人才机构举办的招聘会是面向区域内的各高校毕业生，与校园市场相比，针对性相对较弱，需要毕业生们根据自己的情况有选择性地参加。

5. 实习实践活动

大学生到用人单位实习和参加社会实践是学生踏入社会、了解社会的前奏，也是参加工作的预演。大学生在校期间通常都有参加认识实习、生产实习、毕业实习和社会实践的机会。大学生要抓住每一次实习实践的机会，为自己毕业求职获取相关信息。具体可以从以下几个方面努力。

（1）通过实习实践，多看、多问，全面了解自己所青睐的用人单位的状况（包括发展前景、在岗人员工作状况、工作环境、工作待遇等）。

（2）通过实习实践，充分展示自己的才华和能力，赢得实习单位的好评和信任，获取更多的推荐和录用机会。

（3）通过实习实践，有意识地了解相关行业整体发展趋势、人才需求及薪酬待遇情况、行业相关优质单位及人才招聘信息。

（4）通过实习实践，注意观察、思考，努力去发现自己的潜能，以及自己没有想到、潜在的就业创业机会。

6. 用人单位网站

有一定规模的用人单位一般都有自己的网站，他们的需求信息首先会在自己的网站发布，然后再通过区域人才市场或高校就业部门发布。与人才市场发布的信息相比较，通过用人单位网站发布的信息更具体、更全面，有利于毕业生收集和参考。还有部分用人单位直接利用网站开展网上视频招聘，大大提高了招聘效率，降低了招聘单位和求职者的成本。

7. 其他高校就业网站

毕业生根据自己的情况搜寻某种类别的信息，可以查看发布此类信息的各重点高校就业中心的网站。重点关注以下几类网站。

（1）科研、高校类：中科院各研究所，以及与所学专业匹配度较高的各重点高校就业指导中心网站，会提供与科研相关的招聘信息。

（2）教育类：各师范院校的就业指导中心网站上有大量招聘中小学教师的就业信息。

（3）金融财经类："双一流"高校的经管学院、金融学院网站及财经类大学，如上海财经大学、中央财经大学、西南财经大学等高校的就业信息网。

（4）中外大型企业类：可以搜索各地区代表性的"双一流"重点高校，如北京大学、清华大学、南京大学、武汉大学、中山大学、浙江大学等高校的就业指导中心网站，它们往往占有着地区优势和就业市场。

8. 他人推荐

他人推荐主要指通过亲朋好友、教师及校友等社会关系获取招聘信息。

（1）许多家长或亲友在多年的工作与社会交往中，与社会方方面面有着广泛的联系，由于家长、亲友与毕业生的特殊关系，在帮助毕业生了解就业信息或推荐就业时会积极主动、不遗余力，毕业生可以借助他们的力量获取信息。

（2）专业任课教师，尤其是毕业论文（或设计）指导教师，他们长期与校外的研究机构、企业、公司等进行合作，共同开发科研项目，也有许多教师在行业协会中兼职，并参加各类行业年会与学术交流会，积累了丰富的人脉资源，如果毕业生主动把自己的想法告诉他们并请他们帮忙，一般会获得很好的求职机会。

（3）校友在求职中也是一个很好的社会资源，他们一般会很热心地给师弟师妹们提供相关信息。大学生可以利用学生干部经历，或者参加学校组织的学生社团活动的经历，甚至是"老乡"关系，尽可能多地认识一些"学哥""学姐"，请他们帮忙收集其所在单位或行业内的招聘信息。另外，也可以与已在自己感兴趣的单位供职的校友联系，请他提供其单位的招聘信息。

9. 查阅媒体广告，如报纸、杂志、电台、电视台、视频媒体等

广播、电视、报纸、杂志等新闻媒体也是高校毕业生获得就业信息的渠道之一。

10. 主动到用人单位求职自荐

毕业生可以在国家就业方针和政策的指导下，在学校允许择业的范围内，通过信函、电话、登门拜访等"自荐"的方式与用人单位联系，有目的、有计划地获取自己想要的就业信息。

9.3.3　招聘信息的整理和使用

毕业生及时对收集的信息进行去伪存真、去粗存精，有目的、有针对性地对信息进行整理是非常必要的。只有当信息具有准确性、全面性和有效性后，才能更好地为求职决策服务。

1. 整理信息，分出主次

通过各种渠道收集来的就业信息一般比较杂乱，往往不能直接利用。毕业生一定要结合自己的实际情况，对信息进行有目的、有重点、有针对性的分析处理。将符合自己定位和发展的招聘信息分出主次进行排队、筛选。要找准定位，重点突出，切不可把所有信息都平等对待，要学会取舍和放弃，毕竟人的精力是有限的。

（1）用人单位分布区域筛选整理。用人单位分布区域筛选整理一般可分为东南沿海单位与内地单位。也可按城市分为中心城市，如上海、北京、天津、广州、深圳等；大城市，如武汉、厦门、青岛、宁波、南京、苏州、无锡等；中小城市，如昆山、张家港、漳州绍兴等。同时，目标单位是分布在市区、郊区还是开发区，也可以自己定位进行分类整理。

（2）企业品牌知名度分类整理。企业品牌知名度分类整理是在调查研究的基础上，对企业的知名度、资产规模、产品的市场占有率、发展潜力等进行综合

排序，适度归类整理。

（3）网上招聘信息筛选整理。对从互联网上收集的招聘信息，除用笔记本记录外，也可以用文本文档或写字板，把网上有用的信息摘录下来。对填写过简历的网站和用人单位要重点记录。有的网站有个人信息登录密码，最好把密码写在本子上，以免遗忘。值得一提的是，在网上获取的招聘信息必须经过反复筛选整理才有参考价值。

2. 核实信息的准确性和有效性

核实招聘信息是一项细致的工作，必须下足功夫。要在较短的时间内查阅大量的信息，以便从中迅速发现最有用、最重要的信息；要学会鉴别、判断，善于识别信息的准确性、有效性和可行性。要了解用人单位招聘的专业、层次、具体的工作岗位及岗位要求等，以及对求职者的学历、学习成绩、特长、政治面貌、思想品德、职业能力、外貌、性别、身体状况等要求。另外，还要特别注意信息的时效性，选择最新信息。

3. 清楚用人单位情况

要尽可能详细地了解用人单位情况，如用人单位准确的全称，上级主管部门及其隶属关系，用人单位的性质、规模、发展前景、环境、经营业务等，用人单位的待遇，用人单位介绍的情况是否真实等。

4. 确定目标，做出决策

在对以上所有信息分析研究的基础上，制定目标方案，做出选择决策。为保证决策的正确性，征求家长、教师和同学们的意见也是必不可少的。

5. 抓住机会，果断行动

招聘信息有很强的时效性，要及时使用，过期就成为无效信息。确定目标后，应尽早决断并向用人单位反馈信息，因为条件较好的岗位人人都会被吸引，而录用指标是有限的，所以犹豫不决可能会痛失良机。

二维码 9-3

拓展阅读 扫码阅读 2019 年世界 500 强排行榜、中国 500 强排行榜、中国上市公司 500 强。

拓展阅读 扫码阅读中国公共招聘网及各省份公共就业服务信息平台。

二维码 9-4

9.4 行业职位

9.4.1 基本概念

9.4.1.1 行业

行业是指为社会提供同类产品或服务、从事相同性质活动的所有单位集合，如各级各类学校构成了教育行业，各种软件公司、网络公司构成了IT行业，各个建筑公司构成了建筑行业等。

根据2017年国家最新发布的《国民经济行业分类》，新行业分类共有20个门类、97个大类、473个中类、1380个小类。与2011年版比较，门类没有变化，大类增加了1个，中类增加了41个，小类增加了286个。

20个门类如下：

（1）农、林、牧、渔业。

（2）采矿业。

（3）制造业。

（4）电力、燃气及水的生产和供应业。

（5）建筑业。

（6）交通运输、仓储和邮政业。

（7）信息传输、计算机服务和软件业。

（8）批发和零售业。

（9）住宿和餐饮业。

（10）金融业。

（11）房地产业。

（12）租赁和商务服务业。

（13）科学研究、技术服务和地质勘查业。

（14）水利、环境和公共设施管理业。

（15）居民服务和其他服务业。

（16）教育。

（17）卫生、社会保障和社会福利业。

（18）文化、体育和娱乐业。

（19）公共管理和社会组织。

（20）国际组织。

为深入贯彻落实以习近平总书记为核心的党中央治国理政新理念新思想新战略，及时、准确地反映我国经济新常态和产业结构转型升级涌现出来的新产业、新业态、新商业模式，监测经济增长动力转换进程，反映"中国制造2025"战略和国家"互联网+"行动计划实施情况，提供更好的统计信息服务奠定了标准基础，并为派生产业分类提供了可操作的基础行业分类，新行业分类主要增加了以下行业类别。

（1）农、林、牧、渔业门类中的种子种苗培育活动、畜牧良种繁殖活动、畜禽粪污处理活动。

（2）采矿业门类中的海洋石油开采。

（3）制造业门类中的生物质液体燃料生产、生物质致密成型燃料加工、基因工程药物和疫苗制造、特种玻璃制造、工业机器人制造、特殊作业机器人制造、增材制造装备制造、新能源车整车制造、高铁车组制造、可穿戴智能设备制造、智能车载设备制造、智能无人飞行器制造、服务消费机器人制造。

（4）电力、热力、燃气及水生产和供应业门类中的生物质能发电、海水淡化处理。

（5）建筑业门类中的节能环保工程施工、核电工程施工、风能发电工程施工、太阳能发电工程施工。

（6）批发和零售业门类中的互联网批发。

（7）交通运输、仓储和邮政业门类中的公共自行车服务、多式联运。

（8）住宿和餐饮业门类中的民宿服务、露营地服务、外卖送餐服务。

（9）信息传输、软件和信息技术服务业门类中的互联网生产服务平台、互联网生活服务平台、互联网科技创新平台、互联网公共服务平台、其他互联网平台、互联网数据服务、物联网技术服务、地理遥感信息服务。

（10）金融业门类中的小额贷款公司服务、消费金融公司服务、网络借贷服务、创业投资基金、天使投资。

（11）租赁和商务服务业门类中的园区管理服务、商业综合体管理服务、供应链管理服务。

（12）科学研究和技术服务业门类中的工业设计服务、新能源技术推广服务、环保技术推广服务、三维（3D）打印技术推广服务、创业空间服务。

（13）水利、环境和公共设施管理业门类中的土地管理业等。

9.4.1.2 职位

职位是指机关或团体中执行一定任务的位置，即只要是企业的员工就应有其特定的职位，它是指在一个特定的企业组织中、在一个特定的时间内、由一个特定的人所担负的一个或数个任务所组成。简单地讲，职位是指企业的某个员工需要完成的一个或一组任务的人，随着语义的拓展，职位也代表着职务。

1. 职位分类

为了实现人事治理的科学化，用人单位通常根据职位的工作性质、责任轻重、难易程度和所需资格条件等进行分类，划分为若干种类和等级。不同的行业、不同的职业对职位的划分有不同标准和不同的称呼，如行政总监、行政经理、行政专员、助理；教授、副教授、讲师、助教等。一般应届毕业生初入职都是从实习员、助理等最基层的职位做起。

2. 职位与岗位的关系

职位是组织的一个节点，因为组织工作（业务）层次的需要而存在，有上下级或职务高低的关系；而岗位是组织要求个体完成的一项或多项责任以及为此赋予个体的权力的总和，是工作（业务）流程的节点，因为具体工作（业务）流转的需要而存在，简单来说就是相同级别做不同的事，没有上下级或职务高低的关系。因此，严格来说，职位与岗位还是有本质区别的。但是在实际招聘中，用人单位常常将职位与岗位混为一谈，在发布的招聘信息中，同样是招聘应届毕业生，有的叫作"招聘职位"，而有的叫作"招聘岗位"。

9.4.2 大学毕业生就业选择行业的整体情况及发展趋势

1. 整体情况

《中国大学生就业创业发展报告2017—2018》相关数据显示，毕业生选择就业行业人数排名前三的依次是制造业（14.82%），信息传输、软件和信息技术服务业（13.77%），建筑业（10.21%）。选择创业所在行业排名前三的依次是"文化、体育和娱乐业""教育""批发与零售业"。湖北工业大学2019届本科毕业生就业分布比较集中的行业依次为先进制造技术及装备业（15.59%）、绿色建筑与城市生态环境业（15.46%）、循环经济与绿色管理业（14.81%）、新一代信息技术业（14.81%）。

2. 发展趋势

《2019年中国大学生就业报告》相关数据显示，民生行业成就业增长点，传统制造业就业比例有所下降。2018届本科毕业生就业比例增长最多的行业是"中小学及教辅机构"。其中，在"民办中小学及教辅机构""公办中小学"就业的毕业生比例分别为6.6%、6.1%，较2014届分别增长了2.4个、1.7个百分点。就业比例增长较多的其他行业分别是"信息传输、软件和信息技术服务业"和"医疗和社会护理服务业"。

2018届本科毕业生就业比例下降较多的行业是"机械设备制造业""交通运输设备制造业""电子电气设备制造业"。

9.4.3 大学毕业生就业应该如何选择行业和岗位

1. 行业选择

行业的选择对你的职业发展，甚至是一辈子的发展都有重大关系。毕业生在选择行业时应需要注意以下几点。

（1）自我分析。自我分析一定是在行业分析之前，只有在明确了自己的定位后才能明确什么样的行业适合自己。比如说自己对什么行业感兴趣，根据自己的兴趣方向、性格特点、能力，选择适合自己的行业，才能使自己的职业生涯走得更加平顺。

(2) 专业分析。虽说不一定非要对口，但是有专业基础就会有优势，如果你所学的专业是你比较喜欢的，那就尽量选择对应的行业。特别是专业性比较强的，如医药、金融及各种搞技术的等等。如果是想做销售，那么相对来讲，专业要求不是特别高。这一点很重要，毕业生应结合自身情况，在求职前弄清楚自己所学的专业能够到哪些行业就业。

(3) 行业分析。对行业分析的越细致，就对找到理想的职业越有帮助，包括未来的发展潜力、相关优质用人单位、人才需求、就业面、薪资情况等。只有全方位地了解行业的具体情况，才能明确自己的方向，根据自身的优势选择最适合自己的行业岗位。

2. 职位选择

平时在与毕业生交流时，我们常常碰到这样的问题，当询问他们"为何要应聘这个职位？"时，很多毕业生都答非所问。一个重要的原因就是，毕业生根本不了解所要应聘职位的工作性质，不了解职位赋予任职者要求的真正内涵。在此做一个深入的分析，以便让毕业生们能够明白用人单位对应聘人员真正的具体要求，从而找到理想的公司与职位。

例如，某大型客车公司的招聘职位为：海外营销中心，培养方向为海外销售工程师。

任职资格要求。

(1) 教育水平：本科以上学历。车辆工程、工商管理、国际贸易等相关专业。

(2) 技能：通过大学英语六级考试，口语良好。

(3) 职业素养：具备良好的沟通能力和团队合作能力。

职位是海外销售工程师，任职资格的要求也很清楚，但是仅仅从字面上你还是很难理解这个职位的具体要求。公司在招聘时，很多具有本科学历和硕士学历的车辆工程专业的学生都来应聘这个职位。从专业上来看，他们都具备条件，但是，他们的英文程度又达不到六级的要求。也有很多国际贸易专业的同学来应聘这个职位，国际贸易专业的学生的英文程度都很好，也符合公司的要求，但是他们对汽车又没有什么概念。其实这个职位是一个对专业有复合型要求的职位。单从字面上来看，"海外"意味着你必须至少要懂得一门外语；"销售"意味着你必须懂得市场营销、国际营销或者国际贸易；"工程师"意味着你必须具备汽车方面的专业知识。所以符合海外销售工程师这个职位要求最好的复合型专业是，本科（车辆工程专业或者汽车相关专业）+硕士（国际贸易专业或者相关专业）。实际上，在校园招聘中很难寻找到符合这样要求的毕业生。

二维码 9-5

拓展阅读 扫码阅读《国民经济行业分类》（GB/T 4754—2017）。

 本 章 小 结

第 9.1 节主要介绍了我国目前整体的就业状况和大学生就业情况，并对当前和今后一个时期就业面临的机遇和挑战进行了详细分析，让广大学生对就业形势有个全面认识。

第 9.2 节主要介绍了就业，相关政策。从就业政策的历史演变到现行的就业创业促进措施，详细介绍了我国毕业生就业创业的主要政策法规。

第 9.3 节主要介绍了招聘信息的收集、整理与使用。对目前毕业生常用的十个招聘信息收集渠道进行了详细介绍，并对如何整理和使用招聘信息提出了指导意见。

第 9.4 节主要介绍了行业、职位的基本概念、分类及就业情况，并对毕业生就业时如何选择行业和职位，提出指导意见。

 复习思考题

一、基本概念

就业形势　就业政策　招聘信息　就业协议　网签　报到证　行业　职位

二、简答题

1. 招聘信息收集渠道主要有哪些？
2. 毕业生就业时如何选择行业和职位？

三、论述题

如何正确认识我国大学生就业面临的挑战与机遇？

第 10 章 简 历

 学习目标

通过本章的学习，引导学生了解简历的内涵与类型，掌握简历的结构要素，熟悉受欢迎的求职、升学和英文简历模板，掌握简历制作的技巧与投递渠道。

 关键术语

简历、简历制作、简历结构要素、简历模板、求职简历、升学简历、英文简历、简历投递。

 引导案例　制作简历的困惑

毕业在即，面对着即将到来的就业或升学，应届生们写好自己的求职或升学简历了吗？在制作的过程中，你有以下的疑惑吗？

疑惑一：精美封面，需要吗？

简历需要封面吗？毕业于广州某大学的小徐，至今也没弄明白这个问题的确切答案。当初，他做的第一份简历也和其他应届生一样，下载学校的 Logo，制作了一个简历封面，彩色打印后很是精美。但在应聘过程中，小徐发现简历封面并没有多大的效果，有时，反而是一个累赘。后来，他干脆放弃封面。

疑惑二："一页简历"，够了吗？

小亮是某大学新闻学院的应届本科生，他求职的目标是新闻媒体。与别人不同的是，他的简历永远不是一页，而是一本。除了个人的基本情况、实践经历、获得荣誉等常规项目之外，他还会附上自己在报社实习期间发表的作品。由于作品有 100 多篇，所以他的简历最厚时就像一本书。小亮认为，厚的简历才能反映出自己的成果和做事的态度。

疑惑三：一份简历包打天下？

小赖是一位药学专业研究生，他的职业目标首选高职教师，其次是高校辅导员，最后是医药公司研发人员。为此，他设计了三份简历，应聘高职院校教师的简历突出自己的科研成果，应聘高校辅导员的简历就突出自己的学生工作经历，应聘医药公司研发人员的简历就突出自己的实验操作。三份简历投往不同的岗位，她认为，这样才有的放矢。

简历是大学生撬开用人单位、获得研究生导师关注的"敲门砖""助推器"，如何充分发挥简历的作用呢？

为什么有的大学毕业生在求职过程中如鱼得水、游刃有余，总是能收到笔试和面试的机会？而有些大学生投出的多份简历为何会石沉大海、有去无回？据了解，HR 在校园招聘高峰期时，挑灯夜战地筛选成千上万份大学生简历时，每份简历的浏览时间不足 1 分钟，甚至匆匆几秒一扫而过。面对如此大的就业压力，如何让自己的简历脱颖而出，引起 HR 的注意，继而获得意向岗位的面试邀请呢？通过本章的学习，你将了解简历制作及投递的相关知识。由此，你会发现"没有完美的简历，但你可以让简历变得尽量完美"。

10.1 简历概述

个人简历是毕业生求职或升学的重要工具，是其获得笔试或面试机会、申请研究生导师的第一通道，是其毕业后的第一关。

10.1.1 简历的内涵

简历又称履历，来源于拉丁语 Curriculum Vitae，简称 CV，顾名思义为生命历程。人生路漫长，生命历程中的点滴不计其数，那么对于清单式的罗列定是对简历的最大误解。美国用 Resume 代替 CV，译为"简述、概述"，似乎更为契合，强调归纳总结，并突出与应聘岗位任职资格相关的技能、经验等。例如，如果你爱好打篮球，并能与应聘岗位建立连接点。否则，该爱好只能算作分散 HR 注意力的因素。简历是求职者个人情况、受教育经历、知识、技能等方面的概括集锦，是一种类似的个人广告，是求职者营销自我的重要工具。

简历是大学生重要的求职材料。对于应聘的大学生而言，个人简历是大学毕业生最重要的求职或升学材料。尤其是求职，作为求职者自我评估的工具，通过过去和现在的成就，表明未来的潜力，是一份描述大学生具有合格资历的正式文件，强调教育背景、成就、经历、经验，以及应届生的求职目标，HR 主要通过个人简历来了解求职者的基本信息，决定是否给其面试的机会。

大学生通过简历获得面试机会。成功就业的第一个环节就是求职简历的竞争，它是 HR 了解大学生的第一扇窗，简历无疑成为大学生与用人单位之间沟通的第一通道。投递个人简历的目的是让对方快速了解你，为你开启面试之门，帮助你获得面试的机会。一份好的简历会让你在众多大学生中脱颖而出，给简历阅读者和面试官留下深刻的印象，成为成功就业的第一级台阶。然而，不成功的简历会让大学生痛失面试机会，大学生一定要掌握简历制作与投递的方法和技巧。

同时，撰写或更新简历的过程有利于应届生总结自己过去的成就，明确未来的求职或升学目标。

拓展阅读 扫码查阅求职材料《湖北工业大学毕业生双向选择就业推荐表》。

二维码 10-1

10.1.2 简历的类型

1. 表格简历与文字简历

简历可以是表格、文字两种形式。纯表格式简历是分栏目介绍求职者情况，一目了然，每个列表中内容清晰，增加阅读性，是一般大学生喜欢采用的简历形式。但表格对文字长短有限制、文字内容相对较少、信息内容有所局限。相较于表格式，纯文字式简历就是用文字表述自己的经历。文字式简历虽然不够清晰，但内容更加充实，便于充分展示求职者的技能才干。对于艺术、设计类应届生，花费精力做一些个性化简历，展示自己的设计水平，尤为必要。

2. 求职简历与升学简历

对于应届生而言，本科毕业后选择就业和升学。就业的应届生需要根据用人单位及其应聘岗位制作求职简历，阅读对象是用人单位 HR 和应聘部门经理等。继续深造的应届生需要根据高校及其研究生专业来制作升学简历，阅读对象是复试面试官和申请的研究生导师。

3. 中文简历与英文简历

对于应届生而言，无论是求职还是升学，通常需要中文简历，但对于部分外企、境外升学或就业，还需要制作英文简历。大多数外企一般也使用中文简历，如果需要英文简历 HR 会另行通知。

10.2 简历制作

大学生制作简历的常见误区总结为以下方面。

(1) 虚构：虚构内容以便装点自我。

(2) 大量：简历需要添加大量的项目经历、兼职经验等。

(3) 全面：致力于面面俱到，必须展示生命经历的每个阶段。

(4) 两页：简历至少要有两页。

（5）彩色：简历必须要彩色打印。
（6）感人：文字撰写中使用感人的字眼。
（7）正式：简历必须尤为正式。
（8）陈旧：旧简历也可以凑合凑合。
（9）复制：网络中的简历模板繁多，选择一个顺眼的即可。
（10）文件夹：简历必须放在文件夹中。
（11）兴趣爱好：简历中的兴趣爱好是个人魅力的彰显。
（12）惜字如金：一个页面中空空如也。

思考：上述有关简历制作的常见误区，你有中招吗？

10.2.1 简历制作原则

制作简历不同于学术论文的撰写，也不同于应用文写作。未能避免常见误区，应届生制作简历应遵循以下原则。

1. 真实性原则

简历最基本、最重要的制作原则就是真实，真实乃最好策略。诚实、客观的记录、陈述，以便获得 HR 或阅读者的信任感，然而 HR 对求职者最基本的要求就是诚信。

个人简历切忌虚构、弄虚作假、夸大其词。通过简历获取面试的机会，并不是应聘的终点，拿到 Offer 才至关重要。一旦被识破不切实际的描述，既会求职失败，又会失去诚信。

此外，大多数毕业生处于校园象牙塔，不可能有非常显赫的经历，过分粉饰与渲染，不过落得吹嘘的名声，只会引发阅读者的反感。

2. 简洁性原则

HR 在校园招聘高峰期，每天需要浏览阅读大量的个人简历，每份简历所用时间不超过 1 分钟。如果页面很多，阅读者会缺乏耐心，很难快速找到所需信息，甚至漏掉重要信息。

当然，有些毕业生认为全面、大量是简历的制作原则，认为越长越能体现自己的重视，越大量就越能体现个人技能和经验，更能引起注意。实则不然，这更加淡化了阅读者对主要内容的印象，适得其反。

简历没有固定的长度，但应以简洁、有效地提供有效信息为准则。因此，除升学或固定模板外，简历篇幅一般应控制在 A4 纸的一个页面。对于经历丰富的应届生而言，将其压缩在一个页面着实困难，需要权衡取舍。

3. 针对性原则

对于不同行业、企业、岗位，求职者应该进行事先分析，有针对性地设计简历、撰写文字内容。不能随意地将一份标准版本大量复制,在校园招聘高峰期,投递任何一家单位的简历都是千篇一律。应当准备几份不同的简历,以便投递到不同行业企业,并选择其中最适合的一份简历进行有针对性的修改润色。

由于HR或未来导师总是关注求职者与其相关的知识背景、实践经历、科研(项目)经历等,因此依照自己的求职单位针对性修改简历,列出相应的专长,证明自身优势。例如,应聘房地产企业,应详细地写明你在房地产企业的实习经历。

4. 突出重点原则

如何制作一份出色的简历,聪明的求职者会在简历制作之前或过程中学会换位思考或共情。作为求职者,除了要站在自己的立场,与自己充分共情,做到全面认识自我、相信自己,更重要的是,要站在阅读者的立场,与HR或未来导师深度共情,了解其需要的是什么,假如你是HR或未来导师,你希望在简历中看到哪些信息。认真考虑阅读者在看自己简历的时候会有些什么感受。主次不分、层次感缺乏、条理不清晰的简历内容会让阅读者看得头昏脑涨、读起来索然无味、难以引起兴趣。

因此,应结合自己的情况有针对性撰写简历内容,同时简历内容撰写中要突出重点、有层次感。对于求职者,突出实践经历;对于升学者,突出科研(项目)经历,黑体字或粗体字标注绩点、所获得的高级别奖项。

10.2.2 简历结构要素

简历制作并没有固定的模板,但应遵从一定的规范。按照规范的简历格式制作简历,应具备完整的结构要素、相对规范的模板。例如,HR在浏览完简历之后,依然未能发现求职者的名字;在"教育经历"栏目中未能找到求职者就读的学校、学历、专业名称,那就意味着HR需要花更多的时间、精力去搜索,然而对于诸多大学生投递来的繁多简历,HR没有时间去玩捉迷藏游戏,很可能会直接弃之。

比较受欢迎的简历通常包括标题、照片、内容要素三个模块。

10.2.2.1 简历标题

标题一般可写为"简历""个人简历""求职简历""×××"(姓名),而这常常被毕业生所忽略。

英文简历通常在标题部分写上姓名。

10.2.2.2 简历照片

粘贴于简历中的照片不同于生活照、艺术照,具体的注意事项有:①通常为1~2寸蓝底正装照;②女生头发最好束起,本着清爽、干净、整洁的原则,以便给 HR 留下直观的印象；③女生最好化淡妆，切忌化浓妆和烟熏妆；④选择与本人气质相符的照片，切忌过分 P 图，连自己都认不出；⑤符合大学生朝气蓬勃的形象。对于纸质版简历，根据相框尺寸，粘贴大小适宜的照片。

10.2.2.3 内容要素

内容要素一般涵盖以下十个方面的内容。

1. 基本信息

简历中求职者提供哪些信息由自己决定，但有些信息不可或缺。基本信息通常包括姓名、性别、民族、籍贯、出生年月、政治面貌、学历、联系方式、通信地址等。若为特殊职业，如空乘人员等，还需写明身高、体重等工作需要的特殊资料。

求职者在制作简历时，必须做到开宗明义，在基本信息的第一项中写上自己姓名（未以姓名为简历标题）。姓名须在整张纸最显眼地方，可用黑体或粗体加强视觉效果。联系方式和通信地址等相关信息，需要尽可能地将电话、E-mail、地址写得清楚、详细，以便用人单位联络。

对于英文简历，在申请西方国家公司或高校时，除特殊要求外，一般不写出生年月，因为年龄被认为是个人隐私。

2. 求职意向

求职意向是简历中非常重要的内容，如果缺失，简历就失去了意义。如今每年的大学毕业生都在增加，竞争压力也越来越大，很多应届毕业生在找工作的时候，并不是很清楚自己的目标，有的甚至只想要有一份工作就行了，所以简历上不敢写应聘岗位，也不敢写求职意向。对于大学生而言，一方面，求职意向是大学生自信的表现；另一方面，求职意向是大学生自我目标的明确，表明希望要从事的职业、职位。对于 HR 而言，求职意向是其进行简历筛选首要关注内容，因为不同的职位要求的学历、专业等技能和经验不同，也是对投递的大学生依照职位进行分类的关键，以便组织后期面试。

求职意向栏中需要求职者明确写明应聘的岗位、工作地点等，最好与用人单位的招聘需求相对应。如不确定应聘的岗位、工作地点等，可向 HR 咨询后再填写。同时，求职者不应把不相关的职位放在一起，一般只填写一个岗位。若确实想要应聘两个及以上岗位，可向 HR 确认是否需要投递两份及以上简历。

同时，除固定模板、特定要求外，一般不建议在求职意向中写期望薪酬。

当然，基于该栏目的重要性、HR 的易读性等，求职意向也可置于页面的右上角排版。

3. 教育背景

教育背景是求职或升学应届生在大学期间的教育经历，是简历中非常重要的内容，一般放在前面部分。涵盖双学位、专升本、师范类、国外研究或交换生学习等经历，包括学习时间段、毕业院校、所学专业、学位、学历、核心课程、GPA（Grade Point Average，平均成绩点数）等信息，其中学习时间段、毕业院校、所学专业、学位、学历等是必有要素，以便阅读者了解应届生的接受教育轨迹。

（1）逆序排序。一般是逆序排序，遵循由高到低、由近及远，即高学历、高学位先写，突出最高、最后学历。

（2）主干课程。列出专业主修的核心课程，以展示知识结构和软件技能等，但仅列与应聘岗位相关的课程，且由主及次列出，一般3~4门即可。

（3）GPA。包括年级、班级等，是通过相对数字来体现求职者在大学期间的学习态度和学习能力，能够证明大学生求职者核心优势中的学习能力，以此证明求职者的某些知识与素质等。若所学专业与意向岗位对口吻合，可对所学专业加粗。但是有些学生偏科严重，如不擅长数学的文科生、不擅长历史或政治的理科生等，导致的核心课程GPA很高、整体GPA不高的情况，此时可以只注明核心课程GPA（Core Course GPA）。

（4）国外研究或交换学习经历。对于有过此经历的应届生，建议在教育背景中列出，一方面体现外语能力，另一方面吸引HR注意。

（5）培训不属于教育背景。培训是有一定时间段的特殊技能学习经历，获得的证书属于所获奖项，不属于教育背景。

4. 学术成果

依照规范的文献格式罗列学术成果，如出版的书籍、发表的文章、专利、社会实践的论文、社会实训的成果等，并标注是第一作者，或是第二作者。大学生学术成果相对较少，根据自身实际情况，对于求职的大学生可将其列入教育经历栏或忽略。

对于升学的大学生，如果曾在知名刊物发表过科研论文，无疑是科研能力的体现，建议将其单列，在证明自身研究能力的同时，也有利于面试官或未来导师了解你的研究方向。如果希望教授了解论文内容，可以在该栏目中加一份简短的论文摘要，对于理工科的论文简洁介绍论文实验项目更佳。

5. 科研（项目）经历

科研（项目）经历包括参与导师课题、主持高校大学生自主创新或自由探索项目等的情况介绍，涵盖项目研究时间、项目类型、扮演角色、研究中的职责范围、学会的技能、提升的素质能力、主要成果等。针对我校短期社会实践要求，部分大学生选择提前进入实验室、加入导师课题组等。

同样作为经历，科研（项目）经历的撰写要点与实践经历相同，即什么时间，具体做了哪些事情，阐述要有逻辑性；结果和产出，实现业绩产出、注册用户数及活跃度。

根据实际情况，升学的大学生应尤其重视该栏的撰写。设计类毕业生还应重点列出独自创意设计或合作研究的作品，并对其做相关说明。理工科的毕业生应强调自己在实验室的工作，实验室技能对升学录取和奖学金申请起到至关重要的作用。

6. 实践经历

实践经历包括实习、兼职、义务性、志愿者、社团、班委、短期社会实践等，写明时间、单位、职务等，主要突出在校期间所从事相关工作所担任的职务或扮演的角色、工作中的职责范围、主要成果、主要学会了哪些技能、锻炼或提升了哪些能力。工作中的职责范围包括：学生干部的求职者，可描述为"组织过什么活动，联系过什么人，参与过什么比赛活动"等；企业实习的求职者，可描述为"协助什么收集资料，负责打印、接打电话，参与了什么项目"等。锻炼或提升的能力为计算机技能、沟通能力、领导能力、团队协作、创新思维等。

诸如班长、团支书、学生会主席等职务难免会吸引HR的目光，但一旦身兼数职，未免会让HR质疑。在诚实的前提下，请做好回答"如何兼顾工作与学习？"之类问题的准备。

经历比较多时，按重要性、时间顺序排列。把最新的、最重要的放在前面，也应有所取舍。当然，有些大学生会担心自己缺乏实践经历、无工作经验。需要说明的是，调查发现，仅有27%的HR认为求职者的工作经验越丰富越易被录用。可见，社会实践并不是校园招聘的重点，青春富有激情、积极渴望成功才是大学生的特质。

事实上，参加社会活动多的大学生之所以找工作相对容易，是因为他们对社会有更深入的理解，通过社会实践锻炼了自己的沟通能力、人际交往能力等，在面试中表现更自如等，更愿意从基层做起，而这是属于个性化或个人魅力的展现，并不局限于实践经历。

此外，大学生处于校园象牙塔，首要任务是学习，深厚的知识积累才是最强的竞争力，"工作经验不足的劣势"是可以通过学习能力等优势来弥补的。参加企业实习、社会实践、班委干部等，目的在于提升自我综合素质和适应社会的能力。

7. 所获奖项

所获奖项包括在校期间获得的各项奖励、荣誉、资格证书，如三好学生、优秀学生干部、奖学金情况。

所获奖项撰写应适度，不能全部罗列，需要分类和突出重点。

8. 个人技能或职业技能

个人技能主要包括外语水平（CET-4、CET-6、专四、专八、雅思、托福等）、计算机水平以及其他技能证书。

英语水平是大学生简历中不可或缺的要素，尤其是表格式简历。有些学生在大学期间未能取得等级证书，为此可能会有如下的表述：口语还行、英语接近四级水平等。实际上，明显违背了真实、客观原则，如此表述不但不会加分，反而会留下不好印象。

考虑到有些证书之间是同类，存在相互包含作用，就仅考虑列出最高级证书，如 CET-4、CET-6 均通过，则只需写 CET-6 即可。有些大学生在大学期间忙于考证，拿到诸多技能证书，此种情况切记胡乱拼凑式的堆砌，应根据应聘岗位的需求进行由主及次的排序。

有时候个人技能与所获奖项可以合并为一个栏目，即技能与证书。

9. 兴趣爱好

如有其他特殊兴趣与特长，能起到锦上添花的效果，但应与所应聘岗位任职资格有联系。如果写得好，会增加求职砝码。求职者在写特长时，应尽量详细。如特长是运动，就应写清楚篮球、网球或马拉松；爱好写作，就应写清楚爱好新闻稿、调研报告、学术论文等。兴趣爱好有突出成绩，就更应该在简历中提及。

当然，个人技能和兴趣爱好可以合并，统称为个人技能。

10. 自我评价

力争使用简短的文字，简单、客观地总结自己良好的个性品质，也可视为小结，总结自己的突出优点，吸引阅读者注意。例如，学习能力、适应能力、创新思维、创业精神、敬业精神、诚实热情、高执行力、积极主动、勤奋努力等。自我评价栏往往寥寥几笔，一行为宜。

例如，"本人有活力、有热情，以高标准要求自己并尽力将工作做好"。

总之，"求职意向"是表明求职者申请了用人单位所需求的工作岗位，而其他要素均是在证明其具备相应的能力优势来胜任该工作岗位。以此而言，简历撰写的宗旨就是证明"我行"，我比其他求职者更适合用人单位提供的工作岗位。

内容要素一般在 Word 文档中以节标题形式呈现，求职和升学毕业生的个人简历中内容要素内容与顺序有所不同。其中，升学毕业生的个人简历中应突出主要学术成果和科研经历，这两部分不可或缺，放置于教育经历之后；求职毕业生的个人简历中应突出实践经历。同时，大学生可根据自我实际对上述要素进行适当取舍。例如，不具备项目优势的毕业生可忽略此项。

10.2.2.4 英文简历内容要素

针对外企，或境外求职、升学，大学生需要制作英文简历，其结构要素与中文简历基本吻合，但也并不是对中文简历的直接翻译。由于文化习惯差异等，往往也会在不经意间出错，在结构要素中也必须注意以下问题。

（1）地址写完整，包括国名。电话也应加上国家地区号。

（2）英语国家（美国、英国、澳大利亚等）喜欢开门见山、直截了当。为此，英文简历开头应直接写出求职意向。

（3）不要涉及太多个人信息。按美国式简历写法，你无须在简历中说明太多个人信息，如婚姻状况、个人年龄、种族、家庭情况等。

（4）若有资格证书，还需标明国别。除国际性的证书，资格证书还需要标明授予的国家，因为同样的资格证书在各个国家都可能有，而且有些证书互不承认。

10.2.2.5 简历模板

根据简历结构要素形成简历模板，下面是两份常见的简历模板的框架结构。其中，模板一适用于求职毕业生，模板二适用于境外升学毕业生。简历模板只能用来参考，而不可简单地复制。

10.2.3 简历制作技巧

简历的制作除了要具备完整的结构要素、规范的模板，还应在外观设计、语言表述、存档打印上下足功夫。

10.2.3.1 外观设计得体

无论是电子版简历，还是打印出来的纸质简历，求职者的简历都应给人留下良好的第一印象：有条理的材料组织、容易阅读的字体行距、正确的书写、最新的信息。

1. 切忌花里胡哨，简约大方是第一印象

封面与黑白打印。如果是打印的简历，除广告、艺术、设计类求职者外，如果不是出于专业需要或特殊要求外，黑白打印即可。同时，有些求职者希望通过艺术化简历封面或一些"经典话语"，如"我是千里马，你是伯乐吗？""毛遂自荐"等，以便给HR留下深刻印象。基于简历制作的简洁原则，不建议使用简历封面，否则除了增加HR携带、翻阅的困扰之外，还会显得格格不入。

字体与字号专业。简历尽量少用花哨的艺术字和斜体，如此做法会影响美观，且显得很不专业。可以稍微使用一些粗体字，突出表现重点内容。建议使用宋体、仿宋或楷体，以正式、专业、美观为标准。字号一般使用小四号或五号，局部文字处理可灵活运用。

此外，不要以毕业学校的Logo和名称作为页眉。

模板一：求职简历

资料来源：https://www.qmjianli.com

个人简历

基本信息

姓　　名：全民简历		年　　龄：28岁	
民　　族：汉族		身　　高：175cm	
电　　话：15888888888		政治面貌：共青团员	
邮　　箱：qmjianli@163.com		住　　址：上海市静安区	
毕业院校：上海交通大学		最高学历：本科	

教育背景

2005.07-2009.06　　　　上海交通大学　　　　计算机科学与技术（本科）

主修课程：

数据结构、操作系统、编译原理、计算机网络、数据库原理、软件工程、汇编语言、C++程序设计、接口技术、Java、高等数学、离散数学等。

实习经历

2015.02-至今　　　　上海斧掌网络科技有限公司　　　　IOS 工程师

- 负责斧掌科技内部 APP 的 IOS 版项目开发和维护，制定数据统计方案和指标。
- 实时了解行业的变化，跟踪客户的详细数据，为客户制定更完善的研发计划（合作过 vogue、the2studio、tstyle、去哪等客户）

2012.04-2013.07　　　　上海斧掌网络科技有限公司　　　　IOS 工程师

- 负责公司后台系统的研发和维护，参与公司网上商城系统产品功能研发及维护工作。
- 实时了解行业的变化，跟踪客户的详细数据，为客户制定更完善的研发计划（合作过 vogue、the2studio、tstyle、去哪等客户）。

校园经历

2009.03-2011.06　　　　上海交通大学　　　　文艺部部长

1. 目标带领自己的团队，辅助全民简历完成在各高校的"推广计划"，问知名互联网企业推送实习生资源。
2. 设计学校系统的网站和交互原型，汇总整理和收集各个渠道的需求。
3. 改版后的调研结果显示，用户满意度提升了30%

技能&证书

普通话一级甲等；

大学英语四，听说读写能力良好，能快速浏览英语专业文件及书籍；

通过全国计算机二级考试，熟练运用 office 软件。

自我评价

本人性格开朗，为人诚恳，乐观向上，兴趣广泛，拥有较强的组织能力和适应能力，并具有较强的管理策划与组织管理协调能力。能吃苦耐劳、不怕加班，勇于迎接新挑战，是一切困难的克星。

模板二：英文简历

资料来源：http：//www.jianli-sky.com

Dennis

(+86) 123-456-789

Dennis@jianli-sky.com

Residence: Shanghai

OBJECTIVE

XX Intern, Can provide three days a week (excluding weekends) and work for a month

Job Location: XX District, Shanghai <Fill in it if you live close to the company, or delete it>

EDUCATION

| Shanghai XX University | 2010.09 - 2014.07 |

Bachelor of XX, major in XX

Main courses: <Write the courses related with the position, or delete it>

CAMPUS EXPERIENCE

| Youth corps committee propaganda department | 2011.12 - 2013.07 |

Responsible for the coordination and photography college major events, such as spring sports academic report of photography and video of some activities and news writing

Assisted group administration, scientific reporting, documentation and publication searching

HONORS

| Third-prize Scholarship for Outstanding Undergraduates | 2012.06 |
| Outstanding Student of Work-study Program | 2011.07 |

<Write your awards in reverse chronological order>

<Write similar awards in one line>

SKILLS

CET4

NCRE Certificate, Grade 1

Office: Word, Excel, PPT <Copy downward this textbox downward if you have several skills certificate>

HOBBIES

Enjoy music and Singing

<Highlight your advantage of applying for this job>

<Copy downward this textbox downward if there are more>

SELF ASSESSMENT

XX-year experience of XXX, major in XXX <Write your summary in the end to sum up your CV>

Proficient in XXX, skilled in XXX, a passion for XX <Highlight your advantage of applying for this job>

Responsible and diligent in work, cooperative in teamwork <Copy this item downward if there are more>

2. 反复检查拼写，保证书写语法的正确

简历制作的最大禁忌就是拼写错误、语病明显。一份简历不仅能看出求职者的语言文字功底，还能看出求职者的修养与认真态度，HR 考查求职者的文字能力和细心程度从简历阅读开始。既然作为求职者都未给出应有的认真态度，那 HR 何必浪费时间呢？为此，求职者应做到精益求精，具体为：①简历定稿之后，要认真检查拼写、间距、标点符号中英文等一些微小的错误；②请求信任的同学、朋友、家人等再次检查；③数日之后再次检查。此外，打印纸上检查文字会比在屏幕上更容易发现细微错误。

3. 及时更新信息，提供最新信息的简历

随着时间变化，求职者的学术成果、教育经历等信息会有增添，随着应聘企业的变化，求职者的求职意向栏中的应聘岗位会有所调整，对应的结构要素也会有诸多更替，根据简历制作的针对性原则，需要求职者及时更新信息。

10.2.3.2 语言表述客观

1. 表达要准确，切忌拗口的语句

语言表述不要使用拗口的语句和生僻的字词，更不要卖弄文学水平、咬文嚼字，表达清楚、准确、精练、规范是简历语言的基本要求。

要注意加强专业术语的使用，法律、财务、金融、机械、信息技术等专业都有自己领域的特定语言，但专业术语不可泛用、滥用，应尽量避免使用。

2. 第三人立场，不做主观性描述

简历是求职者客观的自我说明，简历的语言应站在第三人立场，使用说明性语言向 HR 客观描述自己，不在简历中进行主观性描述，多省略掉主语，不用程度性词语。同时，简历中以简明的短句为主，切忌私用文学性、抒情性语言，切忌喊口号、立志向等，如"给我一个支点，我就能撬起整个地球""我期望着一个大显身手的良机""我是一块砖，哪里需要哪里搬"等等，诸如此类的虚话、空话、大话，切忌不能放在简历中，因为这不是简历应使用的语言表述，同时这些语句也不是你的原创。

10.2.3.3 关键词易提取

在网络招聘数据库中，简历通过关键词检索更容易被发现，而关键词一般都来自职位描述中的词汇。因此，为了提高简历在数据库中被检索的概率，应届生应善于提取关键词，包括关键词汇和关键技能。

1. 使用关键词汇，提高被检索的机会

能够使用和职位描述中一样的词汇。例如，把"写作能力强，能与他人进行良好沟通"改成"良好的书写能力和口头沟通能力"，把"以客户为中心"改为"对客户友好热情"，进而提高自己简历被关键词系统检索到的机会。

2. 突出关键技能，给阅读者留下印象

着重描述职位描述中提到的关键技能，重点突出自身符合职位需求的技能，即使不具备相关技能，也尽量使用同样的词汇介绍你的技能。不要将自己描述成一个通才，要把重点放在满足职位需求上。基于职位描述的需求，突出关键技能，获得阅读者的认可。一旦确定你的技能是企业所需要的，你就可以展现自己的优势。

10.2.3.4 英文简历特殊制作

针对外企或境外升学、求职，会需要制作英文简历。不同于结构要素的高度一致，英文简历在制作技巧上与中文有诸多不同，具体如下。

1. 确保语句通畅，避免语法错误

英文简历一定程度上显示了应届生的英语水平，短短的简历中就出现语法错误，你的托福或雅思成绩再高，也会让你的英文水平大打折扣，给阅读者留下不好的印象。

（1）多使用简单词。准备出国升学或求职的应届生词汇量较大，为了展示自己的英文水平，应届生偏向于使用罕见高难度词汇，实则不然。因为即使在国外的日常写作中，也很少会用到高难度词汇。

（2）避免冗长语句。在保证语法正确的基础上，提高易读性，避免使用冗长的语句，一般不超过一行。切记 YRIS 原则（"Your resume is scanned, no tread"），阅读者只是在扫描你的简历，不是在做学术报告。写完后反复阅读，尽量使用更短的语句表达相同意思。

（3）运用强力动词。多运用动词，少用副词和形容词。简单说就是多举实际例子，少用形容词。同样的意思，用英文表达时，句子会偏长，占据简历空间。因此，多用动词开头，缩短句子长度，不仅会显得介绍精练，而且能使简历排版更美观。

（4）时态保持一致。在描述实践经历、科研（项目）经历时，动词的时态要保持一致，一般过去时是常用的时态。

2. 正确使用标点，切忌中英混淆

中文简历中的标点符号是全角，英文中一律使用半角。同时，基于舒适美观及其规范性书写要求，逗号、句号、冒号等标点符号与它们前面的字符之间不能留有任何空格，但是标点与其后面的字符之间必须留有一个半角空格。括号弧线也是一样，括号弧线外要留空格，弧线内不留。

3. 重视相近单词，语言富有生气

相近单词是拼写检查不出的错误，应格外重视。如专业为经济学的应届生，本应写为 Economics，但却疏忽之下写为 Economy，这就摇身一变成为主管经济的市长。在语言方面最好能够富有生气，用具体数字和形象的事实描述，证明自己具备的工作能力。

4. 正确使用官方名称，慎用缩写

应届生在描述教育背景、科研项目经历时，不可避免地要提到相关单位。如果该单位在国内很有名，但国外并不知道，就需要用 1～2 句简短介绍；若是国际知名，则仅写单位官方名称即可。官方名称的每个单词的首字母都是要大写的，介词不用大写，切忌使用缩写。如 Hubei University of Technology，不能写为 HBUT。关于有些不被国际公认的专业名词缩写，可能会给简历阅读者带来困扰，应谨慎使用缩写。

此外，对于英文简历的特殊制作，在写完英文简历后，除了运用中文简历的修改润色方法，还需要应届生找外教或英文功底好的朋友精度润色。

10.2.3.5 存档打印事宜

定稿的简历需要保存为 PDF 与 Word 两个版本，其中 PDF 版本用于打印和线上投递，Word 版本用于简历的修改与润色。

简历纸张不需要昂贵的纸张，但也应避免质薄、泛黄、易破损等，尽量选用不低于 80 g 的白色打印纸打印，避免透光等效果不佳的复印，且规格一般选用 A4 型纸。

纸质简历的保存要干净整洁、边缘完满，坚决不能将简历沾上灰尘、油渍、脚印等。

总之，用心制作，注重简历的细节，用心对待自己的人生和目标，让自己的简历脱颖而出，提高面试率。

10.3 简 历 投 递

简历投递需遵循投递前的充分准备、投递、投递后的记录和跟踪等一般过程。每个环节都会影响简历投递效果。

10.3.1 投递准备

有些大学生处于被动状态，存在被就业、被毕业状态。在校园招聘高峰期，依然处于漫无目的、目标不明确状态，为此很容易步入"海投"状态。实际上，"海投"已经暴露了求职者自我认知不足、对未来缺乏清晰规划。然而，诸多用人单位都会对招聘的职位先进行匹配度筛选，匹配度不足的简历就会被一键删除。为此，"海投"消耗了应届生大量的精力，错过招聘高峰期，自身竞争力下降。因此，应届生应在投递简历前做好充分准备。

1. 了解招聘需求

（1）多渠道获取招聘需求信息。搜索招聘职位不单单只看首页信息，还应多多查看后来页的职位。后来页的职位被查阅和浏览的次数可能相对较少，竞争力也不会那么大。了解招聘需求信息的渠道众多，包括校园宣讲会、智联招聘、前程无忧、应届生求职网、大街网、企业官网、高校就业网等网络平台等。

（2）全方位了解招聘需求职位。重点关注招聘需求职位中的职位描述，主要以岗位职责或岗位要求、任职资格的形式呈现，如表10-1所示，明确岗位职责（对应工作内容）、任职资格（对标自我条件），以便简历修改与投递。当然，招聘需求职位中的职位描述多为通用信息，应届生应认真审视自我，高配、有意愿申请的应届生应针对性修改简历，低配、有意愿申请的应届生也不应放弃，更应做好充分准备。

表 10-1　职位描述范例

职位描述范例一： ××公司招聘电气设计工程师，要求如下。 ·负责承接工程（民用及工业建筑）供配电施工图纸设计工作。 ·负责工程施工过程中本专业技术支持工作。 ·在各设计阶段配合其他相关专业，保证工作进度和质量。 ·完成领导交办的其他工作。 　　　　　　　　任职要求 ·电气工程相关专业，本科或以上学历。 ·熟练掌握CAD、OFFICE等相关软件。 ·熟悉国家设计规范及相关技术规范。 ·对待工作认真负责，细心严谨，有良好的职业素质。 ·具有良好的沟通协调能力，善于分析和解决问题。 ·具有较强的学习能力、主动性，能够承受较大工作压力。 ·持有注册公用设备（供配电）证书优先。
职位描述范例二： ××公司招聘外贸业务员，要求如下。 ·工作语言类别：英语、西班牙语、葡萄牙语、意大利语、 　　　　　　　　德语、日语、韩语、越南语、阿拉伯语。 ·维护外贸客户资源，跟进客户订单相关事宜。 ·跟进海外市场新项目、开发新客户。 ·处理其他日常事务。 　　　　　　　　任职要求 ·2020届本科，专业不限。 ·英语水平优秀（CET-6或同等水平及以上）优先。 ·具备小语种（相关等级证书或同等水平以上）优先。 ·对市场营销有深刻理解者优先。 ·自信、外向、目标感强、积极主动、独立坚韧，沟通表达能力强。

资料来源：https://hbut.91wllm.com

拓展知识点：扫码阅读人生设计中"尽早放弃'超级工作'""蒙人的'幽灵招聘'""读懂职位描述之外的含义"。

二维码 10-2

2. 明确投递要求

根据招聘信息，了解整个招聘流程。根据各个环节要求，明确简历投递的相关要求，包括简历内容、投递方式等。

3. 修改简历

很多学生用同一张简历投递各大公司、各种行业，然而现在已经不是"一刀一剑"就可以行走的江湖了，在当下竞争激烈的职场中，你必须得在简历中突出自己对一份工作和一家企业的特殊价值。

秉承客观、合适原则，保持简历中条件和职位描述的需求一致，有针对性修改简历。换句话说就是你的简历必须是为用人单位量身定做的，要多花些时间和心思，从用人单位的角度仔细挑选自身能力中适合该企业的部分，而不是说把自己的全部信息都罗列上去。根据企业招聘需求中的职位描述、岗位要求、任职资格等信息，通过有针对性地重复使用关键词来修改简历，重点修改求职意向、实践经历。实践经历中重点写与意向行业、岗位相关的经历。

10.3.2 投递简历

简历投递渠道多样化，应届生根据投递需求选择适宜的投递简历渠道，避免一岗多投、多岗多投，而不同的渠道也有利有弊，需谨慎选择。

10.3.2.1 宣讲会投递简历

校内外的宣讲会是应届生获取招聘信息最直接有效的途径，优势也很明显。相对深入地了解企业概况和文化风格，结合自己的求职意向与企业高管和 HR 面对面交流。在进一步确定自己求职意向的同时，还可以直接投递简历。有些用人单位可能会在宣讲会后当场面试，所以用一两个小时的时间换得一次面试的机会性价比非常高，何乐而不为？

需要提醒的是，有些应届生可能因为宣讲会时间冲突或不舍放下手头的游戏等，让同学代投简历。为此，可能会错过良机，请做好权衡取舍。当然，高校宣讲会确实耗时耗力，良好的合作利于事半功倍。

10.3.2.2 招聘网站投递简历

智联招聘、前程无忧、应届生求职网、大街网等招聘网站是每家企业常规用到的宣传渠道，通过平台投递简历也是最常用的与企业建立联系的方式之一。需要应届生填写平台固定的简历模板信息。结构要素比较多，因此建议选择时间富余时耐心、逐项填写。不过招聘网站的个人简历可以一劳永逸，在根据招聘需求进行针对性修改之后，可以进行多次投递，为此需要填写完整资料。不足之处是简历基数大,你的简历可能被忽略,也有可能被拼学历、拼学校、拼社会经验等。因此,在通过招聘网站投递简历时,建议大学生在投递前对企业、职位做一定的了解,判断个人实力与企业岗位的匹配性,做到有的放矢,不要盲目投递、慎用海投。

10.3.2.3 E-mail 投递简历

高校就业网、企业官网、朋友圈等也是用人单位用到的宣传渠道,可以此类渠道为信息通道向企业 HR 发送 E-mail 来投递简历。

1. 邮箱选择

选择自己随时、随地便于查阅的 E-mail 向用人单位投递简历。同时,要查看招聘信息中对简历投递要求是否注明了接收简历的 E-mail 邮箱类型。此外,邮箱 ID 要专业化,一般可以使用中文全拼加数字等形式。

2. 邮件标题

诸多用人单位在招聘信息或宣讲时已经声明了固定的格式主题,一般包括学校名称、姓名、应聘职位等,应届生必须照做。因为 HR 每天会收到很多来自诸多职位、不同高校的简历投递邮件,在邮件中增加应聘职位等信息便于 HR 接收和审核你的简历。否则,很有可能会被企业内部邮件系统自动归类到"垃圾邮件"。切忌使用"求职""简历"等两个字的单调词语,"应聘职位—姓名"是最基本的邮件标题格式。

3. 邮件正文

根据招聘要求,考虑将简历内容放在邮件正文中,或者以附件形式上传。另外,需要添加礼貌性的开场白,以一句简短的话介绍自己,包括姓名、学校、应聘职位等,请查阅等。禁忌没有正文的简历投递。当然,有些有附件的简历或被直接放入垃圾邮件,附件查阅麻烦可能会被忽略。为此,可在邮件正文中写简短的书信语,然后把简历粘贴在正文中即可。

若将简历作为附件上传,需注意 Word 或 PDF 版本,Word 通常为 2003 版的 doc 格式。不建议使用 TXT、WPS 格式。

4. 投递时间

一般在工作日、上班时间发送简历投递邮件。有调查数据显示周二到周四是较好的时间,且上午比下午效果好,上午又以9:00—9:30为佳,下午以2:00—2:30为佳。因为太早 HR 尚未进入工作状态,太晚 HR 等着下班。当然,在校园招聘高峰期,HR 会加班加点查阅简历邮箱。

10.3.2.4 招聘会(双选会)投递简历

每年的3—6月是国家和地方劳动主管部门、高校、社会机构为当年应届毕业生举办招聘会和双选会最多的月份,其中尤其以高校双选会最为有效。高校双选会目的在于帮助毕业生实现就业，针对性强，且经过就业部门筛选来参会的企业可信度高、其招聘的职位相对靠谱。也会有地方企业组团的招聘会，为同户籍的应届生提供机会。考研失败、Offer 不满意等应届生切勿错过此次投递简历的机会。不足是现场人山人海，难以快速筛选出优秀企业和职位。因此，提前了解招聘会企业信息、布展区位、投递要求尤为重要，可以达到事半功倍的效果。

10.3.2.5　熟人推荐投递简历

如果有熟悉的学长、学姐、亲戚、朋友等了解心仪的单位，或在心仪单位任职，那么可以给你推荐到用人单位 HR，直接投递简历，往往会第一时间收到反馈信息。

此外，一般建议不要投递同一用人单位的两个及以上职位，尤其是不相关职位。如此做法只能表明你的未来规划不清晰，对目前职位应聘成功的信心不足等。

拓展阅读：扫码阅读人生设计中"好工作是设计出来的——发挥人际网的作用"。

二维码 10-3

10.3.3　记录和跟踪

1. 实时记录

投递简历后，应对简历的投递渠道与对象、企业情况、用人单位反馈的方式和结果等信息做记录，以便对后期笔试或面试做详细了解和掌握，总结经验，提高求职成功率等。

2. 及时跟踪

根据记录的反馈时间、方式等信息，做好简历投递后的及时跟踪。保持电话畅通、邮件的垃圾邮件设置、邮件与短消息的及时查阅与回复，以免漏读反馈信息。

3. 再次投递

如果你投递心仪的企业，却没有得到任何回复。不用忧虑，可能存在太多简历，被忽略的情况。可以选择重复投递，但建议距离第一次投递简历至少间隔一周。

 本 章 小 结

第 10.1 节主要界定了简历的内涵与类型。简历是求职者个人情况、受教育经历、知识、技能等方面的概括集锦，是一种类似的个人广告，是求职者营销自

我的重要工具。简历是大学生重要的求职材料，大学生通过简历获得面试的机会。就大学生而言，简历分为表格简历与文字简历、求职简历与升学简历、中文简历与英文简历。

第10.2节主要阐述了简历制作。明确了简历制作的真实性、简洁性、针对性、突出重点原则，系统梳理了简历的标题、照片、内容要素，其中内容要素包括基本信息、求职意向、教育背景、学术成果、科研（项目）经历、实践经历、所获奖项、个人技能或职业技能、兴趣爱好、自我评价共十个方面，强调了英文简历内容要素的不同，给出了受欢迎的简历模板供应届生参考，总结了简历制作技巧为外观设计得体、语言表述客观、关键词易提取、英文简历特殊制作、存档打印事宜。

第10.3节主要介绍了简历投递，其中投递前的准备包括了解招聘需求、明确投递要求、修改简历；投递简历的渠道有宣讲会、招聘网站、E-mail、招聘会（双选会）、熟人推荐等，各个渠道各有利弊，应届生应权衡后投递；投递简历后应做好实时记录、及时跟踪，并根据需要再次投递。

 **复习思考题**

一、简答题

1. 简述简历的制作原则。
2. 简历制作技巧有哪些？
3. 简历投递的渠道有哪些？分别具有哪些优缺点？

二、实操题

作为应届生，根据简历制作结构要素与技巧，结合自身实际，收集网上与自己专业相近或心仪企业及其职位或心仪高校及其研究生专业的需求信息，有针对性地制作一份自己的求职或升学简历，完成后与其他同学分享交流。

分享要点：

1. 你的求职或升学意向是什么？
2. 求职或升学简历中突出了自己的哪些优势？
3. 突出的优势的可信度如何？
4. 突出的优势与招聘职位描述或需求专业的相关度如何？
5. 如果你是阅读者（HR或未来研究生导师），你会给简历主人一个机会吗？为什么？
6. 简历还有哪些地方需要改进？

第 11 章 就业礼仪

学习目标

通过本章的学习,引导学生明确就业礼仪在求职中的意义和作用;掌握仪容仪表的内容;掌握仪态管理的方法;掌握社交礼仪的技巧。

关键术语

礼仪、就业礼仪、仪容仪表、仪态管理、社交礼仪

引导案例　"第一印象"定成败

心理学家奥里·欧文斯说:"大多数人录用的是他们喜欢的人,而不是能干的人。"人与人的交往大都只是流于表面的、仅一两次的,这就往往导致我们会根据对一个人的第一印象进行定论。据社会学家的有效调查统计,"第一印象"占成功因素中的很大比例。而第一印象往往是在与人初次见面的前几秒钟形成的,而你要想改变它,却需付出很长时间的努力。

随着高等教育的普及,大学生的数量和质量都大幅度提升,企业的选择余地更大,对学生的要求也就越来越高。用人单位在招聘过程中除了重视学历专业以外,也十分重视对人才综合素质的考查,怎样找到一份称心如意的工作已成为困扰当代大学毕业生的主要问题。然而,在求职时,仅靠专业知识和热情是不够的,掌握一些仪表形象、仪态管理和社交礼仪技巧是必要的。

礼仪是人类自身发展的产物,是人际交往的润滑剂。礼仪是治国之本,是民族凝聚力的体现;礼仪是个人道德水准和教养的重要标志,是个人走向成功的重要条件;礼仪是实现中华民族伟大复兴中国梦的桥梁。在当今时代,学好礼仪是非常重要的。

11.1 礼　　仪

案例赏析

小张是某公司的员工，某天正好去财务部窗口领工资。在等候的时候，他随手把手中捏着的一张无法报销的票据揉成团扔在了地上。

其他部门同事看见了，说："那个人素质真差！"

恰巧此时有位顾客来财务部交定金，他看到小张把纸团扔在地上，心里想："这个公司的员工如此行事，他们做的东西质量会好吗？售后服务会有保障吗？还是先别交定金了吧，回去再斟酌斟酌！"

生产部的经理陪着几位外商参观公司，正好路过这里，地上的纸团没有逃过大家的眼睛，结果外商指着那纸团问："这样的员工，能做出符合质量要求的产品吗？"

本来不费吹灰之力便能扔到垃圾桶里的一小团废纸，导致公司失去了数百万元的订单。

案例分析：在商务场合中，你的行为举止不仅代表着你本人，还代表着你工作的部门、你部门所属的公司、你公司所属的集团，甚至你的集团所属地区以及国家。小张如果懂得并遵守相关的礼仪规范，就不会随意将纸团乱扔了。

11.1.1　礼仪的定义

11.1.1.1　概念界定

"礼"这个字的意思是什么呢？它是一种道德规范：尊重。孔子说过："礼者，敬人也。"在人际交往中，既要尊重别人，更要尊重自己，此即礼者敬人。但是你只是口头说说尊重没有用。别人怎么知道你心里想什么？这就要求你善于表达，它需要一定的表达形式。你得会说话，你得有眼色，你得懂得待人接物之道。因此，在人际交往中我们不仅要有"礼"，而且还要有"仪"，就是恰到好处地向别人表示尊重的形式。

礼仪是指人们在社会交往活动中形成的行为规范与准则。包括人的仪表、仪态、礼节、礼貌等。它是一种典章、制度，用以规范人的行为、举止，调整人与人之间的关系。其核心是尊重和友善，即在社交活动中对他人表示尊重和友好的行为规范。礼仪是人们生活和社会交往中约定俗成的，人们可以根据各式各样的礼仪规范，正确把握与外界的人际交往尺度，合理地处理好人与人的关系。熟悉和掌握礼仪，就可以做到触类旁通，待人接物恰到好处。

11.1.1.2 心灵礼仪

礼仪绝不仅仅是一种简单的外在表现形式，它与人的自身修养密切相关。我们除了注意礼仪的外在表现形式之外，更应该在内在修养方面下功夫。人们在交往中，相互鞠躬、握手等，不仅是对交往对象表示善意和尊重的一种形式，而且反映出一个人的精神面貌，道德情操，气质修养，以及处理问题的应变能力。

心灵礼仪是礼仪的第一步，是用心体会对方状态和情绪，充分地尊重他人，为他人提供便利。基于心灵礼仪的其他礼仪，才能让交往对方感觉更舒适，也更能接受。我们要不断地提高自身修养，努力提升个人气质。有一个重要的"三A原则"（即接受（accept）、重视（attention）、赞同（agree））。就是要以自身的实际行动，去接受对方、重视对方、赞同对方。接受对方，是要能容纳对方，不要排斥对方。重视对方，是使对方感受到你尊重对方，而且在你心目中十分重要。赞同对方，是要善于发现对方的长处，并及时加以肯定，既不要自高自大，也不要刻意奉承。

11.1.1.3 基本原则

礼仪的基本原则有尊重、遵守、适度、自律。

1. 尊重

只有尊重他人，才能更好地与他人沟通，赢得他人的理解、信任和支持。

（1）尊重他人人格。人格是人之为人的主体格位，即个人在社会生活中主体地位和价值的确认或表征，是人对自己生存价值的肯定。不论富贵贫贱、年龄性别、国籍肤色，每个人都有自己的人格尊严。在任何礼仪活动中，尊重人格是第一要义。

（2）尊重他人的个性爱好和性格特质。不因自己的好恶而强人所难，不把自己的意志和愿望强加于人。凡遇到与他人的个性与爱好相违逆或相冲突的事情，应当采取协商、恳谈、建议和好言劝慰的态度求得问题的解决。

（3）尊重公众应当具有的各种他人的权利，如信仰、习俗、隐私等。不该问的问题不问，不该知晓的内容不强求知道，不干涉别人的私生活。在社交活动中，对男士一般不问财产、收入、履历、身高；对女士一般不问年龄、婚否、衣服和饰品价格等。

2. 遵守

遵守是指遵守时间、地点、协议等约定，包括礼仪、场合约束等约定俗成的内容。

3. 适度

适度是指在交往过程中，礼仪既要到位，又不能过分。例如，和人交谈，要端庄和蔼，彬彬有礼。双方不可靠得太近，谈话声音不可过高等，做到和谐又有节制。

4. 自律

自律也是指自觉。例如，在走路时，要遵守交通规则。横过马路时，要切记"红灯停，绿灯行"，并且一定要走斑马线，不要横跨围栏，横越草坪。在行进中，不宜连奔带跑，引发误会，也不要走得太慢，阻挡他人。不要与人拉拉扯扯，勾肩搭背，也不要大吃大喝，或者吸烟，不要乱扔废物，不要对路人指指点点、不要围观起哄等。

11.1.2 就业礼仪在大学生求职中的意义

大学生了解掌握就业礼仪，会给人以更多的人格尊严和自信。就业礼仪有助于大学生提高竞争力，大学生就业竞争力是指适应就业市场的综合能力，融合了学生自身知识结构、心理素质、表达能力、反应能力、气质修养等因素，在就业竞争中所体现出来的一种把握并获取就业机会、赢得欣赏的实际能力和比较优势。大学生就业礼仪教育，培养大学生的礼仪意识，增强大学生的礼仪素质，进而提升大学生就业竞争力。就业礼仪在提升大学生就业竞争力中的作用体现在以下几个方面。

1. 提高思想道德素质——就业意识

礼仪教育可以帮助大学生更好地明辨是非、美丑、善恶，进而树立正确的人生观、价值观、世界观，不断提升思想道德素质。礼仪教育能够从思想、道德、品质等方面改变学生的认知，加深对"明礼诚信"内涵的理解。就业礼仪教育有利于大学生正确就业意识的养成，促使大学生变"被动就业"为"主动就业"，发挥主观能动性积极就业。礼仪教育将鼓励大学生工作从基层做起，只要肯付出，哪里都是就业的乐土，从而及时把握就业机会，顺利就业。

2. 完善个人形象——就业形象

礼仪教育强调内外兼修，引导大学生知礼明礼，做到知行统一文质彬彬、情操高尚，帮助大学生塑造和完善个人形象。当前大学生塑造的就业形象有两个极端：一是过于注意形象。相当部分的大学生不惜花重金打造自认为完美的就业形象。例如，拍艺术照、写真、买名贵服装、饰品等。过于"社会化"的装扮失却了大学生应有的纯真和自然，甚至给人一种"内外不一"的错觉，遭到用人单位质疑。二是根本不顾形象。部分大学生在面试时不修边幅、着装不整洁，给用人单位留下了"懒惰""轻浮""邋遢"的不良印象，就业也就难以成功了。大学生"文明、健康、阳光"的礼仪形象，自然有助于就业竞争力的提升。

3. 提高面试成功率——就业技巧

交往中"以诚待人，以理服人，以德立人"的理念，帮助大学生学会换位思考，学会尊重，注重沟通交流，培养集体观念。在就业过程存在面试礼仪的缺乏，相当部分大学生不会处理求职、择业、面试中的人际关系，有的在面试官面前妄自菲薄，有的狂妄自大，有的故意与考官套近乎，有的甚至都不敢和考官对视等。礼仪教育不断提高大学生人际交往技巧和能力，这将使大学生的就业素质得到良好提升，在就业中自然、恰当地展示自我，举止得体，不卑不亢，有理有据。

4. 改善人际关系——就业素质

礼仪教育强调"敬人自敬""以和为贵"，大学生找工作，其仪表形象十分重要。注重仪容仪表、规范行为不仅体现新时代大学生的品位与情趣，而且也展示其所在学校和群体的精神风貌与整体形象。因此，在求职和日常学习生活中，每一位大学生都要自觉加强修养，自觉地修饰自己的仪容仪表，自觉地规范自己的行为举止，以展示自己良好的形象。

5. 增进心理健康——就业心理

礼仪教育可以丰富学生的内心世界，帮助他们培养良好的心理品质和自尊、自爱、自律、自强的优良品格，增强克服困难、经受考验和承受挫折的能力。

11.2　仪容仪表

案例赏析　艳丽着装，适得其反！

小李是某校文秘专业应届毕业生。在同学们的眼中，她择业优势太多了：学习好、学生会干部、号召力强……而更让一些女生羡慕的是她天生丽质，再配上前卫的装束，在校园中，堪称"鹤立鸡群"。

一家著名的大公司要招聘文秘人员，小李递交了个人简历。公司很快通知她面试，小李立即"行动"起来，她几乎试穿了衣橱中应季的所有衣服，最终选定了时下最流行的那套"韩装"，连她自己都觉得镜中的人太酷了！接着，她又精心地搭配了一对同样是时下最流行的耳环，使她看上去更加光彩夺目，酷似韩国的一位明星。

小李满怀信心地走进考场，按照预先的准备，镇定地回答了几位考官的提问，出来的时候，她觉得自己势在必得。但她万万没有想到，正是那套"韩装"使自己名落孙山，而那一对金光闪闪的耳环，干脆令一切全泡了汤！

案例分析：企业要的是文秘，不是演员。个人形象设计要与应聘的职业形象要求相吻合。不加分析，一味体现自己外表穿着的靓丽，往往适得其反。

11.2.1 仪容仪表

11.2.1.1 概念界定

仪容仪表，主要是指一个人的容貌，包括一个人头部的全体外观，如头发、脸庞、眼睛、鼻子、嘴巴、耳朵等，同时还含有无衣物掩饰的手、脚等身体其他部分。当人们评价一个人模样如何时，其最重要的"论据"，就是对对方仪容的直接观感。新时代大学生的仪容应当保持端庄，做到干净、整洁、卫生、简约，并养成习惯、自觉坚持。

11.2.1.2 仪容仪表折射出新时代大学生的精神状态

俗话说："爱美之心，人皆有之。"在人际交往中，每个人的仪容都会引起对方的特别关注，并将影响到对方对你的整体评价。好的仪容令人赏心悦目，能够获得良好的第一印象。作为一名新时代大学生，你的面貌可以透射出你的精神状态，甚至是你的工作状态。

11.2.1.3 仪容仪表的提高方法

如果说在个人的仪表问题之中，仪容是重点之中的重点，那么仪容礼仪则是大学生实现成功就业的必修课。那么，新时代大学生应该如何让自己的仪容焕发出美的生机呢？这要从三个方面来努力。

1. 仪容仪表自然美

仪容仪表自然美是指仪容的先天条件好，天生丽质。尽管以相貌取人不合情理，但很多"白领丽人"如"清水出芙蓉，天然去雕饰"，生就美好的仪容相貌。这样的先天丽质，在与人交往时，其仪容相貌令人赏心悦目、感觉愉快。因此，新时代大学生要善于保养自己先天美好的仪容，让自己光彩照人。

2. 仪容仪表修饰美

仪容仪表修饰美是指依照规范与个人条件，对仪容实行必要的修饰，扬其长、避其短，设计、塑造出美好的个人形象，在人际交往中尽量令自己显得有备而来，自尊自爱。

正在找工作的大学生为了维护自我形象，有必要修饰仪容。在仪容的修饰方面要注意五点事项。

（1）仪容要干净。要勤洗澡、勤洗脸，脖颈、手都应干干净净，并经常注意去除眼角、口角及鼻孔的分泌物；还要勤换衣服，消除身体异味，有狐臭要搽药品或及早治疗。

（2）仪容应当整洁。整洁，即整齐洁净、清爽。要使仪容整洁，重在持之以恒，这一条，与自我形象的优劣关系极大。

（3）应当注意卫生。讲究卫生，是公民的义务，更是我们找工作工程中所必需的。注意口腔卫生，早晚刷牙，饭后漱口，不能当着招聘单位面试官嚼口香糖；指甲要常剪，头发按时理，不得蓬头垢面。

（4）仪容应当简约。仪容既要修饰，又忌讳标新立异、"一鸣惊人"，简练、朴素最好。

（5）仪容应当端庄。

3. 仪容内在美

仪容内在美是指通过努力学习，不断提高个人的文化、艺术素养和思想、道德水准，培养出自己高雅的气质，使自己秀外慧中、表里如一。

仪容内在美强调的是个人的内在修为。每个人的仪容是天生的，长相如何不是至关重要的，关键是心灵的问题。从心理学上讲每一个人都应该接纳自己、接纳别人。

11.2.2 微笑礼仪

微笑是人际交往中最基本、最常用的礼仪，在日常交往和服务工作中具有重要的实践性价值。微笑是人类的一种表情，是人类美好情感的流露，是一种全世界通用的语言。在人与人交往时通过微笑彼此表达出友好和敬意，通过微笑与交往对象建立起友好的沟通渠道和良好的交往关系。在礼仪活动中，微笑在礼仪层面的标准应该具备人性化的特点，把握微笑的尺度应该注重人内心的情感状态，体现出一个人内心深处的真、善、美，而绝无任何外来的包装或矫饰。

微笑的要素如下：

（1）面对对方目光友善，微笑真诚、亲切，表情自然。

（2）伴随微笑要露出 6~8 颗门牙、嘴角微微上翘。

（3）面试时面带微笑，眼神可停留在面试官的眼睛、眉毛、鼻子范围。

（4）有目光的接触即要送上甜美真诚的微笑。

微笑的基本训练法：放松面部肌肉，使嘴角微微上翘，让嘴唇略呈弧形，最后在不牵动鼻子，不发出笑声，不露出牙龈的前提下，微微一笑。微笑的基本训练法如图 11-1 所示。

图 11-1　微笑的基本训练法

11.2.3 大学生求职中的仪容仪表

11.2.3.1 仪容修饰

新时代大学生在求职中必须时刻不忘对自己的仪容进行必要的整理与修饰。要做到"内正其心,外正其容",保持端庄整洁,以维护自身和所代表的新时代大学生的形象。

1. 端正庄重

大学生在求职时期的仪容应当端庄。要求仪容应当端庄,就是要求在修饰、整理仪容时,要使之端正、庄重、斯文、雅气,而不允许把仪容搞得过于花哨、俏丽、轻浮、怪异、荒诞。大学生在求职时期在整理、修饰仪容时,应当对端庄这项基本要求予以足够重视。

2. 修饰避人

在整理、修饰仪容时,还需牢记修饰避人的原则,以便更好地做到自律、自爱。

修饰避人的原则,主要是要求在对自己的仪容进行整理、修饰时,务必要自觉回避其他人,不要让他人旁观自己对仪容所进行的整理与修饰。

应当强调的是,修饰避人的原则,不但适用于仪容修饰,而且也适用于着装、妆饰。从总体上讲,在大庭广众之前,在求职时既不能修饰自己的仪容,也不允许整理自己的服装、饰物,或者当众化妆、补妆。如不遵守这一原则,当众表演自己修饰、整理仪容的过程,是不尊重在场者的明显表现。因为这些动作既不庄重,也不雅观。

3. 整洁干净

干净、卫生、整洁,是仪容的起码要求。要讲究个人卫生,经常洗手,常剪指甲,早晚刷牙。坚持洗澡,经常洗头、洗脸,保持耳、鼻和眼角、嘴角的清洁卫生。坚持定时剃须,修剪鼻毛、耳毛,女士遮掩或剃去腋毛,保持卫生整洁的仪容形象。

4. 得体自然

仪容修饰从根本上说,与职业特点相适应,与个人条件相吻合。求职大学生的形象代表新时代大学生的形象,因此对仪容有严格的要求。无论男女,仪容修饰都应做到得体,如此才会显得自然大方。

11.2.3.2 服饰

面试8秒钟第一印象,是考察你是不是专业人员及能否胜任所应聘职位的重要因素。当你进门以后,面试官第一眼看到的就是你的仪容打扮,所以面试着装非常重要。一般要求大方得体,呈现职场新人的形象,面试最好穿着职业装,女生化淡妆。我们一起来把握好具体的细节。

1. 女生着装

女生着装要考虑西装、衬衣、鞋子和丝袜、包、发型、淡妆等。

(1) 西装。选择西装的时候，黑色、深蓝、灰色等稳重的颜色是比较理想的选择，要注意选择较好的面料。款式不要太过新颖前卫，宜保守、传统。可以根据自身的气质、体型、气候等选择着裤装或者裙装。如果穿裙装，一定要注意裙子的长度，都不要在膝盖以上，裙子太短是不专业的表现，会使面试官对你的印象大打折扣。另外，不论是裤装还是裙装，都不能过于贴身。

(2) 衬衣。在挑选衬衣的时候，无论是颜色还是款式都以保守为宜。不要挑选那些透明材质的衬衣，也不要选择蕾丝花边或者雪纺薄纱。在衬衣里面可以再穿一件小背心，以防走光。注意领口不能开得过低。

(3) 鞋子和丝袜。确保鞋子的款式专业，不花哨，颜色与套装相配。鞋跟高度以3~5厘米为宜，不能露出脚趾。丝袜的颜色最好是传统色的，如黑色、肉色、深灰色等，但必须与套装和鞋子搭配协调。不要穿明黄、玫瑰红等鲜艳的颜色。另外，最好在你的包中准备一双相同或同色系的丝袜，以备不时之需。

(4) 包。选用的包，颜色和风格应该与整体穿着相配，不要太大，中等或小型尺寸即可。

(5) 发型。发型是仪表中十分重要的组成部分。保证头发干净顺滑。长发最好盘起来，打理好发型，不要给别人留有披头散发缺乏职业形象的感觉。注意头发不要染烫得过于夸张，自然的黑色是最好的，不枯燥富有光泽的头发会使你显得既健康又充满活力。

(6) 淡妆。女生去面试前，应该稍稍化一下妆，这样会使自己看起来更有精神。但不要化浓妆，应选择淡妆，稍作修饰，清新自然，保持干净的妆容。

1) 口红：选择的颜色尽量接近你的唇色，避免过于艳丽的色彩。

2) 粉底：选择贴近肤色的粉底，要注意脖子外露的部分与脸部色差不宜过大。油性肤质要避免油光，你可以随身带着亚光粉饼，在面试前稍加补妆。

3) 眉毛：眉毛不要画得太细，也不要使眉峰处显得过于凌厉。通常眉峰较为平缓者会更有亲和力，可以根据应聘岗位选择眉型。眉毛过粗的可以适当修整，保持眉毛的干净、整齐。

4) 眼线与睫毛：选择黑色或棕、褐色眼线笔/液和睫毛膏，以与眼球颜色和谐。注意眼线不要过粗，与睫毛根部贴合。睫毛要使用纤长型睫毛膏，避免使用浓密型睫毛膏。最好采用防水眼线及睫毛膏，保持眼睛周围皮肤的清爽，以免眼线和睫毛膏晕开（如果你面试前不幸出现了"熊猫眼"的妆容，可以先用粉饼修补）。

5）眼影：亚光眼影，不要选择艳丽的色彩，以灰色、棕色系列为宜。

6）腮红：不要使用明亮的粉色，商务工作中以橙色系列为宜。注意涂抹范围不要过大。

7）指甲：保持清洁、整齐，指甲不能过长。可以涂透明或接近肤色的指甲油，但指甲油不应有脱落现象。

8）配饰：选择尽可能简单的饰品，尽量不戴或仅佩戴一件。面试属于正式交往场合，不宜戴手链；手表表带只能是皮质和金属，表盘不能过大，忌卡通造型。不要戴过于夸张的耳环，也不要戴太多耳环，简洁的耳钉就可以带来不凡的效果。

2. 男生着装

（1）西装。男生应该选择剪裁良好、款式经典的西服套装，切忌太过前卫的设计。颜色以黑色、灰色、深蓝为宜，并且最好是纯色的，不要选择大格子、大条纹的面料，这些面料在宴会中比较适合，但不适用于面试。面料的质地最好是易于打理又不易变形的。

（2）衬衫。要选用面料挺括、好一些的长袖衬衫。双臂下垂时衬衫袖口至虎口处，穿上西装外套后需露出1厘米左右。白色的长袖衬衫是上上之选，任何场合均适宜。其他颜色的衬衫当然也可以，但是不如白色正规，并且要注意与西装的颜色搭配是否合适。

（3）领带。领带宜选用保守一些、传统的条纹、几何图案和佩斯利螺旋花纹都很不错。还要注意和西装、衬衫颜色的协调性。领带长度需超过皮带上沿约1寸。

（4）鞋子。一般要穿皮鞋或者白色板鞋，并在面试前擦干净或者上好鞋油，确信鞋子是完好的。清洁、光亮的鞋子能够表现出你专业的做事风格以及良好的职业素养。如果你的鞋有脱漆或显得过旧等状况，会产生负面的影响。要注意皮鞋的颜色和套装相配，黑色是很好的选择。

（5）袜子。袜子是很容易被忽视的一个环节，很多求职者往往注意挑选西装和鞋子，却忽视了袜子，导致袜子与服装和皮鞋的色彩不和谐，使其形象大打折扣。在面试前一天的晚上，把细心挑选好的新袜子准备好，一定要注意颜色的选择。通常袜子的颜色要比裤子深，黑色袜子较为适宜，而白袜子黑鞋子的搭配是很不专业的，要加以避免。此外，袜子也不宜过短，袜筒最好到小腿中部，以免坐下后，把小腿露出来。

（6）头发。保持头发合适的长度，除非你面试的工种为广告创意、艺术类工作等，需特别强调创意的工作，否则不要留长发。注意仔细打理发型，并且不要忘记刮胡子，保持面容整洁。

(7) 饰品。男生最好少戴饰品，越简单越好，不要佩戴项链、手链、耳环、鼻环、手镯、钥匙等，手表是可以戴的，表盘不能过大。

一般企业面试都要着正装，不过 IT 行业面试可以随意一些。但是要注意，有些企业在通知面试时会强调面试着装注意事项，如要求必须着职业装，那么一定要按照企业的要求去准备。

11.3 仪态管理

仪态也叫仪姿、姿态，泛指人们身体所呈现出的各种姿态，它包括举止动作、神态表情和相对静止的体态。人们的面部表情，体态变化，行、走、站、立、举手投足都可以表达思想感情。仪态是表现个人涵养的一面镜子，也是构成一个人外在美好的主要因素。不同的仪态显示人们不同的精神状态和文化教养，传递不同的信息，因此仪态又被称为体态语。

"站如松，坐如钟，走如风，卧如弓"，是中国传统礼仪的要求，在当今社会中已被赋予了更丰富的含义。随着对外交往的深入，我们要学会用兼收并蓄的宽容之心去读懂对方的姿态，更要学会通过完善自我的姿态去表达自己想要表达的内容。

11.3.1 仪态管理的定义

1. 概念界定

在人际交往中，美好的仪态常常可以表现优秀的人格，因此更容易被他人接纳与喜爱，赢得他人的理解、信任与尊重，提升自身的交际效果，提高交际的"印象分"。

仪态的管理就是人们对自身行为习惯的良好意识、有效控制与积极改变。进而提高"印象分"，在无形中取得别人的好感，从而获得更多的机会。

2. 基本分类

仪态即人的举止姿态，包括站姿、走姿、坐姿、蹲姿、手势、鞠躬、表情等。

11.3.2 仪态管理的基本内容

11.3.2.1 站姿自然

古人云：站如松。得体的站姿会给人以挺、直、高以及健康向上的感觉，不好的站姿如低头含胸、双肩歪斜、依靠墙壁、腿脚抖动等则会给人以萎靡不振的感觉。

1. 规范的站姿

(1) 头正。两眼平视前方，下颌稍内收，表情自然，脸带微笑。

(2) 肩平。两肩平正，微微放松，稍向后向下沉。

(3) 臂垂。两肩平整，双臂自然下垂，中指对准裤缝。

(4) 躯挺。胸部挺起，腹部内收，腰部立直，臀部向内向上收紧。

(5) 腿并。两腿立直，贴紧脚跟靠拢，两脚尖朝外。

2. 总体要求

男子要求稳健、刚毅、洒脱、体现阳刚之美；女子要求优美、庄重、大方、体现柔和轻盈之美。

要点提示：①头正；②肩平、开肩（后、沉）；③挺胸；④收腹；⑤立腰；⑥提臀；⑦腿并；⑧立腿；⑨四个生理弯曲：颈椎、胸椎、腰椎、骶椎（骶椎位于腰椎与骨盆之间，人的脊柱分为颈椎、胸椎、腰椎、骶椎及尾椎，骶椎两侧就是髂骨了，骶髂关节）；⑩两眼平视前方、下颚微收，面带笑容。

3. 站姿展示

(1) 男、女基本站姿：面带微笑、抬头、挺胸、收腹、立腰、提臀，下颚微收，双手自然垂直于身体两侧，脚跟靠紧，脚尖分开呈"V"字形。开口幅度：女士 30°~35°，男士 45°~60°。

(2) 女士优雅站姿：双手自然并拢，右手搭在左手上，轻贴于腹前，两脚呈丁字步。

(3) 男士腹前握指式站姿：双手相握，叠放于腹前，两脚分开，与肩同宽。

(4) 男士后背握指式站姿：挺胸收腹，双腿直立，双脚与肩同宽，右手搭在左手上，贴于尾骨。

二维码 11-1　　视频展示：站姿。

4. 不良站姿及站姿忌讳

(1) 站立时，切忌无精打采或东倒西歪。

(2) 站立时，双手不可叉在腰间或抱在胸前。

(3) 不能将身体倚靠在墙上，或倚靠其他物品作为支撑点。

(4) 不许弓腰驼背，两肩一高一低。

(5) 双臂乱摆，双腿乱抖。

(6) 不能将手插在裤袋里，更不要做小动作。

5. 训练技巧

(1) 顶书训练。把书本放在头顶中心，为使书不掉下来，头、躯体自然会保持平衡，这种训练方法可以纠正低头、仰脸、头歪、头晃及左顾右盼的毛病。

（2）靠墙训练。九点靠墙，后脑、双肩、臀、小腿、脚跟的九个点紧靠墙面，并由上逐步确认姿势要领。

（3）背靠背训练。两人一组，背靠背站立，两人的头部、肩部、臀部、小腿、脚跟紧靠，并在两人的肩部、小腿部相靠处各放一张卡片，不能让其滑动或掉下。这种训练方法可使学生的后脑、臀部、小腿、脚跟保持在一个水平面上，使之有一个比较完美的后身。

（4）对镜训练。每人面对镜面，检查自己的站姿及整体形象，看是否歪头、斜肩、含胸、驼背、弯腿等，发现问题及时调整。

11.3.2.2 走姿稳健

走姿是指一个人在行走过程中的姿势，是展示人的动态美的延续动作，是节奏美的体现。对走姿的要求是"行如风"。这是指行走动作连贯，从容稳健。协调和韵律是步态的最基本要求。良好的步态应该是自如、平稳、轻盈、矫健、敏捷，给人动态之美，表现朝气、蓬勃、积极向上的精神状态。

1. 步位标准

步位就是指脚落地时应放的位置。女士要求两脚内侧落地时，在一条直线上。即行走时应以脚尖正对着前方，形成一条虚拟的直线，每行进一步，脚跟都应当落在这一条直线上。男士要求平行前行，两脚内侧着地的轨迹不在一条直线上，而是在两条直线上。

2. 步幅得体

步幅又称步度，是指跨步时两脚间的距离。标准步幅为一脚至一脚半，即前脚脚跟与后脚脚尖之间的距离为本人脚长度的1~1.5倍。男士步伐略大以展示阳刚之美，应稳健、有力、洒脱；女士步幅略小以体现阴柔之美，应轻盈、蕴蓄、优雅、飘逸。

3. 步频均匀

步频，是指行走时的速度。在正式场合的步频应当保持均匀、平衡，如遇有急事，可加快步频，但不可奔跑。

4. 步高合适

行走时脚不要抬得过高，那样看上去缺乏稳健感；也不能抬得过低，脚后跟在地上拖着走，使人感觉缺乏朝气，显得步履蹒跚、老态龙钟。

5. 重心放准

起步时，身体须向前微倾，身体的重量要落在反复交替移动的前面那只脚的脚掌之上，切勿让身体的重心停留在自己的后脚上。当前脚落地、后脚离地时，注意膝盖一定要伸直，落下脚时再稍微松弛，并即刻使重心前移，形成良好的步态。

6. 摆臂自然

行走时，双肩平衡以防止左右摇晃；双臂则应自然放松，以肩关节为轴，大臂带动小臂，手掌向着体内，前后自然摆动，摆幅以 30°左右为准。

7. 造型优美

行走时要有节奏感，膝盖和脚腕都要富于弹性，伸放自如；双臂自然、轻松地摆，不要左右式摇摆；走在一定的韵律中，才会显得自然优美、风度潇洒。

要领：头正、颈直，下颌微收，目光平视前方（约 4 米处）。

8. 不良走姿

弯腰驼背，含胸挺腹，摇头晃脑，左顾右盼，仰头低头，探颈前窜，歪背晃膀，扭腰摆臀，或大甩手，双腿过于弯曲，脚尖向内形成"内八字"步，或脚尖向外形成"外八字"步，步子太大太碎，脚蹭地面，身体左右摇晃，或上下波动等均为不良的走姿。

11.3.2.3 坐姿端庄

俗话说"坐如钟"。这是形容人们的坐姿如钟一样沉稳、端庄。优雅的坐姿传递着自信、友好、热情的信息，同时也显示出高雅庄重的良好风范。

坐姿要领：上身挺直，两肘或自然弯曲或靠在椅背上，双脚接触地面（跷脚时单脚接触地面），双腿适度并紧。具体而言，规范，优雅的坐姿应注意以下几点。

1. 入座（女士理裙）

入座首先要注意顺序，分清尊次，请长者、尊者等先入座；面对服务对象时，一定要先请对方入座，这是待人以礼的表现。其次入座应合"礼"即与他人同时就座时，应当注意座位的尊卑，并且主动将上座相让于人。入座时还应讲究"左入左出"，从座位左侧入座，从左侧离座。这样做，是一种礼貌，是"以右为尊"的一种具体体现，而且也容易就座。最后，入座时动作应轻而缓，放松动作，轻松自然，尽量不要坐得座椅乱响、噪声扰人，不可随意拖拉椅凳。就座时，若附近坐着熟人，应主动跟对方打招呼。若身边的人不认识，亦应向其先点头。

2. 离座

离座时应先有表示，离开座椅时，身旁如有人在座，须以语言或动作先向其示意，然后方可站起身来。与他人同时离座，须注意起身的先后次序。地位低于对方时，应稍后离座；地位高于对方时，则可首先离座；双方身份相似时，可同时起身离座。起身离座时，最好动作轻缓，但不要"拖泥带水"、弄响座椅或将椅垫、椅罩掉在地上。

3. 坐定的姿势

（1）腿的摆放。不管是从尊敬客人还是从坐得优雅舒适的角度来讲，腿的摆放都要多加注意。

1）"正襟危坐"式。适用于最正规的场合。要求：上身和大腿、大腿和小腿都应当形成直角，小腿垂直于地面。双膝、双腿包括两脚的跟部，都要完全并拢。

2）垂腿开膝式。这是男性正规坐姿，要求：上身和大腿、大腿和小腿都成直角，小腿垂直于地面。双膝允许分开，分的幅度不要超过肩宽。

3）双腿叠放式。适合穿短裙的女士采用。要求：将双腿一上一下交叠在一起，交叠后的两腿间没有任何缝隙，如一条直线。双腿斜放在左右一侧。斜放后的腿与地面呈45°夹角，叠放在上的脚的脚尖垂向地面。

4）双腿斜放式。它适合穿裙子的女士在较低的位置就座时所用。要求双腿首先并拢，然后双脚向左或向右侧斜放，力求使斜放后的腿部与地面呈45°夹角。

5）双脚交叉式。它适用于各种场合，男女都可选用。双膝先要并拢，然后双脚在踝部交叉。需要注意的是，交叉后的双脚可以内收，也可以斜放，但不要向前方远远地直伸出去。

6）双脚内收式。它适合在一般场合采用，男女都适合。要求两条大腿首先并拢，双膝可以略微打开，两条小腿可以稍许分开后向内侧屈回，双脚脚掌着地。

7）前伸后屈式。这是女性适用的一种坐姿。需要大腿并紧后，向前伸出一条腿，并将另一条腿屈后，两脚脚掌着地，双脚前后要保持在一条直线上。

（2）上身的姿势。坐好后，上身的姿势也很重要，要求如下。

1）头部端正。不要在别人面前就座时出现仰头、歪头、扭头等情况。整个头部应当如同一条直线一样，和地面相垂直。

2）躯干直立。一般坐满椅面的2/3。在工作中需要就座时，通常不应当把上身完全倚靠着座椅的背部。可能的话，最好一点都不倚靠。在跟客人交谈时，为表示重视，不仅应面向对方，而且同时要把整个上身朝向对方。

3）手的摆放。通常可以把手放在两条大腿上。既可以双手各自扶在一条大腿上，也可以双手叠放或相握后放在大腿上。

4）欠身致意。坐着的时候如果有人为你介绍或遇到熟人和朋友及公司有关人员时，可以欠身致意，上半身稍向前倾，不一定低头，面带微笑注视对方；欠身时只需稍微起立，不必站立。

4. 女士坐姿

入座时，走到座位前缓慢转身后，右脚向后退半步，用手理裙，轻缓入座，并把右脚与左脚并齐，坐满凳子的2/3。

（1）标准式：小腿垂直于地面，两脚并拢。

（2）侧点式：两小腿向左斜出，双膝并拢，两脚前脚掌着地。

（3）前交叉式：左脚置于右脚上，在两踝关节处交叉，两脚尖着地。

（4）后点式：两小腿后屈，脚尖着地，双膝并拢。

（5）曲直式：右脚前伸，左小腿收回，大腿靠紧，两脚前脚掌着地，两脚前后在一条直线上。

（6）侧挂式：在侧点式基础上，左小腿后屈，脚绷直。脚掌内侧着地，右脚提起，用脚面贴住左踝，膝与小腿并拢。

（7）重叠式：在标准式坐姿的基础上，一条腿提起，腿窝落在另一条腿的膝关节之上，上面的腿应向里收，贴住另一腿的小腿处，脚尖向下。

5．男士坐姿

轻稳走到座位前，缓慢转身后，右脚向后退半步，轻稳坐下。

（1）标准式：双腿自然弯曲，小腿垂直于地面，两腿分开与肩宽，两脚平行朝前，双手分别放在两膝上。

（2）前伸式：左脚向前伸半脚，脚尖不要翘起。

（3）前交叉式：两小腿前伸，双腿在踝关节处交叉。

（4）交叉后点式：两脚交叉，小腿向后曲回，脚掌撑地。

（5）曲直式：右脚前伸，左小腿曲回，前脚掌着地。

（6）重叠式：一腿垂直于地面，另一条腿提起并向里收，脚尖朝下。

6．坐姿要领

（1）坐时不可前倾后仰，或歪歪扭扭。

（2）双腿不可过于叉开，或长长地伸出。

（3）不可高架"二郎腿"或"4"字形腿。

（4）不可将大腿并拢，小腿分开，或双手放于臀部下面。

（5）坐下后不可随意挪动椅子。

（6）不可腿、脚不停抖动。

（7）与人谈话时不要用手支着下巴。

（8）双手不要放在两腿中间或抱腿。

（9）脚尖不要指向他人，脚不要蹬踏他物。

（10）不要把脚架在茶几上或架在椅子扶手上。

视频展示：坐姿。

二维码11-2

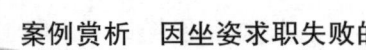

案例赏析　因坐姿求职失败的小杨

一次某公司招聘文秘人员，由于待遇优厚，应者如云。中文系毕业的小杨同学前往面试，她的背景材料可能是最棒的：大学四年中，在各类刊物上发表了3万字的作品，还为6家公司策划过周年庆典，英语表达也极为流利。小杨五官端正，身材高挑匀称。面试时招聘者拿着她的材料等她进来。小杨穿着迷你裙，用模特的步子轻盈地走到一位考官面前，不请自坐，随后跷起二郎腿，笑眯眯地等着问话，孰料，三位招聘者互相交换了一下眼色，主考官说："杨小姐，请下去等通知吧。"她喜形于色给主考官抛了一个媚眼，"好！"拎起小挎包飞跑出门。

可是后来，小杨同学并没有收到录用通知。

案例分析：小杨同学的坐姿并不规范，坐下后立即跷起二郎腿，十分不礼貌，特别是在面试这种重要场合。在与人相处交流、商务场合中，仪态礼仪显得十分重要，有的时候仅仅是一个不经意间的小动作，却使得"印象分"大打折扣，错失许多良机。

11.3.2.4 蹲姿得体

蹲姿是人在处于静态时一种特殊体位。蹲姿要领：下蹲之时，左脚在前，右脚稍后。左脚应完全着地，小腿基本上垂直于地面；右脚则应脚掌着地，脚跟提起。此刻右膝须低于左膝，右膝内侧可靠于小腿的内侧，形成左膝高右膝低之态。女性应靠紧两腿，男性则可适当地将其分开。臀部向下，基本上以右腿支撑身体。

常用的蹲姿有高低式和交叉式。

1. 高低式

它的基本特征是下蹲后双膝一高一低。要求蹲下之后，左脚在前，右脚完全着地，小腿基本垂直于地面，右脚脚尖着地，脚跟提起。右膝低于左膝。臀部向下，用右腿支撑身体。女性要两腿并拢，男性可适当分开。

2. 交叉式

这种姿势适用于女性。它的基本特征是蹲下后双腿交叉在一起。具体要求是，下蹲时右脚在前，左脚在后；右小腿垂直于地面，全脚着地。右腿在上，左腿在下，两者交叉重叠。左膝从后下方伸向右膝，左脚跟抬起，并以脚尖着地。两腿前后靠近，合力支撑身体。上身微微前倾，臀部朝下。

技巧及注意事项如下：

◆ 下蹲时不要有弯腰、臀部向后撅起的动作。

◆ 不要两脚叉开平衡下蹲。

◆ 不能露出内衣裤。

◆ 当要拾起地上的东西或低处取物的时候，应先走到要捡或者要拿东西旁边,再使用正确的蹲姿将东西拿起。

蹲姿的注意事项如下:

(1) 切勿突然下蹲。当自己在行进中需要下蹲时,切勿速度过快,否则会令人产生突兀惊讶之感。

(2) 不要离人太近。在下蹲时应注意与身边的人保持一定的距离,以防彼此迎头相撞或产生不必要的误会。

(3) 不可弯腰撅臀。在大庭广众之下下蹲时,切不可直腿弯腰撅臀或双腿下蹲,尤其是身着裙装的女士绝不可采用这种蹲姿,以避免个人的隐私暴露在外。

(4) 不要平行下蹲。两腿左右分开平行下蹲,即便是直腰下蹲,也有伤大雅,对他人也是一种失礼、不敬的行为。

11.4 大学生就业社交礼仪

社交礼仪是指在人际交往、社会交往和国际交往活动中,用于表示尊重、亲善和友好的首选行为规范和惯用形式。社交礼仪在当今社会人际交往中发挥的作用愈显重要。

11.4.1 定义

社交礼仪是人们在公共生活和相互交往中约定俗成、普遍遵循的基本行为规范,涉及个人和人际交往中仪表仪容、言谈举止、待人接物等方面的具体规则和惯用形式。社交礼仪是指人们在人际交往过程中所具备的基本素质、交际能力等。社交在当今社会人际交往中发挥的作用愈显重要。通过社交,人们可以沟通心灵,建立深厚友谊,取得支持与帮助;通过社交,人们可以互通信息,共享资源,对取得事业成功大有助益。

在大学生的就业过程中又可将社交礼仪细分为面试礼仪、职业礼仪和网络通信礼仪。

11.4.2 内容及相关技巧

11.4.2.1 面试礼仪

面试礼仪是学生在求职择业过程中要学习的一项重要内容,但往往很多学生把学习重点放在制作求职材料和掌握面试谈话技巧上,而忽略面试礼仪,所以因给人的第一印象不良或因紧张不能在面试时很好展示自己而面试失败的例子屡见不鲜。

1. 面试时坚决不要迟到

守时是职业道德的一个基本要求，提前 10~15 分钟到达面试地点效果最佳，可熟悉一下环境，稳定一下心神。也不能提前过早，提前半小时以上到达会被视为没有时间观念，但在面试时迟到或是匆匆忙忙赶到却是致命的。

2. 面试前的准备

（1）参加面试最好单独前往，一般不应由亲友陪同面试，避免给人留下不独立的印象。最好也不要和朋友一道去，这样会增加你的心理负担，因为谁也不愿在朋友面前出丑；从另一方面讲，朋友的存在也限制了面试者的自我表现。如果没有朋友在场，可以无所顾忌地宣传自己，而当着一个知道自己底细的人，反而有所顾忌，不能表现真实的自我了。

（2）到达面试地点要主动道明来意，告知接待员你是来应聘的，以便做出安排。应对所有职员保持礼貌，要知道，他们可能成为你的同事。

（3）进门前先敲门，和面试官礼貌地打招呼。

3. 面试时应注意

（1）待面试官邀请时才礼貌地坐下，坐的时候要保持笔直。面试坐姿要端正，切忌跷二郎腿或者不停抖动；留意自己的身体语言，要大方得体。跷腿、左摇右摆、双臂交叠胸前、单手或双手托腮都不适宜。

（2）不要紧张，保持自信和自然的笑容。这样一方面可以帮助你放松心情，令面试的气氛变得更融洽愉快；另一方面，可令面试官认为你充满自信，能面对压力，进而对你留下良好的印象。

（3）一般来说，求职者在面试时常常会情不自禁地做出一些动作，从这些动作往往可以看出一个人的精神面貌和心理状态。面试官阅人无数，可以从这些小动作中探测你的内心所想，所以求职者面试时切勿做一些缺乏自信的小动作。如下动作。

1）看表：缺乏耐心。
2）玩弄圆珠笔、戒指或其他物品：心不在焉。
3）身体前后摆动：紧张和有疑问。
4）搓手：不耐心。
5）手臂交叉：采取守势。
6）姿势过于舒适：傲慢。
7）眼光向下：不相信所听到的。
8）两腿交叉或一只脚不停摆动：厌烦和懈怠。
9）脚歪着放，脚尖相对和脚跟分开：神经质和紧张。

(4) 男士应避免把弄衣衫、领带及将手插进裤袋内；女士不宜经常拨弄头发，过分造作。

(5) 谈话时要与面试官有恰当的眼神接触，给面试官诚恳、认真的印象。点头不可太急，否则会给人留下不耐烦和想插嘴的印象。谈话时切忌东张西望，此举有欠缺诚意之嫌。

(6) 回答问题要态度诚恳，不宜过分客套和谦卑。不太明白面试官的问题时，应礼貌地请他重复。陈述自己的长处时，要诚实而不夸张，要视所申请职位的要求，充分表现自己有关的能力和才干。不懂得回答的问题，不妨坦白承认，给面试官揭穿反而会弄巧成拙。语调要肯定、正面，表现信心。

(7) 尽量少用语气助词，避免给面试官一种用语不清、冗长、不认真及缺乏自信的感觉。讲错话要补救，在讲错话之后，你亦不要放弃，必须重新振作，继续回答其他问题。

(8) 面试结束时，求职者应一面徐徐起立，一面以眼神正视对方，趁机做最后的表白，以凸显自己的满腔热忱。不论面试效果如何，面试结束离开时勿忘说一声"谢谢"。

另外，其他需要注意的事项还有：不要打断面试官的话，因为这是非常无礼的行为。面试官可能会问你一些与职位完全无关的问题，目的在于进一步了解你的思考能力及见识，不要表现出不耐烦或惊讶，以免给用人单位留下一个太计较的印象。切忌因面试官不赞同你的意见而惊慌失措。部分面试官会故意反对求职者的意见，以观察他们的反应。

4. 面试结束，礼仪未结束

在求职的过程中，许多求职者只留意面试时的礼仪，注重面试的时候应该做些什么，但是却忽略了面试后的善后工作。其实面试之后的工作，对面试的成败，也会有一定的影响。针对这些，建议求职者在面试之后，再做下面几件事。

(1) 写封感谢信在面试后的一两天内，你最好给某个具体负责人写一封简短的感谢信。感谢信的开头一定要提到自己的姓名、简单情况以及面试的时间。在信中，你要感谢他为你所花费的精力和时间，为你提供的各种信息。同时，这封信也应该简短地谈到你对公司的兴趣，你自身的优势等等。这样做是为了加深求职者在面试官心中的印象，增加求职成功的可能性。

感谢信的范文

尊敬的刘先生：

我是上星期五的面试者×××，感谢您那天为我面试花费的时间和精力。和您谈话让我受益匪浅，并且了解到许多关于贵公司的情况，包括公司的历史、管理形式及企业文化。

正像我已经谈到过的，我的专业知识、经验和成绩能够胜任我所应聘的岗位，尤其是我具有吃苦钻研的能力。贵公司重视人才，在员工培训方面很有名气，我很希望能够有机会成为贵公司的正式员工，希望有机会和你们共同工作，为公司的发展共同努力。

再一次感谢您，希望有机会与您再谈。

（2）尽量不过早打听结果。一般情况下，招聘单位最后确定录用人选可能需要三五天时间。在这段时间内，求职者一定要耐心等候消息，不要过早打听面试结果。刚面试完就频繁地打听结果，难免会引起用人单位的反感，给面试官留下经不起大事、沉不住气的印象。

（3）适时查询结果。如果求职者在面试的两周后，或用人单位许诺的时间内还没有收到对方的答复，而自己又认为面试表现很出色，这时候就应该写信或打电话给招聘单位，询问面试结果。一般情况下，用人单位不会漏掉任何一个合格的求职者，但为了预防万一，还是要打电话确认一下。如果到这个时候还不闻不问，就会给人不重视这次面试的感觉，相反如果你抓住了最后的机会，很有可能就会获得惊喜。

11.4.2.2 职业礼仪

案例赏析 不扫一屋，何以扫天下

小森制好简历的第二天，就有当地一家非常有名的企业来校招聘，他把自己在学校获得的所有证书复印了一遍，前去求职。面试时，考官在问了他13个问题后，当场抛出了聘用绣球。

小森与公司商定实习期为两个月，他每天都去得很早，把办公室打扫得干干净净，然后才开始工作。实习了三周的那一天早上，他还是像往常一样，把办公室的卫生打扫了一遍，就在他打扫完刚准备坐下来时，一个烟头"刺眼"在地板上躺着，他捡起烟头丢向沙发的背后，就在这一刻，主管部长不知什么时候已站到了门口。他用一种异样的眼光一直盯着小森，小森的脸热得发烫，连手都不知放哪儿了。小森知道自己丢烟头的过程被主管看得一清二楚。

主管部长走过去，拿起扫把一声不吭地把烟头扫出来，送入门外垃圾桶。结果可想而知，部长找小森谈话，然后用一种心平气和的口气告诉他，从明天开始就不用来了。部长还说道："作为年轻人，尤其是刚踏入社会的学生，一定要踏实肯干，要从工作的细处出发，这样才会慢慢有立足之地，才会在自己的世界里开创出一片蓝天。"小森很惭愧地离开了那家令多少求职者神往的地方。

案例分析："不扫一屋，何以扫天下？"连一个小烟头都懒得扔到垃圾桶的人怎样能干好自己的工作呢？健康的体格、端庄的仪表、高雅的言谈和得体的举止既能增加职业交往魅力，又能给人留下良好的第一印象。

职业礼仪是我们在社会职业中所表现出的言谈举止、行为规范。随着社会的进步，社交的扩大，礼仪教育越来越为有识之士所重视，更为大学生所关注。对于处于职业准备状态的大学生，学习、掌握、运用职业礼仪更是必不可少的课程。

1. 介绍礼仪

建立人际交往关系从介绍开始。开始建立关系时，记住每个人都有出色的一面；让对方认为你对他感兴趣，记住了他。收集每个朋友与众不同、精彩或辉煌的故事。发展关系时，学会从谈话中捕捉对共同点、共同感兴趣的信息；多看多想别人最好的地方，可以保证关系向积极健康的方向发展；珍惜美好的时刻，珍惜你们在一起度过的美好时光。

（1）介绍的顺序。性别差异，先称呼女方，把男方介绍给女方；年龄差异，先称呼长者，把少者介绍给长者；职务差异，先称呼职务高者，把职务低者介绍给职务高者；把声望低者介绍给声望高者；把客人介绍给主人；把晚到者介绍给早到者；把未婚者介绍给已婚者。集体介绍时，可按座次顺序，也可首先从贵宾开始介绍。

（2）介绍内容。介绍双方的人不可公开资料（年龄、工资、婚姻等回避），如工作性质、业绩、专长与周围熟人的关系等。私人场合介绍时应亲切、自然；公务场合介绍时应庄重、规范；社交场合介绍时应使用：敬语+姓名+头衔的介绍方式。

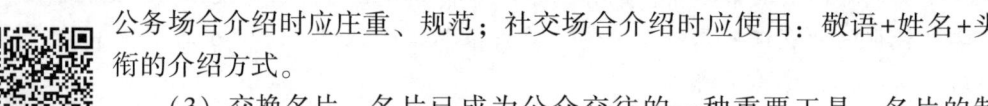

二维码 11-3

（3）交换名片。名片已成为公众交往的一种重要工具。名片的制作、交换、索要、递送、接收、保管等，应注意礼仪。

视频展示：交换名片。

（4）介绍时的禁忌。东张西望；心不在焉；张冠李戴；乱出差错。

视频展示：握手。

二维码 11-4

2. 握手礼仪

握手是现代社交场合不可缺少的礼节。通过握手与对方发生除手以外的心灵情感上的碰撞，用这短暂的时间去吸引对方，去观察对方，给对方留下良好印象。

（1）先伸出手的顺序：性别差异，女性先伸手；年龄差异，长者先伸手；职务差异，职务高者先伸手。以上三种情况冲突：职务>女性>年龄。

（2）握手姿势：上身向前略倾15°头微低，面带微笑，眼睛注视对方。

(3) 握手力度：轻、重、轻松、紧张（手心有汗）；掌握"扩大"和"缩小"自我形象的技巧。

(4) 握手时间：几秒或十几秒。

(5) 握手时的禁忌：戴着手套、东张西望、握张三呼李四、长时间握住不放、用力过大或只碰手不握手。

3. 顺次礼仪

(1) 尊位特征：左侧（国际礼仪以右侧为尊），居中，面对大门，前排，离门远，靠墙，可赏景位置皆为尊位。

(2) 行进中的位次：前方高于后方，中央高于两侧，内侧高于外侧。

4. 开车礼仪

当主人（HR）开车的情况，社交场合的上座为副驾驶座，这个位置方便与主人交谈。

视频展示：开车。

二维码 11-5

5. 乘电梯礼仪

(1) 先出后进，依次进出。

(2) 先行一步，提供服务。

(3) 保持安静，注意卫生。

(4) 靠右站立，左侧急行。

视频展示：乘电梯。

二维码 11-6

6. 沟通礼仪

(1) 礼貌用语不可少。积极创造谈话的环境，营造谈话的氛围，平等互敬。

(2) 态度要诚恳，热情大方，文明文雅，实事求是。用"事实+感受"的称赞语，更能赢得对方好感。

(3) 能量语替代非能量语，也就是将正面词替代非正面词。例如，"我要按时"代替"不要迟到"，"同时"代替"但是"等。内容适合双方，避免以自我为话题中心或沉默寡言；谈论对方感兴趣的内容。

(4) 积极倾听：身体姿势呈倾听状；不随意打断对方说话；适当给予回应。

(5) 面试沟通六大忌：一忌底气不足会给人无自信的感觉；二忌面试中主动急问待遇；三忌被问到辞职原因或工作学习中的错误和问题都甩锅给他人；四忌关心询问超线问题；五忌主动报与面试单位或相关单位有熟人；六忌当问不问。

11.4.2.3 网络通信礼仪

1. 通信礼仪

(1) 电话接听：铃响两声后接听；自报学校、姓名；确认对方姓名；询问来电事由；再汇总确认来电事项；感谢，礼貌结束通话；由对方先挂断电话。

（2）电话拜访：确认对方姓名；自报学校及姓名；寒暄问候；商谈有关事项；再次汇总确认；礼貌道别；由对方先挂断电话。

（3）微信礼仪：一般来说职务低者，扫职务高者的二维码；添加好友后要打招呼；发起视音频或转介绍前应先征得对方同意；聊天结束要有结束语。

2. 网络视频面试礼仪

网络视频面试是指求职人员只要进入视频会场，就能通过视频、聊天等形式接受用人单位考官的面试。单位不能来招聘现场，有些求职人员不方便去外地面试……但网络视频这座"空中桥梁"为求职人员和用人单位提供了更广泛的空间。

（1）网络视频面试须有时间计划，不要占用上班时间。网络面试尽量不要占用HR的上班时间即8:00—17:00，因为正班时间HR会有自己的工作与安排。一般HR会将网络面试安排下班后进行，20:00—22:00较为适宜。而求职者相对时间较为充裕，尤其大学毕业生精力更为充沛，将网络面试时间拖得比较晚，这样给面试官的第一印象就会打折扣，因为HR除了晚上的网络面试，第二天还要进行工作，时间太晚可能会消磨掉面试官的耐心和精力。当然，最重要的就是保持通信工具的畅通，等待面试官与你提前约定好面试的时间，并准时在计算机前等候。

（2）摆正态度，做好面试前准备，提前汇总好问题。虽然网络视频面试相对传统面试较为轻松活泼一些，但也是需要求职者具备一定的礼仪性和严肃，拿出重视的态度，而不是将网络面试当成网络调侃游戏，嬉皮笑脸、油嘴滑舌。网络面试时HR可能会提出一些出其不意的问题、思维跳跃，从而将无准备的面试者打个措手不及。

把想要问的问题提前进行汇总也是准备工作的一项，而不是在面试过程中想起一个问题就问一个问题，这样不仅会显得你没有逻辑性，也会打断面试官的思路。可以将问题汇总后发给面试官，等待其一一回答，尽量不要当面反复催促面试官回答。

（3）网络视频面试的礼仪技巧如下。

1）准备摄像头和耳麦。如果使用的是麦克风和音箱，建议别把麦克风对着音箱，否则会产生回音，二者的距离最好稍远一点。不要让强光直接对着摄像头的镜头，应该采用柔和一点的明亮的灯光，这样就能在使用过程中得到一个好的效果。

2）整理好视频的背景。无论是在家或是在办公区进行网络视频面试，展现出一个整齐洁净的背景都是很重要的，这关系到面试官对你的第一印象。

3）服饰准备。虽然视频面试是通过视频进行的，但着装仍然很重要。大家要做到干净整洁、朴实大方、和谐得体，符合大学生身份，给面试官一个良好的印象。调整好摄像头，把自己最具风采的一面展示给面试官。

4）看着自己，而不是面试官。要直视摄像头，而不是看着屏幕上的面试官，这样才能产生直视对方双眼的效果。如果太想要看到自己的表现，这会给双方都造成困扰，不能专注。

5）谈吐要礼貌，姿势要专注，充分展示自我，做好自我介绍。由于视频招聘更多的是通过语音聊天来展示自己，因此要特别注意谈吐。（你的姿势应该表现出你很放松但专注，要稍稍前倾，但是不要过于靠近摄像头，不要坐的过于靠近摄像头，并且要坐的端正。）

6）视频过程中有可能出现没有听清的情况或者视频突然断掉。要非常有礼貌地解释清楚，其实这个时候你的反应也许就会成为面试官判断的标准。

7）不要打断面试官讲话。要等面试官把问题完全阐述完，你再做出回答。这也会让你在开口之前有一些时间来思考一下自己将要讲的话。

8）保持微笑。虽然在视频面试过程中不像传统面试整个人在面试官的注意之下，但是面试官有可能通过一颦一笑、一举一动来判断你的素质。

本章小结

第11.1节主要介绍了礼仪的概念和基本原则。心灵礼仪是礼仪的第一步，要利用"三A原则"来提高自身修养，努力提升个人气质。同时，阐述了就业礼仪在大学生中的重要意义。

第11.2节主要介绍了仪容仪表的概念、微笑礼仪的意义、基本要素和基本训练方法，以及仪容仪表具体内容：仪容修饰和男女士服饰等。

第11.3节主要介绍了仪态管理的基本内容，从站、走、坐、蹲等方面通过配图和案例进行展示。

第11.4节主要介绍了社交礼仪，把大学生就业过程中的社交礼仪细分为面试礼仪、职业礼仪和网络通信礼仪，并将其内容进行一一细化和展示。

 复习思考题

一、基本概念

礼仪　就业礼仪　仪容形象　仪态仪表　社交礼仪

二、简答题

1. 应聘面试前的礼仪准备有哪些？
2. 网络视频面试的技巧和注意事项有哪些？
3. 通信礼仪的注意事项有哪些？

三、案例分析

1. 小伟是一家大型国有企业的入职大学毕业生。有一次，他获悉有一家知名的德国企业的董事长正在本市进行访问，并有寻求合作伙伴的意向。于是他想尽办法，请有关部门为双方牵线搭桥。让小伟欣喜若狂的是，对方也有兴趣同他的企业进行合作，而且希望尽快与他见面。到了双方会面的那一天，小伟对自己的形象刻意地进行了一番修饰，他根据自己对时尚的理解，上穿夹克衫，下穿牛仔裤，头戴棒球帽，足蹬旅游鞋。无疑，他希望自己能给对方留下精明强干、时尚新潮的印象。然而事与愿违，小伟自我感觉良好的这一身时髦的"行头"却偏偏坏了他的大事。

思考讨论题：小伟的错误在哪里？

2. 小刘的公司应邀参加一个研讨会，该研讨会邀请了很多商界知名人士及新闻界人士参加。上司特别安排小刘和他一起去参加，同时也让小刘见识大场面。小刘早上睡过了头，等他赶到，会议已经进行了20分钟。他急急忙忙推开了会议室的门，"吱"的一声脆响，他一下子成了会场上的焦点。刚坐下不到5分钟，肃静的会场上又响起了摇篮曲，是谁在播放音乐？原来是小刘的手机响了！这下子，小刘可成了全会场的明星……没过多久，听说小刘已经另谋高就了。

思考讨论题：试着分析小刘存在的问题。

第12章 笔试

 学习目标

通过本章的学习,让大学生了解笔试的作用和基本类型。了解在笔试前应该做好准备工作;掌握笔试的应对方法和技巧;了解笔试的常见题型和一些经典案例。

 关键术语

笔试的作用、笔试的种类、笔试的准备、笔试的应对方法和技巧、典型题型

12.1 笔试的作用和种类

笔试是用人单位对应试人员的一种考核办法,目的是考核应聘人员的文字能力、知识面和综合分析问题的能力。

笔试具有三个显著的特点:一是客观性。试题依据一定的内容和客观标准拟制,评卷依据客观尺度,人为干扰因素少,具有较强的区别功能。二是广博性。试题可以多种多样,测试范围广泛,结果的可信度较高。三是经济性。可在同一时间不同的地点,同时考核大批求职者,提高考试的效率。

12.1.1 笔试的作用

笔试的作用主要体现在以下几个方面。

(1) 笔试是用人单位对求职者的基础知识、专业知识、文字表达能力和书写态度等综合能力的一次有据可查的测试。

(2) 笔试可以防止任人唯亲的不正之风,也可以作为求职者能力的留档记录。

(3) 笔试的结果是根据一定的标准答案评定出来的,它弥补了面试结果往往是根据个人爱好、感情用事评分的缺陷。笔试得出的分数往往可靠、真实且排名简易。对求职者来说是一次公平的竞争,对用人单位来说是检查和核实求职者

真才实学的办法。

（4）笔试的试卷是决定求职者去留最科学的法律文本。因此，笔试是用人单位测试求职者的重要砝码。

12.1.2 笔试的种类

常见的笔试种类有专业考试、文化素质考试、心理和智商测试、技能测试、论文笔试、国家公务员录用考试、外企的笔试、考研笔试等。

12.1.2.1 专业考试

专业考试主要是为了检验求职者的专业知识水平和相关的实际能力。一般用人单位在接收毕业生时，主要是看学校提供的推荐表及成绩单，同时再辅以自荐材料就可以了解其基本的知识能力等情况。但也有一些特殊的用人单位，需要通过笔试的方式对求职者进行文化专业知识的再考核。值得引起注意的是，这种考试方式已经被越来越多的热门单位所采用。例如，外贸外资企业招聘职员要考外语水平，金融单位要考金融专业知识，公检法机关录用干部要考法律常识等。

12.1.2.2 文化素质考试

文化素质考试是为了检验毕业生的实际文化素质，由用人单位给出范围或特定要求，让求职者通过作文来考查其知识、思维、文字表达能力的一种笔试方式。考试的题目以活题类型居多。例如，要求文科学生运用某一原理，或某一历史知识，分析某一问题；要求理工科学生运用某一专业知识，解决某一实际问题等。

12.1.2.3 心理和智商测试

心理测试是用事先编制好的标准化量表或问卷要求被试者完成，根据完成的数量和质量来判定其心理水平或个性差异的方法。一些用人单位常常以此来测试求职者的态度、兴趣、动机、智力、个性等心理素质。有些用人单位还对求职者进行智商测试，其目的主要是考查求职者观察问题的能力、综合分析能力、思维反应能力。智商测试主要为一些著名跨国公司所采用，他们对毕业生所学专业一般没有特殊要求，但对毕业生的素质要求较高。

12.1.2.4 技能测试

技能主要包括毕业生熟练操作和使用计算机、英语会话和阅读能力，以及在财会、法律、驾驶等方面的能力。技能测验实际是考查毕业生的动手能力和实践能力。例如，用人单位要招聘一名秘书，为了考查求职者是否具有这方面的技能，会通过下面的题目来测试：阅读一篇文章，写读后感；自编一份请示报告和会议通知；听取5个人的发言，写一份评议报告；某公司计划在5月份赴日本考察，写出需做哪些准备工作等。

12.1.2.5 论文笔试

论文笔试是检验求职者分析、综合、比较、归纳、推理等思维能力的方法。其形式采用论述题或自由应答型试题。该笔试的最大长处是有利于考查求职者的思考能力，从而能够检查求职者思想认识的深刻程度。这种测试往往会导致种种不同的答案，易于发现人才，促进智力发展，远比简单的测验题更能判断一个人的水平。论文笔试要求毕业生讨论问题要深刻、有见地。

12.1.2.6 国家公务员录用考试

国家机关录用公务员，一律实行考试录用。中央、国家机关的各招考职位按性质和权责的不同分为 A、B 两类。A 类职位主要包括在中央、国家机关和中央国家行政机关派驻机构与中央垂直管理系统所属机构中，从事政策、法律法规、规划等的研究起草工作和政策、法律法规、规划实施的指导、监督检查工作，以及从事机关内部综合性管理工作的职位（如国家计委综合司从事经济形势分析和政策研究的职位）。B 类职位主要包括在中央、国家机关和中央行政机关派驻机构与中央垂直管理系统所属机构中，从事机关内的专业技术工作、对机关的业务工作提供专业技术支持的职位（如某些机关内部的财务会计职位）；实行中央垂直管理的行政机关中直接将各项具体规定施于公民、法人和其他组织的行政执法职位（如基层海关中从事海上缉私或现场查验工作的职位）。招考职位由于 A、B 两类职位对考生素质和能力的要求有所区别，两类职位的考试科目也将不同。报考 A 类职位的考生笔试公共科目为《行政职业能力测验（A）》和《申论》两科。报考 B 类职位的考生笔试公共科目为《行政职业能力测验（B）》一科。与以前相比，最大的变化是两类考试都取消了较为死板的《公共基础知识》科目，并取消了考试指定用书。

为方便考生，在全国（不含港澳台）31 个省会城市全部设置报名、考试点，实现考生就近考试。国家机关考试录用机关工作人员和国家公务员的报名时间定在每年 11 月的第一个周六进行。公共科目笔试时间为每年 12 月的第三个周六进行。

拓展例题：扫码阅读公务员语言能力测试真题。

二维码 12-1

12.1.2.7 外企的笔试

外企作为现在越来越多同学的选择，各类外企笔试的方式也大不相同，下面分两大类列举了一些外企笔试的方式。

1. 全英文的笔试

微软公司的笔试以选择题为主，选择题的类型包括专业技术知识、技能测验及智商测试；宝马公司和迪士尼的笔试主要以英文的简答题为主，迪士尼还有翻译题目。例如：Summary of your career/previous work experience（总结一下您的工作经历），What do you know about the job that you have applied for?（您对所应聘的工作了解多少）？你喜欢迪士尼的哪部作品？请展望在迪士尼的工作和生活？当然不论是否用英文提问，这样的问题你都必须用英文来回答。

下面再列举两个迪士尼的翻译题目：学生能利用这半年实践机会，到美国迪士尼实习，学习迪士尼先进的管理理念，并获得实际工作经验，无论是对学生将来就业，还是继续深造，都是极有帮助的；我觉得对个人的经历来说还是一笔财富。可以培养独立生活的能力、应对困难的勇气，我愿意借此锻炼一下。让自己变得独立、勇敢、自主、乐于创新。星巴克的笔试主要是两篇比较短的阅读和一篇英文写作；汇丰银行以选择题为主，选择题的类型与金融类专业、政府的相关政策以及技能测试等相关，汇丰银行某年招聘笔试的三篇阅读的类型分别是互联网、个人情绪和对政府的评论这三个主题；戴尔公司英文笔试有选择题、解决问题（一般是专业技术型的问题，让你用4~5个步骤来解决）、翻译和阅读；IBM公司的英文笔试题一般都非常专业。例如，有字问题、序列题、数学推理题；外贸电商亚马逊是英文笔试分两类，一类是对某个产品做介绍、用英文做广告推广，另一类就是做数学题和专业矩阵类的题目。

二维码 12-2

拓展例题：扫码阅读八大知名外企的全英文笔试真题。

2. 外企的中文考试

中文版的笔试题目有性格测试，这样的测试题目会出现在任何招聘企业；下面列举8个知名外企的笔试头目，例如，丰田公司主要考核的礼仪常识题、可口可乐公司直接考查求职者的实际能力问题。

二维码 12-3

拓展例题：扫码阅读百事公司、通用电气、惠普、拜耳、强生和沃尔玛公司的中文笔真题。

12.1.2.8 考研笔试

考研在近几年也是高校毕业生主要选择之一，下面对考研的基本分类做介绍，以及给出不同考研种类的不同笔试的准备工作。

目前我国硕士研究生种类比较复杂，可以从以下角度划分。

1. 按学习方式不同

按学习方式不同，分为脱产研究生和在职研究生。脱产研究生指在高等学校和科研机构进行全日制学习的研究生；在职研究生指在学习期间仍在原工作岗位承担一定工作任务的研究生。

2. 按学习经费渠道不同

按学习经费渠道不同，分为国家计划研究生、委托培养研究生（简称委培生）和自费研究生。国家计划研究生的培养经费由国家提供，又分为非定向研究生和定向研究生（简称定向生）。其中非定向研究生毕业时实行双向选择的自由就业制度；定向生则在录取时就必须签订合同，毕业后按合同规定到定向地区或单位工作。委托培养研究生的培养经费由委托单位提供，录取时要签订合同，毕业后到委托单位工作。自费研究生的培养经费由自己提供，有时候也可以从导师科研经费中开支，或获取社会赞助。国家计划非定向研究生，通常就是我们所说的"公费"研究生，目前在硕士研究生招生名额中占据较大份额，但随着连年扩招，自费研究生的名额也在不断扩大。

3. 按照考试方式不同

按照考试方式不同，硕士研究生根据考试方式主要包括全国统考、单独考试、法律硕士联考、MBA联考等。

上大学必须经过全国统一高考，而就读硕士研究生的途径相对而言要多一些，也更灵活一些。已经工作的人，除了放弃工作报考研究生以外，还可以不脱产申请攻读学位，或申请单独考试。不脱产申请攻读学位，通俗地讲，就是一边工作，一边攻读学位，也称为在职学位生。学位生采取旁听等形式随正式研究生一起学习，并参加同样的考试，通过后可以申请学位。学习、考试、答辩均需交纳一定费用，一般全部下来在数万元。目前只有经过教育部批准的少数重点大学招收学位生，机会不多，而且必须征得工作单位的同意。随着学位管理的加强，通过这条途径来获取学位的难度越来越大了。一般最终能够通过答辩、取得学位的比例并不高。

单独考试是为用人单位定向培养业务骨干而设置的研究生入学考试。大学本科毕业在申请的专业或相关专业连续工作4年、已经发表过论文或成为业务骨干的，才可以申请单独考试。单独考试的科目设置与全国统考一致，公共课试题难易程度也与统考水平相当。

对于应届本科毕业生而言，就读研究生可以考虑的路主要是两条：一是保研，二是考研。保研即"免试推荐硕士研究生"，一般每年秋学期9月下旬至10月下旬在大四学生中进行筛选，规则制订和操作权由各学校掌握，因此学校不同，保研情况也各有不同。通常有以下几种。

（1）主要基于学习成绩的免试直推：这在保研名额中占据了大部分，通行的做法是学校划定基本学习成绩要求（如学分积几点几以上），按照一定名额比例下发到各系院所，由系院所结合其他方面情况，上报名单，学校审批。一般情况下只有班级前几名才可能保研。

（2）特长生免试直推：有些学校为了招徕或留住特长人才，往往给予特别优惠，免试推荐就读研究生。常见的是体育类和文艺类特长生，但名额非常少，要求很严，还有许多学校没有此类政策。

（3）校际间免试直推：教育主管部门为了鼓励高校间学术交流，减少学术近亲繁殖，近几年大力提倡向其他高校免试推荐优秀毕业生。由于各学校保研条件和学生学习状况的差异，有时候在本校难以获得保研资格的学生在其他学校反而可能如愿以偿。因此，如果你成绩很好，排名也比较靠前，但估计本校保研希望不大的，可以试一试跨校保研。不过需要指出的是，多数学校对于推荐自己的学生去外校保研并不积极，也没有义务给你做好事，因此时候一到，自己应该去寻求有关信息，并主动与对方取得联系。

（4）免试推荐、保留入学资格：这类保送生不是马上就去读研，而是保留入学资格一两年，先按照学校安排去有关部门工作，或作为教育部门选派人员去边远地区支教。此类保送的条件相对要低一些，但也不是人人都能申请，一般只有表现突出的学生干部或活动积极分子才有入选资格。

免试推荐并不代表不参加考试。许多学校为了确保推荐质量，还会加试一些科目，如英语、专业课等。另外，复试也是必须参加的。如果你的成绩估计难以直推保研，又没有什么突出的体育或文艺特长，也不是老师心目中的重要"干部"，而你又非常想上研究生，这时候就只剩努力学习考出优异成绩一条路了。

4. 按照专业和用途的不同

按照专业和用途的不同，分为普通研究生和特殊种类研究生。

其中普通研究生占绝大部分。目前我国比较成熟的特殊研究生主要有工商管理硕士（MBA）和法律硕士（一般简称"法硕"）。近来又出现了行政管理硕士（MPA）。特殊研究生和普通研究生在报考资格、学制要求、学习内容等方面均有很大不同。研究生的学制因学校的不同而有所差别，一般为2~3年，多数都是3年，也有两年半的。研究生学习实行学分制，与本科一样，课程包括必修和选修，一般来讲，前两年是基础课和专业课学习时间，通常可以修完绝大部分学分；第三年用来完成毕业论文、实习和求职。许多学校都规定，如果提前修完所要求的学分，并符合一定条件的，可以申请提前毕业。

按照规定，在职硕士生的学习年限可相应延长一年。硕士生实行导师制，即都有一名导师（职称为副教授以上）进行指导，这与本科学习很不同。一名导师一般负责一个到数个研究生，指导日常学习和学术研究，带领从事课题研究，指导毕业论文等。

下面从全国统考试卷的结构给予了一些案例，包括政治、英语和数学，当然这样的案例没有给予多少，因为在网上也比较方便获取，给予的目的是介绍试卷的结构，并专门对数学一、数学二和数学三进行了区别及介绍它们适用不同的学科；列举MBA工商管理、法硕联考的一些真题；简单介绍了农村师资计划、强军计划和单独考试。

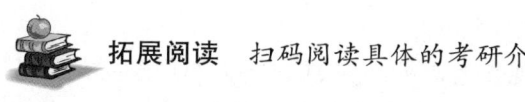 拓展阅读　扫码阅读具体的考研介绍和真题。

二维码12-4

12.2　笔试前的准备工作

12.2.1　笔试前的准备工作概述

笔试从某种角度来说，能更深入地检验毕业生的综合素质，毕业生平时的知识积累程度，对知识是否真正理解和掌握等，通过笔试能得到较好的体现。用人单位的出题方式远比学校灵活多样，更侧重于能力，而不是单纯的知识。因此，在笔试之前，毕业生应对它进行深入的了解，做到知己知彼，不打无准备之仗。

12.2.2　笔试前的具体准备工作

1. 克服自卑

笔试怯场，大多数是由于缺乏自信心所致。客观冷静地对自己进行正确评估，就能克服自卑心理，增强信心，应聘笔试同高考不同，高考是"一锤定音"，而求职应聘考试则有着多次机会。

2. 有备无患

提前熟悉考场，有利于消除应试的紧张心理，还应看看考场注意事项，尽量按要求做好。除携带必备的证件外，一些考试必备的文具（钢笔、橡皮等）要准备齐全。

3. 保持良好的身心状态

求职过程中的笔试毕竟不同于学校平时的考试，临考前要注意以下几点。

（1）要适当减轻思想负担，不可给自己施加过大的压力，否则适得其反。

（2）笔试的前一天要注意休息，保证充足的睡眠，避免考试时精神不振，影响正常思维。

（3）要适当参加一些文体活动，从而使高度紧张的大脑得到放松休息，以充沛的精力去参加考试。

4. 了解笔试类型，做到有的放矢

不同的笔试类型，有不同的考试内容，毕业生在考前应做详细的了解，针对不同情况做出相应的准备。例如，公务员考试就有明确的考试范围，并有指定的参考书，考生复习相对有针对性。而一些用人单位的笔试则相对灵活，范围也比较大，没有明确相关的参考书。毕业生可围绕用人单位划定的大致范围翻阅一些有关的图书资料。笔试成绩与毕业生平时的努力也有很大的关系，如果毕业生兴趣广泛，平时注意吸收各种信息，考试时就能驾轻就熟，得心应手。

5. 笔试的知识准备

（1）学以致用，理论联系实际。现在的求职考试越来越强调用学过的知识来解决实际问题，具有很强的实用性。换句话说，现在的应聘考试主要是考核求职者对知识的运用能力。因此，在复习过程中必须始终突出一个"用"字，通过各种实践，把学得的知识运用到工作实际中去解决各种具体的问题。

（2）提纲挈领，系统掌握。在知识与能力这两者中，知识无疑是基础，没有扎实的基础知识，也就无从谈什么能力的培养和提高。掌握知识的一个有效方法就是把零散的知识化为系统。但是应聘笔试往往范围大、内容广，存在着一定的随意性和盲目性，因此，凡是与求职有关的一些知识如文史知识、科技知识、经济知识、法律知识和一般的计算机知识，均要系统地复习一遍。

（3）多读多练，提高阅读能力。提高阅读能力，对扩展知识面和回答应聘考试的各类问题很有益处。要提高阅读能力，首先得坚持进行阅读实践。知识的获得，主要依靠传授；能力的提高，则必须通过实践。复习时经常做些阅读训练，有助于阅读能力的提高。在做阅读训练时，一定要做到"眼到"和"心到"，特别是"心到"，即对每个问题都仔细揣摩、认真思考、分析比较、综合归纳，努力提高自己的阅读能力。

（4）敏锐思考，提高快速答题能力。为了适应招聘考试中的题量，还应该尽快培养自己快速阅读、快速思维和快速答题的能力。因为现代阅读观念不只着眼于信息的获取，而且还特别重视速度。所以在准备笔试的时候一定要提高做题速度。

12.3 笔试的应对方法和技巧

笔试成绩的高低，不仅与自己的实际水平和考前复习有关，还与自己的答题技巧有关。要提高答题技巧，就要有良好的考试心理状态，要了解考试的特点，了解各类考试题目的特点和解答各类题目的方法，以充分反映自己已掌握的知识，充分发挥自己的真实水平。要在笔试中取得好成绩，关键在于牢固地掌握所学知识。在系统复习前，制订一份合理的、具体的、切实可行的复习计划，掌握一个实用有效、科学的记忆方法，无疑会为应聘笔试成功打下基础。

12.3.1 做好考前准备

可以站在用人单位的角度来思考要考核的内容，笔试内容的不确定性决定了没有深入复习的必要，考试前可以训练一下自己的答题速度。提前熟悉考场环境，有利于消除应试时的紧张心理，同时还应了解考场注意事项，尽量按要求去做。除携带必备的证件外，一些考试必备的考试证件和文具（钢笔、橡皮等）也要准备齐全。考试前适当放松心情，调整好精神状态去应试。

12.3.2 要掌握科学的答卷方法

拿到试卷后，首先应通览一遍，了解题目的多少和难易程度，以便掌握答题的深度和速度，合理安排答题时间；然后按先易后难的原则安排答题顺序，审题要认真，不要被难题所困而耽误时间；最后要尽量留出时间对容易出错的地方进行复查，特别注意不要漏题，更不能跑题或出现错别字、语法不通、词不达意等错误；答题时行距和字迹不要太小，卷面字迹要力求认真清晰，书写过于潦草，字迹难以辨认也会影响考试成绩。因为求职笔试不同于其他专业考试，"醉翁之意不在酒"，有时招聘单位并不特别在意求职者考分的高低，认真的态度、细致的作风、新颖的观点则会大大增加被录用的可能性。

12.3.3 具体的解题思路与方法

12.3.3.1 选择题的解答技巧

选择题的类型主要有单选题、多选题和双选题三种。前两种类型在考试中应用较为广泛。在解答过程中考生可以采用的方法主要有以下几种。

1. 淘汰法

在解答单项选择题时，要将题干与选项结合起来阅读，每阅读一次题干和一个选项，要进行一次分析，看是否符合题意。当确定一个选择项不符合题意时，便将自己的注意力迅速转移到下一个选择项，依次加以否定。假如第一个选择项就是正确答案，那么后面的几个选项就可以忽略不看，这样可以节省时间。

2. 求同存异法

求职者在阅读完试题内容和所有选择项后，根据题意确定一个选择项为参照项，该选择项同其他选择项存在着比较明显的特征差异。然后将其他选择项与之进行对比，把内容或特征大致相同的项目去掉，而保留差别较大的选择项。再将剩余的选项进行比较，最后确定一个符合题意的正确答案。

3. 印象认定法

印象认定法是指根据印象的深刻来选择答案。求职者在读完一道试题的题干和各项选择项后，各选择项对于考生大脑的刺激强度是不同的。有的较强，有的较弱，那些似曾熟悉的内容必然会在头脑中最先形成正确选项的印象，因此，据此做出的判断的命中率还是比较高的。

4. 比较法

此方法应用范围较广。在解答单项选择题时，求职者可以将各选择项同题意要求进行纵向比较，根据各自同题意要求差异的大小来确定最符合题意要求的答案。在解答多项选择题时，就要求考生将选项同题意要求做纵向比较，再将前一过程中保留下来的选项进行横向对比，最后确定符合要求的正确答案。一般经过这两次的对比之后，漏选或误选的可能性就比较小。

5. 大胆猜测

在解答选择题的过程中，有时会出现考生运用各种方法都无法认定正确选项的现象，使考生举棋不定，这样会耽误答题的时间，妨碍后面试题的正常回答。若遇到这种情况，考生便可采用大胆猜测的方法尽快确定选项。

12.3.3.2 填空题的解答技巧

填空题考查的内容往往是易忘、易混、易错的重点内容，答案一般是唯一的。答题时需看清题目要求，是填写一个数字、词还是句子。

12.3.3.3 判断题的解答技巧

判断题通常只能检测记忆、理解、分析一类低层次的认识能力。一般判断题只有一个误点，最多两个，要求考生做出正误判断的内容常常是易误解和易混淆的概念、事实、原理、结论等，解题时要把注意力集中在这些方面。解答判断题的关键在于能否正确地找出或辨析出试题的设错方式。比较常见的有逻辑错、事实错、隶属错、前提错，以及概念使用、词语表达方面的错误等，判断时务必全面、细致地考查题目陈述内容的含义，以免被试题中的个别内容所迷惑。另外，对不能做出准确判断的试题，也应在作答处大胆画上一个对或错的符号，但对倒扣分的题目必须经过慎重考虑再作决定。

12.3.3.4 简答题的解答技巧

每一道简答题一般由一个简单的问句构成，着重考查考生对基本概念、基本原理的掌握程度，以及运用掌握的理论知识分析判断实际问题的能力，同时也检测考生对一些重大事件、重大原则等内容的记忆、理解和辨别能力。要求考生用适当的字词、短语或句子对此做简要的回答。考生在解答时，要辨别题型是简答题还是简述题，两者虽然只有一字之差，但答题的要求却有很大的不同。回答简答题时要注意观点鲜明、内容完整、知识点要答全，针对性要强，同时文字要简明。而考生在对简述题作答时，只简单地给出内容要点是不够的，必须阐述一些与此相关的内容和材料，同时加入自己的理解和观点，即要在回答"是什么"的基础上，重点回答"为什么"和"怎么样"的问题。有些试题有一定难度，考试时要积极思考，将已学过的内容相互联系起来比较分析再作解答。

12.3.3.5 案例分析题的解答技巧

案例分析题是一种综合性较强的题目类型，它要求考生对此进行仔细阅读和分析，然后运用某种基本原理和理论知识对所提出的问题进行解答，或做出评价。解答案例分析题，考生应该仔细阅读背景材料。为增强针对性，一个很好的办法是带着问题进行阅读。因为试题中的问题会在背景材料中有直接或间接的某种暗示。

把握题意后，紧接着应该确立分析重点，考虑需要运用哪些理论知识或原理来进行分析。就解题思路及具体分析过程中的要求来说，案例分析题的解答同论述题有着较大的相似之处。此外，考生在确立分析的原理或理论知识时，也要有主次之分，切忌面面俱到，以免被一些细枝末节的事情或现象所困扰。原理的选用应该有较强的代表性，使之为重点内容的分析服务，从而提高答题的整体质量。最后需要注意的是，考生在答题过程中必须摆正自己的位置，不能将自己置身于当事人的位置，而应以一个局外人的身份对此进行客观地分析或评价。

12.3.3.6 论述题的解答技巧

一般地，由于论述题所占的分数比重较大，且综合程度高、难度大，因而往往能够使求职者之间的成绩拉开差距。解答论述题落笔前要先审清题意，理顺思路，按题目要求答题。解答论述题应抓住试题的中心议题，按照"是什么""为什么""怎么办"，即"提出问题、分析问题、解决问题"的思路逐渐深入地进行阐述，常用论述题的解答技巧包括以下几个。

1. 确立中心议题

确立中心议题，是整个解答过程最为关键的步骤。为避免跑题，考生在解答前一定要仔细推敲题意。对于试题的测试要求，求职者应做到心中有数，并使全文的论述紧紧围绕着这个中心议题而展开。

2. 辨别试题类型

根据不同的标准，论述题可以划分为许多类型，主要有叙述式、说明式、评价式、分析式和批驳式五种。

叙述式论述题要求考生把某一事实或原理详细地记述下来；说明式论述题则要求考生用自己的话对某一事件或原理进行解释；评价式论题要求考生运用所掌握的知识或理论对事物或人做出价值评定，是评论式论述题的重要特点；分析式论述题要求考生对某一现象进行分解，然后找出这些独立的组成部分相互之间的内在关系；批驳式论述题要求考生用某种观点对试题所展示的观点或立论进行反驳。题型不同，作答方式也不同，考生一定要看清试题类型，按相应方式作答。

3. 确立论点

中心议题和作答方式确定后，考生接下来就要根据试题的中心议题来确立论点。在确立论点时，考生应考虑到时间许可程度，论点数量不宜过多，安排也应有主次之分，尽量将重要的论点前置，不太重要的内容放在后面叙述，以免把时间耗费在意义较小的内容上。

4. 选择论据

论据的选择是论述题解答中的一项非常重要的内容。针对性是论据选择的首要准则或要求。考生应从说明或证明论点的需要出发，选取那些能够强化所提论点或对论点进行解释和论证的材料作为论据，使这些论据能有效地为论点服务。由于考试时间有限，考生往往不可能将所有符合要求的材料都选择进来，这就要求考生必须对所有的材料进行筛选，依据代表性的大小来决定取舍。最终只将那些最有代表性或最有说服力的材料作为自己的论据，而不是毫无选择地堆砌材料。

5. 论证充分、全面

考生在具体论述过程中，要做到论证充分、全面。中心议题的内涵应该在论点中有完整的体现，而且每一个论点应有充分的论据为基础，论点应是对论据的正确概括，并要注意说理的全面性，不能以偏概全。另外，在表述上要注意逻辑关系，内容之间不能相互矛盾和冲突，同时应避免层次不清、语无伦次的现象。除此之外，还要注意理论联系实际，将所述理论同现实生活中的某些事实结合起来，运用这些理论来对现实事物做出解释。这一点很重要，因为从命题的角度来讲，论述题侧重于对知识原理的分析和论证。

6. 回应主题

答题结束部分应是全文论述的概括和浓缩。考生在这里应用简洁的语言对全文的内容进行高度概括，以使论点更加突出。

12.4 典型题型解析

各用人单位的笔试内容和形式千差万别，但大致可以归纳为以下几个类型。

12.4.1 知识测试

知识是求职者对客观世界和专业领域的主观认知能力的体现。知识面广而深的求职者可以在较短时间内适应岗位需求，完成从大学生到职业人的转变，从而节省用人单位培训员工的时间和成本，所以用人单位招聘员工时需测评求职者知识掌握的广度和深度。根据考查内容，知识测试可以分为专业知识测试和通用知识测试。

1. 专业知识测试

专业知识测试是指与工作岗位密切相关的科学知识，此类知识对求职者从事某项工作有着极其重要的作用，没有经过系统学习将无法胜任或难以胜任，有的工作岗位还必须经过专业机构的职业资格鉴定，持证上岗。考试结果与求职者大学四年的努力程度密不可分。

英特尔是一家专业性较强的国际公司，对求职者的技术性考核非常严格。如笔试中的 EE 考题：一道题关于恒比码，是一种纠错码；一道题是关于 FFT；一道题是关于枚举类型定义的编译原理；C++内部的操作和调度方式等，还有些卷积、傅立叶变换、dsp 类的考题。不过一般情况下，对本科生而言，笔试主要考查基础知识、基本技能，而不是很高深的学问，一般都是专业基础课，如电路分析、会计学、财政学等。

2. 通用知识测试

通用知识测试是指求职者所需要了解的日常知识，涵盖政治、经济、法律、管理、科技、写作与生活等方方面面，没有这些知识，人才是不全面的，无法更好地完成工作。通用知识测试的考查重点是求职者知识的广度而不是深度。

我们来看一份比较有代表性的考题，这是中国工商银行校园招聘笔试题第一部分知识域的部分考题：

（1）"老死不相往来"是谁的主张？
（2）对西方文官制度影响深重的中国历史上的人才选拔制度有哪些？
（3）关于黑洞正确的是哪些？
（4）法律规定，如果加班，加班工资是正常工资的多少倍？
（5）股票发行时会有溢价，发行价由谁决定？
（6）被踢出太阳系行星行列的是哪颗？太阳系现有几颗行星？
（7）由哪个方向沿着穿过子午变更线会少一天？
（8）我国获得第一枚奥运金牌的人是谁？

不难发现，这些题目本身相互之间并没有内在联系，内容分布广，涵盖了政治、经济、社会和人文的方方面面，因此要重视平时的积累。

3. 知识域

知识域考题最大的一个特点是题目完全没有预见性，各类领域的题目都可以用于知识域的考试。例如：

（1）发文字号指的是（　　　）。
　　　A. 代字　　　　　　　　　　　　B. 文件年号
　　　C. 同文本文件的印刷份数编号　　D. 制发公文依次编排的顺序代码
（2）保密期限为 20 年的公文，密级为（　　　）。
　　　A. 特密　　　B. 绝密　　　C. 机密　　　D. 秘密
（3）我国将（　　　）确定为中国人民抗日战争胜利纪念日。
　　　A. 8月15日　　B. 9月3日　　C. 7月7日　　D. 12月13日
（4）2013 年度国家最高科学技术奖的获得者是（　　　）。

A. 张存浩、程开甲　　　　　B. 王永志、吴文俊
C. 王忠诚、孙家栋　　　　　D. 张杰、徐光宪

在此列举 4 个题目，大家能够看出题目属于不同领域，所以这项考题需要各位考生平时多学习各类知识，重在积累。

二维码 12-5

拓展例题：扫码阅读知识域真题。

12.4.2　智力测试

智力测验包括智商测验和能力倾向测验。

多数心理学家认为，智力虽然经过后天的学习和实践后有所提高，但它仍然具有较强的自然属性，遗传因素起主要的决定作用。用人单位也往往认为：智力作为最基础和通用的能力，一方面决定着求职者其他能力的高低和培养的快慢，更重要的是高智商的人学习能力强、工作效率高、潜力大。因此，用人单位尤其是外资企业在招聘新员工时会在笔试阶段进行智力测试。

有的用人单位进行智力测试时使用成熟的成套测试题目。例如，比奈—西蒙量表、韦克斯勒成人智力量表、瑞文标准测试量表，有的用人单位是在自主制定的笔试试卷中加入部分智力测试题目。例如，英特尔在一次笔试中出了一道 IQ 的考题。

如果每天中午从法国塞纳河畔的勒阿佛有一班轮船驶往美国纽约，在同一时刻纽约也有一班轮船驶往勒阿佛。已知横渡一次的时间是七天七夜，轮船匀速航行，在同一航线，轮船近距离可见。请问今天中午从勒阿佛开出的船会遇到几只从纽约来的船？

严格意义上说，能力倾向测验兼有智商测试的要求，但程度和要求更高。虽然说高智商的人在工作中更具备发展和进步的空间，但并不是所有高智商的求职者都符合用人单位的要求，因为不同的岗位有不同的能力素质要求，管理能力强的人不一定适合生产或技术岗位。

有"天下第一考""国考"之称的政府机关公务员招录考试笔试内容之一就是"职业行政能力测试"，目前许多企事业单位在招聘笔试中也经常会融入此类测试，最经常出现以下五种类型。

第一种是常识判断，主要考查内容涵盖法律、政治、经济、管理、历史、自然、科技等方面，侧重考查求职者的法律知识运用能力。

例：中国历史上使用的纸币最早是（　　）。
A. 交子　　　　B. 会子　　　　C. 大洋　　　　D. 银圆券

第二种是言语理解与表达，主要测查求职者运用语言文字进行交流和思考、

迅速而又准确理解文字材料内涵的能力。它包括根据材料查找主要信息及重要细节；正确理解阅读材料中指定词语、语句的准确含义；概括归纳阅读材料的中心、主旨；判断新组成的语句与阅读材料原意是否一致；根据上下文合理推断阅读材料中的隐含信息；判断作者的态度、意图、倾向、目的；准确、得体地遣词用字等。万科集团和强生（中国）的笔试中，这部分内容有涉及。

例：中微子是一种基本粒子，在宏观的宇宙起源及演化中扮演者极为重要的角色。由于没有质量并且不带电荷，和其他物质的相互作用极其微弱，这使得中微子的运动轨迹不会发生改变。那些来自遥远宇宙、来自黑洞边缘或者来自宇宙线发源地的中微子，可以告诉人类那些"源"在哪里，甚至可以让我们一探黑洞的究竟。

例：最适合做本段文字标题的是（　　　）。

1. 令人惊喜的存在
2. 特立独行的中微子
3. 中微子：宇宙的使者
4. 触不可及："隐形"的中微子

第三种是判断推理，主要考查求职者对各种事物关系的分析推理能力，涉及对图形、语词概念、事物关系和文字材料的理解、比较、组合、演绎和归纳等，包括图形推理、定义判断、类比推理、演绎推理四种类型。像图形推理是指通过寻找一定的规律来找出相似的图形或者不属于同类的图形，这是一种形象思维能力和抽象思维能力的复合考核。瑞安集团、港龙航空等笔试都出现过这样的推理题。

例：这是一道图形推理题目，"？"处的图形应该是（　　　）。

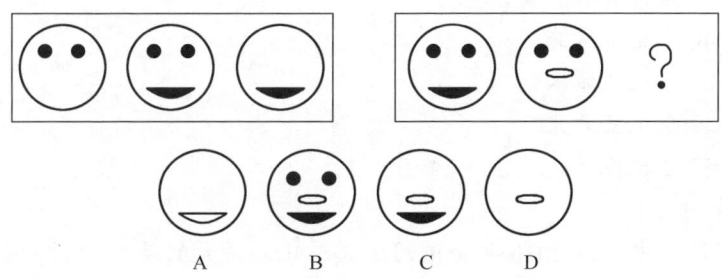

第四种是数量关系，主要考查求职者理解、把握事物间量化关系和解决数量关系问题的技能，主要涉及数字和数据关系的分析、推理、判断、运算等，包括数学推理、数学运算两类。一般来说，这类题型不提供也不允许携带计算器。万科企业集团、强生（中国）、瑞安集团的笔试中都出现了类似的题目。

例：456，369，457，356，458，343，459，330（　　）
A. 317　　　　B. 325　　　　C. 453　　　　D. 460

第五种是资料分析，资料分析主要测查求职者对各种形式的文字、图形、表格等资料的综合理解与分析加工的能力，这部分内容通常由数据性、统计性的图表数字及文字材料构成。例如：

材料一

2016年全国供用水总量为6040.2亿立方米，较上年减少63.0亿立方米。其中，地表水源供水量4912.4亿立方米，占供水总量的81.3%；地下水源供水量1057.0亿立方米，占供水总量的17.5%；其他水源供水量70.8亿立方米，占供水总量的1.2%。与2015年相比，地表水源供水量减少57.1亿立方米，地下水源供水量减少12.2亿立方米，其他水源供水量增加6.3亿立方米。

2016年，全国生活用水821.6亿立方米，占用水总量的13.6%；工业用水1308.0亿立方米，占用水总量的21.6%；农业用水3768.0亿立方米，占用水总量的62.4%；人工生态环境补水142.6亿立方米，占用水总量的2.4%。与2015年相比，农业用水量减少84.2亿立方米，生活用水量及人工生态环境补水量分别增加28.1亿立方米和19.9亿立方米。

2016年全国万元国内生产总值（当年价）用水量81立方米，万元工业增加值（当年价）用水量52.8立方米，农田灌溉水有效利用系数0.542。按可比价计算，万元国内生产总值用水量和万元工业增加值用水量分别比2015年下降7.2%和7.6%。

注：供用水总量=用水总量=生活用水+工业用水+农业用水+人工生态环境补水

1. 2015年全国供水总量为
   A. 6040.2亿立方米
   B. 6103.2亿立方米
   C. 5977.2亿立方米
   D. 1057.2亿立方米
【答案】B

2. 下列选项中，占2016年全国用水总量比重最大的是
   A. 生活用水
   B. 工业用水
   C. 农业用水
   D. 人工生态环境补水
【答案】C

3. 与 2015 年相比，2016 年用水量减少的两大领域是
    A. 生活用水和农业用水
    B. 工业用水和农业用水
    C. 农业用水和人工生态环境补水
    D. 人工生态环境补水和生活用水

【答案】B

拓展例题：扫码阅读图形测试真题。

二维码 12-6

12.4.3 技能测试

技能测试根据专业要求的不同，测试的主题一般以专业知识为主，在这里列举了四大类型的技能测试题，供大家参考。第一类是 C 语言基础测试题；第二类是会计学测试题；第三类是计算机基础测试题；第四类是电工学测试题。

拓展例题：扫码阅读技能测试真题。

二维码 12-7

12.4.4 语言理解与表达测试

语言理解与表达测试题有五个部分，一是片段阅读，片段阅读又分为广义主旨题、推理题和细节题三种题型；二是选词填空题；三是篇章阅读题；四是语言连贯题；五是成语辨析题。

1. 语言理解与表达

（1）广义主旨题。主旨题一定要避免以偏概全，另外切忌推理引申。主要的提问方式有："主要说明、主要意思、主要谈论、主要讲述、核心意思、主要表达、主要告诉我们"这些表达一般都是要求领悟这段文字的主旨句。可以根据"主要"两个字来做判断，如果看到"主要"二字，基本上就是要求找出段落主旨。此类题目解题技巧：①段落主旨题要重视段落的首末句。有时主旨句出现在中间，比较少见，起承上启下的作用，因此遇到段落中前后段意思转折式，应该提高警惕，这往往是主旨所在。②没有明确的主题句，要进行归纳，重视首末句。③段落的主题句要看第二、第三句话，如果是对第一句话进行阐述，那么第一句就是主题句，以此类推。如果最后一句是对全段总结，那么该句就是主题句。如果段中转折，那么该句可能是主题句。④作者反复强调的是主题。⑤首段出现疑问句，那么这个问题就是全文探讨的内容，对该问题的解答就是文章主旨。当有转折词出现时，那么段、句的中心往往在这些词的后面。（篇章阅读）

注意：要从选项中选择一个与四句话共同指向对象意思最接近的。找不到共同指向的论点，应该求助于排除法。选项干扰特点：一般是以偏概全，只是文章的细枝末节，不能覆盖全文；出现细节性的名词信息；过于笼统，范围太大，远远超过文章范围；过分肯定或否定。

（2）推理题。推论题是较为常见的题型，一般提问方式是这样的：作者接下来可能主要介绍的是（　　）、这段文字后面将要谈论的内容最可能是（　　）、这段文字意在说明（　　），这段文字主要想告诉我们（　　）。前两种表述要求的内容是一样的，都是通过前文来推后文。后两种要求推出言外之意。推理题不会是原文的明确表述，一定要避免就事论事。解题技巧：①把握推理范围，大至全段，小至词语或句子；②严格遵循逻辑规律，保持严密的逻辑和正确的思维过程；③可以利用相关部分提供的事实、背景和常识去推理；④不要掺杂自己的观点，这样的选项往往是错误的；⑤推理过头，概括过度；⑥有的瞎编的。结论题则偏重归纳，重要的是把握作者的写作意图，注意过于概括，过于全面或过于细节化的往往是干扰项。解题时要留意那些话中有话的句子；要留意那些含义深刻或结构复杂的句子。针对作者思路的判断：要猜后面就看结尾，猜前面看开头。

（3）细节题。细节题是言语理解部分的重点，基本上是每年必考，在辅导书里面看到最多的也是这类题型了，另外，广义主旨题和推理题里面的一些选项也涉及细节方面。因此，细节题不容忽视，值得好好研究它的出题模式及做题规律。

做细节题一般要注意以下几点：①首先知道这题的考点在原文哪个位置上；②要仔细地看原文是怎么说的，原文相关的几句话，要保证看明白，不能光看对应的一句话，一般建议要把对应的前后两三句看看，保证你的理解不是太片面；③要仔细推敲问题是怎么问的。大家做题，更多的是看文章是怎么说的，但是往往忽略是题目是怎么问的，提问方式、提问的重点就显得格外重要，很多的时候都是原文看懂了，但是解错了，因为题目没有看，提问的重点没有看明白；④体会细节题正确答案和干扰项目涉及的基本的特点。

正确的答案要有如下特征：①要必须和文章讲的意思要完全符合，不能有丝毫的偏差；②正确的答案必须要回答问题。干扰项一般而言：它和原文讲的真正的意思之间有一点点的区别，而我们的考生往往忽略了细微的区别。干扰项，你会发现它跟原文讲得一模一样，仔细看问题就会发现它和原文意思不相关，问题问的重点和它不相关。这个特点经常出现，但不是百分之百的，干扰项经常出现文章中的原词表达，一般而言，往往不是答案。这样，我们就知道这些题正确答案的特点，在考场中，进行排除的数据有了基本的依据。①怎么与细节题确定它的考点；②考点要往上多看几句话，保证你的理解很全面；③对细节提问的重点,提问的方式要非常的敏感;④要注意细节题和答案的正确的方法。把握这四条,就对细节题理解的比较准确,就会提高答题的分数。

2. 选词填空题

给大家列举一个例子和解析以便于大家的理解。

例:乡间的地和农民一样,没有多少闲歇的时间。翻松土地,把菜籽点进土里,覆上一层草木灰,洒些水。这些菜籽并不贪睡,吸足水分,拱出地面,冒芽,吐绿,_____地挤在一起。在_____处填入的词语,最恰当的是(   )。

  A. 密密匝匝　　B. 热热闹闹　　C. 林林总总　　D. 郁郁葱葱

解析:由题干可知,此处所填词是用来修饰"挤"字,体现菜芽的稠密。"林林总总""郁郁葱葱"均可指茂盛的、众多的,"热热闹闹"虽运用了拟人手法,充满感情色彩,但均不能体现出菜芽密集的特点。而"密密匝匝"指密集的、茂密的,满满的,可很好地体现这一点,与"挤"字相呼应,最契合句意。故本题答案为 A。

3. 篇章阅读

篇章阅读题在许多国有企业特别是国家公务员考试中的省部级试卷中有所考查,有成为必考题型的趋势,所以这一部分大家不能放松警惕,需要掌握命题人的思路,从而提高正确率。这类题型要控制在 5~7 分钟做完,6 分钟最佳,做题的顺序也要注意是先看问题,一个一个问题看,提取关键字,再定位原文,定向查找,从而选择答案,在篇章阅读中最常考查的题型有:第一,主旨题/意图题——对于这类题型应该找重点段,再找该段的重点句,按主旨和意图题的方法做题;第二,细节题(基于某段的细节题或整篇文章的细节题);第三,语句衔接题(话题一致和倾向性一致);第四,逻辑填空题;第五,标题填入题——找重点段或整篇文章的话题词,所以大家需要打好片段阅读的基础才能在这类篇章阅读中取胜。我们以一道真题为例来看看这类题型应该如何把握。

拓展例题:扫码学习"语言连贯题"和"成语辨析真题"。　　二维码 12-8

12.4.5　英语测试

英语测试属于知识测试的一种,因为在外企及涉外类岗位属于必考项目,所以在此把它单独列为一类来介绍。

英文笔试是所有笔试中比例最大的一类非技术性笔试,其考查的重点是阅读理解和写作能力,即表达能力,我们结合毕马威笔试的例子来加以说明。

毕马威笔试是典型的英文笔试,主要分为两部分。第一部分是阅读理解。与大学英语四、六级的阅读理解不同，一方面因为它更接近于商业英文的表达习惯，所以不讲求句式的繁复和修辞的多变，主要考查文意表达的是否清楚、规范；另一方面，它注重考查逻辑思维能力，因此着重测试求职者能否透过文字表面把握内在含义。第二部分涉及数学知识。考查重点不是数学运算能力，因此没有上升到高等数学的难度，所以无论是否学过微积分和导数的运算都不会影响这一部分的发挥。与阅读理解部分相似，数学部分的考查内容也是以商业英文为主，注重的是从数字和图表中获取有用信息的能力。另外，这种英文笔试还重点考查解题速度。如果有足够的时间，大部分求职者能解答出90%的题目，但招聘方往往只给一个小时的答题时间，据粗略统计，能够在规定时间内做完英文笔试的人不超过1%。对于毕马威来说，这一轮的淘汰率高达85%以上。

英文笔试还有一类非常重要的形式，就是英文写作的考查。有些公司的笔试，结合了前面所述的英文阅读测试和写作测试，有些则是专门考查英文写作能力的。下面我们来看几个例子。

1. 普华永道

普华永道有一年在上海招聘的笔试题目为英文写作，两个题目任选一个，其中一场的笔试题目是：①如何吸引外资来建立一个稳定开放的市场经济？②你是否遇到过特别难应付的人，你是如何成功地和他/她沟通的？

各大银行的英文笔试题目包括，①交通银行：谈谈你对宠物的看法。②农业银行：写一篇你对关于坚强意志的重要性的文章。③工商银行：电子商务蓬勃发展，请根据自身体验，写一篇关于电子商务的文章。

这种开放性命题的笔试，对求职者的能力要求很高，它要求职者至少具备以下两个方面的能力。

第一，分析问题的能力。主要考查结构化分析问题和多角度分析问题这两项能力。前者主要指逻辑思维能力，即能不能清晰有条理地提出问题、分析问题、解决问题。后者指思维的发散性和拓展性，即全面灵活考虑问题的能力。

第二，英文的书面表达能力。如果说分析能力是方法和路径，那么表达能力就是手段和工具。书面表达能力需要有深厚的底蕴支撑，如词汇量、英文写作的思维方式和驾驭文字的能力，这些需要经过长期积累和实践才能够获得。

2. 微软：考题没标准答案

在微软的技术支持中心，招人必定从笔试开始。考卷分A、B两类，A类考卷面对的是非计算机专业的学生，其中逻辑思维方面的考查占70%；B类考卷面对的是计算机及相关专业的学生，其中技术方面的考核占70%。而销售部、研发中心和研究院招人，一般不进行笔试。微软的笔试从IQ、算法、应用程序、谜语四个方面对求职者进行考核。很多人在网上看到过一些非常经典的题目，如

"下水道的盖子为什么是圆的"之类,就出自微软的试题数据库。微软希望招到更多具有开放型思维的人,因此很多考题并没有标准答案。例如,"请你解释一下为什么计算机的屏幕是方的而不是圆的""你认为北京有多少个公共汽车站",求职者可以随便给出答案,5家或者5000家都可以,关键是要有合理的解释。例如,"根据报告,北京的人口是多少,其中有多少人是需要乘坐公共汽车的,假设每人一天多少次,按照单程来算……"等等。只要有一套自己的思维方式,就算是一个好答案。微软很看重员工的逻辑分析能力,而这类试题主要也是测试求职者的思维方式。

3. IBM:笔试用中文

在 IBM,笔试成绩只是作为参考,并不是过关的唯一条件。相对而言,求职者的经验、面试的结果更为重要。IBM 有全球统一使用的数据处理测试,这个测试最初是用英文进行的,近年来开始翻译成中文。公司认为这套试题的设计就是为了考逻辑推理,如果用英文,可能对一个逻辑推理力的判断不够客观和全面,因此把它翻译成了中文。

4. P&G:注重英语水平

P&G 的笔试主要由解难能力测试和英语水平考试构成。前者是一个 65 分钟的书面测试,主要是考查求职者的逻辑思维能力和判断能力。英语考试是在 2000 年后才设立的,它侧重于考查求职者在跨国企业工作中的基本沟通能力。P&G 认为,掌握英语能够帮助新员工在工作中很好地与人沟通。因为在公司,除了与外方经理沟通时需要英语,和一些说粤语的香港同事交流时也需要用到英语。

5. NEC:字迹要清楚

NEC 的笔试成绩很重要。如果答卷人字迹潦草,则会给考官留下不好的印象。在一次招聘中,一名求职者答题的准确率很高,但是字迹很乱,难以辨认,在面试时他的服装和举止也很不得体,于是最终被 NEC 拒之门外。

总结:外资名企的笔试虽然各有千秋,但也有其相同的地方。从测试的考题上就可以看出他们非常重视思维的开放性、灵活性和创新性,从笔试的方法上可以看出他们善于从不同的角度全面了解毕业生的基本素质。他们对被试者的智商、逻辑思维能力和创新精神非常重视,同时也非常关心被试者的沟通能力、团队精神和行为细节。

更多是英语笔试真题收录于 12.1.2 节英语真题的二维码中,大家扫码查看。

12.4.6 性格测试

性格是个性心理即非智力因素的核心部分,在极大程度上影响着人的活动性质和方向。针对求职者的性格差异,用人单位通常通过性格测试进行人员配置。追求完美性格的求职者,用人单位把他安排担当原则性较强的工作,一般不会安排在灵活性较强的营销类岗位。通过性格测试,用人单位可以确保人力资源优化配置,实现人与岗位的合理匹配,体现人才优化、岗位优化,从而建立一支稳定、高素质的员工队伍。性格测试题这里分为三大类,分别是个人性格测试题、职业性格测试题和职业能力及性格测试题。

二维码 12-9   **拓展阅读**:扫码进行性格测试。

本章小结

第 12.1 节主要介绍了笔试是用人单位对应试人员的一种考核办法。笔试具有三个显著的特点:客观性、广博性、经济性。常见的笔试种类有:专业考试、文化素质考试、心理和智商测试、技能测试、论文笔试、国家公务员录用考试、外企的笔试、考研笔试等。

第 12.2 节主要介绍了笔试前应该具体做好哪些准备工作。包括:增强自信心、克服自卑;提前看考场,有备无患;保持良好的身心状态;提前了解笔试类型,做到有的放矢;做好相关的知识准备等。

第 12.3 节主要介绍了笔试的答题技巧。要提高答题技巧,就要有良好的考试心理状态,要了解考试的特点,了解各类考试题目的特点和解答各类题目的方法。

第 12.4 节主要介绍了知识测试、智力测试、技能测试、语言理解与表达测试、英语测试以及性格测试的经典题型及答题技巧和解析。

复习思考题

1. 通过了解笔试的类型及笔试中的应试技巧,规划出自己的复习思路。
2. 根据自己应聘的工作或考试的类型,归纳收集相关的典型例题。

第 13 章 面　试

学习目标

通过本章的学习，了解面试的基本概念；熟悉面试的主要类型和形式；掌握面试的基本方法与技巧；学会调节求职心态。

关键术语

无领导小组面试、结构化面试、情境化面试、面试准备、就业心理调适

引导案例　40 次面试被拒说明了什么

在一个高校毕业生招聘会上，小刘郁闷地从一机电公司招聘摊位前离开。"找份工作怎么这么难？"小刘不满地说，"唉！不少公司虽然接收了简历，可每次面试都通不过，前后算起来已经被 40 家单位拒绝了。"小刘是一所重点大学计算机专业的毕业生，对工作的要求也不算很高，从简历上看，他经验丰富，在大型计算机公司实习过，就是平时有点不拘小节，总体来看，应该是很多单位比较青睐的那种人才。可为什么屡试屡败？

对于求职者来说，在通过简历筛选、招聘笔试之后，就进入招聘录用前的最后一关——面试。从某种程度上来说，面试是招聘方与求职者相互博弈的一个过程。对于招聘方来说，希望能通过面试来更精确地甄别出所需要的人才；而对于求职者来说，面试不仅是深入了解求职公司的一次机会，更是向招聘方充分展现自我、推销自我的契机。求职者在应对面试时可以遵循一定的技巧，使用这些技巧可以使求职者的面试水平在实践的基础上能得到一定的提高。

13.1　面试概述

13.1.1　面试的概念

所谓面试，是在特定场景下，通过精心设计，以考官与求职者双方面对面地观察、交谈等双向沟通形式，了解求职者素质特征、能力状况以及求职动机等的

人员甄选方式。通过面试，用人单位可以对毕业生的形象、性格、知识、经验、综合素质等有一个全面的了解。

无论是求职还是考研，对于应届毕业生来说，面试都是一种综合性极强，集多种知识、能力于一体的多方面考核方式，是对自己多年的学习、实践成果的一次检验。面试时的表现往往影响到求职者和用人（招考）单位是否"情投意合"，并直接影响到双方能否成功地建立聘用关系。面试越来越成为毕业生重点关注的问题。然而，在高校毕业生求职面试的实践中，往往有一些素质不错的毕业生，由于缺乏面试技巧和必要的准备，过不了面试这一关。因此，学习和掌握面试技巧，做好充分准备，对于如何应对面试这一难关是非常重要的。

13.1.2 面试的特点

1. 面试以谈话和交流为主要手段

谈话是面试过程中的一项非常重要的手段。在面试过程中，主考官精心设计谈话题目，求职者应当恰当、顺畅地回答主考官提出的问题。在面试过程中，主考官会运用自己的感官，特别是视觉和听觉，观察求职者的非语言行为，进而通过人的表象层面推断其深层心理。

2. 面试交流具有直接互动性

面试中主考官和求职者的交流是面对面进行的，主考官和求职者的接触、交流、观察直接互动；主考官和求职者的信息交流和反馈也是相互作用的，因此，求职者的语言及行为表现与主考官的评判直接相连。面试的这种直接互动性提高了主考官与求职者之间相互沟通的效果与面试的真实性。

3. 面试内容具有灵活多样性

面试的内容具有较大的灵活性。一方面，由于不同的职位对人有不同的要求，面试可以根据不同职位的特点，灵活地采用不同的方式去考查求职者；另一方面，面试内容因求职者在面试过程中的表现而灵活把握。虽然面试内容需经主考官事先拟定，以便有的放矢，但在面试过程中又要因具体情况而异，灵活调整，既能让求职者充分展示自己的才华，又要达到用人单位自己的意图，求职者最好是收放自如地灵活应对面试内容。

4. 面试是一个双向沟通的过程

面试是主考官和求职者之间一个双向沟通的过程。在面试过程中，求职者不是一个完全被动的角色。主考官可以通过谈话和观察评价求职者，求职者也应通过主考官的行为来判断其价值判断标准、态度偏好、对自己表现的满意度等，来调节自己在面试行为中的表现。同时，求职者也可以借此机会了解自己想要知道的东西，如应聘单位、岗位的相关情况等，以此决定是否可以接受这一工作。毕业生要认识到自己在就业市场中的主体地位，在求职面试过程中抓住机会展现自己的才能，获取相关信息。

13.1.3 面试的形式

从不同的角度，面试可以分为不同形式。以下介绍一些面试的基本形式。

1. 单独面试与集体面试

所谓单独面试，指主考官个别地与求职者单独面谈。这是最普遍、最基本的一种面试方式。单独面试的优点是能提供一个面对面的机会，让面试双方较深入地交流。

单独面试又有两种类型。

（1）只有一个主考官负责整个面试过程。这种面试大多在较小规模的单位录用较低职位人员时采用。

（2）由多位主考官参加整个面试过程，但每次均只与一位求职者交谈。目前公务员、事业单位和考研专业复试面试大多属于后一种形式。

集体面试又叫小组面试，指多位求职者同时面对面试考官的情况。在集体面试中，通常要求应试者小组讨论，相互协作解决某一问题，或者让求职者轮流担任领导主持会议、发表演说等。这种面试方法主要用于考查求职者的人际沟通能力、洞察与把握环境的能力、领导能力等。

无领导小组讨论是最常见的一种集体面试法。在不指定召集人、主考官也不直接参与的情况下，求职者自由讨论主考官给定的讨论题目，这一题目一般取自拟任工作岗位的专业需要，或是现实生活中的热点问题，具有很强的岗位特殊性、情境逼真性和典型性。讨论中，众考官坐于离求职者一定距离的地方，不参加提问或讨论，通过观察、倾听为求职者进行评分。有些情况下，单独面试通过之后，还要经过小组面试和小组讨论，最终筛选出最合适的人选。

2. 一次性面试与分阶段面试

所谓一次性面试，即指用人单位对求职者的面试集中于一次进行。在一次性面试中，面试考官的阵容一般都比较"强大"，通常由用人单位人事部门负责人、业务部门负责人及人事测评专家组成。在一次面试情况下，求职者是否能面试过关，甚至是否被最终录用，就取决于这一次面试表现。面对这类面试，求职者必须集中所长，认真准备，全力以赴。

分阶段面试又可分为两种类型：一种是"依序面试"，一种是"逐步面试"。

依序面试，一般分为初试、复试与综合评定三步。初试的目的在于从众多求职者中筛选出较好的人选。初试一般由用人单位的人事部门主持，主要考查求职者的仪表风度、工作态度、上进心、进取精神等，将明显不合格者予以淘汰。初试合格者则进入复试，复试一般由用人部门主管主持，以考查求职者的专业知识和业务技能为主，衡量求职者对拟任工作岗位是否合适。复试结束后再由人事部门会同用人部门综合评定每位求职者的成绩，确定最终合格人选。

逐步面试，一般是由用人单位的主管领导、处（科）长以及一般工作人员组成面试小组，按照小组成员的层次，由低到高的顺序，依次对求职者进行面试。面试的内容依层次各有侧重，低层一般以考查专业及业务知识为主，中层以考查能力为主，高层则实施全面考查与最终把关。实行逐层淘汰筛选，越来越严格。求职者要对各层面试的要求做到心中有数，力争每个层次均留下好印象。在低层次面试时，不可轻视大意，不可骄傲马虎，在面对高层次面试时，也不必胆怯拘谨。

3. 非结构化面试与结构化面试

非结构化面试就是没有既定的模式、框架和程序，主考官可以"随意"向被测者提出问题，而对被测者来说也无固定答题标准的面试形式。主考官提问的内容和顺序都取决于其本身的兴趣和现场求职者的回答。这种方法给谈话双方以充分的自由，主考官可以针对求职者的特点进行有区别的提问。虽然非结构化面试形式给面试考官以自由发挥的空间，但这种形式也有一些问题，它易受主考官主观因素的影响，面试结果无法量化以及无法同其他求职者的评价结果进行横向比较等。目前，非结构化的面试越来越少。

正规的面试一般都为结构化面试。所谓结构化，包括三个方面的含义。

（1）面试过程把握（面试程序）的结构化。在面试的起始阶段、核心阶段、收尾阶段，主考官要做些什么、注意些什么、要达到什么目的，事前都会相应策划。

（2）面试试题的结构化。在面试过程中，主考官要考查求职者哪些方面的素质，围绕这些考查角度主要提哪些问题？在什么时候提出、怎样提？在面试前都会做出准备。

（3）面试结果评判的结构化。从哪些角度来评判求职者的面试表现？等级如何区分？甚至如何打分等，在面试前都会有相应规定，并在众考官间统一尺度。

4. 常规面试与情境面试

所谓常规面试，就是我们日常见到的主考官和求职者面对面以问答形式为主的面试。在这种面试条件下，主考官处于积极主动的位置，求职者一般是被动应答的姿态。主考官提出问题，求职者根据主考官的提问做出回答，展示自己的知识、能力和经验。主考官根据求职者对问题的回答以及求职者的仪表仪态、身体语言、在面试过程中的情绪反应等对求职者的综合素质状况做出评价。

在情境面试中，突破了常规面试考官和求职者那种一问一答的模式，引入无领导小组讨论、公文处理、角色扮演、演讲、答辩、案例分析等人员甄选中的情境模拟方法。情境面试是面试形式发展的新趋势。在这种面试形式下，面试的具体方法灵活多样，面试的模拟性、逼真性强，求职者的才华能得到更充分、更全面的展现，主考官对求职者的素质也能做出更全面、更深入、更准确的评价。

13.1.4 常见面试类型

1. 无领导小组讨论

无领导小组讨论由一组求职者组成一个临时工作小组，讨论给定的问题，并做出决策。由于这个小组是临时拼凑的，并不指定谁是负责人，在无领导小组讨论中，或者不给求职者指定特别的角色，或者只是给每个求职者指定一个彼此平等的角色，但这两种类型都不指定谁是领导，也不指定每个求职者应该坐在哪个位置，而是让所有受测者自行安排、自行组织，目的就在于观测求职者的组织协调能力、口头表达能力、辩论的说服能力等各方面的能力和素质是否达到拟任岗位的要求，以及自信程度、进取心、情绪稳定性、反应灵活性等个性特点是否符合拟任岗位的团体气氛，由此来综合评价考生。在无领导小组面试技术中，常有三种。

（1）小组作业：参与者处于这样一种情境，任务的圆满完成需要参与者的密切协作。

（2）个人作业：测试要求参与者独立完成任务。

（3）变化信息：讨论过程中，为了增加情境压力，主考官还每隔一段时间，给讨论小组发布一些有关的各种变化的信息，要求小组不断重新讨论改变方案，尽快做出新的决策。主考官根据每个被试人在事态紧急、情况多变、压力增大的背景下的表现，考查求职者思维敏捷性、应变和适应能力、心理承受能力、组织能力、决策能力、控制能力、分析判断能力等素质。

无领导小组讨论属于前者，是公务员、事业单位面试中常用的技术，也是一种对求职者进行集体测试的方法。近两年越来越多地被用在院校专业的复试面试上，这也是未来研究生复试面试的一种趋势。通过给一定数目的考生一个与主题相关的问题进行一定时间长度的讨论，来检测考生的组织协调能力，洞察力等技巧，非言语沟通能力（如面部表情）等各方面的能力，以及自信程度等个性特点和行为风格，以评价考生之间的优劣。

根据不同的标准分为以下类型。

（1）根据讨论背景的情境性，可以将无领导小组讨论分为去情境性的无领导小组讨论和有情境性的无领导小组讨论。

(2) 从是否给考官或考生分配角色的角度，可以将无领导小组讨论分为定角色的无领导小组讨论和不定角色的无领导小组讨论。

(3) 根据小组成员在讨论过程中的相互关系，可以将无领导小组讨论分为竞争性的、合作性的和竞争与合作相结合的无领导小组讨论。

(4) 根据无领导小组讨论的情境与拟任工作相关性，可以将其分为与工作相关情境的无领导小组讨论和与工作无关情境的无领导小组讨论。

在无领导小组讨论中，考官评价的依据标准主要如下。

(1) 受测者参与有效发言次数的多少。

(2) 是否善于提出新的见解和方案。

(3) 是否敢于发表不同的意见，支持或肯定别人的意见；是否能在坚持自己的正确意见基础上根据别人的意见发表自己的观点。

(4) 是否善于消除紧张气氛，说服别人，调解争议，创造一个使不大开口的人也想发言的气氛，把众人的意见引向一致。

(5) 看能否倾听别人意见，是否尊重别人，是否侵犯他人发言权。

此外，还要看语言表达能力如何，分析能力、概括和归纳总结不同意见的能力如何，看发言的主动性、反应的灵敏性等。

二维码 13-1　　**拓展阅读**：扫码阅读无领导小组讨论的面试技巧及典型案例。

2. 结构化面试

结构化面试也称标准化面试，是相对于传统的经验型面试而言的，是指按照事先制定好的面试提纲上的问题一一发问，并按照标准格式记下面试者的回答和对他的评价的一种面试方式。

结构化面试能帮助面试官发现求职者与招聘职位职业行为相关的各种具体表现，在这个过程中面试官可以获得更多有关候选人的职业背景、岗位能力等信息，并且通过这些信息来判断该候选人是否能成功胜任这个职位。

结构化面试的系统结构如下。

(1) 考官。根据招考职位需要，按专业、职务甚至年龄、性别，以一定比例科学配置面试考官，确保面试结果的公平公正。考官一般由 5~9 名人员组成，其中设 1 名主考官，由他负责向考生提问，并对整个面试结果做出最终评定。

(2) 测评要素。面试实施之前，考试部门会进行职位特征分析，同时明确测评要素，然后确定测试的内容和形式，并按一定的顺序及不同分值比重进行结构设计。例如，公务员录用面试的测评要素有很多种，一般采用八种测评要素，包括：求职动机与拟任职位的匹配性，综合分析能力，人际交往的意识与技巧，计划、组织、协调能力，应变能力，自我情绪控制能力，言语表达能力，仪表举止。

（3）测评标准。结构化面试评分标准主要为两种：分数制和等级制。分数制主要包括 100 分制、10 分制、5 分制等；等级制主要包括"优、良、中、差"四等制和"优、良、差"三等制，多用于公务员面试测评。

拓展阅读：扫码阅读结构化面试的技巧及典型案例。

二维码 13-2

3. 情境模拟面试

情境模拟面试，又称评价中心测评法，是目前企业面试中常用的一种方式，是通过设置一定的模拟情境、逼真的模拟工作环境系统和工作环境，将被测试人纳入该环境系统中，要求被测试者扮演某一角色并进入角色情境中，去处理各种事务及各种问题和矛盾。在这个过程中，考官采用多种测评技术和方法，观察和分析被测试人在模拟的各种情境压力下的心理、行为、表现及工作绩效，以测评其素质潜能，或看其是否能适应或胜任工作。

值得注意的是，情境模拟常常和结构化面试、无领导小组讨论面试相结合，以便构成一个科学的面试测评体系。

情境模拟测试有以下特点。

（1）针对性。由于模拟测试的环境是拟招岗位或近似拟招岗位的环境，测试内容又是拟招岗位的某项实际工作，因而具有较强的针对性。评价中心测评法模拟特定的工作条件和环境，并在特定的工作情境和压力下实施测评。根据不同层次人员的岗位要求和必备能力，设计不同的模拟情境，具有很强的针对性，避免"高分低能"倾向。

（2）直接性。在结构化面试中，考生容易陷入消极被动的境地，消极地接受考官的提问，被动地思考和回答问题。在这种情况下，考生实际上是在机械地回答问题，而不是就问题发表自己的观点与想法。在一定程度上不能够充分地检测考生的基本素质是否符合职位与岗位的要求。而情境模拟将考生在考场上所扮演的角色，强行由消极被动接受，向积极主动转变，使考生在考场上再也不能视自己为面试的附属品，而是面试的主角。如在招考秘书的情境模拟考试中，将一篇成文信息抽取观点，颠倒次序后，由一位主考人语无伦次地口头叙述，让求职者记录并据此写出一份"简报"。这样的测试，不仅测试内容与拟招岗位业务有直接关系，而且使考评人员能够直接观察求职者的工作情况，直接了解求职者的基本素质及能力，所以更具有直接性。

（3）可信性。由于模拟测试接近实际，考查的重点是求职者分析和解决实际工作问题的能力，加之这种方式又便于观察了解求职者是否具备拟任岗位职务的素质，因此，普遍反映模拟测试比笔试和其他面试形式更具有可信性。

在招聘编辑、记者时，组织求职者参观并采访了生产车间，请厂长介绍了该厂搞活企业经营、狠抓产品质量、改进政治思想工作等情况，并以记者招待会的形式，由厂长解答了求职者提出的各种问题。随后让求职者根据各自的"采访记录"分别撰写新闻综述和工作通讯。

通过这种测试观察了解求职者是否具备相应岗位的基本素质，是十分可靠的。

此外，情境模拟由多个主试小组成员分别对被试人给予评价，减少了因被试人水平发挥不正常或个别主试人评价偏差而导致的测评结果失真。每项测验后，请被试人说明测验时的想法以及处理问题的理由。在此基础上，主试人进一步评定被试人处理实际问题的能力和技巧，使评价结果的可靠性大大增加。

(4) 动态性。如果说结构化面试还存在着静态考试的弊端，那么情境模拟往往会将被试人置于动态的模拟工作情境中，模拟实际管理工作中瞬息万变的情况，不断对被试人发出各种随机变化的信息，要求被试人在一定时间和一定情境压力下做出决策，在动态环境中充分展示自己的能力和素质。

(5) 预测性。情境模拟具有识才于未显之时的功能，模拟的工作环境为尚未进入这一层次的人员提供了一个发挥其才能与潜力的机会，对被测评人员的素质和能力具有一定的预测作用。

总的来讲，情境模拟在测试中的环境是仿真的，内容是仿真的，测试本身的指针也是指向未来工作中职位岗位对考生和求职者能力与素质的实际要求。

二维码 13-3　　**拓展阅读**：扫码阅读情境模拟面试的技巧及典型案例。

4. 网络视频面试

2020 年由于突如其来的新型冠状病毒疫情，网络视频面试变成了招聘面试方式的主力军，无论是求职面试，还是考研复试，都是对毕业生提出的新要求，那么如何在网络视频面试中体现应届生的表达艺术和综合素养就尤为重要了，它直接决定了你将怎样的形象展示给面试官，更决定了你能否顺利通过面试。

(1) 选择合适的设备并调试好。在视频面试的设备选择中，首先大家一定要注意，尽量不要选择手机，因为手机随时都可能有电话进来，这时面试就会被打断，会影响面试的效果。平板电脑和计算机之间，不要选择平板电脑，因为平板电脑的摄像头是固定的，而计算机是可以外接摄像头的，这样在面试时，可以较为方便地调整拍摄角度，以便于更好地在面试官面前呈现自己的状态。其次，建议大家在面试设备上安装一个测速软件，保证面试的流畅性。最后，面试前，要提前下载好面试的应用平台 App，提前进行操作练习，避免在面试中出现因不熟悉App导致的手忙脚乱，影响面试的进行。

（2）细节准备。网络面试大部分可能是在家里或者寝室里进行，所以在面试前要注意以下几点细节。

1）背景墙。大家尽量选择淡色墙纸或者墙面，或者是书架来作为背景，切忌镜头里面出现杂乱无章的背景，同时还要避免出现格调低俗的海报、字画等。

2）服饰和妆容。虽然是网络视频面试，大家也一样用现场面试的标准来准备服饰和妆容。现场面试时我们更多强调的是正装，能够体现大家的专业性和对面试的重视程度。但是视频面试对服装和妆容的标准，由于受到镜头的影响，标准有了稍微不同。我们要准备的是上镜装，要准备的是上半身入镜，这样面试官看到的就不只是一个呆板的大头像，而是有表情、有动作的活生生的人，这会让视频面试进行得更愉快，也是会有加分的。但是不要有夸大的肢体动作，语音语调也要提前进行练习。大家在检查自己的服饰妆容的时候，可以按照这个顺序：发型是否整齐、面部是否清洁、男生的胡须是否刮干净、女生的妆容是否美观、配饰是否合适、领子是否整洁、领口是否妥当、外套是否整洁……

3）环境准备。首先选择比较清净的环境，不要在网吧或者咖啡厅进行视频面试。其次是要避免被突发情况打扰，最好是有朋友或者家人帮你看好房间避免别人进入。

4）设备干扰准备。很多计算机在刚打开的时候，会弹出很多的小窗口。另外，笔记本电脑也会出现电量不足的情况。因此，在打开计算机时，尽量等到弹出窗口全部显示完毕后进行视频面试（这就需要我们要在约定面试时间前半小时打开计算机），另外，如果你选择的是笔记本电脑，请一定要连上电源线进行视频面试。

5）昵称和头像。在虚拟平台或者注册新的App时，很多学生会通过昵称或者头像体现自己的个性，但是在视频面试中，建议大家选择一张你觉得最棒的形象照，这样便于加深面试官的印象。这里可以是之前就开始风靡的"最美形象照"，也可以是一张近期的精神一点的证件照，当然关于底色，还是建议大家用蓝色或者是白色。至于昵称，建议用实名或者是网上投递简历时用的简历命名格式，也就是"学校+学历+专业+姓名"的格式，当然这个也是可以微调，如"姓名+学校+学历+专业"，这样即便是网络平台对昵称显示有长度限制，你的姓名一样也是可以体现出来的。记住，让面试官能够脱口叫出你的名字，是会为你的面试加分的。

6）进行提前演练，也就是模拟面试。大家可以用提前准备好的面试设备，录下自己的模拟面试画面，然后回放，观察自己的体态、语调，表情是否得体，直到有一个自己最满意的视频出现。之后和家人配合，通过镜头来看一下自己准备的情况。提前演练的目的不在于回答面试问题,而在于找到自己在镜头前的最佳状态。

7)不要着急挂断。在视频面试中,如果面试官没有挂断,就表明面试还没有结束。因此在面试官挂断之前,请始终保持面试的状态。即便是闲聊,也一定要体现出你的逻辑思维和专业性。

8)录制视频。网络视频面试对大家都是一个考验,很多细节和现场面试不一样,要求也不一样。因此建议大家准备一个录制视频的软件,完整录下自己的面试过程。在面试结束后,通过回看,总结出自己是否紧张,是否表现得体,哪些地方需要改进和提升,回答是否欠妥当,只有不断地总结和锻炼,才能够提高自己的面试技巧和能力。

13.1.5 面试涉及的主要内容

面试官在对求职者进行甄选过程中,会有选择性地测评求职者的相应素质、能力,面试涉及的主要内容如下。

1. 教育背景与专业知识

根据求职者的个人简历和有关资料对求职者进行相关的提问,弄清求职者有关的教育及培训背景。面试官通过与求职者面对面的交流,了解求职者对专业掌握的深度、广度,判断其专业知识与所应聘岗位的符合度。对于考研的学生还会涉及研究方向、毕业论文、发表论文等。

2. 工作经验

工作经验是用人单位非常看重的,如果有,对应聘会非常有利。当然,对于刚毕业的学生,企业也很清楚他们大多刚从学校出来,没有或者很少有工作经验,面试官也会通过其他方面来考查求职者的能力。所以,作为刚毕业的求职者,一定要诚实,不要弄虚作假,如果写上一些不真实的工作经历,面试时一旦暴露出来,就彻底丧失机会了。

3. 表达能力

通过面对面的交流,可以考查求职者能否用很流畅的语言表达出自己的思想、观点、意见等,同时,可以考查求职者思维的逻辑性,以及语言表达的准确性和感染力等。

4. 沟通能力

由于现代社会人与人之间的沟通非常缺乏,用人单位在招聘员工时,非常注重求职者的团队意识,以及与他人的交往能力的培养。面试官通过面对面的交流,以及求职者对相关问题的看法,来考查、判断其沟通能力,以及其在今后的工作中能否胜任工作,能否与同事有很好的相处。

5. 应变能力

应变能力主要是考查求职者对突发问题的反应是否机智敏捷，对意外事件的处理是否得当，以及反应的迅速性和准确性。

6. 自我认知能力

往往要求求职者对自己做出评价。例如，经常要让求职者自己来评价一下自己的特点、自己的主要优点和不足。

7. 分析思维能力

通过对求职者提出问题进行考查。考查的指标主要有：是否能抓住问题的本质，分析问题是否全面，思维是否有逻辑，思维的灵活性如何，思维是否有条理，以及是否善于把握事物之间的联系，等等。

8. 业余爱好与兴趣

通过与求职者交谈，可以了解其业余时间都喜欢做些什么事，有没有一些不良的嗜好。例如，喜欢做什么运动，读什么样的书籍，看什么样的电视，是否喜欢上网、聊天等。平时的爱好和兴趣还能反映出求职者的性格特点。

9. 仪表仪态

仪表仪态指求职者的衣着、言谈举止等综合表现。用人单位很注重员工的精神面貌，研究表明：一个衣着整洁、讲究的人，做事也是很有规律、有条理的；一个不注重细节、衣着邋遢的人，他在今后的工作中，在自我约束力、责任心等方面也有可能会出现问题。

10. 求职动机

求职动机主要是指求职动机与拟任职位的匹配性。通过了解求职者为什么希望来某用人单位工作，对哪类工作感兴趣，在工作中追求什么，从而判断某用人单位所提供的职位或工作条件等能否满足其工作要求和期望。

11. 薪酬待遇

在面试的后期，面试官会向求职者介绍本单位拟招聘员工的工资、待遇情况。一般情况下谈得比较笼统，只是大概的数字，甚至故意把待遇说得低些，以此来考查求职者对未来工作所持的态度，以及求职者对自身价值的要求等。

13.2 面试艺术

13.2.1 面试之前

大学生在求职面试前应做好以下几个方面的准备，有备方能无患，面试也是如此。事先有准备的人，表情和肢体语言比较笃定从容，且具备较好的回应能力。

13.2.1.1 信息收集

1. 单位的需求

单位的需求即这个单位最需要什么样的人。每个单位的侧重点都不尽相同，一般的企业在选择毕业生时会考虑以下几个问题。

（1）为人是否诚信、亲和，做事是否专业、规范，有无良好的服务意识、工作心态，是否具有强烈的进取心，是否具备爱岗敬业和团队协作的精神。

（2）是否具有良好的职业意识与职业素养、较强的学习力与适应力，专业知识技能（包括办公自动化系统应用操作技能），是否适应岗位工作要求。

（3）是否具有一定的社团活动、社会活动实践经验，良好的沟通表达、组织协调能力，以及良好的人际关系。

（4）是否具有一定的团队意识和竞争意识以及较强的应变能力。

2. 招聘岗位的基本要求

世间的岗位有千万种，对求职者的素质要求自然也多种多样、各有侧重。毕业生在参加应聘面试前应仔细分析自己是否具备相关条件，自己的性格、能力、特长等是否符合招聘岗位的基本要求。

 引导案例　就是他了！

一位教授推荐一名毕业生到某部委去做部长秘书，部里的考官问他："你有什么特长？"他就说了很多特长：写过话剧、拍过电视剧、喜欢跳舞，是校舞蹈队的成员，英语又特别好，还是书法家协会的会员。事后，考官对这位教授说，这名学生我们不能要！为什么？道理很简单，他本事太大了，做部长秘书，就是要谨小慎微、上传下达、一丝不苟，而他完全是个搞艺术的人！他的想象力太丰富，部长说一句话，他可以引出八句，那怎么行！于是，这位教授又推荐了另一名同学，考官又问了同样的问题，他回答说："没有什么特长。""那你周末干什么？""练气功！""你再好好想想到底有什么特长？""我的字写得还行！"考官说，那就是他了！

3. 与单位和岗位有关的资料

假设你在面试时，能够有目的地引用一些资料和数据，显然会使考官对你另眼相看，至少也表明你对企业很关注，也很了解企业，有备而来。这些资料主要包括以下两方面。

（1）对所要应聘的公司、行业和它们所面临的竞争情况进行研究。

（2）对企业的运作管理及经营情况进行了解，如有可能，可以进行一些思考甚至准备一些建议，但一定要符合实际，切忌夸夸其谈。

13.2.1.2 物品准备

（1）几份精美的简历复印件。

（2）一份举荐信复印件。

（3）用来记录的纸（或是笔记本）和笔。

（4）面试地点的方位说明，摸清交通线路。这是很多人都会忽略的一个问题。有些同学随便看一看地图，大致了解一下路线，在面试的时候就匆匆地上路了。但这样往往会出现预估失误，导致迟到的发生，迟到是一件非常不礼貌的事情，会给招聘单位留下不好的印象。

（5）服装准备。不论是新衣还是旧装，最好提前几天在家装扮完毕，先在镜子中看一下效果。万一出现大小或是其他方面的问题，还可以有时间做调整，以防到面试当天才发现问题，影响情绪和面试效果。

13.2.1.3 答题准备

一般来说，初试是由人力资源部来进行的，他们会就你的学历、个性、能力、价值观等问一些常规问题，以帮助他们判断是否要向你未来的主管推荐你。所以，你不妨对着镜子对某些必考题进行自问自答。例如，对你的经历做一个简单的介绍，对自己做一个简要的评价，你最感到自豪的事情是什么，你觉得你最大的缺点是什么，你为什么认为你适合这个职位，等等。

在答题的时候，千万不要长篇大论，要抓住面试官感兴趣的内容，即你的背景是否适合这份工作。所以，在准备这些回答的时候，紧紧抓住他们的职位描述和企业文化。平时多积累自己的成功案例库，以便面试时备用，对于自己的缺点无须回避，但要让他们看到你的改进，并且不会对完成工作造成负面影响。

13.2.1.4 问题准备

问题准备是非常重要的，因为并不仅仅是公司在单方面选择你，你同样也在选择合适的公司。所以，对于公司的发展趋势、市场开拓情况、为什么要招聘这个职位、公司的用人标准、管理风格等你觉得对你的发展有影响的实际情况，也不妨进行询问，以帮助你进行判断。

13.2.1.5 到达面试地点后的准备

提前到达——要在预约前至少10分钟进入大楼，进入大楼后可以进行以下准备工作，确保万无一失。

（1）复习所准备的答案。

（2）到洗手间最后一次检查自己的仪表。

（3）用职业的方式向接待员通报自己的到来。

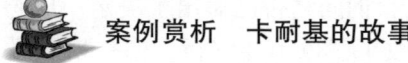

案例赏析　卡耐基的故事

有位卡耐基总部的副总裁到香港给培训教师讲课。培训中心地处铜锣湾，这位副总裁下榻的饭店也在铜锣湾，不过5分钟的路程，他却整整提前了半个小时。有人就问他,为什么这么早到。这位副总裁说:"我早到,心里就踏实,就能镇定一下,就更有自信了。如果一旦迟到,就很容易心怀愧疚,在课堂上的发挥以及在逻辑思维、语言表达方面都会大打折扣了。"

13.2.2　面试之后

许多求职者只留意应聘面试过程,而忽略了应聘后的善后工作,事实上这些步骤亦能加深别人对你的印象。面试结束并不意味着求职过程就完了,也不意味着求职者就可以袖手以待聘用通知的到来,有些事你还得做。

1. 感谢

为了加深招聘人员对你的印象,增加求职成功的可能性,在面试后两天内,你最好给招聘人员打个电话或写封信表示谢意。

感谢电话要简短,最好不要超过5分钟。

感谢信要简洁,最好不超过一页。感谢信的开头应提及你的姓名及简单情况,然后提及面试时间,并对招聘人员表示感谢。在感谢信的中间部分,要重申你对该公司、该职位的兴趣,增加一些对求职成功有用的事实内容,尽量修正你可能留给招聘人员的不良印象。在感谢信的结尾,可以表示你对自己的素质能符合公司要求的信心,主动提供更多的材料,或表示希望能有机会为公司的发展壮大做出贡献。

在面试后表示感谢是十分重要的,因为这不仅是礼貌之举,也会使主考官在做决定之时对你有印象。据调查,10个求职者往往有9个人不回感谢信,你如果没有忽略这个环节,则显得"鹤立鸡群",格外突出,说不定会使对方改变初衷。

2. 不要放弃别的机会

在面试回来后,你已经完成一次面试,但这只是完成了一个阶段。如果你同时向几家公司求职,则必须收拾心情,全身心投入应对第二家的面试,因为,在未有聘书之前,仍未算成功,你不应放弃其他机会。

3. 结果查询

在一般情况下,考官组每天面试结束后,都要进行讨论和投票,然后送人事部门汇总,最后确定录用人选,可能要等3~5天。求职者在这段时间内一定要耐心等候消息,不要过早打听面试结果。

如果在面试两周后或在主考官许诺的通知时间到了,还没有收到对方的答复,你就应该写信或打电话给招聘单位或主考官,询问是否已做出了决定。应聘中不可能个个都是成功者,万一你在竞争中失败了,也不要气馁。这一次失败了,还有下一次,就业机会不止一个,关键是必须总结经验教训,找出失败的原因,并针对这些不足重新做准备,"吃一堑,长一智",谋求"东山再起"。

13.2.3 面试关键点

1. 第一印象，作用关键

第一印象在人们的相识中往往起到十分重要的作用，因此大学生在参加面试之前，要对自己的整体形象进行设计。服饰要整洁、朴素、自然、大方，女生化妆要得体。

2. 彬彬有礼、不卑不亢

大学生在面试过程中要表现出良好的道德素养，注意礼节。例如，不要在门口徘徊不定，敲门经允许后方可入内。进入招聘现场后，要有礼貌。如果主试人向你介绍其他招聘者时，要点头致意或主动问候，并努力记住每个人的姓名、职务。要恰当使用"您好""谢谢""再见"等礼貌用语，做到谦恭礼貌、不卑不亢。

3. 自然得体、重视沟通

大学生在面试过程中要自信、坦诚、适度、得体，微笑是一种无声的语言，它可以显示出你的自信、魅力与涵养。无论是在寒暄的时候，还是在回答问题或告别的时候，面带微笑都能够使招聘者感到心情愉悦。在回答问题时眼睛要注意看着问话人，如果有几位招聘人，要用眼神与其交流以示尊重，态度要友善、诚恳、自然。

4. 注意倾听、有问必答

注意倾听是交谈中的重要礼节，也是获得准确信息的重要手段。有些学生在参加面试前做了充分准备，面试一开始就急于表达，由于没有掌握倾听的艺术，没有做到有问必答，往往影响了自己的竞争力。

5. 观察环境，巧用形体

求职者在进入招聘现场后，要注意观察周围环境。例如，有一家招聘单位故意将一把拖把横放在招聘大厅内，前十几位面试者都迈过拖把，而有一位考生则不慌不忙地将其扶起，并问主试人："我可以把它放在门后吗？"他用非常简单的形体动作和简单的语言赢得了众人翘首以望的工作。另外，如果是坐在椅子上回答问题，身体可微微前倾，最好不要将胳膊放在桌子上，不要跷二郎腿，也不要双腿颤动。

6. 吐字清楚、思路明确

在主考官提出问题后，不要急于回答，可以稍等三四秒，便于理清思路。阐述观点时吐字尽量清楚。如果招聘人员使用地方语言，而你恰好掌握此种方言，若能够使用它往往容易使对方认同你，从而加大你成功的概率。一般情况下，最好使用普通话。

 案例赏析 "面霸"是怎样炼成的

求职人：复旦大学历史系小张

复旦大学历史系小张今年一共收到七份 Offer,其中包括四大会计师事务所的三份 Offer,其面试次数不下十次,成功率极高。那么"面霸"是怎样练成的?

成绩是块"敲门砖",小张在记者面前亮出她的成绩单,在校期间每门功课平均绩点不低于 3.5。"这不是我自己定的,而是大多数跨国公司在高校宣讲会上的明文规定。"小张告诉记者,即使是那些没有明确规定绩点下限的企业也会根据在校成绩来直接删除一部分个人简历。

"如果让我再读一次大学,我一定拼命学英文,然后去考各种各样的英文证书。"尽管小张已经考取了专业英语、高级口译证书,但她仍非常强调这一点。记者在她寝室里发现了各种各样的英语书籍、磁带、VCD 等。"英语好,就能和考官顺利沟通。"小张认为,大学英语六级合格只是一个起码的底线,如果能有专业英语、托福、高级口译等证书,你的英文水平会更有说服力。国际四大会计师事务所、全球 500 强的企业甚至一些大型国有企业,都非常重视求职者的英文水平。小张的一位室友悄悄地告诉记者,四年大学,"面霸"每天复习英语的时间绝对超过睡觉时间。

"面试时一锤定音,我认为来自事前充分的准备和平稳正常的心态。"在谈到自己的多次面试经历时小张这样总结。小张坦言自己经历过多家公司的面试"洗礼",最初一次,是一家国际知名计算机公司,由于专业关系,自己对公司的背景完全不了解,首次面试更像"走过场"。

之后,小张悄悄做了两件事,一件事是专门找小单位进行"实战"练习,每一次面试自己都做足准备,公司的背景、企业文化、用人之道无一不了然于胸;另一件事是面试之前,小张针对自己的简历设想一些问题,并"储备"了不少体现自己领导能力、团队精神的事例。在面试过程中,小张认为自己表现自然、态度从容、不卑不亢,努力表现出了符合公司文化的气质。

13.3　常见面试题型与解析

13.3.1　自我评价类

1. 请自我介绍一下

这是一道面试必答题,回答的关键在于不要复述自己的简历,面试官希望了解的是简历上没有的、更加深入的内容,如你最擅长的技能、研究最深入的知识领域、取得过哪些值得称道的成就,回答的内容最好能够与行业和岗位相关,又或是突出你积极的个性和做事的能力。

2. 你的优点是什么

这个问题,应该也是求职者早已准备的话题。列举优点时,不是说得越多越好，一定要有针对性，针对应聘岗位的要求，一一列举自己的优点，适当地量化更能说明问题，加重分量。例如，我有组织管理能力，在大学期间组织过多少次××活动，取得××效果；我在活动中善于创新，列举具体的实例；我善于与人沟通，列举成功的事例等。少用形容词，在列举优点时，用事实来说话。

3. 你的缺点是什么

人无完人，贵在有自知之明。所以，千万别自作聪明，说自己没有缺点或说自己最大的缺点是工作起来不要命；也不要说一些与工作毫无关系的缺点，如我怕黑、我跑步很慢等；更不要过于坦诚，说出一些令人不放心、对胜任工作造成致命硬伤的缺点。你想，应聘财务工作的人说自己最大的缺点是太粗心、太随意，应聘销售岗位的人说自己的缺点是压力承受力很差，他们能被录用吗？——不可能！所以，建议你选择的缺点最好是可以弥补的，可以被原谅的，甚至能被认为包含可取的素质，如性子比较急、缺乏经验、有时不够自信等。注意，不要忘了告诉对方你正在努力克服这些缺点并取得了进步。例如，缺乏工作经验，但是会在日后继续努力，凸显自己的工作热情。

4. 你有什么爱好、特长

业余爱好能在一定程度上反映求职者的性格、观念、心态，这是面试官问该问题的主要原因。没有爱好特长的人容易被认为缺乏生活情趣，庸俗的、明显带有负面影响的爱好也只会破坏你的形象。当然，爱好也不是越多越好，而是越真实、具体和独特越好。比如说爱好"足球"比爱好"体育"更能点缀你的形象，爱看《半月谈》比爱"看书"更让人记忆深刻，喜欢手工制作比动手能力强更让人信服。

13.3.2 个人素质类

1. 从成绩上看，你的学习成绩并不算优秀

回答要突出与应聘岗位相关的高分课程；突出实习、兼职、社团经历，通过实践证明自己的综合素质和能力；突出自己在大学长期坚持的某项正能量爱好及取得的成绩。

2. 作为刚毕业的大学生，没有工作经验，如何能胜任这项工作

面试官提出这个问题，并不是真正在乎经验，关键是看求职者怎样回答。回答这个问题一定要坦诚、机智。建议这样回答："作为刚毕业的学生，我在工作经验方面的确很欠缺，书本上的知识与实际工作还存在着很大的差距，因此在读书期间我注重这方面的锻炼，利用各种机会做些兼职，同时利用寒暑假时间，结合专业也参加了不少实践活动，并从中获得了一些经验，这也令我受益匪浅。请贵公司放心，我是一个有较强责任心的人，在今后的工作中，我会虚心地向别人

请教，努力工作，一定能胜任这个职位。"

3. 就你申请的职位，你认为自己还欠缺哪些

企业喜欢能够巧妙地躲过难题的求职者。你可以对他们说："对于这个职位和我的能力来说，我相信自己是可以胜任的，只是缺乏经验，这个问题我想我可以进入公司以后以最短的时间来解决，我的学习能力很强，我相信可以很快融入公司的企业文化，进入工作状态。"

4. 你有哪些社会实践经历

几乎所有用人单位对有工作经历的应届毕业生都一致看好，招聘官普遍认为，大学期间有过工作经历的人更容易与人相处，更务实，更成熟。无论你的暑假工作多么微不足道，都要将其视为一段在单位的工作经历。

13.3.3 应聘动机类

1. 你对我们公司了解多少

不要打无准备之仗，去一家公司面试前一定要了解公司主要经营的业务，这是对自己负责。这个问题主要是考查你对单位关注的原因和程度，并要表明自己看重的是工作本身和今后的发展，而不是福利待遇、工作条件。所以在面试前要了解单位目前的情况以及未来发展趋势等，特别是单位近来发生的重大事件、媒体对单位的报道等。此时，一个能有根有据地赞扬对方单位的求职者，和一个摇着头告诉对方"不知道"的求职者相比，毫无疑问，前者胜出的可能性更大。另外，投简历时，一定要找自己感兴趣、和自己匹配度高的工作。

2. 为什么选择我们这家公司

回答这个问题，要表达你想到该单位工作的愿望，说明自己所学专业和兴趣以及对这项工作的期待和理想，不能讲是由于单位的工作条件和工资报酬很有吸引力才选择这家单位的。建议从行业状况、企业发展、声誉和有利于本人才能的发挥等角度来回答，并强调想到这家单位工作是认真的、慎重的，而不是随便选择。如果你在面试前，对所面试的公司做好充分的准备，这个问题就能很流利地回答。例如，我对贵公司所从事的行业很感兴趣，根据我的了解，贵公司品牌形象好，在业内有×××的优势，公司内部有着良好的企业文化和用人机制，而且我掌握的知识和技能能够胜任贵公司招聘的职位，能够有很大的空间为贵公司效力。经过慎重的考虑我投出了简历，如果贵公司给我机会，我一定努力工作，和公司共同进步。另外，你还可以透露你的目标，让企业了解你较为具体的远景规划。

3. 为什么选择这个职位

适时举出过去的"丰功伟业"，表现出你对这份职业的熟练度，但避免过于

夸张的形容或流于炫耀。例如，这一直是我的兴趣和专长，经过这几年的磨炼，也积累了一定的经验及人脉，相信我一定能胜任这个职位的。

4. 为什么报考这个学校以及这个方向

这个问题主要是想知道你对学校及报考方向的了解，在回答过程中可以说一下想要报考学校的理由，并且一定要体现出你对这所学校和专业的热爱，重点要表达出自己对科研的热爱，态度诚恳，实话实说，而且要尽量往导师的研究方向靠拢。

13.3.4 工作态度类

1. 你对加班有什么看法

面试官问这个问题，只是想测试你是否愿意为公司奉献。这时不要询问公司加班的频率，因为企业还没确定要你，回答中要表露这样一种意思：可以接受加班，但是我会提高效率，减少不必要的加班。

2. 你很努力，但客户始终不满意并投诉，你怎么做

"首先我会保持冷静。作为一名工作人员，在工作中遇到各种各样的问题是正常的，关键是积极应对，妥善处理。其次，我会反思客户不满意的原因。最后，根据原因采取对策，将处理情况向领导汇报。"

3. 工作中你难以和同事、领导相处，你该怎么办

面试官通过这个问题考查求职者为人处世的态度，以及团结协作的精神。建议这样回答：

（1）我会服从领导指挥，配合同事工作。

（2）从自身找原因，仔细分析自己是否在工作或为人处世方面做得不好，找出原因主动改正。

（3）如找不到原因，我会找机会跟他们沟通，请他们指出我的不足，有问题就及时改正。

（4）作为优秀的员工，应该时刻以大局为重，即使在一段时间内，领导和同事对我不理解，我也会做好本职工作，虚心向他们学习。

13.3.5 处事能力类

1. 在工作中与领导有不同意见时，你应该怎么做

面试官提出这个问题，主要想考查求职者：一是沟通的能力；二是组织纪律性；三是对于原则性问题的态度。一般可以这样回答："原则上我会尊重和服从领导的工作安排，同时私底下找机会以请教的口吻，婉转地表达自己的想法。如果领导没有采纳我的建议，我也同样会按领导的要求认真地去完成这项工作。假

如领导要求的方式违背原则，我会坚决提出反对意见，如领导仍固执己见，我会毫不犹豫地再向上级领导反映。"

2. 你通常如何处理别人的批评

推荐回复方案：

（1）沉默是金，不必说什么，否则情况更糟，不过我会接受建设性的批评。

（2）我会等大家冷静下来再讨论。

3. 你与别人发生过争执吗？你是怎样解决的

这是一道典型的陷阱问题，千万不要说任何人的过错，应知成功解决矛盾是一个协作团体中成员所必备的能力。面试官希望通过这个问题了解你的成熟度和处世能力。在没有外界干涉的情况下，通过妥协的方式来解决才是正确答案。

13.3.6 工作规划类

1. 如果你被录用，将怎样开展工作

面试官问这样的假设性问题，目的是了解求职者的工作能力和计划性、条理性，所以他会重点看你回答问题的细节。

如果你对于应聘的职位缺乏足够的了解，可以尝试采用迂回战术，泛泛而谈不要说具体的工作细节，但迂回战术如果并不能让面试官满意，你这次面试就很危险了，因此面试前的准备工作非常重要，如果你提前了解公司及岗位的基本信息，你回答的重点就是展示你分析问题、解决问题的能力，工作的重点和事情的症结在哪里，以及你的计划性和条理性。

2. 对这项工作，你有哪些可预见的困难

当面试官询问这个问题的时候，有两个目的：一是看求职者是否专业，提出的难题是否是该岗位的常见问题；二是想看求职者解决困难的方法与公司是否能够提供对应的资源。

因此首先，不宜直接说出具体的困难，否则可能令对方怀疑求职者不行；其次，可以尝试迂回战术，说出求职者对困难所持有的态度——工作中存在困难是正常的，坚忍的毅力、良好的协作与周密的准备可以解决面临的问题。

3. 入学后你的学业规划

总体来说还是根据自己情况出发谈学习、谈生活、谈未来，其实无论你说多少，面试官最关心的还是你想怎么实现自己的规划。

13.3.7 职业规划类

1. 5年内，你的职业规划

如果你申请的是一份举足轻重的工作，招聘经理肯定很关注你对未来的自我设计。所以，你的回答一定不可以显得没有任何打算，而要具体、合理，并符合你现在的身份。最保险的回答应该先说明你要发展或进取的方向，并表明你脚踏实地的工作态度。如果能告知你对个人目前技能的评估以及你为实现目标所拟定的粗线条的技能发展计划，更能受到面试官的欣赏。专业这一回答涉及个人定位问题。你的未来规划是否可行，是否能更清楚地意识到风险的存在，这些都是面试官想要了解的，因此你自己要考虑清楚，结合实际来回答。

例如，我的短期目标是进入一个管理规范并不断发展的企业，而贵公司正是我的选择。哪怕得到的是初级工作，只要有挑战性我也感兴趣并努力做好。当我证实了自己的实力之后，希望可以沿着专业方向或管理方向发展，与公司共同进步。

2. 对工作的期望与目标

这是面试者用来评断求职者是否对自己有一定程度的期望，对这份工作是否了解的问题。最好针对工作的性质回答对应答案。例如，业务员的工作："成为一名优秀的业务员，将公司的产品推广出去，获得最好的业绩……"

3. 说说你对行业、技术发展趋势的看法

面试前查找你所申请的行业部门相关信息，只有深入了解才能产生独特的见解。聪明的求职者是对所面试的公司预先了解很多，包括公司各个部门、发展情况，企业欢迎"知己"，而不是"盲人"。

13.3.8 薪酬待遇类

你的期望薪酬是多少？这个问题一直是求职和招聘双方洽谈的焦点话题，同时也是个敏感话题，必须谨慎回答。你可以参考以下几种回答方式。

（1）我愿意接受贵单位的起薪标准，也相信公司会有一个合理的薪酬体系。

（2）请问是否能在决定了我是不是合适的人选以后再来谈论这个问题？

（3）可不可以告诉我贵单位这个职位所提供的薪资范围，我思考后再给您答复。

如果面试官追问你到底需要多少工资，那就不要闪烁其词，可以根据你所掌握的公司情况，结合行业薪酬、当地物价和消费水平考虑，仔细权衡自己的学识和能力，提出你能接受的心理价位和期望值之间的合理范围。下限可以低些，上限不要太高，这样进可攻、退可守。

例如，我期望的工资，应该是××~××。但期望是一回事，实际又是另外一回事。毕竟我刚出校门，对行情不是很了解，贵公司也有自己的工资标准，在这样的前提下，我尊重贵公司关于薪金方面的考虑……

13.3.9 其他问题类

1. 你还有什么要问的吗

面试官提出这个问题是想了解求职者对单位的了解程度,并综合考查求职者分析问题的能力,这也是毕业生表达自己兴趣和热情的最佳时机。此时你若一言不发,会给对方造成你对该单位没多大兴趣或你没有能力提出好问题的不良印象。因此,你起码应该问一两个问题,但你的发言不要离题,更不能长篇大论。

可以问的问题有以下几个:

(1)请问我的主要工作职责是什么?

(2)请问贵单位对于那些优秀的员工有什么样的激励机制?

(3)如果我有幸被录用,请问在工作之前,我应该做哪些准备?

不能问的问题有以下几个:

(1)与工作无关的问题。如你单位老总是男的还是女的?你们单位里我的老乡多吗?

(2)通过事先了解能够获得的有关单位的信息。如你们公司是干什么的?

(3)关于个人期望的问题。如一年工资有多少?我多快能转到另一个职位?

面试提问并没有标准答案,求职者要掌握其中规律,对面试的具体情况进行把握。将答案硬背下来或以朗诵的口吻回答提问,都会使人感觉你的发挥很不自然。另外,哪怕被问及问题的答案你已经倒背如流,也最好不要在面试官发问后脱口而出。正确的做法是略作思考再回答,这样能让面试官感觉你重视他的提问并很用心地回答。

3. 一些常见的问题,供求职者参考

(1)你最喜欢哪门功课?

(2)你的特长、爱好有哪些?

(3)你崇拜哪些人物?

(4)你喜欢音乐吗?

(5)你对自己哪方面较有信心?

(6)你喜欢旅行吗?

(7)你平时都读些什么书?

(8)你的座右铭是什么?

(9)你做过兼职吗?

(10)你在大学期间选修过哪些科目?

(11)除本单位外,你还应聘过什么单位?

（12）你交过女友（或男友）吗？
（13）你会喝酒吗？酒量有多大？
（14）你认为本单位会以什么理由录用你呢？

 案例赏析　面试不打无准备之战

求职人：小李（毕业于某外语院校国际贸易专业，现供职于某知名化妆品企业）。

临近毕业，我和同学们一样忙得团团乱转，哪里有人才市场，哪里就有我的身影。房地产公司、财政部门、银行、高校、咨询公司、销售公司……我几乎把所有与专业有所挂钩的单位都跑遍了，投了很多简历。良好的开端是成功的一半。不久，各个单位的面试通知陆陆续续地来了。

我经历的第一次面试是失败的，主考官当时让我即兴做一回5分钟的推销员。"当时我就懵了，不知道还有这招。"

后来又经历了一次面试。这回，主考官的花样是将10位求职者围成一个圆圈做抢答题。吃一堑，长一智，我这次妙语连珠，而且把答案设计得与众不同。当时我觉得自己表现得很出色，可还是落选了。事后，我询问主考官，主考官对我说，我们单位最看重的是求职者有务实的工作态度和真诚的合作意识，你的口才很好，但我们不需要。我这才悟出了一个道理：不同的单位、不同的职位有不同的需要，大智若愚与锋芒毕露都要"适销对路"才有用武之地。

我开始寻找面试应对的资料，在每次面试之前详细地了解对方的基本情况。在去我现在所在的这个公司面试的前一天，我拿着产品介绍书，专门跑到大商场里去辨认这些东西，并且扮成顾客的模样，请售货员讲解产品的性质和特点，我还从中了解到许多市场信息。

第二天面试的时候，有备而来的我凭着过硬的专业知识和灵敏的头脑，不仅流利地回答了考官的问题，还就产品结构与销售情况谈了自己的建议。最后，我就这样进入了我现在的单位。

13.4　就业心理调适

大学生在面对就业时，其心理是复杂多变的，尤其是在应聘面试的时候，一方面会为自己即将走向社会，将自己所学的知识和本领奉献给人们，实现自己的人生价值而感到高兴；另一方面也常常表现出不良矛盾的心理，影响了大学生在求职应聘过程中的本色发挥，如果不能很好地解决，势必会阻碍毕业生的顺利就业，甚至影响到毕业生未来的职业生涯发展。

13.4.1 客观评价自己，树立良好心态

每个人都有自己的优点，也都有自己的缺点，这就是人们常讲的"尺有所短，寸有所长"。所以，每个毕业生对自己和自身能力都应有客观和正确的认识，都应该明白自己能干什么和不能干什么，所谓"知人者智，自知者明"。只有这样，每个毕业生才能树立良好的心态，在求职中抓住机遇，从而避免盲目和减少失败。

1. 确定适当的择业目标

个人的择业目标与本人具备的实力相当或接近，有利于增强其自信心，发挥其所长，从而使自己在择业中占据优势地位。目标适当取决于知己知彼，研究目标、扬长避短是成功择业的关键之一。

2. 避免从众心理

毕业生处在择业洪流中，期望水平会受到其他择业者期望水平的影响。虚荣心、侥幸心会使他们改变原有的自我期望而采取不切合实际的从众行为。学成从业、服务社会，实现自身价值，是每一位大学毕业生的美好愿望。但是有些毕业生在择业过程中，不是从自身的特点、自身的能力和社会需要出发，而是在同学中盲目攀比，好像不到一个比别人更好的单位就不能实现自身价值。到头来，只求得一时的心理平衡，却不利于自身价值的实现和长远发展。

3. 避免理想主义

近几年，毕业生择业期望值居高不下，已经影响到毕业生顺利就业。有些毕业生追求最满意的结果，而错过了其他好的机会，有的甚至造成就业困难。尤其是有些条件好的毕业生，在择业过程中，"脚踩几只船""这山望着那山高"，不能及时调整就业期望值，以至于后来就业困难，悔之不及。

4. 克服依赖心理

有些毕业生在择业过程中缺乏自信，把希望寄托在拉关系、走后门上，有的甚至由家长出面与用人单位洽谈，殊不知，这样做恰恰让用人单位对毕业生产生缺乏开拓能力、无法独立生活和工作能力不强的印象。当今社会，挑战与机遇并存，只有在择业之初就树立自信心，敢于竞争，才能在众多的求职者中脱颖而出。

5. 正确对待挫折

人们在求职择业中遇到挫折是正常的，切不可因此而自卑。一个心理健康的人对人生总要保持着自信心，如果丧失了自信心，就失去了开拓新生活的勇气。顺境中有自信心不足为奇，逆境中更需要自信心的支持。生活中的挫折是造就强者的必由之路，挫折是锻炼意志、增强能力的好机会，遇到挫折后应放下心理包

袱，仔细寻找失利的原因，调整好目标，脚踏实地前进，争取新的机会。挫折是一种鞭策。双向选择的本质意义是一种激励手段，对优胜者是这样，对失败者也是如此。它对失败者并不是淘汰和鄙视，相反，促使失败者振作起来，彻底摆脱"等、靠、要"的就业心态，使自己加快自立自强的转化过程，成为新时代的开拓者。

13.4.2 正确认识社会，调整职业期望

求职择业不同于学习期间的社会实践，它是要找到一个适合自己的工作岗位，并能在这个岗位上充分发挥自己的作用。所以毕业生在求职择业前必须从宏观上了解国家的有关政策，了解正在实施中的改革措施及存在的问题。从微观上要了解自己的专业，"行业"内经营管理状况和改革趋势，以及劳动人事管理办法和动态，用人数量和标准。同时还应该尽可能地了解与上述事实有关的政策和法规。能否就业，个人的才能、机遇等因素固然重要，但职业期望值的高低也将起一定作用。每个大学生都想实现理想的最大化，以获得更好的物质生活，更充分地实现人生价值，但是如果职业期望值过高、实现的难度较大，或者与客观现实和自身实际相矛盾，就需要对原有的职业目标进行灵活的调整，拓宽职业选择的范围，降低择业标准，以更好地适应现实。

通常来说，调整职业期望值的方法主要有两个：一是分阶段设目标，即确定一个总的奋斗目标，再将总的期望值分解成几个阶段性的目标，并逐步付诸实施，而在实践过程中，如果发现自己所选阶段期望过高，就把它移到下一阶段，作为下一阶段的目标；二是自我调整，即把自己工作岗位的期望按主次分成不同层次，首先满足主要的需求，然后根据实际情况进行必要的调整，直到个人的意愿与社会的需要相互协调、吻合为止。

13.4.3 个人就业心理调节的方法

在求职就业过程中出现一些不良情绪是正常的，没必要过度担心、害怕，只要运用一些有效的方法就可以将这些不良情绪转化。

1. 自我激励法

大学生在就业中常常出现胆怯、信心不足等现象，可以通过积极的自我暗示、自我激励进行调节，增强自信心，如运用内部语言或书面语言来调节情绪，在心里默念"我会发挥得很好""我一定能成功"等语句，或写在纸上，或者找个旷野大声地喊出。这对走出自卑，消除怯懦有一定的作用。

2. 合理宣泄法

大学生在就业中处于焦虑、抑郁等消极状态时，不能一味把不良的心情藏在

心底，而应进行适当的宣泄。比较好的办法是向父母、朋友或老师倾诉，把心中的不快说出来，甚至可以大哭一场，使紧张的情绪得以缓解和消除。另外，也可以参加一些大运动量的户外活动，如打球、爬山等，宣泄不良的情绪。不过，宣泄情绪要注意场合、气氛，而且宣泄要适度，没有破坏性。

3. 自我反思法

大学生在就业中遇到挫折时，切莫冲动、急躁，而应该安静下来，仔细分析原因。冷静有利于稳定情绪，以最清醒的头脑找出原因，才有利于针对性地解决问题。

4. 注意转移法

注意转移法就是把注意力从消极的情绪转移到积极的情绪上。大学生在就业过程中，若是因遇到挫折而情绪低落，可以采取缓冲的办法，把自己的精力和注意力转移到其他的活动中，如学习一些新的知识和技能，或是参加一些自己有兴趣的活动，把不愉快的情绪抛在脑后，使自己没有时间和可能沉浸在不良的情绪中，以求得心理平衡。

5. 自我安慰法

大学生在求职择业中遇到困难和挫折，在经过最大努力仍无法改变状况时，要说服自己，适当让步，将不成功归于客观条件和客观现实，同时要勇于承认并接受现实。这样就能缓解因心理矛盾而引起的悲观失望、焦虑、抑郁等不良情绪，重新找回自信，树立继续努力的信心。

6. 放松练习法

放松练习是一种通过练习，学会在心理和躯体上放松的方法，常用的有肌肉松弛训练、意念放松训练等放松练习方法。放松练习可以帮助人减轻和消除各种不良的反应，如焦虑、恐惧、紧张、失眠等症状。大学生在就业中遇到的心理问题，可在专业人员的指导下通过放松练习来解决。

7. 理性情绪法

美国临床心理学家艾里斯认为，情绪困扰并不一定是由诱发事件直接引起的，常常是由经历者对事件的非理性解释和评价引起的，如果改变非理性观念，调整对诱发事件的认识和评价，领悟到理性观念，情绪的困扰就消除了。有的大学生在择业中一受到挫折便消沉苦闷、怨天尤人，其原因在于他原本认为"择业应当是顺利和理想的"。正是因为这样的心理定式才导致不良情绪，如果将这些想法加以纠正，不良的情绪就得到了克服。因此，大学生在就业中处于消极状态时，要善于从中分析、抽取非理性观念，综合、概括出理性的看法，并对比两种观念下个人内心的感受，使自己走出非理性误区。

本章小结

面试是用人单位对求职者进行甄选的重要手段。面试的种类，根据不同的标准有不同的分类。

第13.1节面试涉及的内容主要包括自我评价、个人素质、应聘动机、工作态度、处事能力、工作规划、薪酬待遇等。

第13.2节面试前需要做好准备工作，做好材料的准备和心理的准备，对于焦虑者可进行适当的心理调整。

第13.3节面试中有一些较为常见的问题，求职者可提前进行一些模拟演练。求职过程中学会调整自己的心态。

复习思考题

一、简单题

1. 面试的作用是什么？考查的要素有哪些？
2. 如何着手准备无领导小组面试？
3. 即将面临就业，你觉得自己需要在心理上做哪些准备？
4. 面对社会变化，你如何调整就业目标和进行心理调节？
5. 你目前有没有求职的心理障碍，打算如何克服？

二、论述题

假设你是某面包公司的业务员。现在公司派你去偏远地区销毁一卡车的过期面包（不会致命，无损于身体健康）。在行进的途中，刚好遇到一群饥饿的难民堵住了去路，因为他们坚信你所坐的卡车里有能吃的东西。这时报道难民动向的记者也刚好赶来。对于难民来说，他们要解决饥饿问题；对于记者来说，他要报道事实；对于你这个业务员来说，你要销毁面包。现在要求你既要解决难民的饥饿问题，让他们吃这些过期的面包（不会致命，无损于身体健康），以便销毁这些面包，又不能让记者报道过期面包的这一事实。请问你将如何处理？（条件说明：第一，面包不会致命；第二，不能贿赂记者；第三，不能损害公司形象）

第14章 职业适应

 学习目标

通过本章的学习,引导学生理解角色的转换和职业环境的适应;了解生涯发展是一个主观建构的过程,掌握职业生涯发展的三条路径;熟悉胜任力冰山模型,了解基于胜任力的职业适应力提升方法。

 关键术语

职业角色、个人与环境匹配、生涯建构、生涯适应力、胜任力冰山模型

 引导案例 职业不适的王某

土木工程专业毕业生王某,大学毕业时签约了总部位于上海的某建筑业500强企业,进入施工管理岗位。毕业后,他满怀信心地迎接新的开始,却在这个新的城市、新的角色、新的岗位面前,逐渐产生职业不适,半年后便离职。

他告诉老师和朋友们:自己可能真的不适合待在工地上,也不善于与人打交道,上海的房价也承受不了,因此产生职业梦想与现实不一致的挫败感,认为自己真的不太适合这个城市,不太适合这个工作。

王某刚入职时,公司给新入职的每一位员工都指定了专业指导师傅,他很幸运地被安排给一个在公司里工作经验最丰富的师傅,和他同组的还有另外三名新员工。然而在第一个月,师傅一个知识点都没有讲,也很少进行指导,只是四个人每天默默地跟着师傅,只能凭各自的眼力和悟性从师傅的工作中去找自己可做的事情。王某认为与学校的师徒教学存在极大差异,在学校里老师会将知识点主动传授,但这个师傅却很少主动传授经验。一个月下来,另外三名新员工都以各种理由申请调离了,最后剩下王某一人,内心产生了强烈的迷茫感。

随后他又被分配到一个烂尾项目负责施工质量的整改工作,一干就是三个月。他每天拿着本子去找出一栋办公楼的施工质量瑕疵,做整改记录,他一度觉得这样的工作太枯燥、太无聊,又学不到什么知识,感觉自己的职业理想越来越

遥远，目前的工作就是在浪费时间。其次，因为欠缺与师傅和项目工人的主动沟通，导致了一些失误，让他更有强烈的挫败感，于是在半年试用期后选择了离职。

案例导学：与案例中类似的情况在新入职的毕业生中时有发生，部分毕业生不能迅速融入职业环境，不能正确看待学生角色向工作者角色的转换，人际沟通、岗位适应、角色认知均容易表现出不适应。如果仅仅是更换工作而不去调整，在新的公司仍然会有同样的问题存在。因此，顺利完成从校园人到职场人的转变，实现个人与环境的匹配，提升适应力尤为重要。

14.1 适者生存法则

适者生存最早是从生物进化的角度提出的，揭示了"物竞天择，适者生存"的生物基本属性，它是自然界的发展规律，也是人类社会的发展规律。20 世纪英国哲学家贝特朗·罗素指出，人类永远沉溺于三种基本的冲突中，一是与自然的冲突，二是与其他人的冲突，三是与自己的冲突，其中便涵盖了三个层面的含义——生理适应、心理适应和社会适应。

从舒伯的生涯发展阶段来看，大学生在步入职场后，从学生角色转化到工作者角色，是从生涯探索阶段向建立阶段的过渡，标志着新的人生阶段的开始，是人生的重要转折点。从学生角色到工作者的角色转换，从校园到职场的环境转变，是一个动态调整、不断适应的过程。

14.1.1 职业角色的适应

对于大学生来说，在校期间的主要任务是学习，而进入职场后，从校园环境到社会环境，从学习压力到生存压力，开启了独立的生存竞争模式。能否尽快地从学生角色融入职业角色，实现角色转换，对于大学生的职业发展意义重大。

14.1.1.1 职业角色的认知

职业角色是指社会和职业规范对从事相应职业活动的个人形成的一种期望行为模式。职业角色的主体是工作岗位上的职业人，需要通过已掌握的职业技能为组织创造效益并获得相应的报酬。

14.1.1.2 学生角色与职业角色的区别

由于校园环境和职场环境的不同，学生角色与职业角色在行为方式、社会责任、社会权力、独立性等方面存在着差异。李开复在《给中国大学生的第四封信》中谈道："大学是人生的关键阶段。因为，这是你一生中最后一次有机会系统地接受教育；这是你最后一次能够全身心地建立你的知识基础；这可能是你最后一次可以将大段时间用于学习的人生阶段，也可能是最后一个可以拥有较强的可塑性、集中精力充实自我的成长历程；这也许是你最后一个能在相对宽容的、可以置身其中学习为人处世之道的理想环境。"

1. 行为方式不同

在校大学生的主要行为是学习，以理论知识为主、实践认知为辅，大学生通过社会实践、专业实习间接认识和接触社会。作为受教育者，学生在校期间的生存供给来源于家庭和社会资助，自主行为能力较弱。职业角色是在遵守社会法规和企业规章制度的前提下，运用自己的知识和能力，通过劳动行为履行职业要求、获得劳动报酬，其行为自主性更大。

2. 社会责任不同

学生角色的主要责任是形成良好的思想道德素质，学好科学文化知识，逐步完善自己，为将来步入社会做好准备。职业角色的职责是以特定的职业身份创造社会效益和经济效益，所承担的社会责任更重。

3. 社会规范不同

学生角色是通过教育和培养的方式规范学生的行为，如通过制定学生管理办法、学生奖惩条例等制度进行规范，引导学生健康向上成长，练就未来人生和事业的基本功。职业角色是对从业者行为模式的规范，不同的企业规范不同，一旦违背必须遵守的规范，将影响到个人的职业生涯发展，甚至将追究法律责任。

4. 独立性不同

学生时代，学习上依托教师的悉心指导，生活上获得学校的集中统筹管理，处于被照顾和帮扶的环境之中。离校后，开启个人的职业生涯，通过劳动获得报酬，经济上逐步独立，工作上能独当一面，工作、学习、生活自主安排，个人的自我发展和完善也有了更广阔的空间和自由度，这种全面的独立性，需要更强的自我规划和管理能力。

14.1.1.3 学生思维与职业思维的差异

思维是个人对事物的认知和反应过程，思维以感知为基础又超越感知的界限，它基于个人的直觉、经历、所处环境构成对事物的看法，学生思维和职业思维存在着认知差异，如表 14-1 所示。

表 14-1 学生思维与职业思维的比较

学 生 思 维	职 业 思 维
所有题目都有标准答案	在有限范围内寻找多种不同方案，择优而选
条件与问题是一一对应的关系，通过已知解未知	寻求未知条件，预测条件的变化，排除干扰条件的影响
解题时不计时间成本	在有限时间内完成，讲求效率和效果

续表

学 生 思 维	职 业 思 维
大多数成绩代表了个人	更多成绩靠团队创造，分工协作
通过素质测评考察学习成果，关注成绩和名次	以客户为中心的职业思维，结果靠客户检验
老师永远都知道正确答案	个人努力探求问题的正确答案
在老师的监督和帮助下学习	自主学习、终身学习
学习主要在课堂上获得	多数成绩来源于8小时之外的努力

思维方式的调整并非一朝一夕能够实现的，它需要在工作实践中不断体验、积累、学习、请教，认清差异所在，逐步熟悉职业思维的模式。

14.1.1.4 角色转换中存在的问题

1. 心理定式

学生角色向职业角色转换的困难在于思维定式和行为习惯。在新角色转换时，与以往的思维模式和行为定式产生冲突，会引起思想情绪的波动，产生无法融入新角色的情绪，造成心理不适。不同的角色都有其特有的行为规范和举止礼仪，正所谓"在其位谋其职"，个人需要遵循不同的角色要求，并尽快调整心态适应新的角色。

2. 畏惧心理

部分毕业生在初入职场时存在畏惧心理。面对新的环境和同事，不知道如何应对工作，害怕承担责任、害怕犯错，于是在工作中放不开，在人际关系上生疏隔阂，在个人表现中唯诺胆小，产生"不求有功但求无过"的心态，极不利于个人职业能力的发挥。也有部分毕业生是最初踌躇满志，但经不起挫折压力，遭遇挫败后变得畏缩，缺乏工作激情，这些情绪都不利于个人职业理想的实现。

3. 高傲心理

有些毕业生认为自己接受了系统正规的高等教育，轻看基层工作，抑或对简单的事务性工作产生排斥。大事做不了，小事不愿做，甚至对别人的工作指指点点，缺乏职业情商，不利于良好人际关系的建立，甚至会给工作带来损失。个人应充分认识企业的职业规范，以平等心态融入职场。

4. 浮躁心理

浮躁心理源于职业理想与职业现实的差距。当毕业生发现第一份工作与理想不相符时，原以为工资增长得快，结果收入增加缓慢；原以为凭自己的表现可以尽快升职，谁知一年多过去了仍然原地踏步，于是就产生了变换工作的想法，表现出不踏实的浮躁作风和不稳定的情绪。轮番更换工作，却不能深入任何一份工作内部进行了解工作性质、工作职责及工作技巧，心态浮躁，缺乏敬业精神，最终影响了职业生涯规划。

除了上述问题之外，部分大学生初入职场时还会表现出：情绪的不稳定性、自信心不足、缺乏意志力、观察力和思考力不强等方面的问题。

14.1.2 职业环境的适应

据麦可思研究院发布的《就业蓝皮书：2019年中国大学生就业报告》显示，2018届大学毕业生半年内的离职率为33%，其中，2018届本科和高职高专毕业生半年内的离职率分别为23%、42%，2015届大学毕业生毕业三年内平均为2.2个雇主工作过。在主动离职的原因中，"个人发展空间不够"（本科：46%，高职高专：44%）、"薪资福利偏低"（本科：43%，高职高专：48%）占主要因素。从大学生就业半年内较高的离职率可以看出，部分毕业生在适应职业环境的过程中出现了不适，导致离职的发生。

在当前竞争激烈的市场环境下，个人为获得良好的职业发展，实现个人价值，企业为获得优质的人力资源配置，提高企业竞争力和发展空间，需要不断地调整适应，以探索良好的个人–环境匹配。诸多研究也表明，良好的个人–环境匹配，一方面能充分激发员工的工作积极性和满意度；另一方面也是企业吸引优质人才，提高组织效能，实现持续发展的重要因素。

14.1.2.1 个人–环境匹配（P-E fit）

匹配度的研究最早源于心理学，而后引入管理学领域。个人与环境匹配指个人与环境的相容性和一致性，这一概念可以追溯到帕森斯在职业指导中的相合性概念。其中，个人是指个体的心理和生理需求、目标、价值观、能力、个性特质等，环境特征包括组织的内部或外部回报、价值观、规范和人际关系等。

德国心理学家，场动力理论的创始人库尔特·勒温认为："只要在一个人的内部存在一种心理的需求，就会存在一种处于紧张状态的系统。"内心张力的释放为心理活动和行为提供了动力和能量，从而构成了决定人的心理活动和行为表现的潜在因素。他进一步提出了个人与环境之间的互动表达式，即 $B = f(P \cdot E)$，强调个人的行为表现（B）受其自身（P）及所处环境（E）交互作用的影响。这也是最早提出个人行为是由个人与环境相互作用而发生的，阐明了个人在组织内部工作的过程中，个人目标、价值观等逐步与组织趋同或相离，是最终影响个人产生留任或离职情形的原因。

14.1.2.2 个人–环境匹配的四个维度

由于环境本身是一个复杂的概念，个人–环境匹配理论也在不同领域的研究中得到发展。在职业心理学领域普遍采用个人–职业匹配的研究范式；在管理学领域，通常用个人–工作匹配进行员工的招募和选任；企业内的团队合作模式推动了个人–团队匹配的研究；组织行为学家也进一步延展了个人–组织匹配的概念。

1. 个人-职业匹配（P-V fit）

个人-职业匹配是指个人能力、特征与所从事职业的需求一致。由于个体存在个性特征差异，而不同的职业由于工作性质、条件、环境、方式的不同，对工作者的能力、知识、技能、性格等也有不同的要求，在职业决策时进行人职匹配能极大地提高工作效率和职业成功率。

2. 个人-工作匹配（P-J fit）

个人-工作匹配是指个人与所从事工作的相容程度。个人-工作匹配涵盖两个维度：一是能力与需求的匹配，即个人的能力与工作的需求相一致；二是需要与供给匹配，即个人的需求能够通过工作得到充分的满足。

3. 个人-团队匹配（P-G fit）

个人-团队匹配是指在团队协作的工作氛围中，个人能很好地融入团体，执行团队决策，创造性地开展工作。良好的团队关系能充分发挥团队的力量，使项目进展更加高效，取得更好业绩。

4. 个人-组织匹配（P-O fit）

个人-组织匹配是指个人与所在组织的价值观、目标的高度一致性。通常在企业招聘员工时会考查求职者的价值观和发展目标是否与企业文化相一致，个人与组织价值的一致性能极大地提升员工的工作满意度和积极性。

个人-环境匹配是一个动态发展的交互过程，在各个层面上都会对个人和企业产生重要影响。个人与环境的匹配既要从宏观上考虑与所在组织的文化、价值和谐，也要在微观层面上融入工作团队，在工作中寻求双向满足。由此可见，企业如果期望招聘到在工作能力上能满足岗位需求且持续发挥才能的员工，员工要想最大化地实现个人价值，成就职业梦想，需要不断地匹配、调试最终达成奋力向前的一致性。

14.2 职业生涯发展

每个人所处的社会环境、成长经历、受教育程度和个人特质的不同，构成了个人独特的职业生涯发展路径。美国职业辅导实践与研究的资深学者 Savickas 在融合个人-环境匹配理论和职业人生主题理论的基础之上，于 2002 年首次提出生涯建构理论，并提出适应力是个人职业生涯发展的核心。[①]

14.2.1 生涯建构理论

生涯建构理论认为个人的职业发展实质是一个追求主观自我与外部环境相互

---

① 王姗. 生涯建构理论在职业生涯教育中的应用 [J]. 社会科学前沿，2018，7（8）：1129-1134.

适应的动态过程，个人占有完全主观的主导地位。不同的个人有着不同的建构内容和建构结果，最终形成了不同的职业发展路径。

生涯建构理论涵盖了三个方面内容：不同的个人其特质存在差异，个人在不同的生涯发展阶段所面临的任务和应对的策略具有发展性，生涯发展是一个充满内动力的变化过程。① 生涯建构理论能帮助我们更好地认识自己，是主观自我与外部环境相互适应的动态建构过程。

14.2.2 生涯建构理论的核心要素

生涯适应力是生涯建构理论的研究重点，是个人在职业发展过程中应对不可预测的角色和工作任务进行自我调整的准备程度，也是个人职业生涯发展的核心要素。随着职业生涯发展的推进，个人需要更加主动地根据环境做出态度、行为和能力上的调整来形成个人逐步适应环境的过程。

Savickas 对生涯适应力的理论建构经过多次修订和完善，他认为生涯适应力可分为以下四个维度：生涯关注、生涯控制、生涯好奇、生涯自信。

1. 生涯关注

生涯关注是指个人对自己的生涯发展主动关注并保持乐观积极的态度。据一项实证研究表明，个人对未来职业发展的积极态度，更能够帮助个人有效地解决问题，并引导个人在工作上取得成功，而消极的态度往往和压抑、失败相联系。若个体缺乏对生涯的关注，即称为"生涯冷漠"，反映出个人对未来缺乏计划和消极悲观的态度。

2. 生涯控制

生涯控制是指个人相信对于自己的生涯发展是可以自主决定并负起责任的。当个人对自我有强烈的责任感，并积极肯定地投入生涯活动中时，能更好地逐步实现个人的职业发展目标。如果个人缺乏生涯控制，就称为"生涯未决"，在生涯发展过程中，会时常呈现出优柔寡断，无法做出职业发展的选择和决策。

3. 生涯好奇

生涯好奇反映的是个人对未来发展的好奇程度，是个人主动愿意对自我和外部世界进行积极探索的尝试。对新的角色、新的环境和新的事物保持开放与积极探索的心态，愿意尝试各种不同的体验，不断了解工作世界的运转方式，增进个人对自我价值观、兴趣、人格的深度认知，进而调整个人的职业发展决策。如果个人缺乏对生涯的好奇，则称为"生涯不真实"，指个人对自己职业生涯和自我

---

① 王姗. 生涯建构理论在职业生涯教育中的应用[J]. 社会科学前沿，2018，7(8)：1129-1134.

认知的不真实想象，不能确定自己的职业发展或者被动地选择一份职业。

4. 生涯自信

生涯自信反映了个人对自己职业生涯问题解决能力的信心及较强的自我效能感。当个人的自我效能感强时，个人有充分的内生动力去直面和迎接职业发展过程中的困难，积极地调整适应，是个人达成职业梦想的关键因素。高自我效能感的个人，在职业发展中更为积极，在失业后的再就业能力也更强。由此可见，生涯自信是了解职业生涯发展行为的重要指标。如果个体缺乏生涯自信，则称为"生涯抑制"，会阻止个体职业生涯发展实践和职业目标的达成。[1]

个人的生涯适应力贯穿于这四个维度，同时在面对职业发展和决策的过程中，在外部环境发生变化需适时做出调整时，生涯建构强调了个人独特的态度、信念和能力，被称为生涯建构的 ABC，A 代表态度（attitude），B 代表信念（belief），C 代表能力（competency）。这三个要素对生涯适应力的四个维度具有调节作用，最终影响个人在职业发展过程中的行为和决策，从而做出更有效的职业应对策略。

生涯适应力高的个人具备以下特点。

（1）对个人的职业前景保持持续的高度关注。

（2）对个人的职业发展有强烈的控制力。

（3）对个人的职业发展具有较高的探索欲和好奇心。

（4）对个人职业发展的最终实现充满信心。

14.2.3 职业生涯发展路径

一般来说，个人的职业生涯发展路径可分为三类：职位取向型发展路径、目标取向型发展路径和决策取向型发展路径。

1. 职位取向型发展路径

在企业里，一般来说都有明确的向上晋升通道，是企业常用以激励员工不断前进的方式，同时也是求职者在找寻一份职业时极为看重的部分。典型的职务名称及晋升通道如图 14-1 所示。

通过企业晋升通道使各类人才充分享受实现自身价值的满足感，工作的成就感、获得尊重和认可的荣誉感。职业的晋升以管理型或专业技术型为主要目标，其进展的程度根据个人特质、能力、表现、组织环境等因素而产生差异。

2. 目标取向型发展路径

目标取向型发展路径是个人以人生某一发展目标为动力，为了目标的达成采

---

[1] 赵小云，薛桂英. 高校生涯辅导的新方向——生涯适应力教育 [J]. 现代教育管理，2012(10): 111-114.

取各种可能的方式，发展方向的选定常基于个人的价值观、成长经历、兴趣、专长等因素。这是个人职业发展的重要途径，正如"知己知彼，有的放矢"。

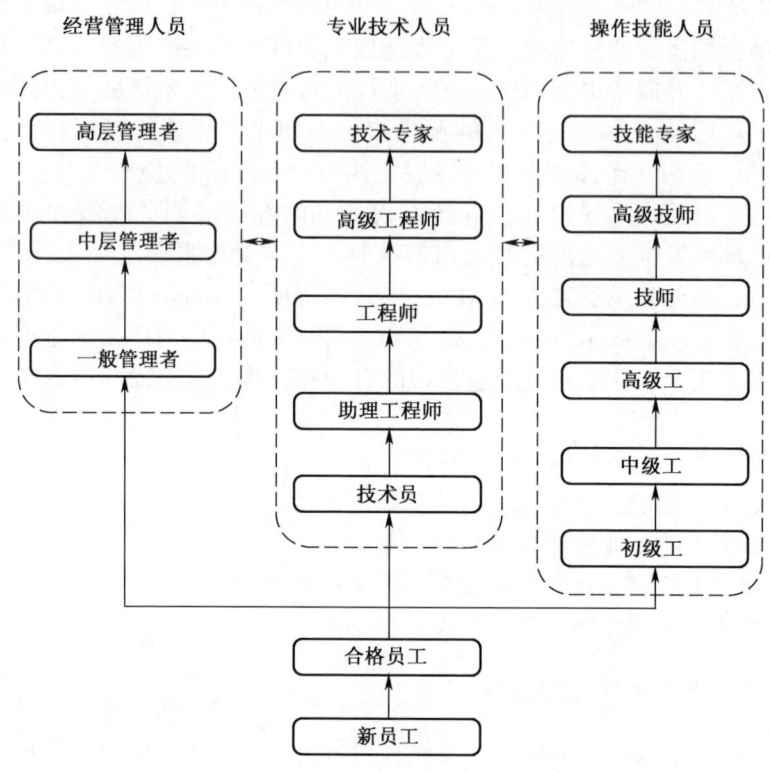

图 14-1　典型的职务名称及晋升通道

"知己"是认识自己的兴趣、优势、个性特征，"知彼"是了解职业内容、环境及其用人要求等，在"知己"和"知彼"的基础上寻找"的"，即是个人的职业目标，因此目标的选取并非无意识的，而是在经过对自我认知和对外界认知的基础之上形成的。比尔·盖茨说过："我不比任何人聪明多少，我之所以走到了其他人的前面，不过是因为我认准了一生只做一件事，并且把这件事做得更完美而已。"

 案例赏析　不忘梦想的安藤忠雄

日本著名建筑师安藤忠雄，1941 年出生于日本大阪，年少时家境贫困，童年时期曾在木工作坊度过。16 岁左右练习职业拳击，成为一名职业拳击手，20 岁时考察日本境内传统建筑，对建筑产生浓厚兴趣，24 岁放弃职业拳击这条路，依靠拳击获得的奖金，安藤忠雄开始了自己的环球之旅，前往美国、欧洲、非洲和亚洲其他国家旅行，也顺便观察各地独特的建筑，最终将建筑选定为自己的职业方向。28 岁在大阪成立安藤忠雄建筑研究所，从小型住宅建筑开始，向商业、宗教等公共建筑延伸，54 岁获得建筑界最高荣誉普利茨克奖，先后担任耶鲁大学、哥伦比亚大学、哈佛大学、东南大学客座教授，2005 年获得东京大学终身特别荣誉教授。

安藤忠雄从个人兴趣出发，确定建筑师的职业目标，拳击手→小型建筑项目营造→创立建筑事务所→成为国际知名建筑师→知名大学建筑学终身特别荣誉教授，一步步以建筑为目标导向，成就卓越的职业梦想。

3. 决策取向型发展路径

决策取向型发展路径是个人结合职业发展过程中的各种机会做出的决策取向，这类发展路径常受外部环境因素的影响和个人价值观的判断而做出职业发展的调整，带有不确定性。职业规划教育中，通常引导人们做自己熟悉且擅长的事情，但现实生活往往没有规划中的那般顺利，由于环境所迫、事业需要、制度规定和不安于现状的种种因素，个人会主动或被动地从事不熟悉、更具有挑战性的工作，这就需要有更强的适应能力。

案例赏析　善于"人生急转弯"的周成刚

新东方教育科技集团 CEO（首席执行官）、集团总裁周成刚曾经谈到自己的职业发展道路："如果说我与大多数人的行为方式有什么不同的话，那就是我善于'人生急转弯'。每次，当眼前的生活逐渐稳定安逸、各方面的条件都好起来的时候，会将自己再次置于一个全新而未知的挑战中。"

周成刚从苏州大学的一名英语教师到澳大利亚一个刷盘子的留学生，而后担任英国 BBC 的记者编辑，再回到国内担任上海新东方学校校长，之后到北京新东方总部工作，每次都是从零开始。这些人生角色的转换，一方面像磁盘的格式化，眼前一片漆黑，过去自己苦苦经营的"天时、地利、人和"都不见了；而另一方面就像久经沙场的战士，面对任何困境都能变得自信从容。人在倒空自己时，能学得更多。不论是 20 岁还是 60 岁，人的成长过程就是一个学习过程，清空自己，学到了以前不具备的人生阅历和能力，会在不久的将来转换成处理新事物的资质和经验。

周成刚说："在 30 岁的时候就能看到自己 60 岁的生活，还有什么意思？我一次次放弃，赢得的是一次次崭新的经历，一个个特质迥异的角色和都市，给了我迥异的生活与改变困境的本能。"

周成刚的这种职业生涯发展路径，需要有不断增长新知识、适应新环境的能力，在志向的指引下，不拘泥于具体的职业、行业，始终立足当下、抓住机遇、调整适应、善用机缘、迈步前进，将人生的美好掌控在自己手中。

二维码 14-1　**拓展阅读**：扫码阅读十位名人的职业生涯故事——杨澜。

14.3　职业适应力行动计划

职业适应能力的培养贯穿于个人职业生涯发展的全过程，个人的职业发展状况，受性格特质、主观努力程度、适应环境的能力等多方面影响，其关键在于担当每一份职业角色的个人是否有足够的胜任力。

做一个最胜任的你

我们不能全是船长，

必须也有人当水手。

这里有许多事让我们去做，

有大事，有小事，

但是最重要的是做好我们应该做的事。

如果你不能成为大道，

那就当一条小路；

如果你不能成为太阳，

那就当一颗星星。

决定成败的不是你职位的高低——

而在于做一个最胜任的你！

——[美] 道格拉斯·玛拉赫

14.3.1　胜任力

1. 胜任力的定义

"胜任力"一词源于拉丁语，在文献中常译作胜任特征、胜任素质等，经过多年的研究和实践，美国哈佛大学教授戴维·麦克利兰于 1973 年在《美国心理学家》杂志上发表文章《测量胜任力而不是智力》，正式将"胜任力"这一概念引入学术研究领域。他认为，胜任力是一个统合的概念，它可以是动机、特质、自我形象、态度或价值观，抑或是某领域的知识、认知和行为技能。众多学者、机构就胜任力的定义给出多种释义，如表 14-2 所示。

表 14-2 胜任力的典型定义

学者/机构	胜任力定义
麦克利兰（McClelland），1973	与工作、工作绩效或生活中其他重要成果直接相似或相联系的知识、技能、能力、特质或动机，可区分卓越绩效者和一般绩效者
伍德拉夫（Woodruffe）& 查尔夫斯（Charfes），1993	在某一情境下完成工作任务所必需的一系列行为模式，这些行为与高工作绩效有关，并且通过工作中的高绩效个体得以具体表现
斯潘塞（Spencer）& 麦克利兰（MeClelland），1994	能将高绩效者与一般绩效者区分开来的，可以通过可信的方式度量出来的动机、特性、自我概念、态度、价值观、知识、可识别的行为技能和个人特质
弗莱什曼（Fleishman）等，1995	知识、技能、能力、动机、信仰、价值观和兴趣的混合体
曼斯菲尔德（Mansfield），1996，格林（Green），1999	个体在工作中取得高绩效所需要的知识、技能、能力以及其他特征的组合
合益集团（hay group）	个人表现出的能代表优秀绩效的特征
王重鸣，2000	产生高绩效的知识、技能、能力、价值观、个性、动机等特征
时勘、仲理峰，2003	能把某职位中表现优异者和表现平平者区别开来的个体潜在的、较为持久的行为特征。这些特征可以是认知的、意志的、态度的、情感的、动力的或倾向性的等

2. 胜任力冰山模型

麦克利兰进一步提出的胜任力冰山模型可以说是为胜任力的特质研究奠定了理论基石。他把个人特征区分为水上冰山和水下冰山，即外显和内隐、可见和不可见，形象地说明了对于人们是否胜任一份工作，除了可见的、外显的知识和技能以外，更重要的是深层的、不可见的、内隐的、核心的动机、特质、自我概念及社会角色。具体模型如图 14-2 所示。

（1）知识：指个人在某一特定领域拥有的事实型与经验型信息。

（2）技能：指结构化地运用知识完成某项具体工作的能力，技能的充分发挥受动机、个性和价值等因素的影响。

（3）社会角色：指个人基于态度和价值观的行为方式与风格。

（4）自我概念：指个人的态度、价值观和自我印象，是个人对客观事物所持有的一种持久而一致的心理和行为倾向。

（5）特质：指个性、身体特征对环境和各种信息所表现出来的持续反应，特质与动机可以预测个人在长期无人监督下的工作状态。

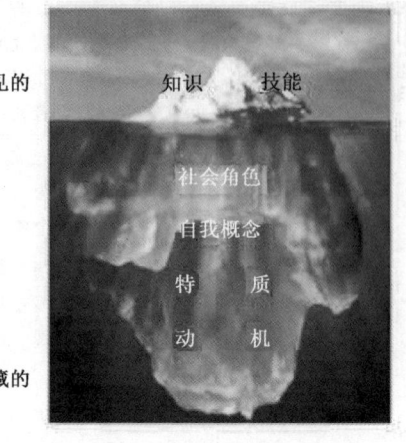

图14-2 胜任力冰山模型

（6）动机：是引起、维持和指引人们从事某种活动的内在动力，推动并指导个人行为方式的选择朝着有利于目标实现的方向前进，如成就动机、交往动机、权力动机等，动机的强烈程度决定了行为过程的效率和结果。如具有强烈成就动机的个人常常会为自己设定具有挑战性的目标，努力去完成它，并积极听取反馈以便做得更好。

在胜任力冰山模型中，知识和技能最容易观察到，构成了基准性胜任力，是任职者执行工作所需的最低限度的门槛性要求，可以通过教育和培训加以改变。

动机、特质、自我概念及社会角色等构成了鉴别性胜任力，其特点是在短期内较难改变和发展的，是胜任力的核心特质，是区分个体差异的重要因素，对个人的行为与表现起着关键性的作用。其中，特质和动机处在最深层次，也最难以改变。

14.3.2 基于胜任力的职业适应力拓展

1. 保持终身学习的心态和行动

在胜任力冰山模型中，知识和技能是能够通过教育深造、企业培训获得的。企业在员工入职后会根据个人发展阶段的不同提供相应的培训计划，在入职适应、专业技能、管理能力等方面帮助员工更好地胜任工作。

联合国教科文组织做过一项研究，其结论指出，随着社会发展和科技进步，知识更新的周期正在逐渐缩短：18世纪知识更新的周期是80~90年，19世纪三四十年代，20世纪六七十年代，一般学科的知识更新周期为5~10年，到了20世纪八九十年代，许多学科的知识更新周期缩短为3~5年，而进入21世纪，知识更新周期已缩短为 2~3 年。

2019 年中共中央、国务院印发的《中国教育现代化 2035》中明确提出，构建服务全民的终身学习体系，包括：建立全民终身学习的制度环境，建立国家资历框架，建立跨部门跨行业的工作机制和专业化支持体系。建立健全国家学分银行制度和学习成果认证制度。强化职业学校和高等学校的继续教育与社会培训服务功能，开展多类型多形式的职工继续教育等。这一标准为全民终身学习提供了政策保障，也给大众敲响了警钟，虽然目前拥有的学位可能帮助你找到一份较为满意的工作，但如果不能持续提升自己，终将失去持续竞争的优势。

2. 增强人际交往能力

在胜任力冰山模型中，社会角色指个人在社会系统中符合社会要求的个人行为模式，人际交往能力是"成熟"职业人不可或缺的要素。人际关系是在尊重、信任和宽容的基础上，积极进行人际交往，处理好职场中人与人、人与团队关系的能力，以达到彼此尊重、真诚、宽容、共赢的目的。在价值多元化的今天，懂得尊重不同人的立场、性格、脾气，以及处事方式等，处理好人际的摩擦，避免人际矛盾和冲突，实现共赢和多赢是职场不可缺少的成熟素养。

人际适应力也是高效的团队中必不可少的润滑剂。著名的石油大王约翰·洛克菲勒曾说过："我愿意付出比天底下得到其他本领更大的代价，来获取与人相处的本领。"著名心理学家荣格曾列出这样一个公式："I+We=Fully I"，其含义是，一个人只有融入集体，才能发挥出最大的个人价值，实现完美的人生。

麦肯锡公司是世界级领先的全球管理咨询公司，1926 年在美国创建，近百年历史的麦肯锡，其使命就是帮助领先的企业机构实现显著、持久的经营业绩改善，打造能够吸引、培育和激励杰出人才的优秀组织机构。一直以来，麦肯锡最突出的特色就是团队精神，这里的每项工作都是由团队协作完成。麦肯锡公司总裁顾磊杰曾表示，麦肯锡的核心竞争力就是资源共享和团队合作精神。只有每位员工能充分地认识到团队合作的重要性，整个团队才能发挥出几倍的力量，为企业创造效益。

因此，在日常工作和生活中，要尽量做到以下几个方面。

（1）说话和气。通过笑容、倾听、求同、感谢、请教、商量等方式表达和气。

（2）不指责抱怨。在工作中的抱怨常常营造负面情绪，反而不利于工作的开展，要想做成事，需要应有的责任和担当。

（3）言而有信。不轻言许诺，但言出必行，做到"言必信，行必果"。

（4）不随便插话。学会倾听，适时发表意见，不随意打断别人的话语。

（5）服从安排。工作中的服从是一种行事规矩，在顾全大局的基础上，保持与组织意志的高度一致性。

（6）宽宏包容。工作中难免产生隔阂，要学会谅解，化解矛盾。

（7）注意个人形象。尊重单位礼仪规定，提升职业形象。

（8）提前赴会。迟到会给人缺乏尊重的感受，尽量提前15分钟到场，让自己从容主动。

（9）杜绝脏话。工作中严厉杜绝恶意中伤、脏话、骂人等行为。

（10）携带名片。交换名片是人际交往的重要方式，是拓展人脉的有效途径。

3. 秉承尽心尽责的处世态度

态度是个人对所从事职业的高度责任感和使命感，是个人自我概念的呈现。从认知成分来看，态度是个人对人、工作和事物的了解程度；从情感成分来看，是个人对人、工作、事物的好恶程度，带有情感倾向；从行为成分来看，是个人对人、工作、事物的实际反应或行为态度。责任感是态度背后的核心内隐因素，责任意识决定了态度和行为倾向。

 案例分析　有担当的稻盛和夫

稻盛和夫，1932年出生在日本的鹿儿岛，27岁创办了京都陶瓷株式会社（现名京瓷Kyocera），52岁创办了日本第二大通信公司（原名DDI，现名KDDI，目前在日本为仅次于NTT的第二大通信公司）。在他的带领下，两家公司均进入全球500强企业。2010年，78岁的稻盛和夫出任当时濒临破产的日本航空的董事长，两年内扭转日本航空的衰败局面并重新上市。他的一生经历过无数次起起伏伏，涉及不同的行业领域，最终都能带领企业实现飞跃。

大学时稻盛和夫的专业是有机化学，最初还有一个当医生的想法，可现实却是只能到松风工业这家陶瓷厂打工，且属于无机化学领域的企业，而他被分配到研究新型陶瓷。当时陶瓷厂濒临倒闭，稻盛和夫却待在实验室拼命研发，高度的责任感和毅力，潜心研发并造出了世界领先的产品，挽救了陶瓷厂。在随后的半个世纪里，他亲身经历了多次经济动荡，但面对新局面的时候，稻盛和夫总会乐观地为未来做好打算，每次经济不景气的时候，他都会专注于研发，探寻新业务、新产品，KDDI便是在经济不景气时创立的新业务。他认为热爱是点燃工作激情的火把，无论什么工作，只要能全力以赴就能产生极大的成就感和自信心，也会产生下一个目标挑战的积极性。"在这个过程中，无论遭遇什么困难，都不能有瞬息迷茫，要相信自己有无限的可能，只有持续付出、无止境努力的人，才能突破困境，享受创造的喜悦。"

稻盛和夫对待工作的高度责任感是个人走向成功的重要因素，俄国著名思想家托尔斯泰说："有无责任心，将决定生活、家庭、工作、学习的成败。"从深层次反映出，高度的责任心能引领个人职业发展和走向成功。

4. 培养坚毅的个人特质

在职业生涯发展道路中，每个人都难免遇到困难、挫折、悲伤、失败，失败并不可怕，可怕的是受失败情绪的反复困扰。心理学家安杰拉·达克沃思博士在《坚毅》[①]一书中谈道："一个人想要获得杰出的成就，拥有坚毅的品质比天赋更加重要。"这种坚毅的品质，正是对个人长期目标的热爱和坚持不懈的追求，是一种积极的人格特质。

美国西点军校研究学生辍学问题的心理学家迈克·马修经过多年的研究，得出这样的结论：从学校招生程序中确实能够鉴别出具有潜质的学生，但最终能经得住4年严格训练，获得一个领导人所需的众多技能的学生，与个人潜质、天赋没有任何关系，选择退学的学生极少数是因为他们的能力不足，而关键在于缺少"永不放弃"的坚毅态度。安杰拉·达克沃思博士进而针对销售领域开展了坚毅力的研究，研究发现销售人员的辞职率与坚毅力测量数据完全吻合，印证了坚毅对于每个人的事业发展起着重要作用。总的来说，较高成就者都怀有相当的韧性、勤奋、坚毅，并坚定自己的决心和方向。同时，正视人生道路上的种种失败，对失败情绪进行免疫能不断增强个人的坚毅指数。

那么，如何做到对失败情绪的免疫呢？

第一，积极采取行动，认识失败中的正向价值。生活中的所有篇章，无论是精彩的、胜利的、痛苦的、艰难的或是令人失望的，都终将带领你不断前进。关键在于面对失败挫折时能积极采取行动，消除失败的根源才是失败的真正价值所在。

第二，失败重构练习，通过训练达到逐步免疫。俗语说："失败是成功之母"，对失败进行记录、分解、转化，能最终引导你对失败免疫，并达到质的飞跃。失败重构练习分为以下三个步骤。

（1）记录失败的经历。每次在经历失败的时候，将它们记录下来，形成自己的"成长手册"，这是一个全新而健康的思维模式，养成这样的习惯，能帮助你对失败免疫。

（2）对失败进行分类。第一类失败是低级错误所导致的失败，由于自己的粗心、大意导致的错误；第二类失败是自身弱点所导致的失败，你可能经常会犯同样的错误，也清楚失败的原因，但很难迅速修正，这类错误的修正需要时间和逐步完善自己；第三类失败是蕴含了成长机会的失败，从中能获得促成成功的经

---

① 安杰拉·达克沃思是美国宾夕法尼亚大学心理学教授，其"坚毅"（grit）理论在美国一经提出就产生了巨大影响，她在TED中 *Grit- The power of passion and perseverance* 的6分钟演讲有接近2000万点击量。

验教训，应记录下来，运用到今后的工作中去。

（3）制作个人成长手册，如表 14-3 所示。

表 14-3　个人成长手册

日期	失败原因	低级错误	自身弱点	成长机会	分解
××××.××.××	提交的文件出现大量错漏字	√			文件提交前进行两遍通读，必要时请同事帮助查验
××××.××.××	事情积压到最后，导致工作质量偏低		√		拖延症，持续提醒，持续修正
××××.××.××	会议前未针对议题详细准备			√	提前针对议题进行研究，并形成概要
……					

二维码 14-2

通过记录成长手册，对过往的失败进行分类、解析和分解，能不断增强对失败情绪的免疫力，增强个人的坚毅力。

拓展阅读：扫码观看 TED 演讲——*Grit*：*The power of passion and perseverance*（坚毅：充满激情和持之以恒的力量）。

二维码 14-3

拓展练习：扫码进行失败重构练习，学习制作个人成长手册。

5. 设立目标坚持理想追求

秉持对理想的追求，将个人理想融入企业和国家的发展大势中。从胜任力冰山模型可以看到，动机深埋于水面以下，是推动和指导个人发展的核心动力，当个人有强烈的成就动机时，会更积极投身到工作中，并为理想的达成设立目标、为之奋斗。

 案例分析　徒步到达测试

心理学家曾经做过这样一个实验：组织三组人，让他们分别向着十千米以外的三个村子进发。第一组既不知道村庄的名字，也不知道路程有多远，只告诉他们跟着向导走就行了，刚走出两三千米，就开始有人叫苦，走到一半的时候，有人几乎愤怒了，他们抱怨为什么要走这么远，何时才能走到头，有人甚至坐在路边不愿走了，越到最后他们的情绪就越低落。第二组知道村庄的名字和路程有多远，但路边没有里程碑，只能凭经验来估计行程的时间和距离，走到一半的时候，大多数人想知道已经走了多远，比较有经验的人说："大概走了一半的路程。"于是，大家又簇拥着继续往前走，当走到全程的 3/4 时，大家情绪开始低落，觉得疲惫不堪，而路程似乎还有很长，当有人说："快到了！快到了！"大家又振作起来,加快了行进的步伐。第三组不仅知道村子的名字、路程,而且公路旁每一千米都有一块里程碑,人们边走边看里程碑,行进中他们用歌声和笑声来消除疲劳,情绪一直很高涨,所以很快就到达了目的地。

心理学家从这个实验中得出了这样的结论:如果人们的行动有明确的目标并能够不断将行动与目标加以对照的话,那么他们就清楚地知道自己与目标之间的距离,这样人们行动的动机就会得到维持和加强,就会自觉地克服一切困难,通过一个个阶段性目标,朝着理想迈进。

在日常学习、工作中,我们可以通过目标树法,帮助自己设立目标。目标树法又称为相关树法或目标树法,如图14-3所示,它是利用树的形态及其分支将事物发展的层次性和可能性进行形象化表达的规范型预测方法。第一步是确定目标,建立清晰明了的目标体系;第二步确立等级层次数,一般来说,目标越广泛,层级就越多;第三步是按照层级等次画出相关树。画图的基本思路是,以一级点表示树的开始点,即总目标,然后一级接一级地画出分支,直到把全部分支画完,表明树已完全长成。这种方法可表达出各子目标之间的关系,如对等关系、从属关系和交叉关系,有利于规划出达到指定目标的最优途径,预见各种可能性的环节和结果。

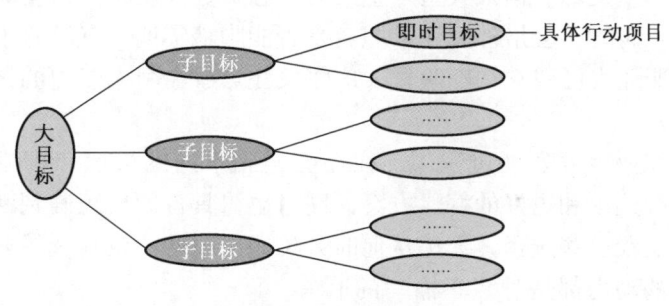

图 14-3　目标树法

6. 客观看待离职倾向

据中国新闻网报道,根据近年来毕业生较高离职率的情况给出了这样的总结:70后的第一份工作平均超过4年才换,80后则是3年半,到90后骤降到19个月,部分95后更是仅仅在职7个月就选择了辞职。根据麦可思官方网站给出的调研数据,在2016届、2017届毕业生中,个人发展空间不够、薪资福利偏低、想改变职业或行业、对单位管理制度和文化不适应占主要离职原因(见图14-4)。

高离职率对新员工及其所在单位均会造成负面影响。对于用人单位来说,需要面临重复招聘的问题;对于离职者来说,工作经历的短暂无法为职场新人带来职业能力的提升,而频繁的跳槽也会使得再求职时遭到质疑。

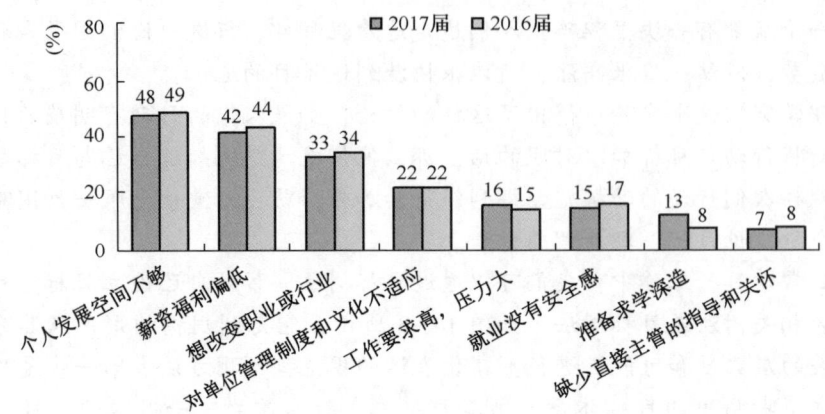

图 14-4 2016 届、2017 届本科毕业生主动离职的原因（图片来源：麦可思官方网站）

从舒伯的职业生涯发展阶段来看，大学生进入职场正处于职业生涯建立初期，开始通过工作实践接触并获得各种技能，过早地主观判断个人得失而选择离职，不利于职业能力的积累，短时间内的频繁跳槽反而会增加用人单位的顾虑，对求职者个人产生疑虑。据某大型外企人力资源负责人反映：因应届生流动性比较大，他们在招聘时，会格外关注求职者是否能脚踏实地，有没有承受压力的能力。因此，在职业生涯建立初期阶段，应将关注点放在个人能力的提升上，慎重对待离职。

然而，在职业生涯发展过程中，往往会遇到不同的机遇和挑战，瓶颈和迷茫，需要有多种选项和更好的替代方案，同时也得具备做出正确判断的能力，并信心十足地去实践这些选择。无论从何时开始做出改变，或是选择职业流动，指引每个人向前的动力都是对"幸福"的追求。

要想获得幸福，就要选择幸福，而其中的秘诀就在于学会如何进行选择。在前面的章节我们已经谈到过"奥德赛计划"和原型设计，这里要详细讲述的是进行选择的具体步骤。

（1）收集和创建选项。在充分认识自己和探索外部世界之后，写出你的工作观、人生观、价值观，绘制出思维导图，并制订奥德赛计划，根据原型对话、体验进行原型设计，具体操作方法在第 4 章进行了详细讲述。这些方法能够有效地帮助你收集信息创建选项。

（2）缩小列表范围。当你花几周或数月时间为自己创建了足够多的选项，接下来你可能会对所有潜在的可能性心生纠结。摆在面前的选项看似都不错，担心自己选错了；认为"功课"做得还不足，无法自信做出选择；万一自己的信息收集不充分，漏掉一些选项该怎么办？如果无法做出选择就会停滞不前，你可以做的是尽量缩小选择范围。

 案例赏析　果酱实验

　　哥伦比亚大学商学院教授希娜·艾扬格是专门研究决策力的著名心理学家和管理学家，她曾主持设计过心理学领域著名的"果酱实验"。

　　在一家零售店内，研究人员摆出6种不同口味的果酱，观察顾客中有多少人试吃，有多少人购买。第一周，针对这6种不同口味的果酱，有40%的顾客试吃，13%的顾客购买了其中的一种。几周后，研究人员摆出了24种口味的果酱，在同一家零售店同一个时间段，约有60%的顾客品尝（是上次的1.5倍），但仅有3%的顾客购买了其中一款。

　　研究表明，大多数人都喜欢拥有许多选择，但却更难做出决断。因此，如果仅有3~5个选项，那么绝大多数人是可以进行有效判断的；如果选项超出这个区间，决策力也就相应降低了。选项的存在，只有被选择、被实现，才能够创造价值，我们应该做的就是将选项尽量细致地进行分类列表，提取出优先选项，帮助顾客明晰选择。

　　（3）明智的选择。通常个人在进行判断选择时会用到认知智慧和情感智慧。认知智慧能帮助我们客观、有条理地进行信息梳理，但却未必能为我们挑选出最满意的选项，情感智慧（情商、情感、直觉）的介入，能通过生活中积累下来的多种生活体验，为决策提供经验可循，一个英明的决断不能仅靠认知或情感，二者需要协同作用。

　　当你经过认真思考，从理性认知和情感上仔细考虑过你的选项后，接下来可以利用情商与选项达到"神交"的程度。"神交"的重点在于全身心融入你的选项场景，并充分体验自己沉浸在该选项中的切身感受，就好像自己已经做了这个选择并全身心地在实践这个选择，这种体验的时间长短由你自己决定，可以是1~3天不等。然后休息1~2天，依次与其他选项进行"神交"。通过这样的情感体验，你能更加清晰自己喜欢哪种体验，弥补认知知觉在评估上的不足。

　　（4）继续前进。有时人们在进行到选择的第四步骤时，会苦苦思索：这是最佳选项吗？如果选择另一个选项，会不会更好？要不要重新选择一次？然而，在结果呈现之前，我们永远无法了解当前的选择是不是"最佳选项"。对于任何一个选项来说，达到满意的最佳方式就是努力为当前的选择而奋斗，而不是为放弃的选项苦苦思索，这种纠结只会让你无法集中精力投入到当下，从而削减你对当前选择的满意度。

　　那么你能做的就是放下疑虑，努力继续前进。你要坚信，你将拥有一条更明智的职业生涯道路，提高自己的能力，成功实现梦想，并带给你幸福感和满足感。

二维码 14-4

拓展阅读：扫码阅读十位名人的职业生涯故事——李开复。

7. 获得团队的支持

集体的力量永远大于个人的力量，在个人的职业生涯发展道路中，切莫孤独前行。正如一项伟大的设计，是设计团队共同赋予和创造的结果，在职业生涯发展中，你的想法和机会也是由整个团体共同创造的。任何为你的生涯发展尽过力的人，都应该被视为团队中的一员，并扮演着不同的角色。

（1）团队的构成。他们是支持者，是参与者，抑或是你的亲友。他们是值得你信赖的、关心你的人；他们能鼓励你勇往直前，并会给予反馈意见；他们可能是你的同事、是与你进行原型对话、参与你原型设计的人；他们是你的父母、妻子、丈夫、孩子，以及你最亲密的朋友，他们是对你来说影响力最大的人；他们能与你分享人生设计细节，并能定期与你会面，与你共同探讨你的"奥德赛计划"。包括你自己在内，一个健康团队的人数要控制在 3~5 人，仅有两人不利于众议讨论，如果人数超过 6 人，也易产生意见分化不利于形成共识。

（2）团队的规则。这个团队中的成员是你职业生涯发展的共同创造者，所有的探讨、共识都将以此为目标展开。团队中需要有一人承担协调者的角色，可以是你自己，可以是团队中的其他人，抑或是大家轮流承担。其作用在于定期安排会面时间、会议议程、谈话内容、维持谈话秩序，在多个问题同时出现时，能帮助团队确定进一步的讨论方向。同时，成员间也应秉承以下几点。

1）尊重，相互尊重彼此的意见。

2）保密，保守每次谈话的细节。

3）积极，积极参与每次的谈话。

4）生成性，提出具有建设性的意见。

（3）寻找人生导师。在职业生涯发展过程中，得到人生导师的指引能大大提高成功率。当前，高校均开设了"职业生涯规划""就业指导"等相关课程，各地人力资源和社会保障部门也不定期开展线上、线下的就业创业服务，你的学长、前辈已经工作多年并有着丰富的经验，听取他们较为专业的引导能帮助你稳定心态、清醒头脑、打开思路、明晰方向。

1）辨别能力。好的导师会认真倾听你的困惑，并帮助你辨析各种信息，对你的选择做出引导。他们不会直接告诉你必须做什么，为避免对你的判断造成过度的影响，通常会对你所说的话进行陈述性总结，并进行引导，帮助你提高辨别能力。

2）积极主动。往往在人的一生中，会遇到许多能给予我们关心和帮助的人，他们不一定是"大师级"的导师，而一旦你确定某人能够充当你的导师时，尽力主动地取得联系，进行交流，寻求帮助，通过导师的经验和见解，帮助你理清前路。渐渐地，在你的职业生涯发展过程中，就会逐渐拥有一个稳定的导师团队，共同见证你的成长。

本章小结

第 14.1 节主要分析了职业角色的适应和职业环境的适应。从舒伯的生涯发展阶段来看，大学生步入职场要经历角色转变，要适应从学生角色向工作者角色的转换。从职业发展来看，个人与环境始终处于动态匹配的过程中，并受个人-职业匹配、个人-工作匹配、个人-团队匹配、个人-组织匹配四个维度的交互影响。

第 14.2 节主要介绍了生涯建构理论和职业生涯发展路径。生涯建构理论是在个人-环境匹配理论基础上发展而来的，它阐释了个人的职业生涯发展是一个主观建构的过程，并从生涯关注、生涯控制、生涯好奇、生涯自信四个方面激发个人主动建构职业生涯。举例介绍了职业生涯发展的三条路径：职位取向型发展路径，目标取向型发展路径和决策取向型发展路径。

第 14.3 节主要通过胜任力冰山模型阐述个人职业适应力提升方法。胜任力犹如冰山，水平面以上外显的部分是知识和技能，能通过培训学习获得，社会角色、自我概念、特质、动机是潜藏在水平面以下的隐形特质，是胜任力的核心特质，同时提出基于胜任力的职业适应力拓展方法。

复习思考题

一、基本概念

职业角色　个人-环境匹配　生涯建构理论　生涯适应力　职业生涯发展路径　生涯关注　生涯控制　生涯好奇　生涯自信　胜任力冰山模型

二、简答题

1. 个人-环境匹配的四个维度是什么？
2. 生涯适应力的四个维度是什么？

三、论述题

根据胜任力冰山模型，就如何提升个人职业适应力，回答以下问题：

1. 你的职业目标是什么？

2. 目标职业的能力需求是什么？
3. 你现在掌握的知识、技能有哪些？
4. 根据自己的职业目标，思考绘制目标树。

四、案例分析

美国知名企业家比尔·拉福的生涯发展路径

背景：中学毕业后比尔·拉福考入麻省理工学院，没有去读贸易专业，而是选择了工科中最普通、最基础的专业——机械专业。

大学毕业后，这位小伙子没有马上投入商海，而是考入芝加哥大学，攻读为期三年的经济学硕士学位。

出人意料的是，获得硕士学位后，他还是没有从事商业活动，而是考了公务员。

在政府部门工作了五年后，他辞职。又过了两年，他开办了自己的商贸公司。20年后，他的公司资产从最初的20万美元发展到2亿美元。

1994年10月，比尔·拉福率团来中国进行商业考察，在北京长城饭店接受《中国青年报》记者采访时，他谈到他的成功应感激他父亲的指导，他们共同制订了一个重要的生涯规划，最终这个生涯设计方案使他功成名就。

比尔·拉福的生涯简图：工科学习→工学学士→经济学学习→经济学硕士→政府部门工作→锻炼处世能力，建立广泛的人际关系→大公司工作→熟悉商务环境→开公司→事业成功。

第一阶段：工科学习

中学时代，比尔·拉福就立志经商。他的父亲是洛克菲勒集团的一名高级职员，他发现儿子有商业天赋，机敏果断，敢于创新，但经历的磨难太少，没有经验，更缺乏必要的知识。于是，父子俩进行了一次长谈，并描绘出职业生涯的蓝图。因此升学时他没有像其他人一样直接去读贸易专业，而是选择了工科中最基础、最普通的机械制造专业。

评析：做商贸必须具备一定的专业知识。在商品贸易中，工业品占绝大多数，不了解产品的性能、生产制造情况，就很难保证在贸易中得到收益。工科学习不仅是知识技能的培养，而且能帮助建立一套严谨求实的思维体系。清楚的推理分析能力，脚踏实地的工作态度，正是经商所需要的。

收获：比尔·拉福在麻省理工学院的四年，除了本专业，还广泛接触了其他课程，如化工、建筑、电子等，这些知识在他后来的商业活动中发挥了举足轻重的作用。

第二阶段：经济学学习

大学毕业后，比尔·拉福没有立即进入商海而是考入芝加哥大学，开始了为期三年的经济学硕士课程。

评析：在市场经济下，一切经济活动都通过商业活动来实现的，不了解经济规律，不学习经济学知识，就很难在商场立足。

收获：比尔·拉福掌握了经济学的基本知识，明白了影响商业活动的众多因素，还认真学习了有关法律和微观经济活动的管理知识。几年下来，他对会计、财务管理也较为精通，在知识上已完全具备了经商的素质。

第三阶段：政府部门工作

比尔·拉福拿到经济学硕士学位后考取了公务员，在政府部门工作了五年。

评析：经商必须有很强的人际交往能力，要想在商业上获得成功，必须深知处世规则，善于与人交往，建立诚信合作关系。这种开拓人际关系的能力只有在社会工作中才能得到提高。

收获：在环境的压迫下比尔·拉福养成了强烈的自我保护意识，由稚嫩的热血青年成长为一名公务员，并结识了各界人士，建立起一套关系网络，为后来的发展提供大量的信息和便利条件。

第四阶段：通用公司锻炼

五年的政府工作结束之后，比尔·拉福完全具备了成功商人所需的各种素质，于是辞职，去了通用公司。

评价：通过各种学习获得足够的知识，但知识要通过实践的锻炼才能转化为技能。

收获：在国际著名的通用公司进行锻炼，比尔·拉福不仅为实践所学的理论找到了一个强大平台，而且学习到了丰富的管理经验，完成了原始的资本积累。这也是大学生创业应该借鉴的地方，除了激情还应该考虑到更多的现实。

第五阶段：自创公司

大展拳脚两年后，他已熟练掌握了商情与商务技巧，便婉言谢绝了通用公司的高薪挽留，开办了拉福商贸公司，开始了梦寐以求的从商生涯，实现多年前的计划。

点评：比尔·拉福的准备工作，几乎考虑到了每个细节。拉福商贸公司的成长速度出奇地快，二十年后，公司资产从最初的20万美元发展为2亿美元，而比尔·拉福本人也成为一个奇迹。

比尔·拉福的生涯设计脉络清晰、步骤合理，充分考虑了个人兴趣、个人素质，并着重职业技能的培养，这种生涯设计在他坚持不懈的努力下，终于变为现实。

资料来源：https://wenku.baidu.com/view/900c02d60b4e767f5bcfce04.html，十位名人的职业生涯故事，有改动。

思考讨论题：

(1) 根据案例提供的资料，比尔·拉福属于哪一类生涯发展路径？

(2) 比尔·拉福的生涯发展路径对你有何启示？

第15章 就业市场与职业定位

 学习目标

通过本章的学习，了解当前大学生就业形势、学校开展就业指导、管理与服务的制度和方式及就业流程与相关规定；通过个人就业意向分析，找准自己的职业定位；清楚"二战"和慢就业对个人职业生涯发展的影响；学会防范求职风险。

 关键术语

就业意向、求职定位、慢就业、就业风险、就业流程、安全就业

 引导案例　殊途同归

窦同学，男，合肥某高校对外汉语专业毕业，1990年出生，安徽合肥人，现就职于安徽某营销咨询公司，从事文案策划类工作。窦同学开始并不准备毕业就走向职场，他从大四开始就认真为考研做准备，和很多人一样，一方面为了暂时逃避就业压力，另一方面为了进一步提升自己，从而寻求更为广阔的就业平台。窦同学选取了新闻学作为考研的方向，属于跨专业考研，由于专业课知识储备不足，他考研失利了，之后便踏上求职之路，他先确定好自己喜欢的工作类型，考虑到自己的专业是文科性质，窦同学给自己的岗位定位在文案方面，在网站上投了多份简历，最终被一家营销咨询公司录用。营销咨询类公司近几年比较热，市场需求量大，因为是文科生，有写文案的底子，所以在公司实习了一个月之后就决定签约了，窦同学的求职过程似乎很简单也比较顺利，他原本打算仅在这个公司锻炼一下自己，然后寻求更好的发展，而现在他仍在这家公司就职，虽然很忙，经常出差，熬夜写策划，但是也积累了一些工作经验，成长了很多，到目前他没有跳槽，还是踏踏实实地工作着。

任同学，女，安徽安庆人，父亲在北京做茶叶生意，大四毕业直接保研，仍就读于本科母校，她在本科时辅修了一门会计专业，因此保研的专业方向是农村与区域发展经济学类专业硕士，现在，她已经研二，正在求学求职的路途上。任

同学辅修会计学是当时其父亲的建议，觉得中文专业不太好就业，经济学类比较好找工作，保研也是因为想找一份不错的工作，研究生学历会在就业市场占优势，所以她并没有像那些专心想走学术路线的同学一样努力备考，选择保研仅仅是为了文凭。现在她研究生也快毕业了，除了忙着写毕业论文，也在忙着找工作。

案例导学：案例中的两位同学都有过读研升学的打算，窦同学考研失利后积极求职，经过努力，积累了一定的工作经验。任同学即使直接保研，有家庭人际关系、社会资源的帮助，但获取文凭后，仍然要忙着找工作。所以，无论是否读研，读到什么程度，无论是考研失利还是保送推免、顺利录取，最终还是要步入职场、面对社会。

大学是人生的转折，当我们在面临选择时，应该如何判断，到底是考研还是求职？如何正确定位自己的求职意向？当前就业市场需求是什么？影响求职目标的因素有哪些？……希望本章内容能引导帮助学生尽早进行学业规划和职业生涯规划，关注就业市场趋势，在学校就业部门的指导下，分析个人综合能力情况和求职意向，准确定位，为顺利求职、理想求职做好充分准备。

15.1 就业市场

15.1.1 就业质量报告解读

2013年11月，教育部办公厅下发《教育部办公厅关于编制发布高校毕业生就业质量年度报告的通知》，大学生就业质量评价从以就业率为中心向就业质量评价转变。毕业生就业质量是反映高校人才培养的重要指标，也是关乎经济社会发展大局和社会和谐稳定的重要影响因素。通过解读就业质量报告，对比3~5年的变动趋势，可以比较直观地了解本校毕业生就业情况的稳定性。

就业质量报告主要分为五个部分，包含毕业生就业情况、用人单位需求情况、就业竞争力与就业质量、就业工作特点与成效和对高校教育的反馈及毕业生评价。为了有效解读、运用就业质量报告，尽可能准确分析就业市场和就业趋势，可以综合对比近3~5年的就业质量报告，对就业形势的展望和判断起到参考作用。

毕业生就业情况一般包括本校毕业生的规模、生源结构、整体就业情况等，整体就业情况一般包括整体就业率、升学率、签约率、灵活就业、自由职业和未就业率。

就业单位分析是对本校学生就业单位的所在地、单位性质、行业类别、所属地域等方面的统计，更细化工作还会对不同性别、不同民族、政治面貌等类别进行统计分析，以及对主要流向单位、重点流向单位等具体单位情况进行统计分析。教育部对单位性质有比较明确的代码划分，包括党政机关、事业单位、高等教育单位、医疗卫生单位、国有企业、三资企业、其他企业、部队、自主创业等，学校同时也会统计参与国家项目的情况，如选调生、三支一扶、西部计划、村干部等。高校会根据毕业生就业单位情况、结合专业，分析本校毕业生主要流向单位和重点流向单位，哪些专业是近几年以及未来市场需求相对较大的。对于能接受本校一定数量毕业生的单位可作为主要流向单位，对世界500强、中国500强、民营企业500强等单位，可作为重点就业单位。通过对"主要流向单位"和"重点就业单位中"的就业人数、专业薪酬等要素进行分析，可以比较直观地了解学校学生的就业质量情况。

升学情况不仅要关注考研率，还要关注保研、推免、出国等形式的比例，本校升学和考取外校的比例等，通过升学高校，可以了解学校学生的升学去向，从而判断学校的人才培养质量；除了关注留学率外，应该重点关注留学目的地国家和学校排名情况。通过就业指导过程，还应了解本校学生出国留学的途径和难易程度。

用人单位进校招聘反映出用人单位对高校的认可度，通过用人单位的地域来源和毕业生就业的地域流向可以反映出该学校毕业生的主要流向在哪里。

毕业生求职参与招聘会的场数、投递简历的数量、获得面试的数量、求职成本、获取Offer的数量，从获取就业信息和渠道到获得职位和岗位的时间长短，可以反映出毕业生求职的难易程度。

毕业生对当前签约单位、职位、薪酬的满意度，对学校就业工作的满意度，所学专业在当前工作领域的应用情况的高低，反映出毕业生对求职结果的评价。用人单位对高校毕业生整体素质及各项能力、人才培养和就业服务等工作的评价反映出高效的人才培养质量和就业服务工作的态度和水平。部分高校在就业质量报告中还加入了第三方评价，如部分机构对高校的排名、对高校毕业生就业质量的评估等。

15.1.2 就业意向分析

对于大学毕业生来说，就业意向是其在求职前或求职过程中对未来意愿从事的工作、岗位、行业、地域等方面的主观期望和初期判断，它可能是长期以来的愿望，也有可能是一段时间的思考。就个人求职准备而言，早期的就业意向比较模糊、需求程度低、意向不稳定，而随着求职经历发生变化，就业意向很可能也发生变化，除了国家政策、产业结构变化等背景因素，更重要的是正视自己的综合素质和任职能力。

大学生毕业后一般面临三种情况：升学、就业和待业。对于升学，在当前全球一体化和国际化趋势下，毕业生可选择出国深造，也可以选择考研升学。而就业则是大多数毕业生的选择，也是顺应社会发展、推动社会发展的主要动力。不管是出国留学还是考研读博，最终都要面对社会，求职工作。

不适合考研而一味执着，并不一定会达成所愿，求职意向对薪资、用人单位的起点条件要求过高或判断不准，也会影响求职进度。如何决策毕业后的去向，可以借助 CASVE 循环，通过分析影响个人意向的因素，将重大决策思考方向集中到四个主题上，利用"决策平衡单"，给各种价值观和因素打分，帮助我们在职业生涯规划中理性决策。(参考第 4 章职业决策)

就业意向不仅影响大学生就业，更会决定就业后的工作态度和努力方向，每一名大学生应尽早进行正确的职业生涯规划，树立理性的职业观，使就业意向能在求职择业中发挥作用。

15.1.3 求职定位

一个准确的职业定位，不仅是求职者找到合适的岗位，也是用人单位找到能为组织发挥作用、贡献力量的对象，达到双方效能最大化。从长远上看是找准一个职业类别，就阶段性而言是明确所处阶段对应的行业和职能。我们可以用定位梳理工具——定位画布来帮助大家找寻合适的工作和岗位。

根据工作经验和当前社会就业市场趋势，结合当代大学生专业、意向、人才培养等方面具体情况，求职定位可以从道德与心态定位、行业及方向定位、能力和素质定位、个人需求定位、竞争定位等方面进行梳理。

(1) 道德与心态定位。大学生在求职中可能会遇到这种情况，已经签约了一家单位，但总感觉职海中还有很多单位没有接触到，再多看看也许会更好，登上了这山还望着那山高，殊不知，不同的薪资待遇和工作压力呈正比，万事均衡，鱼和熊掌不可兼得。对于求职，大学毕业生应当要有良好的求职心态，慎重选择，选好了就尽量不要后悔，踏踏实实准备面对现有的工作，懂得知足，懂得珍惜。在道德方面，毕业生要懂得诚信，不传播虚假信息，认真对待每一次求职，总结失败经验，坚持不懈参与下一次面试直至成功。

(2) 行业及方向定位。在产业结构转型升级的今天，任何行业都需要与之匹配的专业技术人才，如果不具备驾驭能力，尽管薪酬再高，工作环境再好，再发达的一线城市，也只是"高就"。对于岗位的分类要结合自己所学的专业、学历、实践经历、可用资源，弄清楚是技术型、管理型、创造型、自由灵活型还是全面型，定位自己希望或者喜欢的类型。在具体意向的职业和岗位中，毕业生可了解用人单位的制度、近几年的运营状况，判断未来发展的前景，也可以到单位实地考察学习，亲身感受，分析职业对员工专业技术和综合素质的要求，帮助自己做出正确的判断。

（3）能力和素质定位。求职中要清楚自己的强项弱项，优势能否帮助自己在行业立足，弱点会给工作带来哪些不便，如何提升？这里推荐 SWOT 分析法帮助学生定位能力素质。SWOT 分析法也称为态势分析法，四个英文字母分别代表：优势（strength）、劣势（weakness）、机会（opportunity）、威胁（threat），其中，S、W 代表内部因素，O、T 则代表外部因素。图 15-1 演示了 SWOT 在求职者身上的应用方法。

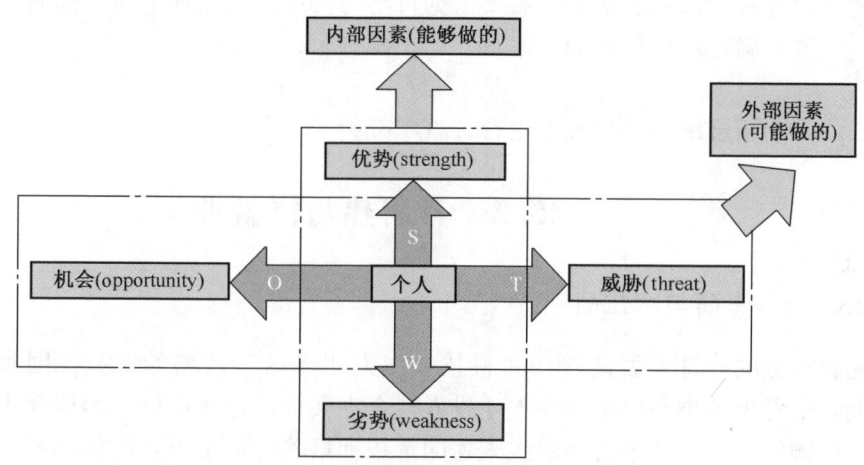

图 15-1　SWOT 在求职者身上的应用方法

通过内部因素的寻找和比较，需要明确的是哪些优点可以成为求职竞争中的优势，需要继续保持，哪些是能够做的、适合做的职业。毕业生在进行 SWOT 分析时首先罗列出自己的长处和短处。在分工明细的市场经济里，每个人都可以找到他所擅长的领域，也就是适合他发展的领域。例如，如果一个人不爱与人打交道，性格内向，就不适合往销售市场方面的工作发展；性格外向、敏感、善于与人沟通的性格就适合外交官、销售、导游一类的职务。其次，找出外界因素也可以帮助你成功地找到适合自己的工作。机会与风险都将会影响到你的第一份工作和今后的职业发展。如果单位一直受到外界不良因素的影响，那么它能提供的机会将非常有限，更别说升迁了。相反，充满积极外界因素行业的职业前景就广阔得多。

（4）个人需求定位。一般来说，从事自己喜爱的、感兴趣的工作，工作本身就会给你一种满足感，你的职业生涯才会变得妙趣横生，因此，择己所爱是需求定位的首要因素。在进行职业定位时，不仅要了解当前的社会职业需求状况，还要善于预测职业随社会需要而变化的未来走向，以便使自己对职业定位富有一定的远见，因此个人需求还要择市场所需。

（5）竞争定位。竞争定位包括竞争要素和竞争手段的定位。竞争要素包括性别、年龄、学历、实践经历、工作能力、综合素质、职业资格、特长、特殊技能、个人的价值观和处理事情的态度方式等；竞争手段是指毕业生要以何种姿态参与求职竞争。首先，要了解自己和职业要求的差距；其次，要清楚每个职业目标的好处和弊端。竞争手段也是毕业生以何种方式参与或避免竞争，如果可以的话，还应了解其他求职者的综合情况，进行系统全面的分析，对竞争环境有个全盘统筹的认识。毕业生需要根据自己的特点权衡选择不同目标的利弊得失，确定达到目标的方案。

二维码 15-1

拓展练习：对自己进行 SWOT 分析。

15.2　考研热与慢就业

15.2.1　考研与"二战"

随着我国的教育发展进程和"科技强国人才兴国"战略的实施，国家希望高校能够培养出各类高层次专业人才投入社会主义现代化建设中，为研究生教育创造了广阔的空间，为进行高层次人才的选拔和培养提供了更宽广的途径和优惠的政策。本科生在高等教育"大众化"进程中对知识和高学历的渴望越来越强烈，市场经济变革和产业结构调整与就业市场的不平衡，使得希望通过考研提高实力的学生越来越多。从高校人才培养角度看，研究生录取率越高，说明人才培养质量越高，职能部门对各学院在考研录取率所下达的目标任务，也促使教师鼓励学生加入考研大军。由此，社会上考研热已经形成。

1. 考研现状

1949 年，我国仅招收研究生 242 人，1978 年研究生招生数达 10708 人，而到了 2018 年，招生人数涨至 857 966 人，较 1949 年增长 3545 倍。据教育部统计，2019 年，全国考研报名人数达到 290 万，同比增长 21.8%，考录比为 4∶1。2020 年，研究生报考人数超过了 330 万，与 2015 年相比，5 年时间报考人数翻了一倍。2020 年全国研究生招生计划 86 万，与报考人数 330 万相比，录取的可能还不到 30%。然而，被淘汰的考生中有近 20%的学生，甚至已取得通知书而放弃的学生，选择"二战"，这让本就激烈的竞争变得更加残酷。

当前考研还出现了这样一种现象，曾经学理工科，报考则选择文科专业，因为文科专业基本上不考数学，录取的可能性会更大一些。还有学生因为身边的同学都在考研，抱着试一试的态度去考，这就是盲目认识和跟风；还有一部分学生因为想留在大城市生活，因为爱情等原因把考研作为一种策略。

2. 考研热引发的利与弊

不得不说，"考研热"从一定程度上反映了我国高等教育的发展水平，也体现了当代大学追求卓越、不懈攀登的人生价值追求，这种精神也是国家发展社会主义现代化建设、共筑中华民族伟大复兴中国梦所需要的品质。"考研热"也使广大学子在备考过程中专注学习，在校园里形成了良好学风，也促进了学生之间的良性竞争。总的来说，"考研热"加快了研究生发展的进程，考博率也逐渐提高。

但是，考研市场的背后呈现出就业市场的结构性失衡，在下半年尤为突出。很多意向调查表明，近60%的学生都准备考研或出国，能在下半年参与"双选会"的仅40%左右，虽然不免有些考研的学生也参加了招聘会，但基本都是为了了解市场行情而去，签约的可能性很小，直到次年春季，就业市场才会回暖。由此看来，"考研热"最直接影响到的就是就业市场。其次，"考研热"也导致大学生学习质量下降。本科教育仍然是高等教育的主体阶段，也是基础阶段，获取第一份正式工作的主要群体也是本科毕业生，因此各高校对本科生人才培养质量确定了"培养具有较强综合素质和实践能力的复合型、应用型人才"等目标，然而，研究生考试的科目早已确定，英语和政治是每个专业必考的科目，考生只用长期专注考试科目，对真题勤学苦练，便自认为多了一份录取的把握。我们经常看到大四的课堂上人到不齐，专业课上，老师在台上讲，学生在下面做考研真题，不仅浪费了学习资源，更是影响了本应学习的专业课程，这种备考方式冲击了原有正常的教学秩序，背离了高校人才培养的目标。还有些学生基本不参与社会实践、竞赛和各种校园文化活动，觉得这些活动浪费复习的时间，然而真实情况是，这种牺牲实践机会"珍惜"的时间里，有很大一部分用于"养精蓄锐"，这一类学生慢慢变得专业不扎实，实践能力欠缺，不仅没有考上研究生，也失去了寻找一份好工作的有利条件和优势。

3. "二战"考研族的"适"与"不适"

一般因为非理想因素考研成功率都不高，其中就包括为了逃避就业。相对于社会来说，校园环境里的学业压力比工作压力要小得多，考研可以帮助自己暂时不面对快节奏的生活，当然，前提是被录取；中国文化道"学而优则仕""万般皆下品，唯有读书高"，大学生认为实现自我价值必须获得高学历，这样可以体现自己学习突出，甚至是高人一等，用高学历来掩盖自身的某些缺点，因而考研路上不断出现"战了又战"的局面。根据教育部数据，2019年未录取的学生中有20%的"二战"考生，"三战"及以上比例各有3%左右，而面对历年只有四分之一左右的录取率，"二战"学生的录取比例又能有多少？

案例分析　你还要"二战"吗？

我是一名"二战"的考生，我的目标就是考上南京理工大学硕士研究生，当第一年初试成绩出来的时候，还是比较满意的，但是由于复试分数低，以一分之差与南理工失之交臂。曾遗憾过、悔恨过，却从不曾后悔过。为了自己的理想而努力而奋斗是值得的。我就是抱着这样的心态，在家人同辈群体不看好中，毅然决然选择了"二战"！不是为了谁，而是为了自己，为了证明自己，为了给自己争一口气，也是为了实现自己的最高需求自我实现需要。

在第二年的"二战"复习过程中，孤军奋战了一年左右时光，几乎断了所有朋友的往来，一切聊天软件全部卸载，手机上只有QQ音乐，路上听听音乐放松一下，独来独往的每个日日夜夜，形单影只的马路上也曾问过自己，值不值得？难不难过？答案是肯定的，难过肯定是有的，但也是值得的！虽然我放弃了工作，放弃了联络，放弃了父母安排好的路，但是我拥有了自己的想法，拥有了自己的路，拥抱着自己的梦想前行，即便道路再黑暗，也是心甘情愿、甘之如饴的，而每当有朋友叫我出去玩，说学什么啊，找个工作赚钱不好吗？或者说就玩一下又不会耽误学习之类的话的时候，心里也会有所动摇，但是想到自己的梦想，想到曾经一起学习玩耍的小伙伴们都去了哪里的时候，正义总能压倒一切，梦想总能战胜一切欲望，然后告诉自己：我，又回来了！然而天总有不遂人愿，当我第二次考完收拾心情准备迎接第二次复试的时候，一道晴天霹雳把我直接从考的"都会"的喜悦中惊醒。从来没想过复习的结果会一年不如一年，第二年的专业课题目答到出了考场两三天还是拿不动筷子的地步，然而结果却是专业课成绩比去年掉了50多分。当成绩出来的一刹那，我整个人是懵掉的，发生了什么？这一定不是真的，这个网站肯定不正规，是谁在跟我开玩笑吧！浑身瞬间从头发丝凉到了脚底，简直不敢相信自己的眼睛，也不敢告诉任何人，就这样拒绝了所有人的关心与询问。自己躲在房间里默默地翻阅曾经看过的书籍和笔记，而当看到书页掉落的课本时，记忆一下子回到了决定"二战"的那个瞬间，自己为什么选择"二战"？当时的决定难道忘了吗？难道就这样放弃了吗？

应届生考研和往届生考研优劣对比可以归纳为表15-1。从近年来研究生报考的人数和研究生入学考试的方案、科目、试题来看，考研已经成为名副其实的小高考，应届考研，无论成功与否，都和大多数同学同一时间毕业，而"二战"或"多战"的同学在面向社会的时候，已经不再和应届同学处于同一起跑线上了。从机会成本角度看，"二战"学生已经失去了"应届"的身份。很多用人单位在招聘的过程中明确提出"应届毕业生"的条件，而一旦选择"二战"，就意味着将失去需求市场中这一类用人单位的应聘机会，与此同时，还会失去一年乃至更长时间的实践锻炼机会；从经济成本考虑，"二战"的这一年，没有任何收入来源，只能靠家庭支持，简单算一下，购买书籍资料 1000 元左右，每月生活费平均 1000 元，交通出行 500 元/年，合计 13500 元，如果要加上报辅导班，将接近 20000 元。如果能顺利录取，除了日常开销，还要另外支付三年的学费，金额从 5 万元到 10 万元不等；再次，准备"二战"又要耗时一年，而在这一年中，应届录取的学生已经完成了研一的课程，就业的学生也收获了一年的实践工作经验，能力强的学生在这一年的工作中甚至还获得了晋升或者更加宽广的工作平台；最后，当就业的同学欢欢喜喜拿到公司 Offer、考研的同学拿到录取通知书时，可能有一部分"二战"的同学能够"化悲愤为力量"，更加坚定自己的考研之路，也可能有一部分"二战"的同学看到别人欣喜时在背后默默落泪。当然，在心理上的考验还远远不止这些。此时，必须具备强大的心理承受能力来持续一年甚至更长时间备考路途中的勤奋努力，揭榜之时，无论成功与否，都能对结果从容淡定，泰然处之。

表 15-1 应届生考研和往届生考研优劣对比

学生类别	应 届 生	往 届 生
优势	1. 首次考研，冲劲大、干劲足，积极性较高； 2. 没有形成固定的思维模式，思考问题、回答问题的方式更灵活； 3. 一心备考，不为家庭因素、工作压力、经济收入等外在因素分散精力； 4. 具有年龄优势，体力精力更充沛； 5. 复习时间充足，有良好的学习氛围和学习条件，如学校图书馆、请教老师、同学等； 6. 能够准确获取考研信息，资料收集渠道较多，也更方便	1. 有经历，有经验，能较好地把握重大时间节点，避开复习过程中的各种误区，针对性变强； 2. 对信息相对更了解，不用再花更多的时间去收集； 3. 有一定政治、英语、数学等公共课知识基础，可以适当缩短复习战线，集中发力，把时间用在薄弱环节； 4. 经过更长时间的备考，更加了解考试的具体方向和解题思路； 5. 人脉资源相对宽广，遇到事积累了更长时间的感情基础
劣势	1. 备考前或许有迷茫期； 2. 经验不足，方向不明确，有可能做无用功； 3. 对于重大节点、重点内容、考试流程把握不好，容易出现考试紧张、影响发挥	1. 心理压力增大，会出现焦虑、紧张等心态； 2. 学习条件、学习场所不如在校期间资源好； 3. 长时间题海战术容易形成固定思维模式； 4. 顾虑变多，要考虑是否工作、家庭情况、收入来源等问题，容易分心

判断是否适合"二战",可以从以下几个方面考虑再做决策。

第一,回顾一下第一次备考的经历和考研的分数,考量一下自己是否用尽了全力,提升的空间在哪里?如果能考上,有很大的提升,只能说明第一次并没有用尽全力去拼搏;如果没有使足力气,与分数线仅有几分的差距,第一次并没有考出应有的水平,就应该多了解下次招录时变化的信息,做好坚持不懈的准备,付出比上一次更多的努力。

第二,通过职业生涯规划进行自我探索的过程和结论,明确了解自己擅长什么、喜欢什么、需要什么,如果你具备思维缜密、逻辑清晰、潜心研究的性格和学识条件,确实适合做科学研究,也有能力在未来从事研究工作,那么,学历的提升或许不是根本目的,重要的是希望能够获取更高层次的知识和眼界,在研究中不断攀登新的高峰。

第三,分析一下研究生学历、学位到底有多重要。如果已经确定好未来的发展方向,有明确的工作岗位,这个岗位要求必须是硕士研究生,那么,对学历学位孜孜不倦的追求应该支持和鼓励。如果并非如此,就要看自己到底适不适合继续考研了。

4. 理性对待"考研热"

习近平总书记在2018年全国教育大会上指出:"坚决克服唯分数、唯升学、唯文凭、唯论文、唯帽子的顽瘴痼疾,从根本上解决教育评价指挥棒问题。"大学生要加强自己的职业生涯规划,提升思想政治素质,厚植爱国主义情怀,让自己的价值在社会劳动中创造、实现,在社会需要的时候,不盲目跟风,积极投身社会主义建设。

首先,大学生要尽早进行职业生涯规划,其中也应包含个人的学业规划。在国外,学生的职业生涯规划从中小学就开始了,而在我国教育体制中,初中高中都围绕考上好大学这个唯一目标,缺失了对学生成长成才的指导。经过调查,60%左右的大学生没有进行职业生涯规划,认为并不重要,近30%的学生规划不明确。职业生涯规划不是一蹴而就短时间形成的,而是根据社会形势变化,不断调整完善的,既有长期规划,也有短期规划。生涯规划也是人生设计,它不等同于找到一份好工作的计划,而是对个人兴趣、潜能、性格特点、综合素质等进行深入认知、分析、总结,并将个人与社会融为一体,在不同的时代形势中进行权衡,确定最佳奋斗目标,从而制订合理可行的人生设计方案。

其次,找准个人的定位。社会变革日新月异,三年硕士生涯结束能否如当初所期找到理想的工作?无论是就业还是考研,都需要具备与之匹配的条件,就业市场以岗位和薪资体现差异,高校用分数来选拔优良抉择研究生的录取,但往往也有高分学生名落孙山,不是因为不优秀,而是因为定位不够准确。报考名校的除了名校学生还有来自地方院校的学生，招生计划有限，激烈的竞争永远只眷顾少部分人。俗话说"宁做鸡头不做凤尾"，考研的目标院校和专业应以录取可能性最大为前提，而不是好高骛远。另外，考生要认识到，备考到录取只是研究生生涯的开始，研究生教育担负着知识创新、发展尖端技术、培养高级专门人才的重任，这就需要学生能够潜心学术，但是很多学生的学习意志和思维逻辑能力不能满足学术研究的要求，导致无法发挥个人优势，所以坚定的思想和心理定位是每一位考生都要做好的准备。

再次，扎实的专业技能和优异的综合素质永远是人才竞争中的核心砝码。无论就业还是考研，成功的背后必有艰辛的付出。大学生应当把握住大学四年的每一节课，珍惜大学时期的每一次实践活动，端正态度，学好专业知识，积极劳动，练就过硬的技能本领，不断培养自己的创新意识和能力，将积累的知识和能力转化为当代青年的责任与担当，用受过高等教育的大学生眼界理性看待考研、就业和社会的万般变化，用扎实的专业技能和优异的综合素质接受每一个机遇和挑战。

最后，要学会调节自身的心理压力。社会错综复杂，校园、家庭和学生个人复杂的情感变化交织在一起，让一部分大学生有着不同程度的心理问题和压力，严重的情况不仅影响生活，更影响学业。同学之间要互相理解、互相帮助，学生个人要敢于宣泄、学会倾诉，学会对不良情绪的释放，提高自身心理承受能力，消除心理障碍，重拾自信心。只有在理性、正常的思维环境下，才能对事物做出正确的判断。

拓展阅读：2019年10月30日教育部副部长翁铁慧在全国高校毕业生就业创业网络视频会上的讲话。

二维码15-2

15.2.2 慢就业

2016年10月2日，《光明日报》发表文章《慢就业不失一种选择》，2017年2月21日，《人民日报》发表题为《慢就业，如何"慢"出精彩》的文章，高校毕业生"慢就业"已经引发媒体关注。

1. "慢就业"的含义

代际更迭中的90后、95后乃至今后更多大学生都会与以往不同，越来越多的人选择"慢就业"，这是与"快就业"相对的概念，即指一些大学生告别"毕业就工作"的传统模式，也不打算继续深造，暂时选择工作以外的其他方式而不立即投身工作的现象，这也是媒体结合现阶段大学生就业情况所进行的阐释。

社会对"慢就业"的褒贬不一，有人认为"慢就业"是啃老的掩饰，也有人认为"慢就业"是社会发展进步的表现。有评论这样说，从一定意义上来讲，这是工业社会发展到一定阶段，青年一代主体意识觉醒后的自觉或不自觉的"抗争"，是一种对"田园诗"式生活的向往和回归，它的实质是追求高就业质量的理性经济行为。

2. 积极"慢就业"与消极"慢就业"

从理性的角度看待"慢就业"，大致可分为两大类，一类是积极"慢就业"，也叫主动"慢就业"；一类是消极"慢就业"，也叫"慢就业"。积极"慢就业"有别于传统意义上的"待业青年"或"啃老族"，指的是这些毕业生，选择一个时间段放慢就业脚步，暂时的"慢"是为了今后的"快"，他们的"慢"体现的是需要时间理性地寻找方向，不愿意在没有找到方向前被具体事务牵绊而受到工作束缚，毕业生最终还是会进入稳定的工作节奏，但通过多重审视之后选择的工作，才会珍惜，对待职业也才会有更多的执着、勇气和信心，重要的是，经过"实践—认识—实践"的过程后选择的人生状态，无论是对自身发展和人生格局的形成，还是对社会来说，都是值得总结、值得珍惜的。这与西方高中毕业生的"间隔年"（GAP YEAR）类似。

消极的"慢就业"也是"懒就业"，尽管只有一字之差，但是对待职业生涯的态度却截然不同。一些学生家中生活条件良好并且缺乏步入职场勇气而选择暂时在家待业，面对竞争激烈的就业环境时，心理准备不足，因就业压力大而屈服、畏缩、逃避；部分毕业生心理状态不平衡，"高不成、低不就"；也有心理依赖的毕业生，不愿意参与就业竞争而"等、靠、要"。这种类似于"懒就业"形式的"慢就业"不仅不利于毕业生自身职业发展，也增加了社会的负担，转变成为"啃老族"现象的风险增大。

长时间的"懒就业"对个人和生活都造成了不同程度的危害。获得能力的有效途径只能是理论与实践相结合，"懒就业"对个人所造成的与社会脱节，不仅延误了青春，也延缓了成长，当已经适应了彻底的自由状态，懒惰、散漫等惰性表现会放大成习惯，在面对就业"红海"和"被就业"时，恐惧之感陡然而生。这一类群体让多年的教育资源不能得到有效利用，对其个人来说无法实现人生价值，对社会来说是人才和资源的浪费，在社会缺失有效劳动力的同时成了社会的负担。

3. "慢就业"破解策略

大学生"慢就业"的形成原因是复杂多样的，破解之策也必然要多方联动、多策齐发。(这里仅描述国家政府层面以外的策略)

（1）强化高校职业生涯规划和就业指导实效，全力实施"精准帮扶"。

第一，高校要加强马克思主义就业价值观教育。大学生"慢就业"现象说到底是大学生就业目的不清晰、就业动机不明确造成的。大学生有什么样的就业目的，就有什么样的就业行为。用什么样的就业观念为大学生的就业导航，用什么样的价值标准规划引导大学生的就业行为，是摆在高校面前必须要解决的根本问题。

第二，大学生职业规划与就业指导要突出"人职匹配"的个性化职业发展规律，要以职业目标的确定为核心要义，以树立职业理想为个性化指导的终极目标，在实践层面完成从大学生学业、择业、就业和职业的有机统一，从学业规划开始引导学生提高理论学习能力和实际应用能力，指导学生提高择业的技能和技巧，提高就业核心能力，完成职业目标。在技术层面解决由面到线、由线到点的指导和服务的问题。逐步从全体指导到分层次、分类别指导再到个别指导的转化与升华。

第三，精准施策。按照大学生就业精准帮扶体系建设的整体性思维、创新性思维和问题性思维的基本要求，在实践环节需要突破将思想教育和就业指导结合起来、就业指导和就业实践结合起来、主体联动性不强、就业精准帮扶措施单一零散、不成体系的问题，大学生就业群体的帮扶工作最终落脚点在于受帮扶对象是否真正获得帮扶的效果，而帮扶措施是直接作用于帮扶对象的方式，也是帮扶效果的直接成因。

第四，高校人才培养结构要适应于产业结构升级发展的需要。市场经济多样性的发展，需要高素质、复合型、创新性人才，尤其需求大量的知识结构宽泛、动手能力强的人才，但目前多数高校存在着专业设置趋同、人才培养模式趋同等问题，人才培养模式重学术型，轻实践型和技能型，不能很好适应传统产业结构升级转换和新兴产业发展对人才的需求。高校人才培养质量要适应区域社会经济发展需要，从学科设置、课程设置、培养模式、师资模式、创新模式等高校人才培养的供给侧发力，还原大学教育本来的意义。

（2）家庭与学生合力，提高内驱动力。

第一，"慢就业"群体要树立大局意识，调整就业观。"慢就业"意味着延缓进入社会时间、经济独立时间，延长了在家庭的依附性生活时间，"慢就业"问题关乎社会安全稳定和协调发展。家长或亲属应鼓励学生积极就业，树立"先就业后择业"的就业观，提早着手，人尽其能、才尽其用。

第二，提升学生素质，促进自身就业效益最大化。专业知识的学习要根据所制订的职业生涯规划有目的地学习，重点掌握那些与未来职业发展密切相关的专业知识，从而提高未来就业所需的专业知识技术能力。掌握现代科学技术和文化知识，是大学生成才目标要求中关于智育方面的基本标准，也是大学生就业准备中的重要内容。大学生能否尽快适应由学生角色到职业角色的转换，首要标准是看其是否具备相对成熟的职业素养。所以，大学生要有明确的职业目标并按照一定的目标自我设置就业能力提升策略，根据自身的知识积累和社会环境适当调整自我职业定位，协调理想和现实之间的差距，走出精英就业误区，提高自身能力。

第三，家长要引导大学生树立合理的就业定位，科学、客观地调整对大学生的就业期望。要改变陈旧、落后的"非大非公非体制内"不就业的观念；要配合学校建立帮扶联动与反馈机制，根据就业形势、社会需求将就业和现实条件、机遇相结合；引导大学生树立职业理想，激发就业潜能，将个人的价值实现与国家发展和社会进步结合起来，以积极乐观的态度应对挑战，注重创业意识与创业精神的培养。

15.3 就业管理与实务

15.3.1 大学生涯与就业管理

大学生涯与就业管理时间表如表15-2所示。按大学四年阶段划分，大一到大三是职业生涯规划和创新创业能力培养的时段，就业管理在学生步入大四、大四整年以及毕业后一年发挥重要作用。

表15-2 大学生涯与就业管理时间表

时段	事项	具体内容	阶段目标
大一至大三	生涯规划与就业指导	开设职业生涯规划课程，指导并帮助学生尽早着手规划，根据学业发展和社会变革适时调整完善职业发展规划 开设创业指导课程，引导学生与专业相结合，整合跨专业团队，参与创业竞赛，挖掘、培养学生创新创业能力	大一：适应调整+目标探索 大二：能力提升+目标修正 大三：决策准备+目标执行
大四上（当年7月至9月）	启动新一届毕业生工作	生源核对 毕业生教育与就业动员，明确责任人，分析就业形势，帮助学生树立正确的就业意向，找准求职定位 制定就业管理文件、方案，动员相关教师参与就业指导全过程，给毕业生所在院系发放就业协议，统一管理，或出台毕业生就业协议书网上签约管理办法	大四：目标冲刺+大学总结

续表

时段	事项	具体内容	阶段目标
大四（当年9月至次年6月）	过程管理	审核用人单位资质，组织双选会、宣讲会 为毕业生发布有效、高质量用人单位信息和国家就业政策 跟踪指导毕业生就业，帮助学生根据市场需求调整职业定位，实时更新学生就业率 定期召开毕业生就业推进会 开展"四难"学生帮扶，缓解学生在就业过程中的心理压力 提供创业指导，帮助学生成功创业	大四：目标冲刺+大学总结
大四下（次年6月至9月）	派遣与总结	按照学生就业协议将信息录入系统，为学生发放派遣证 对毕业生就业情况进行回访，进行满意度调查，进行就业质量分析，形成报告 对于一年内换工作的学生，办理改派手续 总结本届就业工作 配合上级对就业情况进行核查	

15.3.2 就业管理政策

《国务院关于进一步做好普通高等学校毕业生就业工作的通知》（国发〔2011〕16号）第一条：自2012年起，省级以上机关录用公务员，除部分特殊职位外，均应从具有2年以上基层工作经历的人员中录用。市（地）级以下机关特别是县乡机关招录公务员，应采取有效措施积极吸引优秀应届高校毕业生报考，录用计划应主要用于招收应届高校毕业生。

《国务院关于进一步做好稳就业工作的意见》（国发〔2019〕28号）第十三条：稳定高校毕业生等青年就业。继续组织实施农村教师特岗计划、"三支一扶"计划等基层服务项目。公开招聘一批乡村教师、医生、社会工作者充实基层服务力量。扩大征集应届高校毕业生入伍规模。扩大就业见习规模，适当提高补贴标准，支持企业开发更多见习岗位。

《关于实施大学生志愿服务西部计划的通知》（中青联发〔2003〕26号）公布8项政策支持；共青团中央、教育部等四部《关于印发〈大学生志愿服务西部计划志愿者管理办法〉及〈大学生志愿服务西部计划各级项目办和服务单位职责〉的通知》（中青联发〔2009〕19 号）明确了各项志愿者享受的政策，各项目办、各级部门承担的责任。

《湖北省人民政府办公厅印发关于应对新冠肺炎疫情影响全力以赴做好稳就业工作若干措施的通知》（鄂政办发〔2020〕10 号）第四点指出通过扩大企业吸纳规模、扩大招录招聘规模、加强就业帮扶等渠道，全力促进高校毕业生就业。

国务院、各级省、区、市，为促进大学生就业还出台了支持高校毕业生到中小企业和非公有制单位就业的政策、鼓励骨干企业和科研项目单位积极吸纳高校毕业生就业的政策、鼓励和支持高校毕业生自主创业和灵活就业的政策、高校毕业生参加就业见习及技能培训的政策、帮助高校困难群体毕业生就业的政策、湖北省"三支一扶"计划优惠政策、"湖北省农村教师资助行动计划"优惠政策、湖北省选聘高校毕业生到村任职的优惠政策、高校毕业生应征入伍优惠政策、农村学校教育硕士培养计划优惠政策，多渠道帮助毕业生就业升学。

15.3.3 就业管理实务

 引导案例

案例 1：就业协议书与劳动合同之间的关系是什么？

2014 年 4 月，即将毕业的小陈与某单位签订了就业协议书，约定初次合同期限为 2 年，如果任何一方违约，需向对方支付违约金 1 万元。8 月，小陈履约到该单位报到后，双方签订了 3 年的劳动合同，劳动合同中未约定违约金事宜。工作了 2 个月后，小陈发现自己不太适合这份工作，提出辞职，并提交书面辞呈告知单位，而该单位以未缴纳违约金为由不同意解除劳动合同。小陈应该怎么办？

案例 2：报到证遗失怎么办？

应届毕业生小于最近遇上了一件苦恼的事情，小于在前往就业单位所在的城市办理就业手续时，背包被小偷偷走。背包里除了手机、现金等贵重物品外，还有办理就业手续需要的全部证件，小于记得当时在学校领取报到证时，辅导员老师千叮万嘱过，每位同学的报到证仅有一张，一定要妥善保管，不能遗失。想到这儿，小于感到万分苦恼：报到证丢失了，这该如何是好？

案例 3：档案真的没用吗？

应届毕业生小李由于种种原因在临近毕业时还没找到合适的工作，正发愁时，又收到通知说学校开始要求毕业生确认登记自己档案的接收地址，小李听说还没有落实工作单位的毕业生可以选择把档案留在学校，还听说如果把档案留在

学校还要和学校签订一个协议。也有同学跟小李说,现在时代不同了,很多外企和民营企业都接收不了毕业生的档案,档案已经没什么用处了,根本不用在意档案。小李很困惑,不知道档案对自己到底有什么作用,以及自己现在的情况到底如何处置档案。

以上案例中涉及的问题在大学生就业过程中屡有发生,究其原因在于学生对就业管理和签约环节的政策、程序理解不透,本节将从就业管理、关键材料和签约流程三个方面进行解答。

15.3.3.1 高校就业管理概况

高校都设置有招生与就业指导处,负责一所大学的招生与毕业生就业工作。针对就业工作而言,很多高校都成立了大学生就业指导中心,隶属招生与就业指导处。各学院学工办及负责就业工作的辅导员在招生与就业指导处的领导下,负责学生就业方案的编制、报批,对毕业生开展就业指导帮扶和就业派遣工作,收集和发布毕业生就业信息,开展校园人才市场建设,同时对毕业一年内的学生进行跟踪调查,撰写和发布就业质量报告,共同为毕业生就业全过程服务。高校毕业生就业管理部门职能管理流程如图15-2所示。

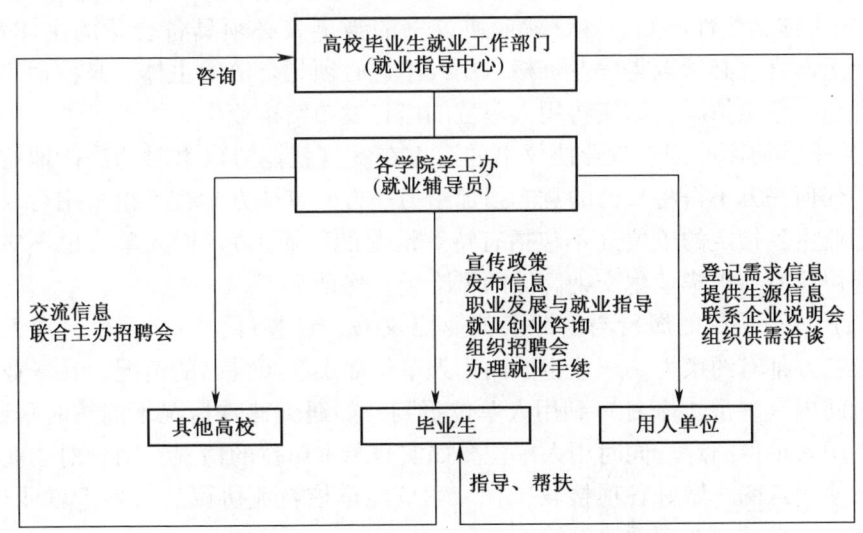

图15-2 高校毕业生就业管理部门职能管理流程

15.3.3.2 就业关键材料

1. 就业协议

就业协议全称是《全国普通高校毕业生就业协议书》,简称"就业协议书"或者"三方协议"。它是为明确毕业生、用人单位、毕业生所在学校三方在毕业生就业工作中的权利和义务，经协商签订的协议。协议书也是学校派遣毕业生的依据，在学生毕业离校前，学校将根据协议书的内容开具毕业生就业报到证和户口迁移证，同时转递学生档案。如果毕业生未签订就业协议书，学校可把学生档案转递回原籍或其他户档托管机构。就业协议书一般由教育部或各省、区、市就业主管部门监制，学校统一印制。每位毕业生只能拥有一套（一式四份）有唯一编号的协议书，实行编号管理，不得转让、不得自制、不得复印。

（1）就业协议的主要内容。

1）用人单位基本信息：包括用人单位名称、联系人、地址、档案接收单位和地址、入户地址等，此项信息非常重要，是学校制定就业方案的依据，一定要准确填写。

2）毕业生基本信息：包括毕业生姓名、政治面貌、毕业时间、毕业学校、学历、生源地、身份证号码、联系方式等信息。

3）用人单位和毕业生双方协商达成的条款：包括用人单位聘用毕业生的岗位、工作地点、薪酬、福利待遇、违约责任等。

4）用人单位、毕业生双方签名、盖章，学校盖章鉴证。

（2）就业协议书签订的基本原则。

1）主体合法性原则。签订就业协议书的当事人必须具备合法的主体资格。对毕业生而言，必须取得毕业资格。用人单位必须是合法的主体。高校而言，要如实介绍毕业生情况，如实将用人单位的信息发布给毕业生。

2）平等协商原则。就业协议书的三方在签订就业协议书时的法律地位是平等的，任何一方不得将自己的意志强加给另一方。鉴证方学校不得采用行政手段要求毕业生到指定的单位（不包括有特殊情况的毕业生）。用人单位也不应在签订就业协议时要求毕业生交纳高额的风险金、保证金等。

（3）就业协议的履行与解除。就业协议书一旦签订，对毕业生、用人单位和学校三方都有约束力。毕业生要向用人单位如实介绍自己的情况，在毕业后规定的时间内（一般1个月）到用人单位报到，如遇到特殊情况不能按时报到的，需征得用人单位同意。同时用人单位要如实介绍本单位的情况，明确对毕业生的要求及使用意图，做好各项接收工作。学校经审核就业协议后，列入就业计划，报主管部门批准，办理派遣手续。

各方应严格履行协议，任何一方若违反协议，应承担相应的责任。如单方擅自解除协议，属违约行为，解约方应对另外两方承担违约责任。如一方解除就业协议有法律上或协议上的依据，如学生未取得毕业资格，用人单位有权单方解除就业协议，无须对另外两方承担法律责任。

（4）就业协议的争议处理。就业协议在执行中发生争议时，可按程序的先后通过以下途径解决：首先是毕业生和用人单位通过学校进行协商；协商不能解决的，可申请由省一级就业主管部门进行调解；调解再不能解决的，可向法院提出诉讼。

（5）就业协议与劳动合同的关系。就业协议作为毕业生就业派遣的依据，内容比较简单，多为毕业生、用人单位情况介绍和对毕业生就业履职时间、能力的规定，并未对劳动关系存续期间、劳动者和用人单位的权利义务做出具体规定，其不具备劳动合同的必备条款，故不能视为劳动合同，其只是为毕业生和用人单位下一步建立劳动关系进行的准备。

现实中，因毕业生和用人单位将就业协议与劳动合同混淆而致使双方不签订劳动合同的现象时常出现，这会造成毕业生在劳动关系存续期间维权缺乏依据，或用人单位被劳动者讨要不签订劳动合同的2倍工资的法律风险。所以，建议毕业生和用人单位在实际履职后尽快签订劳动合同，从而使双方权利义务更加明晰，避免因未签订劳动合同而产生争议。

上文的案例1中，小陈在履行就业协议后与该单位签订了3年的劳动合同，原先签订的就业协议书效力终止，新签订的劳动合同开始产生法律效力。2个月后，小陈发现自己不适合这份工作并书面告知单位，并无不妥之处。根据《中华人民共和国劳动合同法》的规定，除了劳动者违反服务期约定或者竞业限制条款外，用人单位不得与劳动者约定由劳动者承担违约金。该单位以未缴纳违约金为由不同意解除劳动合同的做法，违反了法律的禁止性规定。

2. 报到证

报到证全称为"全国普通高等学校本专科毕业生（毕业研究生）就业报到证"，由教育部授权地方主管毕业生就业调配部门审核签发。报到证是毕业生就业派遣的书面证据，是毕业生人事关系正式从学校转移到就业单位的证明。就业的毕业生在毕业后，需要持报到证到就业单位报到。用人单位凭报到证办理有关接收和接转档案、户口迁移等手续。

报到证的用途主要如下。

（1）是教育主管部门正式派遣毕业生的凭证，证明持证的毕业生是纳入国家统一招生计划的学生。

（2）是毕业生到用人单位报到的凭证，毕业生就业后的工龄从报到之日开始计算。

（3）是用人单位接收毕业生的重要证明。

（4）是任何一个合法的人才中心、档案管理机构接收毕业生档案的证明。

（5）是用人单位给毕业生落户、接管档案的重要凭证。

（6）是毕业生的干部身份证明。

可见，报到证并不仅仅只是很多人想象中的"一封介绍信"，而是毕业生非常重要的材料和凭证。那么，报到证万一像上文案例 2 中的小于一样不慎遗失怎么办呢？依照相关规定，报到证在毕业后两年内是可以补办的。毕业超过两年将无法补办，只能由报到证签发部门出具相关证明文书。一旦意外遗失，一定要抓紧时间补办，不要因为拖延而引起不必要的烦恼。

3. 档案

人事档案是中国人事管理制度的一项重要特色，它是个人身份、学历、资历等方面的证据，与个人工资待遇、社会劳动保障、组织关系紧密挂钩，具有法律效用，是记载人生轨迹的重要依据。高校学生档案则是国家人事档案的组成部分，它记录和反映本人经历、德才成绩、学习和工作表现，是以学生个人为单位集中保存起来，以备查考的文字、表格及其他各种形式的历史记录，是大学生就业及其今后各单位选拔、任用、考核的主要依据。

在政府机关和事业单位，人事档案相当重要。当公务员进入事业、企业单位工作时，在职业生涯中定级、调资、任免、晋升、奖惩等方面的呈报、审批材料都要记入本人档案，作为评价依据。另外，工龄、待遇、社保受保时间等也是以个人档案的记录为依据的。如退休时需要依据档案认定个人出生时间，从而确定退休时间，需要确定个人参加工作时间，从而确定开始缴费或视同缴费的时间，以计算养老金金额等。除了养老金外，其他社会保险，如领取失业金等，也与个人档案相关。

目前，在高校毕业生中流传着一种"档案无用论"的观点，认为现在是市场经济体制，档案已经失去往日的重要作用了。因此，不少毕业生在毕业时根本不关心自己档案的去处，有的把档案留在学校就不闻不问了，有的换工作时不调档案而把档案留在原单位不管，有的甚至根本不知道自己的档案到哪里去了，造成"弃档"或"丢档"。

档案作为记录个人经历、政治面貌、品德作风等内容的文件材料，发挥着凭证、证据和参考的作用。毕业生进入职场后将要面对的转正定级、职称申报、办理养老保险，以及开具出国、考研等有关证明，都需要用到档案，遗失档案可能会给自己未来的工作与生活带来麻烦。

15.3.3.3 就业签约流程及相关规定

每个高校的就业手续办理流程及相关规定都大同小异，为方便大学生全面了解，下面以湖北工业大学为例进行详细介绍。

1. 签约

（1）生源信息确认。毕业生需在毕业前一年的 9 月（9 月上旬前）登录学校就业信息网（https://hbut.91wllm.com）进行生源信息填报与自查，并填写毕业生就业意向调查问卷，确认自己的生源信息。

（2）毕业生签约。从 2020 届毕业生开始，就业协议全面实行网签管理，自主创业、升学、考研等情况进入网签系统自行登记毕业去向或线下签约登记（见图 15-3）。

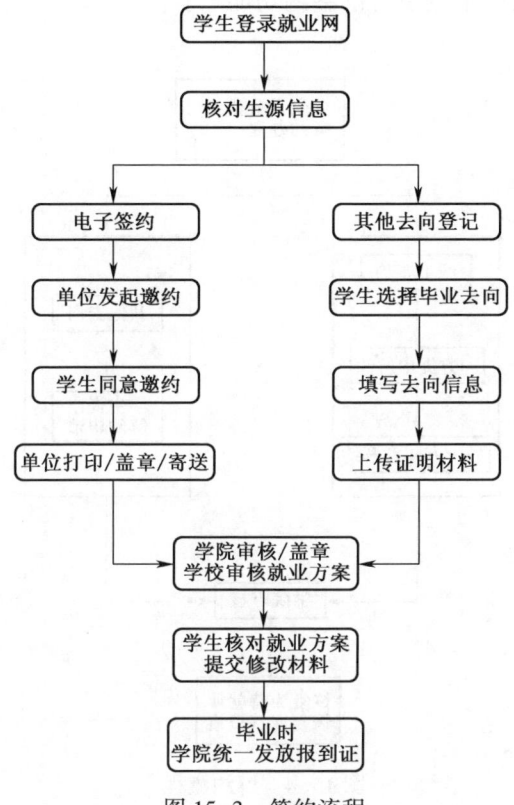

图 15-3　签约流程

2. 解约

为维护正常的毕业生就业秩序，营造用人单位与毕业生诚信签约的就业环境，毕业生与用人单位签订就业协议后，原则上不得随意解约。因特殊原因确需解约的，须按照以下流程办理（见图 15-4）。

（1）解约申请。毕业生登录就业信息网后，单击"解约申请"，填报相关信息，并将相关纸质版材料（原单位解约函、学生个人解约申请，若是用人单位提出解约不需要学生个人解约申请）交到院系负责办理就业手续的教师处，等待院系审核。

（2）院系审核。院系审核解约申请材料时，要把握四点：一是解约材料是否齐全；二是原则上签约时间超过一个月；三是解约理由是否合理（如新单位比原单位层次有所提高）；四是每位毕业生最多只能申请一次解约（因考取公务员、升学深造或者选择到国防军工单位就业的毕业生，最多可申请两次）。

（3）用人单位审核。原签约单位网上审核同意解约。

（4）新协议书的办理。解约申请经院系同意、学校审核通过后，学校将在5个工作日内重新开放该生电子协议签约功能。

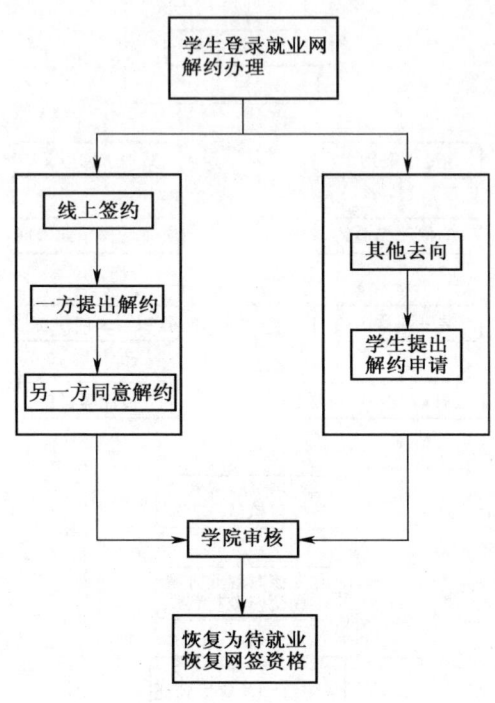

图15-4　解约流程

3. 派遣与改派

（1）派遣。学校招生与就业指导处审核毕业生就业协议书等派遣相关材料，材料齐全符合条件者，进行派遣数据输入，形成数据库，上报省教育厅审批，并至省就业指导服务中心办理报到证。不符合条件者（含不能按期毕业的学生），暂不予派遣。毕业生离校前由各学院统一到招生与就业指导处领取报到证并发给毕业生。

（2）改派。毕业两年以内，可以办理改派手续。毕业生应根据本人情况准备好相应材料，具体情况及所需材料如表15-3所示。

4. 户档托管

按国家政策规定，各级公有制企事业单位组织人事部门和经人社部门批准的各级人才交流机构具有资格保存大中专毕业生就业后的人事档案，各种私营民营企业、中外合资及独资企业都无权管理员工的人事档案，一般由委托的各级人才交流机构托管。毕业生也可以以个人名义委托人才交流机构托管人事关系。

表 15-3 改派申请材料一览表

事由	原毕业去向	现去向	需准备材料
改派（报到证抬头修改）	无工作单位	落实就业单位	①、②、③、⑥
	有工作单位	落实新就业单位	①、②、③、⑤、⑥ 若新单位对档案去向有要求，且学生申请将档案调回原籍，需提供新单位材料④
		未变更就业单位	①、②、⑥ 若报到证抬头改为回原籍，学生档案回原籍：需提供工作单位材料④
报到证其他内容修改（报到地点、报到期限等）			②、⑥修改内容对应的材料

备注：
① 毕业证复印件。
② 身份证复印件。
③ 与用人单位签订的《就业协议书》《劳动合同》《接收函》或招录文件等工作录用证明材料；若单位不能接档案，需办理档案托管的，还需提供与户口档案托管部门签订的托管协议、接收函、调档函等。
④ 工作单位同意档案回原籍的证明。
⑤ 与原用人单位解除关系的证明。
⑥ 原《报到证》有色联原件，必须是原件。若原件丢失，携刊登《报到证》遗失声明的报纸。

高校毕业生到具有档案管理权限的机关、事业单位、国有企业就业的，由单位直接接收、管理档案。到无档案管理权限的单位（如私营企业、外资企业等）就业的，可由各地公共就业和人才服务机构负责提供档案管理等人事代理服务（见图15-5）。

上文案例3中小李，毕业后未找到合适的单位，可以申请暂缓就业，由学校或当地就业部门免费保管档案两年，在此期间小李可以继续找工作。如果不想办理暂缓就业手续，也可以把档案迁回生源地专门管理毕业生档案的部门，具体办法可咨询当地人力资源和社会保障部门。落实工作单位后，档案应及时转到工作单位指定的部门保管。

5. 报到证补办

报到证遗失后请及时申请补办。对毕业时间超出两年的，不再补发报到证，湖北省教育厅将根据毕业生毕业时的派遣记录出具报到证派遣证明。

补办报到证需提交的材料：毕业证书复印件；身份证复印件；登报《报到证》遗失声明。按照规定，《报到证》原件遗失，必须登报声明，登报内容："湖北工业大学×××（学号：××××）遗失报到证。"

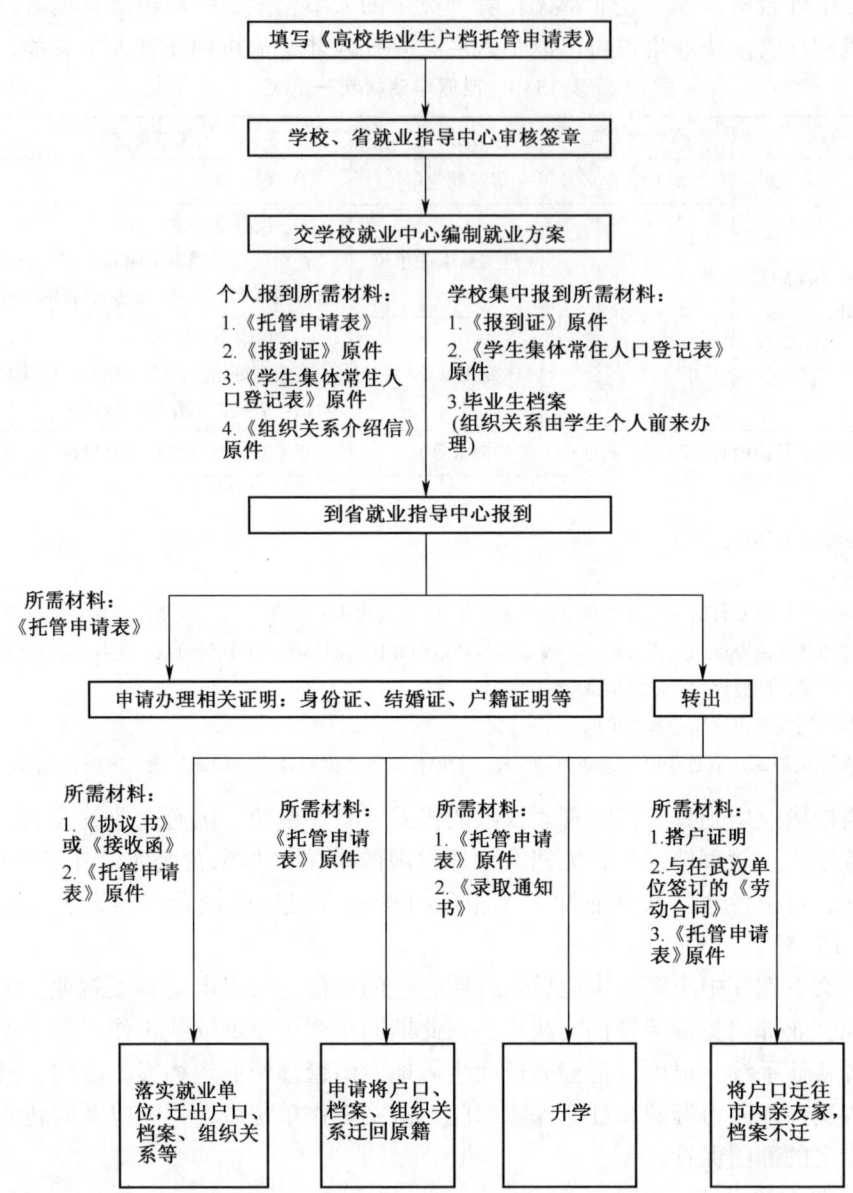

图 15-5 户档托管工作流程

6. 常见问题及解答

（1）生源信息问题。生源地是指毕业生高考前户籍所在地，一般与父母户口所在地相同。有两种特殊情况的生源地确认。

1）借考：高考时户口所在地为 A 市，于 B 市就读并在 B 市报考，生源地为

A 市。

2）父母工作调动：高考时户口所在地为 A 市，升大学报到时将户口迁至位于 B 市的高校，在大学读书期间，父母因工作调动等原因将户口迁移到 C 市，则生源地应为 C 市。

（2）报到证的抬头问题。报到证抬头一般根据就业协议书的用人单位上级主管部门或所属地人力资源和社会保障局的签章填写。但用人单位或所在地不接受户口、档案的毕业生例外，他们的报到证一般开回生源所在地，以便迁移户籍和档案。为避免户口、档案在转接中出现不必要的麻烦，请毕业生们在毕业派遣前一定要向用人单位咨询清楚。

拓展阅读：扫码阅读高校毕业生就业创业政策百问（2016 年版）——来源：教育部高校学生司网站。

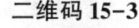
二维码 15-3

拓展阅读：扫码阅读《湖北工业大学关于进一步加强本科学生就业创业工作的意见》。

二维码 15-4

拓展阅读：湖北工业大学就业工作手册。

15.4 就 业 安 全

二维码 15-5

《辞海》普及本对安全的解释是：没有危险；不受威胁；不出。事故《易林·小畜之无妄》："道里夷易，安全无恙。"保护；保全。《晋书·慕容垂载记》："孤受主上不世之恩，故欲安全长乐公，使尽众赴京师，然后修复国家之业，与秦永为邻好。"就业安全即是指大学生在求职过程中没有风险，能受到保护。

15.4.1 安全隐患

1. 人身安全

毕业生在接到招聘信息或者面试通知时，需要赶往外地，这就使大学生面临着住宿的安全问题。大学生毕竟还没有独自赚钱的能力，往往因为省钱而考虑住宿一些价格低廉的旅店，这些场所社会闲杂人员较多，非常容易发生一些预料不到的事情，对大学生造成心理或者人身伤害；大学生缺乏社会经验，对陌生人的防范意识不足，在求职的道路上，难免遇到年纪相仿的"知音"，不加防范，给予不法分子可乘之机，导致财物失窃或者人身危险；大学生社会阅历浅，网络的黑手已经盯上大学毕业生，社会上的传销组织，不仅导致人身自由受到限制，甚至有生命危险，令广大毕业生防不胜防；个别私营企业主，利用试用期榨取廉价劳动力。试用期内不用为员工缴纳社会统筹和保险，待试用期一过，再以种种理由辞退求职者，再招聘新的毕业生，再试用，如此反复，长期低成本占用廉价劳动力。有的公司故意延长试用期限，损害毕业生的利益。

案例赏析　无故离校为哪般

2008年某日，某高校学生郭某无故离校。郭某在校期间性格内向、生活简朴、为人诚实，是那种让老师放心的乖学生，从未出现过逃课现象。事情发生后，引起师生关注，校方经过多方调查，得知该生去了某地。据同学反映，郭某近段时间行为反常，在外面认识了许多不同年龄的老乡、朋友，并且经常联系，一起参加各种讲座、聚会、培训等活动，在临走前还以各种借口向同学借钱，说是去某地参加"如何迈向成功"的培训活动。开始，该生手机关机，联系不上，直到离校当日晚才联系上他。在电话中，老师劝其赶快返回，可是郭某不愿回来，最后，在老师、家长、同学的反复劝说下，他才返回学校。由于发现、劝说及时，郭某尚未购买传销产品。

2. 财产安全

随着就业市场化的推进，招聘、求职活动日益复杂，毕业生和社会接触越来越广，一些不法分子利用学生求职心切的心理和社会阅历较浅的特点，对毕业生、老师和毕业生家长实施诈骗，造成财产损失。一些中介机构和用人单位往往打着招聘的幌子，利用大学生求职经验不足，缺乏应有的社会知识，容易轻信于人的弱点，采取欺骗手段骗取大学生不合理的报名费、介绍费等。他们大多以推荐面试为借口收取报名费、培训费、保险等。如果面试未被录用，归咎于大学生自身的原因，报名费、介绍费一概不退。

案例赏析　求职心切的陈月

陈月（化名，女），法律专业，2009年2月中旬，陈月接到艺美工艺公司（地址位于福建省泉州市泉秀路世纪巨星内）的面试电话，说是由于公司业务的发展，急需招聘办公文职人员。此时，陈月正在着急自己仍未找到工作，于是她很高兴地去公司面试了。面试两天后，该公司有位姓张的先生打电话给陈月，让其下午到公司上班。

按照电话中的约定，陈月准时到了公司，看到公司内有工作人员5名（3男2女），其中一名女工作人员叫刘姐（是个有身孕的人）。进门后，经理直接领陈月进了一间办公室（单间），之后跟她说："你就在这里工作，主要负责填单和开货物单。"刚开始，公司先让陈月熟悉公司的员工守则，之后刘姐便让陈月填一张员工入职手续表。十几分钟后，刘姐进来让陈月填单，主要是填写"工艺品名称、规格、批发价"等项目，之后再记录到联单中。在陈月填写了几张联单后，刘姐进来跟陈月说："你把规格填错了，把'360'写成'260'。"当时由于紧张，陈月只简单重新检查了一下货单，但忘了看那张货单的签名是不是她本人签的。接着，陈月便问刘姐事情接下来应该怎么办。刘姐说："货已经送给买家，买家也把钱转到公司里了。现在公司要核对账目，但有800元的差额。"陈月听后说："要不从我工资里面扣吧。"可刘姐说："工资要下个月才能发，没法弥补现在的差额。"随后，刘姐特别交代陈月说："这件事不要让别人知道，如果让人知道账目做错了，我们这个部门的人这个月的奖金就没有了，以后大家也不好相处了。"说完，刘姐说先去帮陈月打电话给那个公司，问一下可不可以把那800元要回来。在刘姐出去打电话的时间里，陈月留在了办公室。不一会儿，刘姐就进来跟陈月说，"那家公司不同意补回800元"，并说"这就不好办了，上头会怪罪下来的"。接着，刘姐问陈月现在可不可以补回这差额，陈月说："作为一名应届毕业生，我根本没有那么多钱。"刘姐便说："可现在就得把账目做好，补不回去就不好办了。"陈月当时相当焦急！过后不久，刘姐就问陈月在泉州有没有熟人，陈月说没有熟人，只有同学。接下来的时间段里，刘姐一直陪陈月待在那间办公室。最后，陈月耐不住了，主动说："要不我去和同学借吧。"刘姐说："好"，但不忘强调"出去的时候不要让人知道这事"。陈月打了同学的电话，告诉他们说自己把公司的账目做错了，要补回差额，需要向他们借钱。同学把钱送了过来，并友善地提醒陈月说："小心上当受骗啊！"可陈月却说："不用担心，那刘姐是个有身孕的人，应该不会骗我的……"回到公司后，陈月把钱给了她。第二天，陈月还是去公司上班，刘姐又拿来货物单让她填单，这次填的数额比前一天大得多，有好几万元。生怕又填错，陈月填的时候非常仔细，检查了好几遍才让刘姐进来拿单。可不久之后，经理就进来跟陈月说她把单开错了，多算买家6000多元。陈月当时就很纳闷：怎么又开错了？经理跟她说，货物的单位是不一样的（有"件"和"幅"之分），计算方法也不一样。陈月委屈地说："我进来时，刘姐没这样培训我啊。"经理便质问说这是基本的计算，还要人培训？接着，经理跟陈月说：老总把他骂了一顿，还要他去总公司说明情况，并让陈月先回去等通知。当天下午3点多经理给陈月打电话说：让她去公司的市场部或者销售部，待遇听起来很不错。可是，陈月当时觉得自己把公司的账目做错了，不好意思待下去了，所以谢绝了……直到2009年3月7日，陈月听说学校还有别的女生也被艺美工艺公司骗了，才知道自己上当了。

3. 信息安全

近年来，社会就业压力逐年加大，大学生在毕业之际，除了通过校园宣讲会求职外，还会通过网络招聘，如智联招聘、58同城等求职网站来寻求机会。在"互联网+"时代，大学生在海量的信息面前，必须具备一定的甄别能力，有少数不法分子利用监管漏洞发布虚假招聘信息，或者去毕业生平时学习生活爱去的一些网站、论坛，通过发帖子、做广告的形式伪装发布。很多网站要求求职者投递电子简历，并在网站注册个人相关信息等，这些都容易造成个人信息的泄露，被不法分子利用，构造骗局，引诱亲属上当受骗。毕业生对于本人的家庭住址、联系方式等基本信息要慎重填写，若要求提供身份证复印件等，可以在复印件上注明：仅限求职使用。对于身份证、学位证、毕业证等本人的相关证件，不宜给对方，不要轻易出示银行账户号码及密码，以免不法之徒有机可乘。

4. 心理安全

越来越多的大学生，尤其是毕业生开始以寻求心理咨询的方式缓解就业过程中的压力、挫折感等负面情绪。临近毕业的学生，如果在求职过程中多次失败，因压力过大，产生失眠多梦、脾气暴躁等生理反应，偶尔有过激行为出现，可通过心理咨询，及时倾诉，宣泄情绪，避免陷入抑郁。大部分高校毕业生已经意识到，有效的心理咨询，能帮助他们保持心理健康，渡过求职难关。

案例赏析　忽视心理健康的危害

张某，女性，25岁，汉族，本科毕业生，身高1.65米。1991年1月7日出生于山东省济南市，独生女，现和父母一起生活。父母均为公务员，社会地位及经济条件均比较优越。无重大躯体疾病史及精神障碍史。张某从小性格内向，朋友较少，小学时成绩优异，升入中学后，学习压力增大，成绩有所下滑，高考考入一所离家较远的湖北三本院校。进入大学后性格变得稍微开朗，积极参加学校活动，加入了学生会。大学毕业后不顾家人反对，放弃家里安排的工作，赴广西支援西部计划。一年期满后回家乡考公务员和事业编频频失败，找工作也屡屡受挫，毕业三年了还没有找到合适的工作，这使张某感到很沮丧，特别是1月国考再一次失败后，五个多月来心情较差，感觉烦躁，经常失眠，并出现食欲下降等症状，不愿与父母交流，也不愿参加亲友和同学聚会。通过对其进行心理测验，发现其有明显的抑郁情绪。

5. 法律意识淡薄

大学生社会阅历相对浅薄，在校期间系统接受就业相关法律法规知识的机会很少。据有关调查发现，7.8%的大学生会在就业时了解相关法律法规，52.3%的大学生不了解就业协议和劳动合同的差别，22.8%的大学生表示在签订就业协议或劳动合同时，没有仔细研究其中的条款。由此可见，大学生就业相关法律法规知识极其匮乏，维权意识淡薄。

15.4.2 安全就业

1. 内外兼修,全面了解就业安全相关的知识

态度决定一切,知识改变命运。只有我们尽可能多地了解就业安全相关知识,深入了解职业锚,正视自身的优缺点,准确判断外部影响因素,时刻心怀学习的意识,才能做到心中有数,对症下药,用积极的态度,提高自身竞争能力。

2. 用好法律武器,增强维权意识

认真学习和了解诸如《劳动法》《企业劳动争议处理条例》等相关内容,丰富自身的法律知识。我国涉及劳动的法律以及各地方的劳动合同管理规定,是调整劳动关系、签订劳动合同、解决劳动争议的基本依据,是毕业生必须了解的法律法规。具体而言,在首次就业过程中,毕业生就应该了解和掌握就业方面的知识与政策,并严格按照规章制度办事。同时,毕业生应该尽量多方面打听、了解用人单位的运作状况、招聘信息、用人意图、岗位职责及企业文化等情况,以便于全面、真实了解用人单位,及早识破一些陷阱。合法权益若受到侵犯,应该通过申请调解、仲裁、诉讼等合法途径,维护自己的正当权益。例如,向劳动主管部门举报,或申请劳动仲裁,也可以向新闻媒体求助。

3. 家长加强就业安全指导

学生家长应进一步加强与孩子的联系,及时关注并了解孩子的就业状况和心理状态,通过电话、QQ、微信等形式加强联系,并对孩子选择的用人单位进行了解、把关。为孩子提供强有力的支持,也应该广泛发动周边社会关系,协助孩子寻求适合的工作岗位,帮助孩子了解入职企业的真实状况,防止孩子出现就业安全问题。

4. 重视个人信息资料的保密

大学生在择业过程中,应注意以下几点:在招聘现场,不要随意发放自己的简历,特别是招聘方式不合规范的单位不要递给简历;在个人求职材料上最好不要留家庭电话,只提供手机号码和电子邮件就可以,固定电话可以提供班级辅导员或院系负责就业工作教师的办公电话;在互联网上登记注册个人信息时,应选择一些信息监管较规范、知名度较高的大型人才招聘网站,不要在网站域名看起来不规范、没有市场监督管理机关备案标志和个人网站上注册登记自己的求职信息,在人才网上可以先只留下电子信箱地址,待与用人单位通过邮件洽谈较为成熟后再留下其他联系方式;要注意请用人单位留下固定电话号码用于联系,可拨打查询电话进行核实,最好在用人单位正常上班时打办公电话与对方联系,与联系人会面应选择用人单位的办公场所。

 本章小结

第15.1节主要围绕国家政策、湖北省经济结构和高校三个层面，从市场供需结构性矛盾中就业人数、大学生培养质量、供需结构、地域等因素，分析了当前大学生就业现状和就业市场的发展趋势；通过对就业质量报告内容的介绍和解读方式，引导学生初步预判就业市场需求、劳动力供给、就业地域流向、行业流向和总体就业现状；通过对大学生就业意向的分析，引导学生在求职中准确定位，提高双向选择的成功率。

第15.2节主要以表格的形式，按照时间线索，将高校开展就业指导、就业管理服务、就业帮扶的内容进行了梳理，引导学生有步骤进行毕业就业规划。

第15.3节主要介绍了考研现状和慢就业现象。通过考研热潮引发的教育现状，分析了出现"考研热"的原因和正确对待考研的态度和方法。通过了解当前大学生慢就业的现状，分析形成慢就业的原因和破解慢就业问题的对策。

第15.4节主要介绍了毕业生求职过程中的安全隐患以及安全就业的建议和方法。

 复习思考题

一、基本概念

产业结构转型升级　就业意向　求职定位　就业管理与实务　考研热　慢就业　就业安全

二、简答题

1. 结合当前就业市场形势分析你的就业意向和职业定位。

2. 你认为你适合考研吗？为什么？如果确定考研，你将如何协调考研复习和专业学习的关系？

3. 毕业生在求职过程中要防范哪些风险？如何应对？

三、论述题

什么是"慢就业""懒就业""不就业"？如何解决这些问题？除此之外，有没有"慢升学"？谈谈你的看法。

四、案例分析

曾同学是一位三本院校生物工程专业的毕业生，本科期间，她就曾在学生会担任文宣部部长，负责院系宣传板的设计与制作。曾同学从小就喜欢美术，但是由于家长对其特长培养方向的错误判断，导致她从未受过美术的系统教育，但是浓厚的兴趣使她从未放下过画笔。曾同学读大学期间，课余时间她都会拿出绘本

练手，除了练习美术基本功以外，她发现自己对美术和设计越来越感兴趣，于是在网上报学习班，下载软件，开始学习设计，并决心大学毕业后考研究生。大四那一年，她也和同学们一样，参加本校和外校的招聘会，但她一直没放弃考研。常年在家庭的管束下生活的状态让曾同学一心想离开家乡求学，她报考了广州工业大学的设计专业，但就在她临考的前几天，她由于心里紧张引发了胃炎，卧病在家，放弃了考试。由于招聘会上也没有找到自己心目中的理想目标，毕业后她就回到了家里。

回到家后，曾同学虽然没像朝九晚五的员工一样上班，但是一位同学把她推荐到了一家设计公司，以计件的方式给公司提供设计方案，就是这样的状态，曾同学在家待了一年。有一天，曾同学突然跟家人说她还是想考研，在家里的这一年除了做零工，她还在复习英语和政治，备考一直没有间断过。在家人的支持下，这一次曾同学对比了全国设计类高校近年来的录取人数和分数，经过仔细的思考，决定就考本省的学校，本省学校有地域优势，既不担心住宿问题，也可以到学校熟悉情况，联系导师也方便。果然功夫不负有心人，曾同学虽然总分不高，但还是进入了录取行列。

研究生学习阶段，曾同学因学习刻苦努力，思想比较上进，还光荣地加入了中国共产党，导师也不厌其烦地帮她补基础功底，还为她提供了实习锻炼的机会，到某三本高校当助教。但是一直以来，曾同学的性格都比较内向，尽管她学习刻苦，但是与人交流少，缺乏沟通能力，助教的工作并不长久，也没有给她带来收获，相比站在台上讲课，她更喜欢在灯下对着计算机埋头苦干。

研究生即将毕业了，曾同学再次面对找工作的问题，但是她没想到的是，即使自己读了研究生，也没能找到合适的工作，问及原因，她觉得一个学设计专业的研究生，工作环境应该高大上，月工资至少要达到6000元，因此中小企业公司的招聘她几乎都没有接触。几经周折，毕业后的她似乎明白了一些道理，决定先"骑驴"再"找马"，先在一个公司积累积累工作经验。放下"身段"的她，与一家意向公司考察交谈了一番后，虽然工资不高，但想着能学点东西，也就开始上班了。工作了3个月，只发了一个月的工资，她问老板什么时候发剩余两个月的工资，老板看她说话老实，就搪塞了一番，说年底发。就这样，曾同学忍到了年底，虽然把前两个月的工资补了，但还是拖欠这一个月，年后曾同学就从这家公司辞职了。

在家人朋友的介绍推荐下，曾同学到一家国有企业旗下的子公司上班，虽然工资不高，但是工作内容是她喜欢并擅长做的事情，国有企业子公司有严格的管理制度，不会像私营老板那样拖欠工资。在经历了前几件事情后，曾同学也吸取了教训，就留在这家公司上班了。但是当年她的本科同学，经过在一家大型企业几年的努力，已经升职加薪了。

思考讨论题：
1. 以上案例中曾同学为何一直达不到心目中的理想目标？你认为她考研是正确的选择吗？
2. 请围绕如何提高自己的求职成功率进行论述。

主要参考文献

[1] 陈光德,廖锋.适则成——大学生职业适应与就业指导[M].北京:商务印书馆,2018.

[2] 萨克尼克,若夫门.职业指导——职业生涯规划教程[M].北京:中国劳动社会保障出版社,2017.

[3] 任占忠.大学生职业适应指导[M].北京:北京交通大学出版社,2013.

[4] 苏文平.大学生职业生涯规划与就业创业指导[M].北京:中国人民大学出版社,2018.

[5] 诺姆四达集团.解码胜任力[M].北京:光明日报出版社,2014.

[6] [美]安杰拉·达克沃思.坚毅[M].安妮,译.北京:中信出版社,2017.

[7] 胡琼妃,刘定巧,等.大学生职业生涯规划与就业指导[M].北京:中国人民大学出版社,2017.

[8] 通识教育规划教材编写组.大学生就业指导(慕课版)[M].2版.北京:人民邮电出版社,2019.